Contemporary Capitalism and Its Crises
ISBN 978 – 0 – 521 – 73580 – 3
Edited by Terrence McDonough ,Michael Reich ,David M. Kotz
@ Cambridge University Press and China Social Sciences Press 2014.
This book is in copyright . No reproduction of any part take place without the written permission of Cambridge University Press or China Social Sciences Press.
This edition is for sale in the mainland of China only, excluding Hong Kong SAR ,Macao SAR and Taiwan ,and may not be bought for export therefrom .
此版本仅中华人民共和国境内销售,不包括香港、澳门特别特别行政区及中国台湾。不得出口。

中国社会科学院创新工程学术出版资助项目
国外现代政治经济学经典译丛
程恩富 主编

当代资本主义及其危机
21世纪积累的社会结构理论

Contemporary Capitalism and Its Crises
Social Structure of Accumulation Theory for the 21st Century

[爱尔兰] 特伦斯·麦克唐纳 (Terrence McDonough) [美] 迈克尔·里奇 (Michael Reich)
[美] 大卫·科茨 (David M. Kotz) ◎主编
童 珊◎译 丁晓钦◎校

中国社会科学出版社

图字 01-2012-5340

图书在版编目(CIP)数据

当代资本主义及其危机:21世纪积累的社会结构理论/[爱尔兰]麦克唐纳等主编;童珊译;丁晓钦校.—北京:中国社会科学出版社,2014.4
（国外现代政治经济学经典译丛/程恩富主编）
ISBN 978-7-5161-4210-3

Ⅰ.①当… Ⅱ.①麦…②童…③丁… Ⅲ.①资本主义—研究—现代 Ⅳ.①D091.5

中国版本图书馆 CIP 数据核字(2014)第 078106 号

出 版 人	赵剑英
责任编辑	赵 丽
责任校对	石春梅
责任印制	王炳图

出　　版	中国社会科学出版社
社　　址	北京鼓楼西大街甲 158 号（邮编 100720）
网　　址	http://www.csspw.cn
	中文域名:中国社科网　010-64070619
发 行 部	010-84083685
门 市 部	010-84029450
经　　销	新华书店及其他书店
印　　刷	北京君升印刷有限公司
装　　订	廊坊市广阳区广增装订厂
版　　次	2014 年 4 月第 1 版
印　　次	2014 年 4 月第 1 次印刷
开　　本	710×1000　1/16
印　　张	20.75
插　　页	2
字　　数	342 千字
定　　价	65.00 元

凡购买中国社会科学出版社图书,如有质量问题请与本社联系调换
电话:010-64009791

版权所有　侵权必究

国外现代政治经济学经典译丛
编辑委员会名单

主　　编　程恩富
副 主 编　彭五堂　丁晓钦
编委会成员（按姓氏拼音排序）：
陈张良　崔　云　丁晓钦　侯为民　胡乐明
胡永红　黄纪苏　金吾伦　雷玉琼　彭五堂
孙业霞　谭扬芳　田　文　童　珊　王荣花
邬璟璟　徐则荣　余　斌　张　衔　张建刚
赵　丽　赵英杰

总　序

程恩富

政治经济学作为一门研究社会生产关系，揭示人类经济活动和经济发展客观规律和运行机制的科学，并总是需要随着人类社会经济活动的演化而不断发展创新的。科学地与时俱进是政治经济学的内在品质和根本要求，也是它具有非凡的认知解释力、实践改造力和持久生命力的根本之所在。

新中国成立和改革开放以来，我国的经济发展取得了举世瞩目的伟大成就，经济社会结构也发生了翻天覆地的变化。这一切都对中国政治经济学的发展创新和现代化提出了强烈的现实要求。中国政治经济学的现代化应当坚持"马学为体、西学为用、国学为根、世情为鉴、国情为据、综合创新"的学术原则，在国际化、应用化、数学化和学派化这四个学术方向上持久地开拓创新。这不仅要求我们牢牢扎根于中国经济改革和发展的现实，从丰富的经济实践活动中探寻经济规律，提炼经济理论，而且需要我们怀有开放的心态，真诚地了解、借鉴和吸收国外学者的相关研究成果。当今国外一大批马克思主义经济学家，以马克思主义经济学基本原理与当代世界经济具体实际的结合为主题，阐述了世界资本主义和社会主义市场经济的一系列新的理论和政策思路，为中国政治经济学理论创新提供了可资借鉴的宝贵思想资源。"国外现代政治经济学经典译丛"正是出于这样的目的，遴选和翻译出版国外著名马克思主义经济学家的经典性著作，供国内学者学习研究和借鉴。

本丛书第一批翻译出版的 10 本著作，都是经过十分严格的遴选程序挑选出来的。首先，我们请世界政治经济学学会的国外数十位经济学家推荐了 100 多部专著，又约请了国内外 20 多位著名的马克思主义经济学家向我们推荐近30年来在政治经济学领域具有创新性贡献并产生重要影响的经典性著作，总共收到30多种推荐著作。我们从中选择有2人以上推荐的著作，然后对其内容的科学性、创新性和影响力进行了全面评审，在此基础上最终精挑细选出10种著作进行翻译出版。这些著作的作者都是在国际上享有崇高声誉的马克思主义经济学家，著作本身是具有重大理论突破和创新，在国际政治经济学学界具有持久影响的经典之作。为了保证翻译质量，我们规定，著作的翻译者必须是在高等院校或科研院所实际从事经济学教学和研究工作的教师或研究人员，且必须具有博士学位。著作的校对者必须是长期在政治经济学领域从事教学研究工作的专家学者，一般要求有正高职称。通过这些努力，我们力图把这些经典著作高质量地奉献给广大读者。

本丛书虽然属于经典性的学术著作，但除了个别著作含有较多数理模型和数学推导外，大都以文字叙述为主，内容并不晦涩，现实感强，可读性强，对于了解一个真实的当代资本主义也颇有价值。因此，它不仅适合高校和党校系统等经济类专业的教学和研究人员，可作为教学或研究的辅助教材或参考资料使用，而且也适合关注社会现实问题的党政干部、高校学生和其他各界人士阅读参考。

本丛书的翻译出版得到中国社会科学院创新工程学术出版资助项目的资助。在丛书取得中文版权和编辑出版过程中，中国社会科学出版社赵剑英社长、田文主任、赵丽编辑等人做了大量的工作，付出了辛勤的劳动。在丛书出版之际，我谨代表丛书编委会向上述单位和人士，以及所有对丛书的翻译出版给予帮助和支持的单位和人士，表示衷心的感谢！

尽管我们力图通过严格的规定和细致的工作，使丛书能够以完美的面貌呈现给读者，但是错讹和疏漏恐怕还是在所难免。所以我们诚恳地希望广大读者批评指正，以便在将来再版时进一步完善。

二〇一四年五月

（作者系世界政治经济学学会会长、中华外国经济学说研究会会长、英文国际期刊《世界政治经济学评论》和《国际批判思想》主编；中国社会科学院马克思主义研究学部主任、经济社会发展研究中心主任、学部委员、教授）

前　言

这一论文集基于积累的社会结构（SSA）这一资本主义进化理论，分析了当今资本主义及其危机，并将 SSA 理论运用于解释 2008 年爆发的严重的金融和经济危机以及为什么我们需要建立一套新的制度以应对这一危机。编者和作者聚焦于自 1980 年以来出现并蔓延的"新自由主义"或"自由市场"等资本主义形式，以及世界经济的全球化和金融化程度的加剧，提供了该学派的最新理论成果。同时，这一论文集还囊括了对美国以及一些发展中国家的分析。

特伦斯·麦克唐纳是爱尔兰国立大学高威分校商业与经济学院的经济学教授，是《爱尔兰是殖民地吗？19 世纪爱尔兰的经济、政治、意识形态与文化》（2005）、《管好你自己的事：实用的经济学》［与大卫·雅各布森（David Jacobson）和基思·沃尔诺克（Keith Warnock）合著，2001］、《无人居住的爱尔兰：塔拉，M3 和高威的公共空间》［莱昂内尔·皮尔金顿（Lionel Pilkington）和艾妮·倪·莱姆（Aine Ni Leime）合著，2009］以及《积累的社会结构理论：增长与危机的政治经济学》（与迈克尔·里奇和大卫·科茨合著，剑桥大学出版社出版，1994）这些论著的作者、合著者或合编者。他目前的研究领域主要集中在全球化、美国与爱尔兰经济史以及政治经济学等。

迈克尔·里奇是加州大学伯克利分校的经济学教授，并在劳动与就业问题研究所担任所长。出版过十三本有关劳动、劳资关系和经济学方面的论著，包括《种族不平等的政治经济学分析》（1981）、《分化的劳动与劳动力：美国劳动的历史转型》（1982）、《资本主义制度》（1986）、《积累的社会结构》（1994）、《美国和日本的工作及收入》（1997）以及两卷本——《劳动力市场的分割以及劳动力的转移》和《全球化时代的劳动》（剑桥大学出版社，2009）。

大卫·科茨是马萨诸塞大学阿默斯特分校的经济学教授。他之前出版的论著包括《俄罗斯的转轨：从戈尔巴乔夫到普金》（与弗莱德·维尔合著，2007）、《自上而下的革命：苏联制度的解体》（与弗莱德·维尔合著，1997）《美国大公司的银行控制》（1978）以及《积累的社会结构》（1994）。他目前的研究领域主要集中在经济增长与危机、资本主义经济的制度变迁、社会主义经济以及俄罗斯和中国经济等。

致　谢

　　特伦斯·麦克唐纳对本书的工作部分受到了爱尔兰人文和社会科学研究委员会提供的项目资金的支持。同是感谢杰奎琳·摩斯为本书准备了索引。

作 者

罗伯特·博耶　法国经济研究及其应用中心（CEPREMAP）
大卫·布雷迪　杜克大学社会学系
苏珊·卡尔森　西密西根大学社会学系
迈克尔·吉莱斯皮　西密西根大学社会系
杰姆斯·海因兹　麻省大学阿姆赫斯特分校政治经济学研究所
大卫·科茨　麻省大学阿姆赫斯特分校经济系
维克托·利皮特　加州大学河畔分校经济系
特伦斯·麦克唐纳　爱尔兰国立大学经济系
雷蒙德·米哈洛夫斯基　北亚利桑那州大学犯罪和刑事司法系
埃姆林·纳顿　爱尔兰国立大学经济系
凯伦·普法伊费尔　史密斯学院经济系
迈克尔·里奇　加州大学伯克利分校经济系
塞缪尔·罗森博格　罗斯福大学经济系
卡洛斯·萨拉斯　特拉斯卡拉学院区域行动项目
威廉·塔布　女王学院经济系，纽约城市大学研究生中心经济、政治与
　　社会系
迈克尔·华勒斯　康涅狄格大学社会系
马丁·沃尔夫森　圣母玛利亚大学经济与政策研究系

目 录

引言：21世纪积累的社会结构理论 ………… 特伦斯·麦克唐纳、
迈克尔·里奇和大卫·科茨（1）

第一篇　积累的社会结构理论

第一章　积累的社会结构理论的发展状况
……………………………………… 特伦斯·麦克唐纳（21）

第二章　积累的社会结构理论
……………………………………… 维克托·利皮特（40）

第三章　积累的社会结构理论的重新定义
………………………… 马丁·沃尔夫森　大卫·科茨（62）

第二篇　全球化和当代积累的社会结构理论

第四章　全球新自由主义与当代积累的
社会结构 ………… 大卫·科茨　特伦斯·麦克唐纳（79）

第五章　全球化还是空间化？世界范围内
劳动过程的空间重建 … 迈克尔·华勒斯　大卫·布雷迪（103）

第六章　当代积累的社会结构的金融化 ………… 威廉·塔布（124）

第七章　全球新自由主义及跨国国家结构的
可能性 ………… 埃姆林·纳顿　特伦斯·麦克唐纳（146）

第三篇　美国当代积累的社会结构理论

第八章　当代积累的社会结构中的劳工
……………………………………… 塞缪尔·罗森博格（169）

第九章　首席执行官（CEO）报酬增长和美国当代
　　　　积累的社会结构 ………………… 罗伯特·博耶（187）
第十章　积累的社会结构和刑事司法制度
　　　　………………………………………… 苏珊·卡尔森
　　　　　　　　　　　　　　　　　　　迈克尔·吉莱斯皮
　　　　　　　　　　　　　　雷蒙德·米哈洛夫斯基（208）

第四篇　积累的社会结构理论和资本主义边缘的转型

第十一章　南非积累的社会结构
　　　　　………………………………… 杰姆斯·海因茨（233）
第十二章　积累的社会结构和墨西哥工人阶级的
　　　　　状况 ……………………… 卡洛斯·萨拉斯（249）
第十三章　阿拉伯世界积累的社会结构理论：
　　　　　区域体系中埃及、约旦与科威特经济
　　　　　……………………………… 凯伦·普法伊费尔（270）
人名索引 ……………………………………………………（312）

引　言

21 世纪积累的社会结构理论

自从 1994 年我们的论文集《积累的社会结构：增长与危机的政治经济学》（Kotz et al, 1994）发表以来，不同学科都陆续发表了大量关于积累的社会结构理论（Social Structures of Accumulation，简称 SSA 理论）的文章和著作。在 SSA 理论提出后 30 年，并且距离我们上一册论文集发表逾 10 年之际，我们又推出这本新论文集，旨在阐明 SSA 理论的现状及其在当今社会中的应用。SSA 理论旨在解释经济的长期相对稳定与危机交替发生的原因。鉴于此，这一理论能帮助我们理解 2007—2008 年全球资本主义金融和经济危机的潜在原因。

SSA 理论是由大卫·戈登（David Gordon）、理查德·爱德华（Richard Edwards）和迈克尔·里奇在 20 世纪七八十年代早期提出并形成，它将资本主义历史中的长期增长和停滞的周期与资本主义制度结构改变的周期联合起来。与传统均衡经济学的光明景象不同的是，资本主义的历史似乎阶段性地伴随着程度上异乎寻常、持续时间上异常久的危机。而且，与一些传统的马克思主义者的期望相反，资本主义并没有陷入永久萧条和停滞的状态。紧接着危机之后，资本主义经济经历了相对活跃并稳定的增长与积累时期。SSA 理论正是试图解释这种长期的过快扩张以及长期的停滞和紧缩。

在 20 世纪 70 年代末，这一任务由于战后社会秩序的危机而变得尤为紧迫。这一时期的美国被描述成"大滞胀"。高失业与高通胀并存，向传统的凯恩斯理论发出了挑战，并促发了一场革新经济理论的风潮。货币主义、理性预期学派，以及后凯恩斯主义在这一时期纷纷涌现，而 SSA 理论则构成了另一个可选性的回应。

SSA 理论认为，战后扩张促使二战末资本主义迈向新阶段，这与巴兰（Baran）、斯威齐（Sweezy）、欧内斯特（Ernest）、曼德尔（Mandel）以及其他一些人所认同的始于20世纪之交时的垄断资本主义阶段类似。SSA理论分析认为，"大滞胀"是这一战后资本主义阶段中产生的危机。（Gordon, Edwards, Reich, 1982; Bowles, Gordon, Weisskopf, 1990）。此外，SSA理论解释了资本主义历史上，新阶段资本主义与其危机的增长和停滞相互交替的周期。每一个资本主义新阶段都以其新的SSA为特征。

SSA理论根植于马克思主义和凯恩斯主义宏观经济理论中。马克思主义经济学视资本主义为一个有史以来固有的矛盾体系，其特点是由阶级，尤其是工人阶级和资本家阶级之间的矛盾以及资本家阶级内部的竞争而引发危机倾向。这些危机倾向可能会阻碍具体的积累过程。凯恩斯主义经济学认为投资决策一直以来都不稳定，经不住由金融和实体经济之间变化多端的预期和周期性失衡而导致的大波动。而且，它易于进入停滞与萧条的自我强化阶段。

SSA理论认为，这些固有的问题可以通过建立一套能够在缓和与分化阶级矛盾的同时，稳定资本家们长久预期的制度来得以缓解。这种意义上的制度是广义层面上的，具有经济、政治、意识形态或文化特征。经济制度中的一个例子就是市场这一特殊组织以及竞争机制；而政治制度中一个最典型的例子则是美国及其各类机构和相关政策；意识形态和文化制度包括了政治意识形态、高等教育体系以及宗教信仰体系。在积累过程中，任何社会结构的经济、政治、意识形态和文化制度都互容互持并且支持积累过程。因此，每一种SSA都包含着一个相对统一的结构。

当一种积累的社会结构产生的时候，许多利润率决定因素都得到了保障，对于利润的长期预期逐渐稳定化。较高的投资水平导致了扩张和增长。起初，这一扩张动力强化了SSA，为其巩固提供了资源。然而，随着时间的推移，扩张过程最终破坏了积累过程。这一破坏可能源于日益增强的阶级矛盾、商品和资源市场中日益激烈的竞争、市场饱和或其他原因，其中一些是资本主义的总体倾向，而另一些对某些SSA而言则是特定的。当制度不稳定，利润和利润预期下降，投资率随之下降，而投资率的下降则进一步破坏了SSA制度。随着不稳定的制度机构之间互相动摇，SSA的综合特性使得衰退加速。SSA停止巩固积累，因此经济陷入长期停滞。

在停滞的状态下，矛盾日益聚焦于恢复利润率和积累的条件。由于不同的阶级和社会力量对于制度具有不同的偏好，那些试探性的尝试容易受到诸多力量的阻挠，一套成功的制度必须包括政治、意识形态以及经济创新。因此，新的 SSA 的建立需要很长时间，所以停滞的周期通常很长。然而，最终总有一个政治经济项目就能打败其对手，或者能暂时达成妥协。新的 SSA 建立了，更快的积累再次开始。

SSA 学派已经能对美国历史这一动态过程做出分析。① 19 世纪末，中小企业市场结构掌控着具有竞争力的 SSA。劳动力的控制战略既简单又直接，但最终由于同业工会组织得以阻止。那时，国有基础设施总体处于自由放任的状态。贸易成了国际经济关系的主要形式，并且促成了由古典自由主义组成的主要意识形态。虽然 SSA 学派对于在破坏某一 SSA 的过程中哪些因素起最重要的作用这一点上存在一些分歧，但是他们一致把矛头指向了由无限制的竞争、实际工资的增长、竞争中形成的过剩生产力、黄金和金融结构的作用的矛盾引起的价格下跌所导致的利润挤出。这一危机通过产生新的垄断 SSA 得以解决，其特点是拥有一个寡头垄断的市场结构、软弱的公会以及在拉美和亚洲实行扩张主义和创立美联储制度。而后这个 SSA 在大萧条时代被终结，SSA 学派将其归咎为：工资的提升慢于利润提升而导致的需求不足；证券市场的投机泡沫崩溃；对美国进一步海外扩张的排斥。

大萧条导致了长期的制度改革，包括新的财政机制和国家在经济中扮演角色的扩展。直到 20 世纪 40 年代，在战备品需求的刺激下经济才得以复苏。新的 SSA 随着凯恩斯的福利制度在二战后被巩固，工业联盟足够强大来支撑美国的国际主导地位以及新一轮的"冷战"。70 年代的滞胀标志着经济膨胀期的结束。战后 SSA 的衰退和瓦解伴随着利润的挤出，资本—劳力一致性的结束，价格/薪资盘旋上升，欧洲及日本的竞争加剧导致国际秩序动荡，固定汇率的布雷顿森林体系终结，这两个时期的石油价格快速上涨。20 世纪 80 年代，建立了新的 SSA，我们称之为当代 SSA。我们将在下文中具体讨论当代 SSA。

---

① SSA 学术界关于美国历史上各种 SSA 的确切特征和时间跨度存在差异。这里我们展示了较常见的一种。

SSA 理论与另两个试图解释当今政治经济格局的理论有相通之处。它们均产生于法国的调节理论，以及由皮特·霍尔（Peter Hall）和大卫·索斯基奇（David Soskic）提出的资本主义多样性学说。

调节理论

尽管法国的马克思主义学者很早就提出"调节"一词，但该理论一直到米歇尔·阿格里塔（Michel Aglietta）于 1976 年在法国发表的"资本主义调节理论"中才真正成形，并由其他包括罗伯特·博耶（Robert Boyer）在内的法国学者发展下去。阿格里塔研究的一部分是为了证明"阶级斗争下的社会管制的制度化是再生产的核心进程"（阿格里塔，1979：29）。他将这种理解应用到了资本主义的调节及危机中（Aglietta，1979：19）：

> 这种理论立场使得我们能够构想出连续再生产的断裂引起的危机，察觉为什么危机的时代是社会创新繁多的时代，理解为什么解决危机的方法总是涉及无法逆转的生产方式的转变。

而后，罗伯特·博耶成为了巴黎学派调节理论的领头人。以下我们将对他的理论做一个简短的介绍。博耶（Boyer，1990）审慎地定义了一系列中间概念，第一个概念是"积累机制"，它包括生产的组织、价值的分配以及与生产可能性相一致的社会需求的有机构成。积累机制是有条件的，并且被进一步的中间制度形式再造，归为五个方面：货币约束的形式、薪资关系的构造、竞争的形式、在国际调节理论中的位置以及国家的形式。这些制度形式合在一起组成了调节的模式。积累的机制和调节模式相结合便是发展的模式。而调节学派的目标则是"解释发展模式的出现以及由此而来的危机"（Boyer，1990：48）。

调节理论和 SSA 理论的共同点促成了塞缪尔·鲍尔斯（Samuel Bowles）和罗伯特·博耶的合作（1988，1990a，1990b），戈登和里奇在 20 世纪 80 年代参加博耶的巴黎学术研讨会时也讨论过这些共同点。科茨（1994）进一步明确了这两种理论的共同点。他认为二者都是通过分析资本积累进程和对这一进程起调节作用的社会机构之间的关系来解释资本积累的长期模式。SSA 近似于"积累机制"和"调节模式"二者的结合。此外,两个学派都将资本主义的发展"经过了一系列的阶段,各个阶段以根植于特定体制设置的特定形式的积累进程为特征"(p.86)。一旦体制无法继续满足积累的条件,出现长期性的结构危机并造成积累率下降,这些阶段便随之终结。这些危机直到满足积累条件的新体制出现才会结束。

科茨认为调节理论更忠于马克思主义的观点,因为它强调了生产关系和阶级收入分配,而不是凯恩斯主义所关注的资本家投资决定论。调节理论定位了积累调节理论中的长期危机的根源,而 SSA 理论则是从 SSA 机制的衰退中寻找出危机的根源(更贴近于调节理论中的调节模式)。

由博耶和塞拉德(Saillard)主编的《调节理论:技术发展的水平》中(2002 [1995]),介绍了调节学派出现的两个完全不同的分支。奥列维尔·法弗罗(Olivier Favereau)(2002:315)对这两个分支进行区分,即调节理论 1:"类似于马克思主义对于资本主义生产模式的分析";调节理论 2:"与这种分析不同,是基于制度形成的动态方面"。

最近,调节理论更强调制度的作用,即在调节模式中占主导地位,不仅在成功调节的时期有影响,而且在危机的产生中也起主导作用。阿格里塔(1998:56)总结了这些发展:

> ……不同的调节机制与调节模式的框架相吻合。这种吻合并不是自然发生的,因为每个组织都有自己的基本原则,都有自己的结构。这也是为什么对调节模式的服从不会是对任何已有的法则的遵从。这是一个历史性的独特存在,可以被称为增长的调节机制。相反的,增长机制的消耗,预示着不确定性时期的到来以及危机和变化,而这通常是由于调节机制协调作用的失败造成的。

这种模式提升了增长的调节机制在制度间作用的活力,积累的总体法则不再占主导,每个增长的调节机制都是特定的并由一些遵从体制的机构组成。相似的,制度间协同作用的失效——或者说调节机制的失效——拉开了增长的调节机制危机的序幕。对资本主义社会结构的组成和衰退以及扩张和危机的交替出现的描述汇集在了 SSA 理论的相关描述中。

资本主义多样性学说

资本主义多样性（the varieties of capitalism，VoC）学说，由皮特·霍尔（Peter Hall）和大卫·索斯凯斯（David Soskice）于2001年创立，对长期以来欧洲、美国、日本资本主义的分析路径进行了总结（Crouch and Streeck，1997；Hollingsworth and Boyer，1997）。其中的一条路径对比了德国和日本以银行为中心的资本主义以及英美世界较多的以股东为中心的相对弱化的资本主义。另一条路径对比了雇主和工会集中的国家，在这种国家中社团主义者的协议可以协商，以及另一种非雇主集中制的国家。VoC方式与调节理论和积累理论中社会结构的相似之处可参照以下（Hall and Soskice，2001：3）：

> 在20世纪80年代和90年代之间，一种新的相对资本主义诞生了，在这种新的主义下，我们将产业监督、国家革新系统和灵活的生产管制体制合在了一起。受到法国调节学派的影响，强调企业的运动，并将其从新的生产监管下的大量生产中剥离了出来。

除了生产的社会系统，霍尔和索斯凯斯还强调了金融体系的特性和国家的角色。在2001年的书中（Hall and Soskice，2001），阐述了两个主要的现存的工业国中资本主义的变形。其一，以美国和英国为代表，也包括澳大利亚、加拿大、爱尔兰和新西兰，由自由市场经济（Liberad market economies，LMEs）组成。其二，以德国为代表，同时包括日本、瑞士、比利时、荷兰、奥地利以及北欧诸国，由协调的市场经济（Coordinafed market economies，CMEs）组成。霍尔和索斯凯斯（2001：16）主张"LMEs和CMEs间不同的政治经济机制产生了不同的企业战略"并且"机制补充的出现加大了两者的区别"。更准确地说，因为这些补充，VoC学派主张资本主义国家并没有完全发展为英美模式。尽管在经济高速增长的年份中有一少部分集团向英美模式发展，但最终在2007年的金融和经济危机时终结，这次危机同样侵蚀了英美资本主义本身。没有一种资本主义被证明比另一种更好、更完善。

在包含企业内和企业间的权限关系、国家的特性以及金融系统的本质方面，VoC方法与SSA方法很相似。两种方法都强调为了系统的成功运转，机构性补充是必需的。VoC的方法还引发了对不同国家的资本主义机制的研究（如Streeck and Thelen, 2005）。然而，它对于其中联系的分析依然不足——这点在全球化经济中显得尤为重要——它只在最近才展开了对制度如何随着时间演变的讨论，而这也是SSA理论的核心（Hancke et al., 2007; Hall and Thelen, 2008）。然而，它提供了不同制度的重要分析，这些分析对于理解不同国家及其政策是非常重要的。[①]正因为如此，它对我们理解英美正在寻求的经济危机的仿真模型贡献很大。

最近的历史性进展

自从1994年我们的SSA理论论文集发表以来，有五个重要的历史发展既影响了SSA理论，也影响了我们对当代资本主义的理解。第一，1980年左右，机构、政策和思想的转变经常被认为是"新自由主义"，一个被证明是持久的但颇有争议的现象。[②] 第二，工人和雇主之间的力量的平衡毫无疑问地转向了雇主。第三，在全球化的趋势下，关于资本主义是否加深了一体化程度的问题得到了解决。第四，资本主义使得金融化程度更高，因为金融部门不仅代表了更大份额的经济产出，金融本身也参与到实体经济中，并且带来实体经济的诸多变化。第五，2007—2008年爆发了严重的金融和经济危机，同时也是本文撰写之际（2009年6月），标志着当代SSA进入了危机阶段。

新自由主义的特征是解除商业管制，国企和国家责任私有化，废除社会项目，市场力量扩张到社会新角落，大大削弱工会运动，回归到不受限制的竞争以及之前被否决的自由市场经济理论的重现。SSA学派想要尽力明确当代SSA下的所有机构是如何以新自由主义为中心的。一些

---

① 关于日本的比较分析，参见Brown (1997)。Jacoby (2009) 提供了详细的关于金融和劳动力如何在不同的机构中互相融合的讨论。
② "新自由主义"这一术语对美国读者而言需要一些解释。在美国政治对话中，自由主义指的是支持政府积极干预经济为普通人谋利，并限制商业的权力。在欧洲，拉美和世界其他国家，自由主义的意思恰好相反，指的是限制政府干预经济，并支持"自由市场"的政策。新自由主义取的是后面一层意思。

人认为，新自由主义的许多特点只在许多国家机构的边缘部分起作用。比如，格林（Glyn）（2001）和雅克比（Jacoby）（2009）认为，西欧许多国家以及日本的新自由主义的改革范围非常有限。鲍尔斯、爱德华和罗斯福（Roosevelt）认为：在美国，国家的作用并没有减弱；税收在1980年作为GDP的一部分没有下降反而上升了；而且国家的许多管制活动也没有被消除。在他们以及杰姆斯·加尔布雷思（James Galbraith）（2008）看来，虽然长期以来政治保守派要求建立一个更小的国家（仍然是理论上的），一旦他们当权并对国家支出有更大的影响力时，他们发现重新定位比掌管它更有利。本卷在第二章利皮特（Lippitt）、第三章沃尔夫森（Wolfson）和科茨、第四章科茨和麦克多诺对这一观点作出了反驳，并举例说明新自由主义是以新的SSA为中心的。

学术界一致认为，20世纪80年代开始，美国和英国的工人力量被迅速削弱，并且一直延伸到了欧洲大陆和日本。这一转变的发生，部分是由于雇主反对工会，部分则是由于把工作迁徙到海外所造成的威胁。结果，所有这些国家中劳动力收入下降，而且工人间的不平等也与日俱增（Reich，2008a，2008b；Brown et al.，2009）。在美国，由生产力提高所带来的收入增长中的大部分被资本家和CEO获取。大部分部门的工人消费确实增长了，但其结果却是贷款上升了。富人的收入增长与实体投资的相对增长不匹配并导致了一系列金融泡沫。

在20世纪80和90年代，许多分析家认为，资本主义进入了全球化的新阶段。那些起初抱怀疑态度的人引用了一战前几十年内国际经济相互之间高度联系的事实，声称一个世纪以来，资本主义总是周期性地进入"国际化"新阶段。然而，到了90年代末，大众普遍认为一种新型的全球化发生了。这一共识基于对以下事实的积累，即当前随着物资、服务和资本的流通，资本主义确实达到了全球经济一体化的新层次。而且，相对全球化的早期阶段，物资的生产越来越多地被放置在周边资本主义国家，而且许多国家的许多行业生产过程开始纵向发展。对全球化和资本主义的认同促进了对全球和国家的SSA之间关系的分析。本卷第二部分关注的是全球化和SSA理论。

第四，自20世纪90年代早期以来，资本主义越来越"金融化"。金融机构和事务所在工业化国家和全球体系中的重要性越来越高，而且非金融企业越来越多地参与到金融活动中。当代SSA中新机构特性的作用需要专业的考核。第六章塔布（Tabb）和第九章博耶提供了类似的分析。

最近，大多数SSA的文献开始关注，在20世纪80年代早期和90年代中期的某个阶段确实出现了一个新SSA的观点（Reich，1997）。新自由主义、全球化和金融化以及其他发展在新SSA的出现中都发挥了作用。正如我们已经指明的那样，当代SSA的许多方面还存在争议，包括其巩固的时间，如何理解其主要机构，相比旧的SSA，新的SSA对资本积累到底有多有利。本书许多章节都谈论到了这些问题。

第五个进展是2007年始于美国然后蔓延到全球的严重的金融和经济危机。在本书撰写之际，要准确地评价这一危机还为时过早。尽管如此，有一点很明显，即金融和经济危机使得当代SSA进入了危机阶段。仅仅几个月，当代SSA的重要机构便开始快速瓦解。

在第四章中，科茨和麦克多诺提出（在当时还是尝试性的）引起从扩张到危机这一转折的原因。他们明确了自1980年以来这一阶段的主要特点，认为这些特点都来自当代SSA的特征，并且二者协同作用导致了危机：（1）劳资之间，家庭之间不平等的加剧；（2）不受管制的金融部门越来越热衷于投机和高风险的活动；（3）美国一系列大规模的资产泡沫，即2002年左右开始，2007年消逝的大量房产泡沫；（4）高度的经济全球化和金融一体化使得在一个主要国家引起经济和金融危机后迅速蔓延到全球。

如果当代SSA正进入危机阶段，SSA理论所面临的挑战将包括评估各种重组积累过程中的体制框架新方案的潜力。这些探索性努力的胜利以及对于改革的抵抗力度将决定当前SSA是否能够持续，但在危机模式下，则将决定资本主义是否会重组，当前生产组织是否会被其他组织形式完全取代。而商业要恢复稳定和消除对市场的管制是最不可能发生的。

在本书撰写之际（2009年6月），出现了许多这样的新方案。美国、西欧和中国已经宣布了一揽子经济刺激计划，包括大量的基础设施支出。确实，凯恩斯主义需求政策在资本主义国家中以惊人的速度复苏。大多数国家的银行体系被部分国有化，而且关于国家管制金融体系的必要性也达成了一致共识。一旦特定的提案被提上日程，这些协议就会引发争论。

正如科茨和麦克多诺在第四章中所说的，自由主义（从经典意义上来说）的 SSA 很快就会被建立了。然而当下的改革措施正围绕建立一个新的、受国家管制程度更高的 SSA。这样一个 SSA 需要创立并测试新的体制结构，还要安排必要的群体和阶级之间的妥协，而这些只有在一段时间后才能实现。这一论述表明，危机的周期很可能会被延长。这时就出现了两大问题。第一个问题关注的是当前 SSA 的全球性特征，而第二个关注的则是修正当前社会秩序中的收入高度不平等问题。

生产、贸易，尤其是金融的跨国化，使以国家为导向的再生产战略变得更加复杂。虽然凯恩斯主义认为国家经济相对自主，过去几十年的全球化却大大削弱了这一自主性。比如，随着进出口部门成为各经济体的主要组成部分，刺激方案必须在全球范围内进行协调，但是既存的跨国控制结构主要是用来促进对贸易管制的解除而不是协调财政政策。

还有一点也很明确，即重新管制金融的措施必须具备国际规模，而且必须包括新的、更具影响力的经济体，比如中国、印度和巴西。然而，随着参与者的增加，要把跨国金融这个妖怪再次放入管制的魔瓶就需要付出很多努力。

作为全球经济的主要参与者，中国的崛起可能会对未来的重组具有重大意义。中国的发展给全球资本主义劳动力注入了几亿低薪工人。美国作为全球消费中心以及中国作为全球工厂这一现状并不一定持久。如何适应中国大规模又快速的经济发展也许是全球资本主义重组过程中最棘手的问题。SSA 学派需要对这一点进行更深入的分析。

另一个需要探讨的与 SSA 理论有关的进展是在伊斯兰国家、印度以及布什时期的美国崛起的各种宗教原教旨主义。这种进展可以被理解为对当代 SSA 的某些群体边缘化的回应吗？这种变化将会在未来的重组过程中发挥什么样的作用呢？

还有一个与 SSA 理论相关度不高的更近期的进展值得关注，即美国政府越来越想干预其远在海外的军事。在 20 世纪 80 年代，随着美国打败了越南，对美国军队的干预被局限在其传统的基地——拉美。90 年代，在老布什政府以及克林顿政府时期，中东和欧洲发生了一系列由美国主导的军事干预。2001 年后由于小布什的单边主义，军事干预与日俱增。

全球 SSA 似乎需要一个能够支持全球机构的霸权力量。这一干涉趋势是否表明为了维护全球系统的稳定，需要建立一个霸权统治？还是美国单边主义这一极端例子本身就是一个不稳定的，将被奥巴马政府修正的反常现象？奥巴马政府有能力重建一个世界强国的联盟来有效重组全球资本主义吗？这些问题需要用SSA的方法来进行后面的研究工作。

最近通过大选崛起的拉美左翼给SSA理论的理解带来了更多挑战。这些变化的政治范围很广，从阿根廷、巴西和智利的社会民主政体到委内瑞拉、玻利维亚和尼加拉瓜更激进的政府。它们似乎都源于对当代SSA关于拉美人口负效应的反应。这些运动持续的时间当然是不确定的。但是，如果它们得以生存下来并继续扩大影响，与跨国资本主义相关的国家又该如何重组呢？它们是当代SSA危机的预示吗？它们最终会成为新资本主义重组的一部分吗？

之前讨论的国际原因对各种类型的重组都提出了问题，而且它们有可能加深关于体制创新的矛盾并延长危机的阶段。另一个主要问题是对当前SSA下的极度不平衡的回应。这不仅仅是道德或伦理问题。处于社会底层和中层人民的工资停滞导致需求只能通过贷款的增加来得以维持，这预示了将会引发一系列资产泡沫。财政救市不能解决长期有限的消费者需求和消极的投资前景这些问题。短期财政刺激项目也不够，尤其是如果它们没有很明确地要提高生活标准和改变不平衡的模式。如果把高阶层现在和未来收入永久性、大量地转向中层和底层人民，那么这个问题就能够解决了。但是这种改变是根本不可能的，只是基于经济的考虑而发生。这种改变有可能只是作为对有效的人口运动的回应。发起这样一个摆脱传统的长期紧缩和弱化劳工的运动，将会是一项长久的任务。

如果我们是对的，即当前SSA正进入一个长期的危机阶段，在这一阶段中，人们为了更广泛的公平正义而奋斗，这一努力可能成功也可能失败，但在这一过程中，我们对这一阶段的理解也会更加深刻。虽然不可避免地会使许多人遭遇困难和痛苦，但与此同时，我们长期以来面临的危机也许正在为社会发展赢得更多机会。对资本主义历史上这一时刻的特征的更深理解会使我们能更好地欣赏这一机会的重要性和范围。本书旨在提供这样的理解，同时也指出对SSA的理解有待进一步研究的争议。

本书综览

本书分为四大部分。第一部分讨论积累的社会结构理论。在第一章中，泰伦斯·麦克多诺将带领我们全面回顾自1994年出版以来的SSA文献。其中包括了大卫·戈登与其同事的近期作品，他们用SSA方法来解释宏观经济模型。同时此章也论述了"空间化学派"，即认为当前的劳动力控制战略正围绕迁移和实际迁移带来的威胁展开。由于迁移的威胁只有在地区差异存在的情况下才会具有牵引力，空间化学派分析认为美国各州是总的SSA的分区，每个州都有其各自的特点和动态。第三方区域关注的是SSA框架在刑事司法制度历史中的运用。这一章也介绍了许多其他理论、历史的问题，如最近的SSA文献，并提到了本书后几章对于经济和金融危机的讨论。

在第二章中，维克托·利皮特对SSA方法下机构的概念下了更严密的定义，并对许多问题进行了理论性的探讨：是什么给予了SSA结构的完整性？为什么SSA会瓦解？为什么SSA需要很长时间来建立，又为什么它们历久弥坚？SSA理论和过分果断以及历史偶然的关系是什么？利皮特还讨论了阶级斗争在创造SSA活力元素中的作用。在附录中，利皮特检验了2007年末爆发的金融和经济危机是否代表了当代SSA的最终危机。他认为新自由主义SSA，因其内部严重的矛盾导致了其早亡，因而周期相对较短。

在第三章中，马丁·沃尔夫森和大卫·科茨修正了SSA的定义，认为SSA是促进盈利的体制性结构，是资本积累的机制，但并不一定就促进本身很快地积累。这一重新定义是对新自由主义的持久性向SSA理论提出挑战的回应，作为新SSA的一部分，新自由主义并没有带来快速积累。他们认为，自由主义的SSA，包括了资本家对劳动力的高度控制，也展示了一个较为缓慢的积累，而基于劳资协议并受管制的SSA下的积累则快得多。与利皮特、科茨和沃尔夫森不同，关于这两种SSA是否具有不同的生命周期他们持不可知的态度。

第二部分讨论了全球化与当代SSA的关系。在第四章中，大卫·科茨和泰伦斯·麦克多诺认为，新SSA在20世纪80年代早期得以稳固，那个时期SSA的最明显特征就是全球新自由主义。这一SSA中的主要机构包括作为意识形态的新自由主义以及一系列政策、一定数量的机构体制，还包括资本、物资、跨国货币、跨国生产分工、通过贸易的生产再整合、跨国企业供应链的更自由的流通。这一 SSA 的特点还包括劳动力权利的削减、空间化的劳动力控制战略、金融化、被"挖空"的民主国家、车间的灵活专业化和精艺生产化。科茨和麦克多诺认为，这些机构组成了一个连贯的机构来促进盈利，并为积累提供构架。这一 SSA 同样包含着一些引致经济危机的矛盾。

在第五章中，迈克尔·华勒斯（Michael Wallace）和大卫·布雷迪（David Brady）直接把全球化和劳动力控制过程联系起来。利用通信和交通的创新，企业能为它们的经济活动从众多的地点中做出更好的选择。这一不断提升的空间灵活性使公司通过迁移或迁移的威胁来削弱并控制劳动力。

正如我们先前提到的，金融部门的规模扩大了，金融利润作为资本收入的一部分也提高了，并且金融优先权正日益掌握着决策权。在第六章中，威廉·塔布讨论了当代 SSA 的金融化。新自由主义导致了金融膨胀，风险的日益加深和不稳定，其严重后果在 2007 年的金融和经济危机中显现出来。塔布认为，这一危机引致当前 SSA 的衰退。在结尾部分，塔布区分了 SSA 中的阶级—国家关系，当代 SSA 中的跨国化和之前几章的分析。

资本主义生产关系的全球化和阶级关系的全球化特征提出了全球性的治理关系的问题。在第七章中，埃姆林·纳顿（Emlyn Nardone）和泰伦斯·麦克多诺认为，类似于国家的跨国机构开始出现了。单一民族国家的重要性并没有衰退，但它们的活动现在被包含在一个更广泛的国际管理网络中。作者们在考虑全球金融和经济危机是否会导致新的全球治理结构，以及全球化的一些方面是否会替代性地衰退。

一些 SSA 学者讨论了全球意义下的当代 SSA，而其他学者则继续戈登等人的传统，从国家层面上来分析 SSA。第三部分详细分析了美国当代的 SSA。在第八章中，塞缪尔·罗森伯格（Samuel Rosenberg）详细描述了当代 SSA 中劳动力的地位。他首先通过观察二战后 SSA 中劳动力管理关系和劳动力市场性质建立了背景。然后罗森伯格讨论了 20 世纪 80 年代产生当代 SSA 的政治经济环境。他仔细分析了"雇主冒犯"和 80 年代的去工会化。考察了产生的新自由主义框架对劳动力影响，并讨论了在经济危机下，新自由主义时期劳动力关系的生存前景。

在第九章中，罗伯特·博耶讨论了过去几十年中CEO们急速飙升的报酬。他认为，这一飙升是出现金融导向或积累体制下的SSA的证据，并运用了调节理论这一术语。认股权的分配以及金融市场等诱因使管理者有权将其内部力量转变为更多的报酬和财富。博耶认为这一结果源于实际的执行官和金融家联盟来削弱工人的诉求能力。他认为这一体制性妥协构成了美国特有的新积累政体，这也解释了为什么美国的次贷危机那么严重。

在第十章中，苏珊·卡尔森（Susan Carlson）及其合作者讨论了刑事司法制度，这一点在之前SSA的构架中并没有给予持续的关注。他们认为，刑事司法制度作为物资和劳动力来源的直接市场，并在社会秩序中发挥间接合法作用，这两方面角色都具极大的重要性。不仅如此，这些角色的特性在每种SSA中各不相同。如此，对于SSA中所讨论的市场组织、国家政策和其他机构，司法系统的特征遵从SSA的建立和衰退节奏，不仅在不同SSA理论中各不相同，在同一个SSA理论中也会各不相同。

第四部分在资本主义边缘运用了SSA分析。对SSA理论的一种批评认为SSA理论运用的材料太局限于美国的经验。然而，SSA理论运用的材料在稳定地拓宽到了牙买加、韩国、南非、希腊、印度和中美洲国家。第四部分中的章节更新了之前在南非所做的分析，并拓展到了墨西哥和中东。在第十一章中，杰姆斯·海因兹（James Heintz）认为，与对SSA方法的批评相反，大量的经验表明存在一种分离的SSA。不仅如此，SSA还提供了对经济危机的解释，这使得SSA的分离结束。在详细地讨论了后分离时期后，海因兹总结认为现在要判断新的SSA是否成功还太早。

在第十二章中，卡洛斯·萨拉斯（Carlos Salas）对此做了截然不同的分析，认为新的SSA于20世纪80年代金融危机后在墨西哥已经开始。与20世纪30年代至20世纪80年代出现的第一种墨西哥SSA理论不同，现在的SSA不以内部需求为导向而从美国和美国市场寻求投资。结果，墨西哥经济成为了高度极端化的经济。一端围绕国际投资、需求和金融组成并且提供了一小部分高薪的工作；在缺乏国家再分配政策的情况下，另一端是一种非正式的市区的自我雇佣和小企业，再造了劳动力人口。

在第十三章，凯伦·普法伊费尔（Karen Pfeifer）将 SSA 理论运用到了阿拉伯世界，尤其是埃及、约旦和科威特的战后经济中。普法伊费尔认为 SSA 分析提供了对这些区域的两种主要理解。第一，由美国引领的战后 SSA 为这些地区发展自己的经济提供了国际环境。第二，普法伊费尔发展了区域 SSA 的概念，在这三个国家中 SSA 各有独特之处。

参考文献

Aglietta, Michel 1979. *A Theory of Capilalist Regulation*. London: NLB. 1998. "Capitalism at the Turn of the Century: Regulation Theory and the Challenge of Social Change", *New Left Review* 232: 41 – 90.

Bowles, Samuel and Robert Boyer 1988. "Labor Discipline and Aggregate Demand: A Macroeconomic Model", *American Economic Review* 78, 2: 395 – 400.

1990a. "A Wage – led Employment Regime: Income DisCribution, Labor Discipline, and Aggregate Demand". pp. 157 – 217 in Stephen A, Marglin and Juliet B. Schor eds. *The Golden Age of Capitulism*. Oxford: Clarendon Press.

1990b. "Labor Market Flexibility and Decentralization as Barriers to High Employment? Notes on Employer Collusion, Centralized Wage Bargaining and Aggregate Employment". pp. 325 – 352 in Renato Brunetta and Carlo Dell Aringa eds. *Labour Relations and Economic Perpormance*. London: Macmillan.

Bowles, Samuel, Richard Edwards and Frank Roosevelt 2005. *Understanding Capitalism: Competition, Command ond Change*. New York: Oxford University Press.

Bowles, Samuel, David M. Gordon and Thomas E. Weisskopf 1990. *After the Waste Land: A Democratic Economics for the Year 2000*. Armonk, NY: M. E. Sharpe.

Boyer, Robert 1990. *The Regulation School: A Critical Introduction*. New York: Columbia University Press.

Boyer, Robert and Yves Saillard 2002. Regulation Theory: *The State of the Art*. Routledge, London.

Brown, Clair, Barry Eichengreen and Michael Reich eds. 2009. *The Great Unraveling: New Labor Market Institutions and the Public Policy Response*. New York: Cambridge University Press.

Brown, Clair, Yoshifumi Nakata, Michael Reich and LloydUlman 1997. *Work and Employment in the U. S. and Japan. New York: Oxford University Press.

Crouch, Colin and Wolfgang Streeck eds. 1997. *Political Economy of Modern Capitalism: Mapping Convergence and Diversity.* New York: Sage Publications.

Favereau, Olivier 2002. "Conventions and regulation". pp. 312 – 319 in Boyer, Robert and Yves Saillard eds (1995) *Regulation Theory: the State of the Art.* London: Routledge.

Galbraith, James 2008. *The Predatory State: How Conservatives Abandoned the Free Market and Why Liberals Should Too.* New York: Free Press.

Glyn, Andrew ed. 2001. *Social Democracy in Neoliberal Times: The Left and Economic Policy since* 1980. New York: Oxford University Press.

Gordon, David M. Richard C, Edwards and Michael Reich. 1982. *Segmented Work, Divided Workers: the Historical Tranoformations of Labor in the United States.* New York: Cambridge University Press.

Hancke, Bob, Martin Rhodes and Mark Thatcher eds. 2007. *Beyond Varieties of Capitalism: Conflict, Contradictions and Complementarities in the European Economy.* New York: Oxford University Press.

Hall, Peter A. and David Soskice eds. 2001. *Varieties of Capitalism: The Institutional Foundations of Comparative Advantage.* New York: Oxford University Press.

Hall, Peter A. and Kathleen Thelen 2008. "Institutional Change in Varieties of Capitalism." *Socio – Economic Review* 7, 1: 7 – 34.

Hollingsworth, J. Rogers and Robert Boyer 1997. *Contemporary Capitalism: the Embededness of Institutions*, New York: Cambridge University Press.

Jacoby, Sanford 2009. "Finance and Labor: Perspectives on Risk, Inequality and Democracy", pp. 94 – 150 in Clair Brown, Barry Eichengreen and Michael Reich eds. *The Great Unraveling.* New York: Cambridge University Press.

Kotz, David M. 1994. "The Regulation Theory and the Social Structure of Accumulation Approach," pp, 85 – 97 in David M. Kotz, Terrence McDonough, and Michael Reich, Eds. *Social Structures of Accumulation: The Political Economy of Growth and Crisis.* New York: Cambridge University Press.

Kotz, David M. Terrence McDonough, and Michael Reich eds. 1994. *Social Structures of Accumulation: The Political Economy of Growth and Crisis.* New York: Cambridge University Press.

Reich, Michael 1997. "Social Structure of Accumulation Theory: Retrospect and Prospect." *Review of Radical Political Economics* 29, 3: 1 – 10.

Reich, Michael ed. 2008a. *Segmented Labor Markets arul Labor Mobility, Vol.* I *Labor Market Segmentation* 1970 *to* 2000. Edward Elgar.

2008b. *Segmented Labor Markets and Labor Mobility. Vol Ⅱ Flexibility, Monopsony and the New Labor Market Segmentation.* Edward Elgar.

Streeck, Wolfgang and Kathleen Thelen eds. 2005. *Beyond Continuity:Instituional Change in Advanced Political Economies.* New York:Oxford University Press.

特伦斯·麦克唐纳　爱尔兰国立大学经济系；
迈克尔·里奇　加州大学伯克利分校经济系；
大卫·科茨　麻省大学阿姆赫斯特分校经济系

第一篇

积累的社会结构理论

第 一 章
积累的社会结构理论的发展状况

本章概述了自 1994 年以来,积累的社会结构理论的发展状况。首先,回顾了大卫·戈登在 1996 年英年早逝之前的最后贡献,以及大量的来自社会学科方面的贡献,包括"空间化"学派的创立并拓展了戈登、爱德华和里奇的原著《分化的劳动与劳动力》。除此之外,还有大量的著作将积累的社会结构框架的应用在地域上进行了扩展,其中最显著的标志就是将其应用到许多发展中国家。在下文的第一章就可以纵览诸位作者如何将积累的社会结构框架应用到特定制度的分析及其历史研究当中。随后,对近 10 年来这些研究的理论贡献进行评析。最后,本章就自 20 世纪 70 年代末 80 年代初发生的滞胀危机以来 SSA 是否有所强化进行了一番探讨。如果 SSA 确实得到强化,那么当前的经济危机则由 SSA 的分裂而导致;而如果它并未得到夯实,那我们眼下所见证的不过是一种一直以来没有解决的战后 SSA 瓦解的延续罢了。

最近十年的回顾

大卫·戈登最后的工作

大卫·戈登持续的贡献主要在于他在借鉴了 SSA 分析的基础上建立了几种经济模式。戈登和长期合作伙伴塞缪尔·鲍尔斯和托马斯·魏斯科普夫发展和深化了其对资本主义力量、利益和投资之间关系的研究 (Gordon et al., 1998 [1994])。戈登 (1994)、戈登 (1997) 也将这项研究纳入战后时期美国广泛的宏观经济模型的构建中,戈登 (1997) 还将他的建模技术应用于 20 世纪 30 年代和 40 年代之间不同的劳工管理体制和行为准则之间转变的定位问题。

戈登、魏斯科普夫和鲍尔斯利用 SSA—激励模型来解释战后时期积累的过程。在此模型中，投资主要取决于预期利润，预期利润取决于资本主义潜在力量的指数。他们的研究表明，20 世纪 70 年代与 80 年代的投资停滞，可以用资本主义的基本权力的下降和货币主义旨在恢复这一权力的"冷水浴"来解释 [Gordon et al., 1998（1994）: 254]：

> 我们已经将这种方法应用于战后的美国，证据显示，自 20 世纪 60 年代中期以来持续低迷的美国投资总额源于以下两点。第一，源于开始造就战后繁荣的积累的社会结构的逐渐腐化；第二源于为复苏 20 世纪 80 年代经济而实行的保守的经济政策而带来的高额的间接成本。

大卫·戈登曾一度试图通过建立一种宏观模型对美国战后经济增长和衰退进行 SSA 分析。而这一模型既可阐明同时又能检验随时间推移的 SSA 的动态特征。大部分的初步工作由鲍尔斯和魏斯科普夫合作完成。然而，最后这项工作的攻坚阶段是他单独完成的。他有时把这项研究称为"大卫的荒唐事"（Boushey and Pressman, 1997），并计划把整个运转模型称为 LAPSUS 模型，即"失误"，正如词典里将其定义为"陷入错误，异端，或罪恶"（Gordon, 1994: 160）。

戈登计划写一本书，将这几个非正统的宏观模型和较为传统的新古典主义方法进行比较。戈登（1994）提前发表了这一研究的一部分，比较了四种非传统模式。强调了其中之一的后凯恩斯主义模型，另一种是卡莱斯基（Kaleckian），后凯恩斯主义的一个变种，第三种则是马克思主义模型。第四个是上述提到的 LAPSUS 模式，也就是他所谓的 SSA 路径下的社会结构主义。这种模式与 SSA 框架一致，同时包含马克思主义和凯恩斯主义的见解。戈登对使用这样的模型进行预测并无兴趣，而是试图对比各种模型的特征，即动态的相互关系的准确性。毫无疑问，他非常满意社会结构模型的良好效果。

1994 年，戈登（1994）将其建模才能应用于定位劳动力控制管理体制的过渡期，也就是相应的累积的社会结构体制的过渡期。其中劳动力控制管理体制是生产关系的重要组成部分。戈登能够为战后 SSA 的劳资和谐和具有战前垄断的 SSA 特征的驱动系统建立模型。利用滚动回归，每个模型都能很好地说明在各自的时间区间内生产力增长的变化，同时也能解释 20 世纪 30 年代之间的缺口，而在此之前，没有模型能说明这些（Gordon，1994：154）：

> 在这两个生产力系统之间的过渡，从目前的定量分析陈述里可以看到，它们提供了历史上对制度重建过程的一致的解释。在这里，我们确实钦佩艾尔弗莱德·马歇尔（Alfred Marshall）的观点，历史上的某些阶段确实存在"跳跃"。

由戈登及其合作者发起的这一传统已由艾瑞克·尼尔森（Eric Nilsson）发扬。尼尔森（1996，1997）等人利用和戈登等人相关的一个演化模型，更进一步探讨战后劳资和谐崩溃的直接和最根本原因，他认为，这一崩溃是由盈利停滞引起的雇主对和谐的攻击。分析认为，美国霸权地位的丧失仅仅是因为盈利能力的停滞不前和不断蔓延的劳资和谐的崩溃。

大卫·戈登的最后一本书《利润与措施：美国工人的企业压榨与精简管理的神话》，出版于 1996 年，详细和通俗地解释了副标题的两个问题。戈登指出，美国中低收入者的收入已经在最近几年停滞不前。他还指出，美国公司的管理层已越发膨胀，增加到欧洲和日本公司的 3 倍。关键在于，戈登认为这两个发展是相关的。追求一个聚集利润的管理方法以补偿由于"平均"支付所引起的对工人经济激励的下降。这些集中在政治经济两个相关的方面，戈登在建立一个更广泛的 SSA 的分析中并没有涉及这个工作。不过，这项研究推动了来自 SSA 框架内的分析。

在 1997 年和 1998 年，迈克尔·里奇先后用两篇文章回应了戈登最后的研究。在其中一篇中，里奇（1998）接受戈登"平均"的观点，但又提出了一些相比其他国家美国公司管理层膨胀尺度的问题，里奇认为这个论断是正确的，但是被夸大了。在另一篇关于 SSA 理论的"回顾和展望"的文章中，里奇（1997）对戈登的后期作品进行了更多方面的回应。里奇讨论了受其影响的作品，既有积极也有消极影响的一本书即《分化的劳动与劳动力》，书中包括美国工人社会主义失败的历史学讨论、美国强调和平的劳工关系延续的产业关系以及低工资和低生产率之间关系的新古典主义讨论。他还详细介绍了 70 年代的政治背景和那一时期美国资本主义循环的左翼学者的阶段学说。最后，他确定了向一种新的 SSA 形成方向上的定性转变。所有这些框架的构成，主要在于 SSA 聚焦于标志资本主义各个不同时期的定性特征。他还批评了后期的一些工作对于标准计量经济学的过度依赖。这一点会在下文中进一步阐述。

进入社会学领域

有趣的是，抛开上面描述的一些例外情况，近来 SSA 框架常被应用于经济学领域之外，被应用于社会学科的学术领域。在社会学领域内，SSA 的理论已经获得了第一个"学派"，即伴随着作为一种新的劳动力控制的学说"空间化"的出现，这是在美国决定一个新的 SSA 建设的重要基础的机构体制因素，戈登、爱德华和里奇的研究界定了工作结构和劳工市场组织的无产阶级化、同化和分化三个历史时期。格兰特和华勒斯（1994）界定了第四个时期为空间化，即空间化过程围绕自 20 世纪 70 年代以来雇主使用搬迁的威胁和真实的搬迁来作为一种劳工控制的主要形式，这种观察描述迅速地将资本流动和资本主义重建中的劳动力控制问题联系起来，由于这期间劳动分工将工作分化成简单部分，并且劳动部门的高度整合分化使得不同工作可以在不同地方完成，这种新的劳工管理策略可以实施。通信和交通的发展也使得这一管理策略成为可能。这使得资本家可以协调和控制美国遥远的角落和世界范围的劳动力资源（Grant 和 Wallace，1994：37）。

由于这些因素，布雷迪和华勒斯（2000：95）增加了地域政治安排，如 NAFTA 和 WTO，它促进经济自由化和全球化。格兰特和华勒斯认为：由于这一策略的本质特点，不同空间位置应该有不同的影响。在这种新的 SSA 中，本国境况成为重要的经济区位，因为国家必须与其他国家竞争创造一个良好的商业经营的环境以吸引或保持流动资本。这一论点可以从格兰特（1995，1996）、格兰特和哈钦森（Hutchinson）（1996）的实证研究中得到支持。

犯罪学领域的一些作者也在使用 SSA 的分析。卡尔森和米哈洛夫斯基（Michalowski）（1997）和米哈洛夫斯基和卡尔森（1999，2000）一系列文章研究了 SSA 影响的变化和伴随着 SSA 变化，失业、犯罪和入狱的程度和方向之间的关系。巴洛（Barlow）（1995）通过研究美国联邦犯罪审判的法律，发现在 SSA 衰退期之后的停滞期社会控制体系加强了，这拓展了巴洛等先前的研究（1993），它描绘出社会控制策略在资本主义历史不同时期的变化，作者发现社会控制体制的创新主要集中在 SSA 瓦解后的经济收缩期。

美国之外的几种积累的社会结构

对 SSA 理论的一个主要批评是它的材料仅仅取自美国的经历。而它的应用范围已经缓慢地稳步扩大。汉密尔顿（Hamilton）（1994）建立了加勒比式经济的实际工资、价格和生产力的模型。丁（Jeong）（1997）确定了一种在韩国始于 1961 年的国家资本主义 SSA。丁认为，在 20 世纪 80 年代后期这种 SSA 经历了瓦解。杰姆斯·海因兹（2002）通过详细描述种族隔离国家制度，回答了将 SSA 分析应用到战后时期的南非的早期批评。他的分析通过系统研究机构体制和政治的稳定对南非稳固的资本积累的影响深化了之前的研究。米哈伊尔（Mihail）（1993，1995）使用一个来自鲍尔斯、戈登和魏斯科普夫的框架研究来模拟希腊战后 SSA 的发展和消亡。

哈里斯-怀特（Harriss-White）的（2003）《印度研究》为很多前沿打下了新的基础。它专门针对哈里斯-怀特称之为 88% 的印度。这是居住在大都市以外的城镇和农村的人口比率。在她的研究中，SSA 的框架应用于第三世界的经济的特定外围地区。部分地由于学科性质，这本书比之前的努力更加详尽地处理了非正式制度及其对积累过程的影响。哈里斯-怀特广泛地使用了田野经济学和经济人类学领域的方法。这本书没有涉及随时间推移研究其驱动力，但是寻求在某一个时间点对机构关系作一精细的描述。我们以后会回到这个问题。

同样，2003 年，在威廉·罗宾逊（William Robinson）的《跨国冲突：中美洲、社会变迁与全球化》中运用 SSA 框架，描述了五个中美国家社会结构的变化。在深度处理这些问题的时候，罗宾逊把这些问题放在一个范围更加深远的主题背景下，即用认同和合并已经存在的国家结构的、新的、全球化的 SSA 来代替战后国家中心的 SSA。罗宾逊认为，这个新的全球的 SSA 是新出现的资本主义内部的跨国集团，即过渡资本主义阶级的阶级规划。罗宾逊认为，这种过渡到一个跨国阶级和跨国资本主义的过渡，表现为国家范围的多数地域过渡。例如，在发展中国家，这种过渡是远离进口替代工业化（ISI）的体制，以及其相关的政治和社会体制，并向一种特定出口形式发展。

社会积累结构内的几种特定体制

对SSA框架的一个重要借鉴是，历史上特定机构体制必须要在SSA形成和瓦解的动态过程中来理解。事实上，该框架在《分化的劳动与劳动力》中首先形成，为分析不断变化的车间作业管理关系提供一个历史背景。这由哈兰德·普雷切尔（Harland Prechel）（2000）在他的《大企业和国家：历史过渡与企业改革》（19世纪80年代—20世纪90年代）中有进一步的陈述。

这项工作涉及公司变革中的基本形式以及公司内部实行管理战略的转变。普雷切尔认为，企业基本形式的转变发生在当企业发现很难从内部获得足够的资金来源以应付它们所面临的挑战时。而在SSA衰退之后，公司面临的挑战会变得更加尖锐，内部筹资变得更加难以在危机时期获得。在这种情况下，企业寻求重组或是由其融资者被迫改组。在这些时期的资本主义阶层也会动员国家管制中的政策支持以促进其改变。在转型时期公司会基于一些信息做出重大决策，而公司会经常更换对于这些信息的财会术语。

在这个框架内，普雷切尔确定了SSA衰退的三个时期和探索寻求较快的公司转变的领域。19世纪70年代到19世纪90年代末见证了有限公司的出现，最终成为公司主导形式。在20世纪20年代到30年代，企业转变到多部门的形式。财务会计的投资回报成为成功的内部标准。第三个时期，从20世纪70年代到90年代，其特点是企业将它们部门重构为子公司，以及多层次附属形式的出现。放弃一体化财务控制，公司力求根据分散的相关成本和质量的数据决策。

在他们的教科书《当代建筑公司的经济学》中，斯蒂芬·格鲁内贝格（Stephen Gruneberg）和格雷厄姆（Graham）（2000）基于SSA对英国的房地产的"房产供应的社会结构"进行了分析，丹尼尔·沙罗斯（Daniel Saros, 2009）详细分析了一个美国进步时代的钢铁业例子。他非常关注对另一种治理结构中的对立的劳动关系的个案的本质理解。

积累的社会结构理论现状

在某种程度上可以说，SSA 理论框架内的研究在近 10 年来回到了它的根本。科茨等人（1994b）确定了几个与 SSA 理论并行发展并对其有影响的相关理论。这包括了广泛的传统微观经济理论的大量发展。到 1997 年，里奇（1997）认为，关于与这些问题最相关的理论派别背离了这一理论原来的意图。理论试图再次强调 SSA 理论定性的和制度本质。他明确了最初的理论视角，即源自马克思主义者的关于生产、分配和政治的阶级冲突的观点，源自马克思和凯恩斯的宏观经济学观点。他强烈地认为"我们赋予政治和经济的周期化假设、相对因果关系的或内在的特性，应该是源自制度分析，而不是简单的经济调查"（p.2）。随后的 SSA 理论普遍把这一立场作为出发点。在对管制学派与 SSA 途径进行比较的时候，科茨（1994）总结出管制理论更唯物主义，更接近马克思主义根源。这种情况如今颠倒过来了。

关于马克思主义的理论创新，正是 SSA 途径的灵活性有些反对创新的必要性。哈里斯-怀特（2003：14）总结了这种方法的特点是：

> 一个雄心勃勃的理智议程的核心问题是，如何确保这样一个持续变化的制度结构，以及如何通过形成阶级冲突和资本竞争性的集中之间的冲突破坏稳定？……在很大范围内，将积累与其制度矩阵相联系……没有一种关于制度矩阵中不同元素相对重要性的普遍假说，也没有重要制度或者力量中的特权列表。

这种灵活性允许特殊性的论点可以用于特定的地域或者历史的循环中而不需要新的广泛的概念的详细说明。这往往被批评为理论的弱点，但也是一种潜在能力。该框架已被证明具有足够的灵活性，给很大范围的情况和机构体制提供了分析的指导。

然而，维克托·利皮特（2005）在他的《资本主义》中对 SSA 框架的基础进行讨论。引入超定的概念，利皮特认为，SSA 的结构完整性由组成部分的相互关联创造和维持。与笔者不同的是，利皮特认为，由 SSA 决定的扩张期和接下来的危机期的长度不是不可预知的，而是有延长趋势。这是因为维持一个 SSA 的相互关系，由于它们是由机构体制的惯性支持，往往会改变缓慢。成功的发展给积极寻求 SSA 的稳定者创造利益，与此相似，标志接下来的 SSA 复杂的相互关系只会延长危机期的时间周期。

利皮特（2004：27-8）比以往的作者更关注对制度的明确定义。

我们可以在两个主要方面想象一个制度。首先尤其是作为一个组织，如世界银行或大学；制度更广泛的含义是特定社会的偏好、风俗和期望。而这些词语都经常被用于 SSA 分析，这里强调第二个用法。而且，第二种用法，可以被扩展或收缩，并且它的广义形式通常更有用。例如以联盟为例子，是第一种意义制度。集体谈判将是第二种意义制度的一个例子，一个狭义的应用。而劳动关系的国家系统也是第二种意义的，而且是广义层面的。

这个定义使得制度的概念更加清楚并且强调美国制度主义经济学传统对于 SSA 框架的重要性。

进一步创新涉及在不同的地域和时间的尺度上使用这个概念。该框架已经应用了比"长摇摆"要短的数个间隔时间。此外，它已被应用到亚国家和全球层面的空间上。

汉密尔顿（Hamilton）（1994）发现这个方法还可以应用于牙买加 15 年间的经济史，大量的空间化学派的研究都聚焦于类似的时间框架上。同时期，哈里斯-怀特（2003）把这个框架运用到印度社会在某一个时间点的切面，或如她自己所说的"静态，作为在印度经济巨大复杂性上加一个有用的分析秩序的一种方式，而不是发展一种有关不同时代或阶段的历史演变理论"（p.239）。

米哈洛夫斯基和卡尔森（2000）主要关注在 SSA 不同时期中的区别。使用戈登、爱德华和里奇使用过的术语，并且将 20 世纪的美国分成以下几个阶段（pp276-277）：

（a）探索 1，1933 年至 1947 年，（b）巩固 1，1948 年至 1966 年，（c）衰退 1967 年至 1979 年，（d）探索 2，1980 年至 1992 年和（e）巩固 2，从 1993 年到现在。

他们认为，"SSA 的每一个阶段都包含不同性质的劳动力和国家的社会关系。它影响经济边缘化措施和犯罪与惩罚的模式的强度和方向"（p.277）。因此这些类型的因素"不能跨越 SSA 阶段线性分析，因为这些变量的社会学意义可能根据 SSA 的每一个阶段的定性的性质而不同"（p. 277）。

米歇尔·那不勒斯（Michelle Naples）（1996）对二战后煤炭工业劳动关系进行了详细分析。在这一背景下，她所关注的是在特定时间点内 SSA 的构建和衰退对劳动关系的影响。她从 SSA 框架得到几个预测性的概括，并探讨其在煤炭工业的战后历史可能的描述。在这些假说中，她找到下面时期相关的概括的证据（Naples, 1996: 112 - 113）：

G1 对于元规则体制创新、变化和挑战在后期发展和长期的危机中将会变得更加广泛。

G3 在新型霸权的 SSA 的早期发展阶段中，世界观的不同和挑战是不能容忍的。

G7 在一个部门的劳动关系不是静态的。新规则的逻辑已在大规模地被应用，以便国家工会、百姓民众以及管理关系的整套系统随着时间的推移而变得丰富完整。

除了被应用到不同的时间尺度外，SSA 的框架已经被应用在不同的空间尺度。空间化学派特别重视 SSA 的存在和构建的影响是以怎样可解释的方式产生地域级的不同结果。他们的大部分工作都是以美国联邦系统内的州级政府作为空间单位，在空间化的美国 SSA 框架下，这一单位会发生制度变迁。佩鲁西（Perrucci）（1994）进行了"中西部走廊"的相关分析，日本在汽车产业向美国六个相邻州的地点投资。佩鲁西这里认定 SSA 的出现是基于"嵌入式社团"。

劳堡（Lobao）等人（1999）研究了比州更低等级的县的国家 SSA 因素的影响。具体来说，他们着眼于地域内核心制造业的影响和对于收入不公平的公民收入的政府补助。他们发现，国家级的安排在 1970 年能通过地方级的关系反映出来，而在 1990 年由于地方制度能够根据更大制度背景下的变化调整惰性和复杂方式，国家的变化不能很明显地在地方体现出来。阿瑞纳（Arena）（2003）使用 SSA 框架为背景讨论了单个路易斯安那州新奥尔良市的黑人城市政权中的阶级冲突。

虽然应用最普遍的是国家级的，但是对 SSA 的框架是否可以应用到更大的全球规模这一问题的答案却是模棱两可的。该框架的创始人经常声称，没有超越对美国的特定制度分析的可行性。科茨等人（1994b：4）认为，其他国家在战后时期的 SSA 是不同的。然而，SSA 的学派经常被与有国际影响的长波和管制理论混为一谈。戈登（1988）的确将框架应用于"全球化经济"，上面关于其他国家的分析证实了科茨等人的预言，被认定为加勒比型经济，关于韩国、南非、希腊和印度 88% 的 SSA 与描述美国二战后的时期有很大不同。在分析当下危机时期时，这一结构是否应当继续保留？这一问题构成了近些年 SSA 可能的构建中的部分争论。

20 世纪 70 年代后是否巩固了一个新的 SSA？

在当下 SSA 文化中，正在形成的一个共识是在当下经济危机之前的时期见证了 SSA 的巩固，尽管这一立场并不是没有受到有力的挑战（正如下文所述）。由休斯顿开始，一些分析家（1992）认为，一个新的 SSA 的轮廓已经非常明显（空间化学者；Lippit, 1997；Reich, 1997；Michalowski 和 Carlson, 2000；Went, 2002；McDonough, 2003；Bowles 等, 2005）。这种新的 SSA 的特点是从 1973 年到现在的多种制度变迁。每个作者提出了一个侧重点有所不同的列表，但在每个列表中总体格局是相当类似的。

有人认为，全球化的经济活动出现了质的变化。全球化不仅仅是全球化的贸易，而且也是一个重要的生产和投资的全球化。全球的金融转移的集中与跨国投资的扩展和通信机构的进步相结合，第一次诞生了跨国、全球化资产阶级。工人阶级也日益跨国化，因为生产过程分散在全球各地，因为他们面临全球资产阶级，因为他们可以被资本的过度流动带入相互竞争中。

全球化的这一过程最大的影响可能是加强了劳资关系中资方的力量。公司已经重组，缩减规模并重新设计。仿照日本的精益制造技术的生产系统已被引入。重新返回到受限的政府与新自由主义视角下对追求不受影响的市场相一致。国家组织，如 EU、WTO 已经越来越重要。国际货币基金组织和世界银行已经实施了以第三世界国家为主体的借款自由主义议程。最后，苏联和东欧的前盟友突然恢复了资本主义，接着是中国资本主义逐渐恢复，将资本主义的经济组织第一次几乎扩展到全世界。

对于这种 SSA 的类型有很多种提议。空间化学派提出了一个空间化的 SSA，强调方法的创新和劳动控制的规模。米哈洛夫斯基和卡尔森（2000）指出，计算机网络的 SSA 是集中于技术创新的结果。温特（2002）只是简单地认为全球化是资本主义的新阶段。麦克多诺（2003）更偏好于全球新自由主义。鲍尔斯等（2005）确定了跨国的 SSA。

术语的区别不是完全没有意义的。空间化学派，利皮特、卡尔森和米哈洛夫斯基将 SSA 的范围限制在美国。鲍尔斯等也是这样，虽然他们认为，将美国经济纳入跨国经济关系是与新的 SSA 的基本区别。温特和麦克多诺所说的 SSA 在更广义的层面，但没有明确地域界限。罗宾逊则为支持全球化特征的新的 SSA 进行了专门辩证论述。

有一种观点普遍认为几种 SSA 首先是国家性质的，而这一点已经得到大量研究的证实，那是否有可能将这种观点同以上所提到的第二种观点调和呢？这种和解是可能的，如果我们观察到国家界限的跨越正是这个 SSA 涌现的诸多定义性特征的一种的话。因此说 SSA 超出一个国家领土或者世界的一个地区不是进行理论创新。更确切的可以这么说，SSA 的性质产生了新的社会结构的跨国扩展。

这并不需要二战后期的国家分析做任何修改。在这个或更早的时期，SSA 主要是以国家形式存在的。这一结论直接源于经济融入政治、思想和文化制度中，而这些有时候在国与国之间差异很大。温特和麦克多诺曾间接地、罗宾逊则明确地认为，这个条件会随着全球化的出现而改变。罗宾逊（2004：74-5）以下列方式描述变化关系的特征：

> 随着资本从单一民族的独立国家中解脱出来，并随着全球化的开始，获得相对于劳动力来说新的巨大力量，单一民族的独立国家从复制凯恩斯主义的 SSA，转向服务全球化积累的新模式的普遍需求和跨国资产阶级，这一转变过程涉及再分配项目的反转……随着世界各个地区社会结构的变革和跨国化，一个新的全球 SSA 对现有国家和社会结构的转变有重要影响。

罗宾逊或许对这种假设的国家社会结构的转变并不一定导致同一性的强调不够。事实上，将空间化学派关于将美国内部州级的不同推广到全球级的论点是积极的。精确地说，正是这些单一民族的独立国家之间的差异，当它们被放置于一个更大的全球结构中时，再生产了资本积累。

认为新的 SSA 被巩固的观点并不是毫无质疑的。菲尔·奥哈拉（Phil O'Hara）（2000，2006）极力主张，最近的制度变革加起来构不成一个 SSA。相反（O'Hara，2000：285）"他们往往倾向于加深结构长波的不稳定和危机趋势"。奥哈拉在许多方面都支持这一观点。他声称一些机构，例如撤销商业管制规定和弹性生产运动，还没有得到充分的巩固和广泛的补充。其他机构，主要是缺乏管制规定的金融系统，它们本身就是不稳定的来源。还有其他一些综合起来对资本主义经济带来了新的矛盾对立。奥哈拉认为，国际竞争加剧的结果是大规模产能过剩，当它与工人阶级收入被限制结合时，就会同时产生严重的需求不足。这些分析大多是预见性的，但奥哈拉并没有对新的危机进行预测，而是认为这个时期更准确地被看作战后 SSA 危机的持续，而不是开始一个新的积累的社会结构。

在两篇文章里，科茨（2003）和沃尔夫森（2003）都同意奥哈拉的观点，即 20 世纪 70 年代后期的制度不会导致一个新时期的快速膨胀。然而，他们却将这种观察作为另一种不同分析的基础。沃尔夫森（2003：260）论述道：新自由主义不会是新 SSA 的危机，也不是旧 SSA 的危机……旧的 SSA 早已不存在了。在沃尔夫森和科茨看来，由于无政府状态下的竞争、需求及其实现的问题，新自由主义的主要问题就在于它不可能总会带来新时期经济的稳定增长。

然而，科茨（2003：263）认为，新自由主义是一套影响资本积累过程的新型连贯的制度。然而，因为它还没有促进经济的充分增长，而不能也不可能成为一种 SSA。科茨假设两种制度结构（IS）的存在，并分析了其存在的问题，这两种制度虽然解决了连贯性，但没有带来经济增长。自由的制度结构（LIS）的特征是：有限的国家调控，超越劳务力的对资本的积极支配、高度竞争和宽松自由的市场理念。不同的是，管制的制度结构（RIS）所具有的特征是：受政府干预、适度竞争、资金和劳动力的适度调配、企业之间的互尊行为，以及能够意识到政府和其他非市场体制的积极作用。虽然两种经济体制结构都能有效地带来经济盈余，但只有管制的经济制度结构才能促进资本积累和经济增长。因此，基于 SSA 的传统定义，只有管制的制度结构才能被称作真正的 SSA。科茨进一步假设，自由的制度结构和管制的制度结构的交替作用会成为一种趋势，因为由任何一种制度结构所带来的危机都可部分地通过构建和引入另外一种制度结构来解决。

尤其是鉴于 2008 年全球危机，很难否认由奥哈拉、沃尔夫森和科茨所发现的一些危机趋势的事实。然而可以这样认为，其影响被推迟得太久以至于不会阻止长时期的发展。奥哈拉的关于这些长期增长趋势的讨论，间接假定、制度框架只有在没有内在的危机趋势的情况下才能适当地存在。确实，过去的制度框架中的一些危机趋势只是在经历了较长的发展时期之后才变得明显。然而另一方面，在 20 世纪之交实行的垄断结构可以说从它诞生起就携带着消费不足的趋势。这种趋势源于对工人阶级生活水平的压制、垄断政治和投资市场的寡头的领导以及国际市场的帝国瓜分。更进一步，如列宁认为的，这种特殊的社会结构内部携带着一种走向民族的国际化的不稳定趋势，这种趋势的结果是世界大战，现在（至少从北美的观点）仅仅才走到了一半。思考这么一个例子，我们就可以明白对危机趋势的安全识别，不一定必须排除支持发展时期的制度框架。

文献中的整体趋势是认为已经存在一种新的 SSA，例如李明启（2004，2005）在 SSA 框架内的研究已经间接假设新自由主义 SSA 已经存在，并开始分析可能导致其衰退的矛盾。他认为，需求不足的问题将扮演主要角色。劳工力量的下降导致消费能力的下降，这反过来促进了金融投机活动，以其作为投资与创造实际投资需求的替代。新自由主义对国家的质疑，以及资本不愿承受高税收的风险抑制了政府需求的增长，这导致了作为世界需求的主要支撑的美国现今的财政赤字。这些赤字通过大量的借款和债务来维持，但这不能成为长远之计。

同时，李明启还认为对"绿色经济"的关注是 SSA 持续的主要威胁。增长和消费主义生活方式的全球化将会导致石油存储的快速消耗。即使不到石油物理供应的高峰，对全球变暖的预期也要求能源消耗的减少，这也会导致类似结果。在 2008 年金融危机爆发之前的油价上涨和世界需求和贸易的崩溃已经确切地证实了李明启的分析。

结 论

最近 10 年见证了戈登、鲍尔斯和魏斯科普夫关于战后 SSA 衰退的计量经济学分析的共同成果，也见证了 SSA 视角已经扩展到对美国的社会学研究中。尤其是，SSA 已经涉及犯罪学家对劳工控制和社会控制机制的研究当中。在这一背景下，在 SSA 中，阶段的概念已被进一步发展和研究。同时 SSA 自身在更短的时间尺度上及其对地区结构的影响也已经被研究。对 SSA 的分析研究已被扩展到新的地域。新的制度的历史也因此开始了。关于自由主义的制度是否应该以一个新的 SSA 的巩固为特征，专家们已经展开了热烈的争论。

在理论层面上，SSA 理论框架已经在很大程度上返回到了马克思主义的根源部分。虽然这已经重塑了一定的理论关联，但一些问题还是有待解决。这其中最重要的一个就是 19 世纪 70 年代这一时期性质的确定问题。它是危机期的继续，一种新的 SSA，抑或一种别样的东西，诸如 LIS。尽管它只是经验主义分歧的一部分，但引发了一个基本的理论问题。作为一种特定的 SSA，积累应该在何种程度上迅速且持续地满足其特定的制度结构呢？一个相关的问题则是，资本主义内在的危机的趋势该在何种程度上能够从中期平稳地缓和为长期呢？

对影响特定区域内的经济氛围的亚国家结构的认同，加上对全球化的新自由主义背景下跨国 SSA 的假设，提出了在不同地域、国界，制度结构之间是如何相关联的问题。战后，不同国家的资本主义共享一个共同的国际环境，而这种国际环境影响制约着每一个国家的积累。然而，具体的分析表明它们的 SSA 各有不同。不同国家的 SSA 共有一些国际性的制度是这种关系的一种可能模型。另一方面，空间化学派用正在出现的空间化的 SSA 来分析美国区域变化。事实上，一种新的 SSA 的特点就是制约甚至是要求发生地域性的变化。

结果是，不同的地方机构能够被内置在一个首要的国家 SSA 中。这种单一的首要的国家 SSA 对地区差异性的包容是不同地区结构的地理关系的第二种模型。这紧接着提出了另一个问题，在全球化新自由主义背景下，国家差异性的表现能否用这种方式看待。

第三个理论问题再次被尝试性地提出。伴随着 SSA 分析回归到马克思主义的根源部分，近来发起了将 SSA 分析框架应用到葛兰西（Gramscian）"霸权"的概念上（Arena，2003；Harriss - White，2003）。格兰特和马丁内斯（Martinez）（1997）认为，SSA 之间的制度变化、SSA 间的不同阶段的变化，改变了人们对于理解同种境况中的不公正，以及在这种境况中自己的能力和他们对于性质这些问题的解释构架。这些进展又提出了组成 SSA 的制度性质的理解问题。SSA 框架普遍强调构成连续的 SSA 的制度的不同特征，以此来影响利润率和积累过程。这种趋势保留了处理新领域新时期下的 SSA 方法上的灵活性。然而，也遗留了一些有待解决的问题：不同时期，不同地域的 SSA 的制度之间是否有着一些相对恒定的关系？是否有关于制度构建的一些恒定不变的原则，它们与马克思主义者的阶级冲突和资本主义竞争的动力原则是否相一致？例如争夺霸权。这比国家对积累过程的支持更明确。与此相对应，是否必然存在比马克思主义矛盾和危机趋势的研究更明确的制度消亡的一般原则？

在过去的十年里，有关 SSA 理论框架的研究显示，分析 SSA 的方法在学术上是活跃的，并且随着新发展带来不可预料的挑战而不断拓展其视野。将来的研究必然会聚焦于在 SSA 理论所预言的增长和停滞的长周期的背景下，研究当今的经济危机。

参考文献

Arena, John 2003. "Race and Hegemony: The Neoliberal Transformation of the Black Urban Regime and Working - Class Resistance". *American Behavioral Scientist* 47, 3: 352 - 80.

Barlow, David E. and Melissa Hickman Barlow 1995. "Federal Criminal Justice Legislation and the Post - World War II Social Structure of Accumulation in the United States". *Crime, Law and Social Change* 22, 3: 239 - 67.

Barlow, David E. Melissa Hickman Barlow, and Theodore G. Chiricos 1993. "Long Economic Cycles and the Criminal Justice System in the U. S", *Crime, Law and Social Change* 19: 143 - 69.

Boushey, Heather and Steven Pressman 1997. "The Economic Contributions of David M. Gordon". *Review of political Economy* 9, 2: 225 - 45.

Bowles, Samuel, Richard Edwards, and Frank Roosevelt 2005. *Understanding Capitalism*:

Competition, Command and Change. New York: Oxford University Press.

Brady, David and Michael Wallace 2000. "Spatialization, Foreign Direct Investment and Labor Outcomes in the American States, 1978 – 1996". *Social Forces* 79, 1:67 – 105.

Carlson, Susan M. and Raymond J. Michalowski 1997. "Crime, Unemployment, and Social Structures of Accumulation: An Inquiry into Historical Contingency". *Justice Quarterly* 14, 2:209.

Gordon, David M. 1988. "The Global Economy: New Edifice or Crumbling Foundations?" *New Left Review* 68:24 – 64.

——— 1994. "Putting Heterodox Macro to the Test: Comparing Post – Keynesian, Marxian and Social Structuralist Macroeconomic Models of the Post – War U. S. Economy". pp. 143 – 185 in Mark Glick, ed. *Competition, Technology and Money: Classical and Post – Keynesian Perspectives.* Cheltenham: Elgar.

——— 1996. *Fat and Mean: The Corporate Squeeze of Working Americans and the Myth of Managerial" Downsizing".* New York: The Free Press.

——— 1997. "From the Drive System to the Capital – Labor Accord: Econometric Tests for the Transition between Productivity Regimes". *Industrial Relations* 36, 2:125 – 59.

Gordon, David M. Samuel Bowles, and Thomas E. Weisskopf 1998 (1994). "Power, Profits, and Investment: An Institutional Explanation of the Stagnation of US. Net Investment After the Mid – 1960s". Working Paper no. 12. New School for Social Research. Reprinted in Samuel Bowles and Thomas E. Weisskopf eds, *Economics and Social Justice: Essays on Power, Labor and Institutional Change.* Cheltenham: Elgar.

Cruneberg, Stephen and Graham J. Ive 2000. *The Economics of the Modern Construction Firm.* London: Palgrave.

Grant, Don Sherman 1995. "The Political Economy of Business Failures across the American States, 1970 – 1985: The Impact of Reagan's New Federalism". *American Sociological Review* 60, 6:851 – 73.

——— 1996. The Political Economy of New Business Formation across the American States. 1970 – 1985. *Social Science Quarterly* 77, 1:28 – 42.

Grant Don Sherman and Richard Hutchinson 1996. "Global Smokestack Chasing: A Comparison of the State – level Determinants of Foreign and Domestic Manufacturing Investment", *Social Problems* 43:21 – 38.

Grant, Don Sherman and Ramiro Martinez 1997, "Crime and the Restructuring of the U. S. Economy: A Reconsideration of the Class Linkages". *Social Forces* 75, 3:769 – 98.

Grant, Don Sherman and Michael Wallace 1994. "The Political Economy of Manufacturing Growth and Decline across the American States, 1970 – 1985". *Social Forces* 73, 1:

33 – 63.

Hamilton, Rosalea 1994, "Analyzing Real Wages, Prices and Productivity and the Effects of State Intervention in Caribbean – type Economies". *Social and Economic Studies* 43, 1: 1 – 42.

Harriss – White, Barbara 2003. *India Working: Essays on Society and Economy* Cambridge: Cambridge University Press.

Heintz, James 2002. "Political Conflict and the Social Structure of Accumulation – the Case of South African Apartheid". *Review of Radical Political Economics* 34, 3: 319 – 26.

Houston, David 1992. "Is There a New Social Structure of Accumulation?" *Review of Radical Political Economics* 24, 2: 60.

Jeong, Seongjin 1997. "The Social Structure of Accumulation in South Korea". *Review of Radical Political Economics* 29, 4: 92 – 112.

Kotz, David M, 2003. "Neoliberalism and the Social Structure of Accumulation Theory of Long – run Capital Accumulation". *Review of Radical Political Economics* 35, 3: 263 – 70.

2004. "The Regulation Theory and the Social Structure of Accumulation Approach". pp. 85 – 97 in David M. Kotz, Terrence McDonough, and Michael. Reich, eds. *Social Structures of Accumulation: The Political Economy of Growth and Crisis*. New York: Cambridge University Press.

2009. "The Financial and Economic Crisis of 2008: A Systemic Crisis of Neoliberal Capitalism". *Review of Radical Political Economics* 41, 3: 305 – 317.

Kotz, David M., Terrence McDonough, and Michael Reich 1994. *Social Structures of Accumulation: The Political Economy of Growth and Crisis*. New York: Cambridge University Press.

Kotz, David M, 1994b. "Introduction". pp. 1 – 8 in David M. Kotz, Terrence McDonough, and Michael Reich, eds. *Social Structures of Accumulation: The Political Economy of Growth and Crisis*, New York: Cambridge University Press.

Li, Minqi 2004. "After Neoliberalism: Empire, Social Democracy, or Socialism". *Monthly Review* 55, 8: 21 – 36.

2005. "The Rise of China and the Demise of the Capitalist World – economy: Exploring Historical Possibilities in the 21st Century". *Science and Society* 69, 3: 420 – 48.

Lippit, Victor D. 1997. "The Reconstruction of a Social Structure of Accumulation in the United States". *Review of Radical Political Economics* 29, 3: 11 – 21.

2005. *Capitalism*. Oxon: Routledge.

Lobao, Linda, Jamie Rulli, and Lawrence A. Brown 1999. "Macrolevel Theory and Local –

level Inequality: Industrial Structure, Institutional Arrangements, and the Political Economy of Redistribution, 1970 and 1990". *Annals of the Association of American Geographers* 89,4:571-601.

Mihail, Dimitrios 1993. "Modeling Profits and Industrial Investment in Postwar Greece". *nternational Review of Applied Economics* 7,3:290-310.

——1995. "The Productivity Slowdown in Postwar Greece". *Labour* 9,2:189-205.

McDonough, Terrence 1995. "Lenin, Imperialism, and Stages of Capitalist Development". *cience and Society* 59,3:339-67.

——1999. "Gordon's Accumulation Theory: The Highest Stage of Stadial Theory". *Review of Radical Political Economics* 31,4:6-31.

——2003. "What Does Long Wave Theory Have to Contribute to the Debate on Globalization?" *Review of Radical Political Economics* 35,3:280-86.

Michalowski, Raymond J. and Susan M. Carlson 1999. "Unemployment, Imprisonment, and Social Structures of Accumulation: Historical Contingency in the Rusche-Kirchheimer Hypothesis". *Criminology* 37,2:217-50.

Michalowski, Raymond J, 2000, "Crime, Punishment, and Social Structures of Accumulation: Toward a New and Much Needed Political-Economy of Justice". *Journal of Contemporary Criminal Justice* 16,3:272-92.

Naples, Michele L 1996. "Labor Relations and Social Structures of Accumulation: The Case of U.S. Coal Mining". pp. 109-130 In Cyrus Bina, Laurie Clements and Chuck Davis, eds. *Beyond Survival: Wage Labor in the Late Twentieth Century.* Armonk, NY: M. E. Sharpe.

Nilsson, Eric A. 1996. "The Breakdown of the U.S. Postwar System of Labor Relations: An Econometric Study". *Review of Radical Political Economics* 28,1:20-50.

——1997. "The Growth of Union Decertification: A Test of Two Non-nested Theories". *Industrial Relations* 36,3:324-48.

O Hara, Philip Anthony 2000. *Marx, Veblen and Contemporary Institutional Political Economy: Principles and Unstable Dynamics of Capitalism.* Cheltenham: Elgar.

——2006. *Growth and Development in the Global Political Economy: Social Structures of Accumulation and Modes of Regulation.* London: Routledge.

Perrucci, Robert 1994. *Japanese Auto Transplants in the Heartland: Corporatism and Community.* New York: Aldine de Gruyter.

Prechel, Harland 2000. *Big Business and the State: Historical transitions and Corporate Transformation, 188Qs-1990s.* Albany: State University of New York Press.

Reich, Michael 1997. "Social Structure of Accumulation Theory: Retrospect and Prospect."

Review of Radical Political Economics 29,3:1 - 10.

1998. "Are U. S. Corporations Top - heavy? Managerial Ratios in Advanced Capitalist Countries". *Review of Radical Political Economics* 30,3:33 - 45.

Robinson, William I. 2003. *Transnational Conflicts: Central America, Social Change and Globalization.* London: Verso.

2004. *A Theory of Global Capitalism.* Baltimore: Johns Hopkins University Press.

Saros, Daniel E. 2009. *Labour, Industry, and Regulation during the Progressive Era.* New York: Routledge.

Went, Robert 2002. *The Enigma of Globalization: A Journey to a New Stage of Capitalism.* London: Routledge.

Wolfson, Martin H. 2003. "Neoliberalism and the Social Structure of Accumulation". *Review of Radical Political Economics* 35,3:255 - 62.

特伦斯·麦克唐纳　爱尔兰国立大学经济系

第 二 章
积累的社会结构理论

SSA 理论及其起源

积累的社会结构理论（SSA）意在解释每50年到60年的一个"长期波动"，以资本主义经济增长为特征，标志着资本主义每一次增长的明显阶段。因此，美国20世纪早期的增长特点是产业调整巩固、大规模生产以及引进"科学管理"。二战后的SSA以国家的发展为标志，美国处在世界经济的领导地位，SSA以资方和劳方之间、资本和公民之间的有限竞争以及黯然的"和谐"为标志。第二种SSA将在后面做进一步分析来支持和澄清在此所做的理论探讨。

SSA 理论关注的是维持长期增长的机构设置。从狭义上来说机构就是组织（比如大学和银行），从广义上来说是由文化、习惯和预期组成的。在这种意义上，它们具有典型的国家或文化特征[①]。在广义范畴内可以进一步区分，这也许会涉及一些非常具体的，如集体协商，或者更广泛一点来说，一个国家内的整个劳动力关系系统。虽然这些广泛的含义通常在SSA分析中最有用，但是这里我们将对这三种意义上的机构都加以讨论。

有时候SSA字面上代表了战后SSA中的"美式和平"（美国强权下的世界安定和平）或"美国霸权"（Gordon, Weisskopf, Bowles, 1996：233）。美国霸权绝不是先前所说的任何一种意义上的机构，可以将其设

---

① 许多人视SSA为全球现象，与资本主义世界经济相平行（CWE）。虽然对某些目的而言CWE很实用，它所关注的确实是地理上分散的经济活动间的联系，而SSA的核心概念没有此种看法。由于资本主义国家的机构各不相同——比如日本的"终生"就业制度，与美国的轻易解雇雇员大相径庭，因此讨论全球的或国际的SSA是没意义的。

想成一种包括系列机构,包括从美国和他国之间的关系性质(基于一系列的互信预期和行为方式),到基于美元这种全世界的主要储备货币的国际货币体系。

资本家或企业家在有吸引力的利润率下才会投资,但是他们必须对其期望的投资成果有很高的信心,而这一信心只有通过一套稳定又有利的机构体制得以保证。这套有利于投资的机构体制,就是"积累的社会结构",或SSA。SSA的创始人大卫·戈登、理查德·爱德华、迈克尔·里奇已经对其下了清晰的定义(1982:25)。

> 我们认为资本积累过程是寻求利润和再投资的微观经济活动。个别资本家(或公司)雇用特定的劳动力在规定的机构环境内运作。我们希望能把这一过程与其环境分离开来。
>
> 于是,积累的社会结构的内在界限把资本积累过程本身(个别资本家的盈利活动)与机构内容(社会,政治,法律,文化和市场)区分开来。
>
> 另一方面,我们又指定了外在界限,如此一来积累的社会结构就不单纯是"社会其他方面"的简略表达法。我们不否认,社会的任何方面或关系都潜在地,或者说实际地,在某种程度上影响积累过程;尽管如此,区分这些直接地,明显地制约资本积累的机构以及那些只略微涉及资本积累的机构是不无合理性的。因此,比如,金融体系就具有一种直接的关系,而运动项目却没有。

两种截然不同的理论诉求形成了SSA理论的基础。一方面,马克思和新马克思主义理论家意欲弄清最终引起系统变化的资本主义核心矛盾。另一方面,许多理论家已找到对过去资本主义经济增长的长期循环或波动的解释。在第二组里,我们尤其注意到了康德拉季耶夫(Kondratieff)(1935)和熊彼特(Schumpeter)(1939)的贡献。康德拉季耶夫将美国的长期循环视为与替换长期资本的需求相联系的过程,而熊彼特则关注导致投资繁荣的大规模创新,从活跃到逐渐减少直到新一轮的创新产生。

新马克思主义的文献比那些以长期循环为中心的文献更丰富复杂,虽然许多早期新马克思主义作品随着马克思假设资本主义即将崩溃而走向了死胡同,它们想要指明引发最终崩溃的中心矛盾(比如利润率下降或消费不足)(魏斯科普夫,1996)。虽然延续这一理论传统的研究工作大有进展,但 SSA 理论则打破常规,关注资本主义的恢复能力——其在长期的相对停滞和危机中自我恢复与更新的能力。这一远见使得 SSA 理论证明了资本主义的独特阶段,以及伴随其发展的长期循环。因此,当代美国资本主义与半个世纪前盛行的系统大不相同。

David Gordon 最先在他的作品里提到将这两条理论诉求合二为一组成 SSA 理论。他 1978 年的论文《过山车般的跌宕起伏》(Up and Down the Long Roller Coaster)研究了美国自 19 世纪早期以来长期循环的定量证据,把它与支持(或未能支持)积累过程的机构体制结构联系起来,并逻辑性地将其与马克思的主义矛盾与危机理论相联系。接下来的一部论文(1980)则引发了在理查德·爱德华和迈克尔·里奇合著的《分化的劳动与劳动力》中对 SSA 这一"最终明确"的理论(1982)的早期论述。随后最全面的 SSA 理论研究是由大卫·科茨、泰伦斯·麦克多诺与迈克尔·里奇编辑的《积累的社会结构:增长与危机的政治经济学》(1994)一书。此书囊括了诸多评定 SSA 理论状况以及这一理论所引发的问题的论文。虽然许多讨论 SSA 问题的论文在此书出版前后陆续涌现,但这本书的宽泛和精巧为后面笔者将讨论的理论问题提供了逻辑参考。稍有不同的是,笔者所讨论的问题是由大卫·科茨在他的《积累的社会结构理论解析》这篇富有思想性的论文中提出的(第三章科茨,麦克多诺与里奇编辑,1994)。

这些问题罗列如下(1)是什么提供了 SSA 的结构完整性,是什么使它不仅仅像是一张影响积累过程机构的"洗衣单"?我们可以在 SSA 中论及核心机构或核心组织原则吗?(2)为什么 SSA 会崩溃?阶级斗争在其中的作用是什么?(3)为什么 SSA 要花很长时间去建立,为什么它们能够持续很久?(4)SSA 理论与多元决定性和历史偶然性概念都认为仅依靠机构体制不能导致快速的积累以及伴随而来的长期增长,这二者之间有什么关系?

仅仅解释这些问题的抽象概念是不合时宜的。因此,笔者首先简要讨论两种 SSA:美国和日本的战后 SSA。在这些讨论中,通过把理论运用到特定的机构体制的框架中,将有助于澄清这些理论探讨。笔者在别处已经详细讨论过第三种 SSA,即美国的新自由主义 SSA,这些理论探讨对其也同样适用。①

首先声明，运用一般经济理论中普遍适用的演绎法无法"证明"SSA的重要性，甚至是存在性。而用归纳法假设SSA的重要性时，需要讨论两个中心议题：(1) 假设SSA的存在是否有可能告诉我们一个更为令人信服的关于资本主义国家经济史的故事，其中包括每个国家发展的长期循环和独特阶段？(2) SSA理论能帮助我们理解每个资本主义国家的现状、动态，以及形成其经济特征的推动力吗？笔者相信接下来的论证将对两个问题给予明确的肯定回答。

美国战后的 SSA

二战后很长一段时间内，美国在投资、生产力和实际工资方面迅猛发展。大卫·戈登、托马斯·魏斯科普夫及塞缪尔·鲍尔斯（1996；bereafter GWB）将这一"黄金时代"归功于SSA的形成，然而这一SSA之后的崩溃使美国进入一个缓慢增长和实际工资停滞的时代。在1948年到1973年间，生产力增长率达到平均每年2.8%，但是在1973年和1995年间迅速下跌到平均每年1.4%（商务周刊12/1696：31—32）。而在1995到2004年间，生产力增长再次飙升到3.0%（Baumol与Blinder，2006：134）。虽然由于机构体制总是处于成立和分解的状态而使得SSA的时期无法准确确定，但这个迥然不同的生产力增长率模式和战后SSA的出现相一致，并延续了将近25年，直至20世纪90年代中期才崩溃，之后被一个新的"新自由主义"SSA所取代。②

根据GWB，能证明早期繁荣的核心机构的组成部分是（1）劳资和

---

① 关于第三个SSA的完整解释见Lippit（1997）和Lippit（2005）。

② 可以通过生产力的加速发展来区分1995年左右的新SSA的时间段。我们有理由相信新SSA的主要特征成型于1981年的里根总统时代，那一年里根解雇了空航管制员，因此这一特征在1995年左右完美建立。在1994年大选中大获全胜，当他们在众议院中获得54个席位的时候，共和党人40年来第一次抓住了众议院的控制权。在接下来的几年内实施了一套保守政策，克林顿总统在1996年8月22号那天签署了法案"重写了60年来的社会政策，结束了联邦政府对穷人的经济帮助，推翻了福利项目"（《华盛顿邮报》8/23/96：A1）。而且，1995年卡特彼勒罢工意欲维持典型谈判的原则，但最终在4年的激烈冲突中瓦解了。新SSA限制了政府的作用，确立了资方优于劳方的权利，因此在中期时得到确立。正如附录里解释的，新自由主义SSA由于其激烈的内部矛盾而比正常的SSA的时间要短。

谐，劳方让步于企业管理权以换取实际工资提升和工作安全保障；（2）美国强权统治下的和平，美国霸权遍布全球，美元的强势限制了美国公司进口原材料的成本并加快其海外扩张；（3）资方与公民和谐，其中经营同同意接受社会保障，医疗和其他福利配备以换取公众最小程度地干预其公司盈利；（4）在国外经济体依然处于战后恢复时，在国内进行寡头垄断，进行一场资本家之间无声的竞争。资方与公民的和谐，暗示着政府在经济活动中发挥着日益广泛的作用，这与"冷战"期间国防开支的增长共同确保了总需求。

虽然 GWB 没有在其分析中涉及，但马丁·沃尔夫森（1994）的论文指出了（5）战后 SSA 金融体系的关键作用。接下来将简要论述这五种组成部分，意在阐明其与理论议题的关系。

劳资和谐说明了资本主义经济中的一个中心矛盾。正如 GWB 所言，资方对劳方而言要么"太强"，要么"太弱"。如果资方太强，工资就会下降，但相应会威胁到总体需求的维持，从而导致消费不足这一潜在危机。生产利润将会很高，但是销量却会由于购买力有限而缩水，这将阻碍新投资。劳资和谐是保证平衡的一个方法，在维持生产利润的情况下保持总体需求。通过推进节省劳动力的技术革新（在此协议下，劳方关注安全和现有工人而不是未来工人的利益），这种和谐也为有利可图的创新提供了平台。

美国强权统治下的和平是二战的一个副产物。随着日本和西欧的大量工业生产力被战争摧毁，美国经济强势复出。另外，在1994年布雷顿森林体系中得到同意的固定汇率保证了美元的强势地位，并促进其作为主要储备货币复出。这使美国能从国外低价购进原材料和半成品，并推进美国公司在海外的直接投资。

劳资和谐在20世纪30年代的新政中有其根源，比如，社会保障体系就是在那时提出的。这一协议所讨论的问题在大萧条时期显得尤为突出，这证明了不受管制的资本主义并不一定能满足人们关于就业、养老保险以及其他一些最基本的要求。和其他一些战后支持 SSA 的机构体制一样，劳资和谐随着时间推移而发展，并得到1946年的充分就业法案支持，在此之下美国承担宏观经济管理责任以维持充分就业，随后扩展到其他福利措施如医疗保险（1965年写进法律）。满足人民的基本需求保证了全民接受资本主义以及其盈利。资方与公民的和谐表明，机构体制的产生与发展是一个不断推进的过程，因而 SSA 可能包含之前建立的或之后创建的机构体制。

国内和国际间的有限竞争是战后主要工业中盛行的寡头垄断市场结构以及国外孱弱的工业经济体的自然附属品。事实上，这一战后的 SSA 主要由两种不相关的因素组成，其中之一的寡头垄断很显然是机构性的，而另一个则是历史偶然，即在战后重建的很长一段时间内，工业经济体无法在美国市场内实现有力竞争。我们还应该看到，这与"美国霸权"因素共同作用。历史偶然因素将在下文的理论探讨中详述，但现在我们应当注意到，SSA 成分间的重叠绝非偶然，实际上，这有助于解释每一个 SSA 的独特组成。这一点也将在下文的理论探讨中详述。

马丁·沃尔夫森（1994：133 – 134）认为，"战后积累的社会结构的金融成分从三个重要方面使得美国经济迅猛增长：稳步上升、提升盈利和管理阶级矛盾"。沃尔夫森尤其注重 20 世纪 30 年代的金融改革，包括商业和投资银行的分离，禁止支付活期存款利息，规定定期存款利率上限，引进联邦储蓄保险，加强政府对金融部门的监控与管理。虽然这其中许多改革措施在 20 世纪 80—90 年代被取消了，但就其本身而言，并不能否认其在战后繁荣时期所起的作用。当外部条件以及与之互动的机构体制改变的时候，在一段时期内发挥作用的机构在另一段时期内并未发挥作用，这一点也不足为怪。[①]

国际金融机构在战后的 SSA 中也发挥了重要作用。1944 年，布雷顿森林体系协议为国际金融体系奠定基础，同时这一体系通过把美元作为储蓄货币，支持国际贸易扩张来营造战后投资环境。有意思的是，这些机构变化先于战后"黄金时代"，而后有助于保证一个稳定的、有利于战后扩张的低利率的金融环境。

---

① 东亚的各种商务集团提供了一个例子，表明在一段时期内支持 SSA 的机构在另一段时间内却阻碍 SSA 的成型。韩国的 Chaebol 和日本的 keiretsu 以各种不同的方式来支持其战后 SSA。比如 Chaebol 在军事政体下给予支持，促使高程度的杠杆作用成为可能，因此推进投资快速扩张。当韩国民主化，商业和政府的关系改变时，高额 Chaebol 债务使整个经济面临严重的金融风险，这一风险在 1997 年亚洲金融危机中变成现实。

日本战后 SSA

从 1955 年到 1970 年，日本经济以平均每年 9.7% 的速率增长，而且这一增长率在接下来的 20 年中维持在平均 4% 到 5% 之间（Hirata，1995：41）。然而，随着 1989 年末股市崩溃和房产泡沫，GDP 增长率在之后的 18 年中骤降至 1.3%。历史模式再一次与战后 SSA 相一致，持续了大约 35 年后崩溃。组成战后 SSA 的一系列机构体制非常独特，它所包含的各个组成部分既互相支持，又使积累保持高速率，经济增长也非常明显。主要机构体制包含以下几个方面：

（1）企业与国家的紧密联系，经常被认为是"日本股份有限公司"。

（2）商业集团的企业联盟体系，典型的是由领头银行和交叉持股进行组织。

（3）"终生"就业（当时直到 55 岁）以及劳动力市场的年薪制度。

（4）家庭体系。

（5）教育体系和职业模式。

家庭体系对丈夫和妻子的劳动进行明确的分工。妇女被认为在生过孩子后该退出劳动力市场。妻子负责照顾家庭和孩子的教育。丈夫则可以自由工作到深夜。同时，孩子在异常严酷的教育体系里被寄予厚望以获得成功。进入名牌大学或有良好的推荐信是至关重要的，因为一般大学或高中毕业后他们将开始一生的工作，有两年的试用期。任人唯贤的教育体系和家庭体系创造了下一代的忠实员工。

就读于国家大学的尖子生有望从事公务员这一有着高社会声望的职业，在政府的权限内拥有能够深入影响公司的权利。他们在 50 岁左右退休后，多数会成为这些公司的顾问或高级执行官，或在公共机构担任领导管理职务。其他的则步入政界，竞选成为议会议员。在婚姻分工体系下，富裕家庭希望把女儿嫁给政府官员，认为这是最有保障和声望的未来。家庭财富有制造一些政治生涯的可能性，因为这确实需要花费大量钱财。

众所周知，在政府部门工作的年轻官僚必须是尖子生，他们拥有诸多权利，前途一片光明。在日本的体制下，每个部门必须支持和保护它所负责的公司。当官员退休后，他们将在之前监督的公司里担任议员或官员。同时，他们在政府部门的职位则由之前指导过的年轻官员接任。因此，这个所谓的"日本股份有限公司"体制的部门之间互相扶持，犹如一张无缝之网：政府和企业紧密相连，但这在一定程度上归功于教育、家庭和终生就业体系。

商业集团的企业联盟体系同样在日本战后 SSA 成功的形成中发挥了重要作用。各类公司以不同的方式支持联盟体系内的其他成员。因此银行被指望提供贷款，帮助企业在国外寻找市场和供应商。这一联盟体系的关系通过交叉持股得以巩固。他们不仅加速了经济的迅猛增长，而且为那些在教育体系里获得成功的人的社会地位和安全做出贡献，相应地为支撑盛行一时的家庭体系提供足够的动力。虽然这里简要描述了日本战后 SSA，但也有助于弄清每个有着 SSA 功能的机构体制都是互相支持的，它们协同作用，加强 SSA 的稳定并使其持久。

SSA 的整体结构体系

当我们论及积累的社会结构的时候，我们所说的是组成一个特定 SSA 的各种机构体制间的联系。而且，当我们说 SSA 崩溃的时候，我们所指的是整个结构而不是某些个体成分的瓦解。这反过来也说明各种机构体制必须以某种方式相联系。那么这里的问题是，是什么造就了一个 SSA 的结构完整性？

在 SSA 学术界有两种主要方法可以说明这个问题。大卫·科茨（1994：65－67）认为在一个 SSA 中，很早就建立了一套核心机构体制，这个核心促进组成整个 SSA 的其他机构体制的形成，并与其互动（Kotz，1994：65）。

> 这个机构体制的核心必须能够很好地稳定阶级矛盾和竞争，并保证市场长期发展。在 20 世纪早期的美国，以下几个机构体制可能组成了这一核心：垄断／金融资本、压制工会以及实行帝国主义政策。美国二战后扩张的机构体制核心也许是和平的集体谈判、经济的军事化以及美国攀升到了世界强国的地位。

泰伦斯·麦克多诺（1994）意欲从单个机构或作为新 SSA "统一原

则"事件的角度来解释 SSA 的结构完整性。因此,他发现美国 20 世纪初的 SSA 建立在盛行于世纪之交多年的经济寡头垄断之上,而二战则成了战后 SSA 的基础。科茨和麦克多诺的方法有相似之处,因为他们都关注在 SSA 形成早期一系列有限机构体制或事件,这为组成整个 SSA 的其他机构的形成做出很大贡献。然而,两人之间的观点也有很大分歧。科茨关注的是一套作为组织原则的机构,而麦克多诺则发现了一些外因,比如二战,发挥了相当重要的作用。而且,在关注一系列已经形成的机构体制发展的核心机构的基础上,科茨虽然能解释核心和"周边"机构的关系,但依旧无法解释组成最初核心的机构中的整体结构体系。麦克多诺则通过只关注单个组织原则而避免了这个问题。

然而,由于只关注单个组织原则,麦克多诺的注意力则从他自己认为的更为有力的方法中分散出来。根据戈登 1980 年的文章,麦克多诺(1994:76-77)写道:

> 是什么把 SSA 纳入一个整体呢?我认为这一问题的最有效的方法在 Gordon 早期的一篇关于 SSA 框架的论文里有所提及。在此文中,戈登(1980)提出,"个体机构间的互相依赖创造了一个联合的、有着统一内部结构的社会结构,即一个复合的整体,实际上,其内在结构数量比个体机构关系的总和还要多(P.17)"。戈登认为这个统一的内部结构是"任何一个组成机构中的变化很可能在整个结构中引起反响,从而在其他所有的组成机构中造成动荡"的原因(P.17)。因此这个完整的结构是 SSA 框架的核心……(而且)这些机构间的关系对每一个 SSA 而言都是独特的,具备历史的偶然性。

戈登的形成理论,引起关注组成任何特定 SSA 的各种机构间的互动,与多元决定原则非常相似。也许主要差异在于戈登似乎认为每个机构是一个独立的实体,随着另一个机构,一个外部实体的变化而变化。多元决定的思想表明机构体系从来都不是完全不同的实体,每个机构由其他机构所形成,并包含其他机构的元素以及与之互动的社会力量。实际上这一区分证实了戈登的看法,因为它不仅仅是影响每个机构的外部变化,因为"外部"机构至少被部分地内部化了。

科茨和麦克多诺发现戈登、爱德华和里奇所著的《分化的劳动与劳动力》中所提及的 SSA 理论基础存在着不足，从而提出了自己的理论方法。戈登、爱德华和里奇（GER）没有特指任何核心的机构体制，而且承认外因，尤其是提到了二战（P.31），这也许在决定 SSA 形成的过程中尤为重要。然而，这些分析并没有成功地延续戈登早期关于什么造就了一个 SSA 的结构完整性问题的讨论，通过给出一张明显不同的 SSA 机构体制列表，GER 把这一问题留给了科茨和麦克多诺来回答。为了寻找一个核心组织原则和一套核心机构，科茨和麦克多诺没有沿着更有希望的研究方向走下去。戈登本人在引用麦克多诺的话时提到过这些。

关于什么造就了一个 SSA 的结构完整性这一问题，可以基于戈登关于机构体制间的互动这一理论之上，这一点是依照决定的概念，Resnick 和 Wolff 在《知识和阶级》（1987：ch.2.）一文里详述了多元决定的概念。雷斯尼克（Resnick）和沃尔夫（Wolff）根据阿尔都塞（Althusser）关于马克思主义理论的发展，即社会过程，包括经济过程，是互相决定的。雷斯尼克和沃尔夫在讨论阿尔都塞的作品时写道（1987：88）：

> 每个独特的社会过程是由所有其他社会过程的互动组成的，每个过程"自身"包含了所有其他过程组成的截然不同的且矛盾的性质、影响、时间和方向。在这一意义上，阿尔都塞认为每个社会过程"包含"与多元决定紧密相关的复杂矛盾。以阿尔都塞的马克思主义视角看来，每个社会结构只作为一个特定的、独特的矛盾集中体而存在。

虽然雷斯尼克和沃尔夫的多元决定的概念关注的是每个社会过程被与之互动的其他社会过程"多元决定"，他们的理论框架可以延伸至机构体制间的互动、机构体制和社会过程以及机构体制和"外生"事件或条件之间。也就是说，机构形成和变化的不断进行的过程是由以下互动引起的：（1）任何一个特定机构体制的内在矛盾；（2）与之共存的其他机构体制；（3）外生事件；（4）所有的社会过程。所有这些元素互相决定。正如在解释起因时必须拒绝"本质论"（授予经济特权，比如高于其他说明社会过程的力量）一样，任何想要授予特定的 SSA 整体结构体制的一套"核心"机构体制特权，或者核心机构和事件的想法都是值得商榷的。

为了说明任何一个特定 SSA 的整体结构，重要的是要避免孤立地概念化机构体制，并且要认识到各种力量的集合才能创造和维持每个机构体制，即包括其他机构的力量，整个社会过程和外生事件（历史偶然）。考虑到这些力量也许最终会破坏每个机构体制以及其所处的整体结构，必须承认这些因素的互动与内部矛盾都发挥了一定作用。

用这种方法来研究 SSA 的整体结构与戈登和 GER 早期的研究十分相近，他们不认为哪个特定的机构是首要的，而且明确认为"'外生'力量也许非常重要"，他们认为二战对战后 SSA 的影响是很重要的（1982：31）。然而，GER 并没有分析组成 SSA 的机构体质、外生事件以及各种互相破坏的社会过程的方式。这样的分析可以加深我们理解 SSA 的整体结构以及为什么可以持续很长的时间。而且，当内部矛盾的作用放在这些互动里一起考虑的时候，导致 SSA 最终崩溃的这些力量变得尤为明显。

多元决定和美国战后的 SSA

虽然在这里不太可能一一列举关于多元决定以何种方式造就了特定 SSA 的结构完整性的例子，但至少我们可以粗略地考察一下美国二战后的 SSA 以表明这一论证的逻辑。在前文中笔者已经说明了美国二战后 SSA 由五种机构体制组成（其中四种由戈登、魏斯科普夫和鲍尔斯提出，第五个由沃尔夫森提出）：劳资和谐、美国强权统治下的和平、资方与公民的和谐、资本家间无声的竞争以及有利的金融框架。下文将讨论这些机构体制互动的一些方式以及它们如何在过程中互相促其成形。这些通常由外部事件和不断发展的社会进程所斡旋的互动有助于解释 SSA 的结构完整性。

劳资和谐可理解为在良好的经济环境中对"战利品"分配的认可。当然提升实际工资、工作安全和其他各类福利是要花费许多钱的。企业愿意"购买"与劳方的和睦，并通过二战后的 SSA 的其他元素提供的良好的经济环境，从而使这种境况得以拓展。强势的美元与低价原材料以及美国霸权是分不开的，并且政府作用下稳定的宏观经济、政治寻求盈利挑战的缺失（两者都是资方与公民和谐的一部分）、国内外无声的竞争以及低利率，所有这些营造了一个环境，在这种环境中如果保证与劳方的和睦的话，公司会有相当高的盈利。没有这些互为补偿的条件，资方是否能这么乐意接受劳资和谐就是个问题了。

我们只要关注一下美国 20 世纪 80 和 90 年代形成的新 SSA 这个反事实的例子。面临激烈的竞争，其中许多是国际竞争，美国公司被迫降低成本以维持和加强其盈利。由于劳动力成本是公司最大的成本（平均占了总成本的 2/3），不惜一切降低这些成本就成了很自然的事，结果就是实际工资和工作安全程度的下降。在这样的条件下，战后 SSA 的劳资和谐程度是不可思议的。即便如此，全球金融危机使新 SSA 于 2007/8 年底走向终结（参见附录），资方和劳方之间的鸿沟使然。

当然，美国强权统治下的和平也是历史偶然，因为这完全是因为二战中其他竞争者的落败。即便如此，稳定的国际秩序为日本、德国以及欧洲各国这些以出口为主来恢复经济的国家提供了极其有利的环境。固定汇率持续贬值，使其在经济恢复后变得更具竞争力。亚洲四虎（韩国、中国台湾、中国香港和新加坡）当然也在这个环境中繁荣起来。美国强权统治下的和平有利于那些积极参与世界经济的国家，帮助欧洲和日本恢复元气，为欠发达国家提供发展机遇以形成其合理的制度，尤其是加快其出口增长。

因此，海外的经济增长扩展了美国市场和投资机会，而且也有利于其他参与资本主义世界经济的国家（CWE）。然而到了 20 世纪 60 年代末，涌现出大量与美国公司竞争的外国企业，使得布雷顿森林体系规定的固定汇率摇摇欲坠。最初，二战后世界经济长期的扩张为美国公司提供了市场和投资机遇。然而到了 20 世纪 60 年代末，通过持续加强竞争破坏了战后的 SSA，并且使得布雷顿森林体系规定的固定汇率摇摇欲坠。这是内部矛盾的发展导致的主要机构以及 SSA 最终瓦解的最好的例子。

资本与公民的和谐必须从历史偶然角度以及其他组成二战后 SSA 的机构加以理解。早在 20 世纪 30 年代时就已经有了社会保障，这是对大萧条时期的贫穷和不安全的政策回应，也是阻止更多激烈变化的举措。GI 法案（1944 年公务员重整法案）、马歇尔计划（1948）维持了战后几年的总需求，这之后出现的冷战起到了同样的功效。美国的郊区化和

50年代总体繁荣营造了一个环境，在这种环境中个人追求的实现与公司利益追求达到了明显的契合。这时，并非有许多人准备挑战这一观念"……对国家（美国）有利的必然对通用汽车有利，反之亦然"①。

20世纪60年代中后期资方与公民的和谐的垮台反映了与之互动的机构，其自身内部的矛盾以及历史偶然的变化。战后生产和消费的迅猛增长是以忽视环境破坏为代价的。某种程度上，空气、土地和水质的恶化将使人们意识到要规范和限制企业活动。同时，在60年代，年轻人纷纷参加种族平等和反越战运动，这使得他们成为了更活跃的一代。随着环境恶化越来越严重，活动家们很自然地就把注意力转移到环境议题上。他们成功提高了公民意识，也引发了政治结果，就是产生了充分规范企业、增加企业成本降低盈利的立法。

有限竞争的时代也并非是不持续的。欧洲和日本的重建起初为美国企业拓宽了出口和投资机遇，但国外一旦开始恢复，来自外国的激烈竞争是不可避免的。而且，布雷顿森林体系中的固定汇率使得美元节节败退；它们之前赋予国际商务的稳定性转而成为了对美国商业非常不利的竞争的推动力。

在国内，来自外国的日益激烈的竞争破坏了寡头垄断的市场结构。当新型竞争出现的时候，公司被迫更加注重降低生产成本。正如美国企业在20世纪70年代和80年代的状况那样，高成本的劳动力和高成本的管理变得越来越难以承受。在这种情况下，劳资和谐和资方与公民的和谐再也无法维持。换言之，无声的竞争，这一战后SSA的主要组成部分，对于其他两个核心成分的建立和延续至关重要。

在战后黄金年代发挥很大作用的金融机构以及稳定的低利率，在其他机构和外部环境改变时也变得动荡。20世纪30年代的金融法案和1944年的布雷顿森林协议分别创造了国内和国外的低利率。随着国外经济的复苏，迫使固定汇率转换为浮动汇率从而导致美元大幅度贬值，通胀压力在60年代由于越战、能源价格以及1973年OPEC的崛起而显得尤为严重。而70年代的滞胀反过来使联邦储蓄委员会通过在80年代早期提升短期利率来有效控制通胀，而两位数的通胀率导致了30年的

---

① Charles Wilson，前通用汽车总裁，在艾森豪威尔总统手下做国防部长时举办听证会时发表的观点。

国债利率超过了14%。利率骤升同时也加速了美国企业的金融危机的爆发。

虽然美国战后 SSA 的组成部分有所不同，但很显然的是它们之间是互相强化的。劳资和谐和资本与公民的和谐带来劳方的和睦并且最小化了管理威胁，使美国企业从强权统治下的和平所创造的全球经济的扩张中获利。国内外的低利率和有限竞争起到了相同的作用。

除了战后 SSA 的不同组成部分之间的互相强化，作为意识形态的经济理论的作用必须予以承认。凯恩斯主义为美国的"黄金时代"提供智慧的牢固剂，带来的是广为接受的政府在经济中的主要作用。当然，和其他所有事情一样，这一接受程度由于冷战的主导作用而被多元决定了。然而，即便是除了军事支出，政府可以通过社会保障、G. T. 法案、州际高速公路和其他基础设施支出在经济中发挥主导作用。政府支出导致的总需求的稳定提升同样也在战后 SSA 中发挥了主导作用。[①]

这一简短的回顾有助于我们理解，维持战后繁荣的一系列机构体制是互相依赖的，并且每一个机构体制都有与之互动的其他机构、盛行一时的意识形态以及外生事件来多元决定。由于多元决定的过程使战后积累的社会结构组成了一个精确的结构，而整个结构的瓦解通过以下几个互动也可以解释：（1）SSA 组成机构里的变化；（2）许多机构内部矛盾的发展；（3）外生事件的影响力。根据这一论述的逻辑，我们无须假定一个核心机构、事件或一系列机构体制来理解 SSA 结构完整中蕴含的逻辑。

为何 SSA 需要多年才得以建立，又为何能长久持续

根据以上论述，SSA 中每个机构体制的出现是由复杂的历史原因以及和其他机构的互动形成的。这些相同的力量赋予 SSA 某种持久性，这种持久性通过每个机构体制所产生的受益群体而得以加强。比如在劳资和谐中，双方政党都得到了它们渴望得到的实际利益。只有当支持的机

[①] 虽然凯恩斯意识形态在支持组成各种战后 SSA 的元素中起主导作用，每个 SSA 都有其自身的经济和社会意识形态。这一意识形态与那些元素互动来支持他们的进化。

构以及外部条件因为资方和劳方间潜在的矛盾浮出水面改变时，劳资和谐才会崩溃。这种改变只有在经历一段延长期才能够发生。

尽管非常有理由预期机构体制的变化是一个持续时间较长的过程，有些作者仍然不相信 SSA 能够解释长期波动。泰伦斯·麦克多诺（1994）认为 SSA 理论"更像是资本主义阶段的理论而非特定的长期波动"（P.72），而且也没有原因表明为什么 SSA 引发的扩张时间如此的持久（P.78）。他认为 GER（1982）三人的观点"并不令人满意"，机构体制本身的性质是持久的（P.75）。虽然麦克多诺同意 GER 的观点，认为每个 SSA 代表了资本主义发展的一个特定阶段这一点是对的，但是他否认机构本身的性质是持久的，认为这一点在之前的讨论看来是值得商榷的。尽管他在认为没有原因表明为什么 SSA 引发的扩张时间的持久性这一点上无疑是正确的——一个特定 SSA 扩张的长度是受其内部矛盾强度以及外生事件的作用影响的——我们可以预期建立一个持续更长或更短时期的 SSA。

如果机构体制被看作习惯和习俗，以及人们期望别人和自己的行为模式，那么，当然它们改变起来就很慢。如果一套特定的机构体制出现在一个特定的迅速积累的历史关键点，那么这套机构将会持久，因此也会有较长时间的相对繁荣。有很多原因可以解释为什么这些机构可以持续如此长久。所有的机构体制通过互相预期来持续存在。比如在日本，人们见面或互相介绍时行鞠躬礼，而美国人则是握手。不鞠躬或不握手被认为是不礼貌的，因此人们不假思索地保持各自的机构体制。然而随着时间的推移，机构体制可能而且也确实发生了变化。在社交场合，美国人通常拥抱或亲吻脸颊来表示欢迎；这一机构体制变化在美国已经上演了几十年，但还是不尽完善，而且也不包括商务问候的情况。

SSA 机构体制还有另外的支撑。最重要的是，每个 SSA 创造了广泛的利益群体；之前的劳资和谐正好提供了一个例子。那些从既存 SSA 中获利的人意欲维持这一 SSA，并反对公共政策倡议以及其他任何能破坏这一 SSA 的变革。而且，每个 SSA 所特有的主导意识形态，比如美国战后凯恩斯主义，都为其机构的组成部分提供了支撑。因此劳资和谐需要政府的主导作用来保证老人的生活，并为各类社会问题负责。这样一来政府在经济中的作用就很难削弱了。

鉴于以上所有原因，SSA 趋向于长久持续。然而，它们并不是无限持续的。随着机构体制内部矛盾的出现，变化是在所难免的。这些变化发生在社会进程的各方面，历史偶然外在环境、机构间以及特定机构和外生条件间的多元决定关系。没有任何一个特定时间段可以让 SSA 永久持续下去，因为其持久性依赖个体、总体结构的实力以及最终破坏它的相对力量。虽然 SSA 持续较久，其所能持续的时间段则各不相同。

当一个 SSA 确实崩溃的时候，维持它的相应的社会一致性的契合也随之粉碎，紧接着的便是一段伴随紧张的社会冲突的时期。这些冲突包括但不局限于阶级矛盾。为了恢复和加强盈利，公司开始裁员并降低在职员工的薪水；而工人们开始抵制这一切。然而同时，在一个更具竞争性的劳动力环境中，妇女的机会更受限制，而且诸如反歧视行动这类措施使得那些声称是"反歧视"的受害者们面临更大的挑战。税收限制激化了潜在盈利者之间的竞争：税收是否应该用来支持社会保障、改善教育或帮助农民？或者是否应该降低税收来帮助私房业主、处于高边缘层次的人或者是广大纳税人？这些矛盾在全面停滞和增长缓滞时期更为激化。要解决这些矛盾既困难又需要经历漫长的过程。而且，组成先前 SSA 的无数机构体制中的各部分以及利益相关者和思想过程被不可避免地残存。在 20 世纪 70 到 80 年代，美国工人觉得"不公正"，因为他们的实际工资没有上升，而工会却固守着在激烈的全球竞争中已不可行的议价战术。因此新的 SSA 的建立只能伴随着或多或少持续的社会矛盾，在这一时期内，以一套新的机构的形成为标志新的资本主义发展阶段建立了。

之前的讨论有助于我们理解为什么 SSA 需要多年才得以建立，又为何能长久持续的原因。如果机构体制仅仅被认为是习惯、习俗和预期，也许本该是这样的，那么机构体制的变化必须经历很长时间才能产生。虽然特定的 SSA 的持续时间各不相同，但 SSA 理论可以解释资本主义历史发展的长期波动和资本主义的特定阶段。

阶级冲突在 SSA 形成和瓦解中的作用

大卫·科茨（1994：55）认为，稳定阶级冲突和竞争是 SSA 形成的核心。阶级冲突无疑是资本主义社会的主要斗争之一，而且我们也可以从之前的例子中看出其影响，公司设法从劳动力中获取最大价值，这与工人要满足自身需要以及其他施加在他们身上的社会需求相冲突。然而赋予阶级冲突特权而剔除其他社会冲突，则会限制我们对 SSA 本质以及形成 SSA 所需时间的理解。

性别和种族冲突也是影响 SSA 形成的一个典型例子。我们还应当知道，社会充斥着无数斗争，所有这些斗争都影响着 SSA 的体制结构和形成。比如社保和医保涵盖工人和老人，而这些权利的高额成本增加了那些为退休人员在卖命的工人们的税额，其中也包括为了那些已从社会资源中分离出来的其他相关人群，比如孩子。除非这些权利规划发生实质性的变化，否则税率在 21 世纪中仍将大大上升。虽然退休人员或临近退休人员与在职人员，以及与孩子间的间接冲突已经不再是阶级斗争，但是这些权利的增长通过提升商业成本和税收而影响了 SSA 的形成过程，因此减少了积累的利润和可利用的资源。

另一个在 SSA 形成或消亡中发挥作用的非阶级斗争例子是环境运动。当授命处理工厂垃圾、控制碳排放或增加合规的文书工作时，环境法规将在很大范围内影响商业成本和收入，也确实会影响整个行业。环境问题在其他非阶级冲突中也可能发挥作用，比如城市和农业关于用水问题的冲突。因此，圣地亚哥城的工业发展就被高价用水所限制，因为它的水价比加利福尼亚州农业用水高出十倍之多。

和阶级斗争一样，代际的、环境的和其他非阶级的斗争几十年来纷争不断，不是你赢就是我输。当找到能确保合意的盈利和预期的、解决阶级和非阶级斗争的方案的时候，才可能促进 SSA 的形成。这种决议可能包括妥协，比如劳资和谐；或者也可能包括一方的胜出，比如在刚刚瓦解的新自由主义 SSA 中资方占主导地位。无论如何只要是其结果有利于通过有利润和可预期的投资来实现积累就可以了。

美国新自由主义 SSA 形成于 20 世纪 80 到 90 年代，于 1995 年左右退出历史舞台（参见注释 3 的解释：1995 年作为起始日期）。因为新自由主义 SSA 表明，资方在长期持续的斗争中是有可能击垮劳方，而且只要外生条件合适，可以持续维持有利于积累的条件。在 80—90 年代，一些欠发达国家的迅猛发展以及原先一些共产主义国家越来越多地参与到资本主义的世界经济中，迅速为美国企业开拓了市场。这意味着，对他们国家的产品和服务的需求不再那么依赖国内需求的水平,因此国内停滞的实际工资开始和投资利益共同增长。①

当考虑到导致 SSA 瓦解的原因时,阶级和非阶级斗争都发挥了作用。然而,正如美国战后 SSA 的崩溃那样,像 OPEC 的崛起这样的历史偶然事件以及组成 SSA 的机构体制内部的矛盾的出现依然起着相当重要的作用。在日本,基于政府支持的出口的增长最终被日元的浮动和增值逐渐削弱。理解 SSA 的形成和崩溃的进程,有助于我们明确非阶级和阶级斗争两者的作用,以及两者的多元决定。

这里所提供的关于 SSA 的理解是反正统学派的。每个 SSA 以及组成它的机构体制,是由现存机构体制、社会进程和斗争以及外在力量/历史偶然多元决定的。SSA 之所以能持续很长时间是因为它们在相关机构中产生了有利变化,或者是成功地产生了支持者,或者是因为机构体制的本身变化就很慢。然而,当内部矛盾最终出现,以及破坏它们的社会力量和机构体制发生变化时,所有的 SSA 都崩溃了。当崩溃发生,在新的 SSA 形成前必定经历长期的阶级和非阶级斗争。如此一来,资本主义经济经历的长期扩张和停滞可以被理解为 SSA 形成和崩溃的方式,每一个 SSA 都标志着资本主义发展中的特定阶段。

附录:2007—2008 年金融危机和新自由主义 SSA 的崩溃

如果 SSA 理论为深入理解资本主义体系的功能提供了有用的见解,那么它也应当能为理解当代的发展提供框架。2007/8,一场全球金融危机爆发了,这场危机标志着盛行一时的新自由主义 SSA 的终结。"新自由主义"这一术语指的是一种意识形态,其特征是疯狂地相信市场的作用。在 2008 年秋季国会开始前,艾伦·格林斯潘(Alan Greenspan),联邦储备委员会前主席,承认他觉得没必要管制大型金融机构的行为,因为他"错误地认为组织,尤其是银行和其他的组织的自我利益足以完

---

① 关于 1995 年美国新自由主义 SSA 的完整论述请参见 Lippit(2005)。从鉴定新自由主义 SSA 的日期来看,由于其机构从里根总统 1980 年当选以来被逐渐实施,有理由认为 SSA 由那个时期开始。无论它起于何时,但有一点很明白,那就是它由于 2007 年 8 月的全球金融危机而夭折了。正如附录里讨论的,新自由主义 SSA 寿命较短的原因是其内部激烈的矛盾。

全能保护自己的股东和公司股本"(《国际先驱论坛》10/24/08：1)。正如战后SSA的特点是凯恩斯主义一样，刚刚崩溃的SSA的特点是其自身的意识形态——新自由主义。其特征是：反税收、主张较少的政府干预以及相信无管制的自由市场的作用。

在这里不可能详细论及自由主义SSA，但是关于其本质和崩溃的一些发现将有助于弄清这一章所讨论的理论问题。笔者已经说过，SSA长久持续，但是没有特定的持续时间。如果有人想知道SSA崩溃的原因，那么他应该首先寻找其潜在的矛盾，然后考虑它们与外部因素互动的方式。当潜在矛盾严峻的时候，那么这个特定SSA的持续时间就会比一般的短一些。简要地考察一下新自由主义SSA，就能发现其中的矛盾异常严峻，这恰说明了它维持时间相对较短。

有不同的方法来列举新自由主义SSA的主要机构体制，但是以下几点似乎涵盖了其中最重要的部分：(1) 劳资关系的紧张；(2) 有利于投资的金融机构变革；(3) 管制的解除；(4) 企业性质的制度性变化；(5) 受限的政府管制；(6) 国际贸易和投资的增长；(7) 对小型企业有利的资本市场（Lippit, 1997, 2005）。从1980年里根总统大选开始到1994年席卷国会的共和党，这些都日益成为美国资本主义的特征。直到其中几个之间的内部矛盾、外部变化以及其他机构体制互动而导致2007/8年金融危机为止，这些一直处于主导地位。

也许新自由主义SSA最主要的制度性特征是资方的力量大于一切劳方。这反映在私营机构中急剧下降的联合利率、实际工资的停滞以及整个新自由主义时期的特征：收入分配不均状况的不断发展（www.marketwatch.com, 3/30/06）：

> 2005年第四季度国民收入的税前利润达到了11.6%，达到自1966年夏以来最高水平……同时，发给工人的工资和薪水所占的比重则降到了56.9%。除了1997年一小段时间以外，这是自1966年以来劳动力收入所占比例最低的一次。

到2007年，中等家庭实际收入比2000年要低（Kotz, 2008：9-10)。这个经济现状提出了一个问题，即一个核心的潜在矛盾：虽然停滞的工资使得生产获得了高利润，但是购买这些经济产物的购买力则显得不足，导致经济增长缓慢且频繁衰退。

实际上有很多方法来暂时回避这个潜在的问题：资产价格上升（通过财富效应来支撑消费）、信用扩张、出口增加以及不依赖当期消费的投资等。然而，最终如果它不以上升的劳动力收入的大众购买力为基础的话，SSA的扩张将日益脆弱。在新自由主义SSA中，股市和房产泡沫导致了财富效应，驱使家庭储蓄为负数。① 现金支出按揭再融资、房屋净值贷款以及信贷有助于维持消费增长，但其根基摇摇欲坠。正如大卫·科茨（2008：10）所发现的，作为可支配收入的一部分，家庭债务从1982年的59.0%上升到2007年的128.8%。最终，以债务金融的SSA携带着危机的种子扩张到其自身。

第二个主要矛盾是新自由主义扩张的管制解除。这当然也降低了商业税务执行费用，提升了利润和投资。但是解除管制意味着拒绝偿还在2007年中价值45万亿美元的信贷违约在没有管制的情况下弥漫着市场，尤其是债券保险允许违约投机，即使那些没有问题债券的人也有机可投（Time，3/17/08）。房屋首付从曾经的20%降到0%，按揭经纪人可以在没有或几乎没有管制的情况下做生意、放贷。不受管制的信用评级机构可将由按揭支撑的担保评为"AAA"的等级，而评级的费用则由支持它们的华尔街公司支付。如资方对劳方的权利一样，解除管制的机构促进了SSA的扩张，同时也存在着致命的矛盾。

第三个矛盾是始于里根时代限制政府管制的承诺。由于需要公共机构的补充投资来支持私营企业的扩张投资，政府管制的缺失则充满了潜在的缺陷。受限的政府管制对资本的吸引力是低税收，并提高了资本的税后报酬。然而，陈腐的基础设施和医保体系的成本上升到无法控制的地步。全球变暖/环境恶化最终带给私营企业严重的投资利润威胁。

最后，作为内化为SSA的一部分全球化与其他机构体制一起，相互影响支撑着SSA，但最终还是激化了其内部矛盾。当SSA顺利运行的时候，全球化则通过为国内就业市场提供更多的选择（境外转移或是国外采购），即使在无法控制工资的情况下维持需求，以及通过提供额外的投资机会来加强资方对劳方的力量。然而，当金融危机确实来临时，国

---

① 2005年，美国个人储蓄利率（作为可支配收入的一部分）降到了−0.5%，自1993年大萧条以来第一次跌到负值（www.msbnc.com/id/11098797/）。

内外的银行都发生次贷危机，全球衰退意味着国外需求不能把美国国内经济从低迷的状态中拯救出来。

在本书撰写之际（2009年5月），目前的衰退已经达到了自大萧条以来最严重的状态，这显然标志着新自由主义SSA的瓦解。这确实是一场系统危机，因为已经不可能再恢复旧体制和SSA。随着金融体系以及其他领域内温和的改革，其机构内部矛盾终于引发了瓦解。美国资本主义将再次被迫重塑自我。

正如每个特定的SSA都会延续很长一段不确定的时间一样，形成一个新SSA的时间也不确定。但有一点很明确，新SSA的形成需要更复杂的制度、高额公共支出以及更高的税收。抵制这种改变的措施早已实施过，比如抗议税收运动。事实上，奥巴马政府采纳的刺激法案（最终被写入法律）在众议院没有得到任何共和党人士的投票，而在参议院内也只得到了三票。围绕劳工组织、医保和权力改革、税收和环保问题展开的激烈的阶级和非阶级斗争，作为新SSA形成过程的一部分必须得以解决，并且还将决定新SSA创立并起作用所需的时间。

参考文献

Baumol, William and Allan Blinder 2006. *Macroeconomics: Principles and Policy*. Mason, OH: Thomson South-Western.

Gordon, David 1980. "Stages of Accumulation and Long Economic Cycles".
    pp. 9-45 in Terence K. Hopkins and Immanuel Wallerstein eds. *Processes of the World System*. Beverly Hills: Sage.

1978. "Up and Down the Long Roller Coaster". pp. 22-35 in Union for Radical Political Economics. *U. S. Capitalism in Crisis*. New York: Union for Radical Political Economics.

Gordon, David, Richard Edwards and Michael Reich 1982. *Segmented Work, Divided Workers: The Historical Transformation of Labor in the United States*. New York: Cambridge University Press.

Gordon, David, Thomas E. Weisskopf and Samuel Bowles 1996. "Power, Accumulation and Crisis: The Rise and Demise of the Postwar Social Structure of Accumulation", pp. 226-244 in Victor D. Lippit ed. *Radical Political Economy: Explorations in Alternative Economic Analysis*. Armonk, NY: M. E. Sharpe.

Kondratieff, N. D. 1935. "The Long Waves in Economic Life". *Review of Economic Statistics*

17,6:105-115.

Kotz, David 1994. "Interpreting the Social Structure of Accumulation Theory". pp. 50 – 71 in David Kotz, Terrence McDonough and Michael Reich eds. *Social Structures of Accumulation: The Political Economy of Growth and Crisis.* New York: Cambridge University Press.

2008. "The Financial and Economic Crisis of 2008: A Systemic Crisis of Neoliberal Capitalism." *Review of Radical Political Economics*, forthcoming.

Kotz, David, Terrence McDonough and Michael Reich 1994. *Social Structures of Acumulation: The Political Economy of Growth and Crisis.* New York: Cambridge University Press.

Lippit, Victor D. 1997. "The Reconstruction of a Social Structure of Accumulation in the United States". *Review of Radical Political Economics* 29,3:11 – 21.

2005. *Capitalism.* London: Routledge.

McDonough, Terrence 1994. "Social Structures of Accumulation, Contingent History and Stages of Capitalism". pp. 72 – 84 in David Kotz, Terrence McDonough and Michael Reich eds. Social *Structures of Accumulation: The Political Economy of Growth and Crisis.* New York: Cambridge Univesity Press.

Resnick, Stephen A. and Richard D. Wolff 1987. *Knowledge and Class: A Marxian Critique of political Eoconomy.* Chicago: University of Chicago Press.

Schumpeter, Joseph 1939. *Business Cycles: A Theoretical, Historical and Statistical Analysis of the Capitalist Process.* New York: McGraw – Hill.

Weisskopf, Thomas E. 1996. "Marxian Crisis Theory and the Contradictions of Late Twentieth Century Capitalism". pp. 368 – 391 in Victor D. Lippit, ed. 1996. "Radical Political Economy: Explorations in Alternative Economic Analysis". NY: M. E. Sharpe.

Wolfson, Martin H. 1994. "The Financial System and the Social Structure of Accumulation". pp. 133 – 145 in David Kotz, Terrence McDonough and Michael Reich eds. *Social Structures of Accumulation: The Political Economy of Growth and Crisis.* New York: Cambridge University Press.

维克托·利皮特　加州大学河畔分校经济系

第 三 章

积累的社会结构理论的重新定义

引 言

积累的社会结构（SSA）理论是非传统经济学中最重要的理论创新之一，在经济史中具有重要影响，将理论分析与具体的制度研究相联系。为理解资本主义随时间的演化过程，以及不同国家不同资本主义制度的差异提供了基础。至少，SSA理论为解释资本主义历史中出现的阶段性的、严重的经济危机提供了一个解释的平台。

然而，我们认为SSA理论在揭示过去几十年中的经济现实时遇到过困难，SSA在二战之后的20世纪60年代末和70年代初被终结，在十几年的危机和挣扎中，一种新的制度结构在美国和英国形成了，它削弱了政府的管制，提高了资本的流动性。这种模式很快成为世界的主导，被广泛地称为新自由主义。在美国，新自由主义意味着收入的差距增大，消减产业与金融市场管制，增加公司决策对金融市场的影响，财政政策减少对富人的征税和缩减社会项目，货币政策强调减少通货膨胀而不是减少失业，以及相应缓慢的经济增长。

我们应当如何在SSA理论的框架下来理解新自由主义呢？在新自由主义时期中出现了新的SSA吗？还是将这一时期理解为旧的SSA的危机更恰当呢？

我们认为，现在非常清楚，新自由主义并非二战后SSA危机的延续，因为它包含了一个至少从20世界80年代就已经存在的新的、相关的制度结构。另一方面，把新自由主义理解为一个新的SSA存在着一个问题，因为新自由主义下的经济增长已经低于标准值，而SSA理论认为一个新的SSA能够大力推动经济的增长。

美国国内生产总值（GDP）的增长率在二战后 SSA 期间，在 1948 到 1973 年间，每年为 3.98%，而在危机年份，即从 1973—1979 年，每年为 2.95%，在新自由主义时期，从 1979 年到 2007 年，每年平均为 2.96%，这与二战后 SSA 危机阶段没有重要区别。如果有人声称一个新的 SSA 属于 1990 年，结果也是一样。在 1990—2007 年间每年为 2.99%，由于没有精确的国民收入账目清单，数据有一定差别，但差别不大（数据来源于美国经济分析局，2009）。

我们提出了一种对于 SSA 理论的新定义。使用现行的 SSA 理论来解释新自由主义时期的困难，使得我们重新考虑了 SSA 理论的一些基本方面。再接下来的两章节中，我们对现行的 SSA 理论进行了探讨，结论就是应该摒弃把 SSA 和快速经济增长相联系的假设。

在"阶级矛盾"部分，我们提出了理解 SSA 的新平台，这一平台可以理解为（暂时）缓和阶级矛盾的制度结构。随后的章节里 SSA 形成两个分支，即"自由的"和"管制的"，这取决于资方与劳方的相对力量。于是通过对 SSA 进行重新定义，我们认为新自由主义可以理解为自由的 SSA。

"SSA 和资本危机"部分，分析了两种不同的 SSA 中出现的各种经济问题和危机。我们认为始于 2008 年的严重的经济灾难代表着新自由主义 SSA 危机期的到来。"自由、管制 SSA 和增长率"部分，讨论了在管制的 SSA 中经济增长比在自由的 SSA 下更快的论点。最后一章节总结了我们的论点，尽管其中的史实例证来自美国，但这些结论广泛适用于 SSA 理论。

当今的 SSA 理论

早期的 SSA 理论注重制度结构所提供的稳定性。戈登、爱德华和里奇（1982：23）写道，"没有一个稳定、有利的外部环境，生产中的资本投入将不能取得进展，我们将这个外部环境称之为积累的社会结构……积累的社会结构包括积累过程中涉及的制度的总和"，他们认为制度结构所提供的稳定性促进了资本的投入和经济的增长。

最终，SSA 不再促进增长，或是增长破坏了 SSA 制度的稳定，或是制度为进一步增长设置了障碍，"当报酬减少时经济仍然保留相同的积累的社会结构"(Gordan, Edwards and Reich 1982：34)。当SSA不再能持续有效地促进积累时，一般就被称为旧的SSA（虽然在两种SSA中都会存在短期的经济萧条，也称为"危机"）。当持续的SSA不能很好地起作用时，这时的危机需要制度的重建以克服危机，"我们可以把经济危机定义为经济不稳定的时期，在这个时期需要制度结构的重建以重新恢复稳定和增长"(Gordon, Edwards, Reich)。总的来说，每个SSA组成了资本主义的特定阶段。

后来的理论构想更多地集中在制度结构如何提高资产阶级力量方面。"战后美国的社会积累的制度结构通过提高资产阶级的政治经济权力而得到了巩固"(Bowles, Gordon, Weisskopf, 1989：167)。资产阶级的权利带来了利润，"资产阶级相对于其他经济角色的权利使其获利成为可能"，而利益，反过来导致了增长，"资本的积累……是资产权利地位和稳定最基本条件"(Bowles, Gordon, Weisskopf, 1987：44)。

虽然可以很容易解释战后20世纪70年代的美国经济，但是无论将哪一种SSA理论构想应用于新自由主义制度都会存在问题。在19世纪60年代末，伴随着强劲的经济增长和极低的失业率，劳动者的力量增强了，他们能够提高工资，这导致了公司利润的减少。从较早期的观点来看，这破坏了劳资关系，从而破坏了其带来的稳定性，因而破坏了战后的SSA。而从最近的观点来看，这是作为SSA基础之一的企业力量的直接挑战。

20世纪70年代爆发了危机。企业和工会为收入分配而斗争，工资和物价的盘旋上升证明了任何一方都不能占据上风。未预期的通货膨胀给财政机构带来了负面影响。到20世纪70年代，一些战后SSA制度已被侵蚀，剩下的也不能再促进稳定、盈利或者是经济增长。战后SSA处于危机之中，从而1973年被公认为是标志着SSA由良好运转过渡到了危机时期。

然而，从20世纪80年代早期开始，资方的力量重新恢复，它通过对国家的影响来实施一种新的制度结构，约束性的货币政策增加了失业，美元升值促进物资外流，从而降低了工资和削弱了工会。新的里根政府可以秉持"自由市场"的观念，长久以来对工人的境况缺乏考虑，对工会存在广泛敌意，削弱市场的管制，减少富人税收，废弃劳工保护制度。

在美国产生"自由市场"经济和新自由全球经济中,产生了一种新的制度结构,它重写了经济主体的行为规则以及其规则绝对的对资方有利。例如,企业此时十分清楚政府基本不会干涉其劳工、环境政策或区位决策,银行和其他金融机构也明白了管制壁垒将不会对它们合并金融业务有任何限制。不受资本控制的机构投资者,知道他们可以漫游于全球以寻求最高报酬。大公司必须遵守与其他公司相互尊重的职责与义务让道于没有限制的竞争,工会集体议价让道于拮抗反对。原先从内部提拔高层管理者的习俗变成由 CEO 任命,这导致飞速上升的开支和公司对 CEO 忠诚度的下降。

早期的 SSA 理论认为,新的制度结构应该能同时带来稳定和快速的经济增长,公司力量的增强不仅能带来更高的利润,还能带来更快的经济发展。但是,如前所述,新自由主义时期的 GDP 增长仍然比战后 SSA 低很多,和 SSA 危机年代基本一样,基于 SSA 的基本观点,很难相信在增长缓慢的新自由主义时期有一个新的 SSA。

SSA、利润和增长

前面讨论的两个 SSA 版本,一个聚焦于稳定性而另一个注重资本力量的增强,二者都认为 SSA 作为一种制度结构能促进资本的快速积累。这是 SSA 被认为加速经济扩张速度的一个显著特征,我们认为,从一些历史的标准来看,对连续的 SSA 必然能迅速促进积累的质疑是有根可寻的。

很难找到一个有说服力的例子将 SSA 和快速增长联系起来。戈登、爱德华和里奇(1982:26)写道,"如果积累的社会结构的各组成部分相对稳定……资本家会觉得在扩展生产力上的投资是安全的"。上述谨慎论断并没有为 SSA 会加速增长的观点提供扎实的基础,也没有解释带来资本家力量增强的 SSA 必须意味着经济增长加速。而资本家力量的增强应该解释为在总收入中占有更多的份额,而并不意味着增长将会加快。

戈登、爱德华和里奇的表述是 SSA 理论中最早且最有影响力的,他们从以下方面开始分析(Gordon, Edwards, Reich, 1982, 23):

资本家做生意是为了获得利润,从把他们的资金(货币资本)投资到原材料、劳动力、机器、建筑和其他生产所需要的商品开始,到组织劳动过程,最后将产品卖给劳动者,资本家将其财产重新转变成货币资本。

在上述引用段落之后,戈登、爱德华和里奇接着对资本家获取利润的几种方法进行了表述,即资本家在获取利润过程中所经历的三个过程以及在各个过程中如何依赖制度的支持。他们还举了一个具有说服力的例子:这一系列制度可以创造一个对生产性投资决策具有实质影响的环境,这种生产性投资形成了资本积累。他们把这种制度结构称为积累的社会结构。然而,他们接下来写道:"我们进一步提出:积累的社会结构会交替地刺激和抑制资本积累速度。"(Gordon, Edwards and Reich, 1982, 25-6)在用很长的篇幅定性讨论制度支持创造利润的方式之后,给出了一个定量的结论:每一个SSA在它们有效运作的较长时期内可以增加积累速度。

我们有理由认为制度对于解释为什么资本积累在特定时期相对较快中有着重要作用。然而,传统的SSA理论进一步论证了新的SSA会带来快速的积累。我们也有理由假设快速的积累需要一个能促进快速增长的SSA,但这并不意味着SSA将会促进快速增长。明确一个SSA能否促进增长,有助于考察SSA产生的过程。

关于引导SSA产生的过程,我们还有什么要补充的呢?我们假设一个资本主义制度,资产阶级作为这一制度中的主体,或者至少占据其中相当可观的一部分,将会在新的SSA的构建中扮演重要角色。其他阶级和团体,也会在SSA的产生中扮演一部分角色,但这一过程至少需要资产阶级主体部分的支持和积极参与。基于这些假设,我们来考察支持新SSA产生的资产阶级主体部分产生的条件及其目的。

通常认为,在资本主义制度中,单个资本家的目的是为了利润最大化。为了获得利润,前面讨论的三个步骤都需要适当的制度支持。因此,可以认为单个资本家希望在每一个获取利润的过程中获得制度的支持。进一步的,能够支撑高利润率,或者比以前更高的利润率的制度,将会得到单个资本家的支持。

制度当然不能由单个资本家所创造。制度的本质属性是社会的,其产生和维持需要广泛的参与。竞争和个人主义使得资本家之间任何目的的合作都变得困难甚至是不可能。然而，历史表明，资本家，至少在某些特定时期，可以合作以创造保护他们核心利益的制度。经常是其自身和其他阶级和团体联盟，因为要产生相应的制度所需要的社会力量比资本家自己的能力要大得多。尤其是当现行的制度不能有效地支持其获取利润，导致平均利润率下降时，如果这种状况持续一段时间，人们会设想资产阶级，至少是其中大部分，会克服由资本主义产生的离心力，而齐心协力地创造一种新的制度来保护他们的核心利益。

没有一种资本主义的制度结构能够永远有效地运作下去。资本主义产生的各种冲突最终会破坏 SSA 对资本主义核心利益的有效保护。在接下来的危机期，我们能期望资本家最终会与其盟友一起建设一个新的 SSA 来保护他们的核心利益。

每个新的 SSA 制度形成了一个框架，这不仅仅是为了获得利润，而且还为了资本积累。正如 SSA 文献中所论证的，SSA 通过某种方式来维持稳定以及特殊的劳资关系决策，进而影响资本积累的过程。然而，促进作为一个整体的系统的高速积累并不是单个资本家核心利益，通常也不是资本家能够克服合作的困难来重建社会的制度基础。因此，考虑到资本在创建新的 SSA 中的主导地位，没有理由期望新的 SSA 能够加快积累的速度。快速积累因其提供了快速增长的实际产出，从而改善工人阶级与其他被压迫群体的生活水平，有利于资本主义的政治稳定。然而，资本主义是一个竞争系统，资本家往往缺乏远见。一般情况下，驱动资本的是可以获取利润以及获取相对于投入资本的高额利润。

资本主义确实显示了对于积累的强大驱动力。这一驱动力是其核心特点之一。没有资本积累资本主义是否能够存在都是令人怀疑的，没有一个"逐渐变大的馅饼"资本主义将在冲突中被抹杀。不过，即使给出利润率，积累过程的速度仍是充满变数的。利润除了积累外还有很多用途。

新自由主义的例子在这里非常有意义。正如前面提出的，新自由主义并没有促进资本的快速积累，甚至是相对于以前的危机时期。然而，它提高了总收入中的利润份额，从而最终提高了美国的利润率（Wolff, 2001：318；Dumeni, Levy, 2004：24）。到 2005 年，在美国最富有人占人口总数的 1%，他们占总收入的 16.78%，几乎是 1979 年和 1929

年以来的最高水平（iketty, Saez, 2007: table A3）。这反映了新自由主义将个人收入转移给资本家的成效。鉴于这样的情况，虽然经济没有令人印象深刻的增长，有谁会指望资产阶级的主体会提议消除新自由主义，并用一种新的制度来取代呢？

因此，我们理解的 SSA 是一种具有一致性的制度结构，这种制度结构支持资产阶级从中牟利，并为资本的积累提供了一个框架，但并不一定会产生"快速"的资本积累率。SSA 理论和长期波动理论之间的历史联系应该被切断。这样做会提高理论的说服力和逻辑性。同样重要的是，这将使我们能够理解新自由主义作为当代 SSA 的基础和应用 SSA 理论的制度结构，我们已经在这种制度结构下生活了超过 1/4 个世纪之久。

阶级矛盾

即使否认 SSA 和快速经济增长之间的联系，从而使我们能够把新自由主义作为一种 SSA 来理解，在当前 SSA 理论中我们还面临另一个困难：什么是使得制度能够形成 SSA 的基础？这种战后 SSA 制度据说只针对于战后的特定时期，因此并不一定是新自由主义制度结构的指导。然而，根据文献中的一些见解，并从阶级矛盾的视角进行研究，我们可以更好地理解这一问题。

戈登、爱德华和里奇（1982: 31）认为，"一个成功的新的社会结构"的出现的……"将反映促进其形成的阶级力量的结合（和其他社会影响）"，科茨（1994: 55）指出，"积累的社会结构的作用就是缓和阶级冲突并引导使其不要过度破坏积累"。

我们认为，构成 SSA 的制度，包括那些新自由主义的制度，反映了资本主义矛盾的暂时缓和。这些矛盾指的是哪些？其中最重要的是资本主义社会的基本矛盾，即劳资矛盾。其他还包括资方和劳工之间的矛盾冲突，即集团内部之间为了统一的冲突和斗争，也可以代表国际层面的那些矛盾。我们说的矛盾对立是冲突的一个辩证关系组，这也可能不是一个敌对的冲突。在一个矛盾中的两个群体，虽然有暂时的平衡，即斗争的暂时缓和，但总是处在相互斗争中。

SSA 的制度和这些矛盾的暂时缓和之间有什么关系？我们认为，劳资矛盾的缓和，为产生一个新的 SSA 提供了基础。

这个矛盾可以通过两种方式来缓和。无论是劳方强大到足以挑战和分享权力，或资方可以压倒劳方并支配境况。这场斗争的结果在工作场所和劳动力市场直接体现出来。在 20 世纪 30 年代和 40 年代，当劳方强大到足以挑战资本，从而能够赢得工会合同，改善工作条件，在核心产业中建立新的医疗和退休福利体系，并随后在二战后期促进生产收益的共享。相比之下，在新自由主义时代的资方力量更加强大，这意味着工会比重的下降，工作条件恶化，福利逐渐消失，以及工资停滞不前。

这里也间接意味着影响资方和劳方之间矛盾的缓和，而这对于 SSA 制度来说是非常重要的。我们认为，缓和矛盾的方式，决定了资方和劳方对国家的相对影响，而这反过来导致了两种不同类型的 SSA 的共存。

自由的 SSA 和管制的 SSA

我们认为，SSA 有两个类型。我们将其中一个类型称为"自由的" SSA，另一个称为"管制的" SSA。当我们对这两种不同类型 SSA 的性质进行分析时，选择这一术语的原因很明显。这两种类型在五个方面有所不同：（1）劳资矛盾的暂时缓和方式；（2）国家对经济的作用；（3）资方的内部矛盾；（4）劳工的内部矛盾；（5）主导意识形态的特征。

正如前面所述，我们认为两种不同类型的 SSA 之间的差异在于劳资矛盾暂时缓和的不同方式。一个管制的 SSA 体现了劳资关系缓和的一种方式，其中劳动力掌握很大的权力，这使得资本不得不接受，因而产生劳资和解。自由的 SSA 体现了劳资关系缓和的另一种方式，其中资方不接受劳方的和解，从而是实现了对劳方的高度主导优势。

在管制的 SSA 中，劳动力可以通过集体契约或者其他方法影响资方的市场行为。尽管市场行为也受到来自其他经济机构特点的限制，管制的 SSA 最显著的特点是，国家通过多种方式限制资方的自由市场行为。一个自由的 SSA 的最显著的特点是，它建立在自由市场的原则之上，也就是说，国家在市场中对资方行为进行有限的管制，这是"自由"一词的历史来源，在这样一个没有约束的市场，其特点是员工竞争压力、资本自由流动和"底线竞争"，职工生活水准往往会明显恶化。

自由的 SSA 中，受到较少的监管的资本主义市场行为与资本对劳动高度的优势之间的联系是什么？管制的 SSA 中，国家对资本主义约束的行为和资本与劳动力力量的相对平衡之间的联系又是什么？这肯定与国家在资本主义社会中的作用有关。国家是使得一个阶级或一个阶级中的一部分能够在各个层面行使其权力的最重要载体。毕竟，国家拥有合法的权利行使强制权力，这主要是通过颁布或加强法律法规。

资本主义社会基本的法律框架给资方拥有相对于劳方较为可观的力量。生产资料归资产阶级所有，并通过简单地强化私有财产业主的权利，使国家的强制力倾向于资本家的利益。在资本主义早期，国家经常以这个名义镇压工人的斗争。在某些时期，工人阶级能够抵制生活水准的恶化，获得新的权利，例如集会权、集体谈判权、罢工权，在许多资本主义国家，这些权利已成为新的法律和法规的一部分以及国家调控在经济领域的一个延伸。通过法律和法规维护了更多的工人权利，例如相关工作场所健康和安全、工作时间最高限度；通过各种国家的强制计划减少了在资本主义经济中工人面临的经济不安全因素。

因此，尽管一些国家的管制有利于资方，而另一些国家管制有利于劳方，国家对资本主义经济管制的加强与工人阶级权力的增加有历史联系。在这期间劳动者的权力增加已经很明显，在相当大的程度上，这种权力是国家加强对经济管制的体现。其间资本已经可以通过削减或消除国家有利于劳方的政策和限制资本行为"自由"的法律项目来更充分地维护自己的主导地位。这说明了自由 SSA 中，资方拒绝向劳方妥协与国家对资本方行为有限管制之间的联系，也说明了在管制的 SSA 中劳资力量的相对平衡和国家对资方的管制之间的联系。

强调严格执行知识产权的观点似乎与新自由主义时期国家对经济活动中的自由观点看似不一致。我们认为，这里不存在矛盾。自由主义并没有放弃加强私人财产所有者的权利，它反对限制私有财产权利行使的法律和程序，同时支持国家加强这些权利行为。因此加强知识产权与在自由模式中国家的有限作用是相一致的。

自由的和管制的 SSA 在资本内部矛盾各层面也存在不同。一个关键的区别是在资本家的竞争本性，在自由的 SSA 中竞争往往是自由和残酷的，而在管制的 SSA 中的竞争往往是相互尊重和悄无声息的。在管制的 SSA 中大资本家对其他资本家的相互尊重的行为说明，管制的 SSA 不仅仅意味国家对市场活动施加限制。相互尊重的行为是资本家自行实行的竞争管制的一种形式，虽然某些国家的法规和政策也起到了促进的作用。在两种不同的 SSA 中，竞争的性质是在劳资关系上的不同。自由的 SSA 中，竞争更激烈，给资本家施加压力，使其采取任何手段以削减劳动力成本；而管制的 SSA 中，相互尊重的竞争促使资方向劳方让步。

两种不同的 SSA 之间的另一个区别是金融资本和产业资本之间的矛盾。在自由的 SSA 中金融和产业资本相互之间更加独立，在这个意义上来讲，金融机构倾向于直接追求金融和投机收益，而不需要服务于产业资本的积累。而管制的 SSA 中可以通过国家监督、资本家的实践或是两者相结合的方式来制约金融部门的作用。

两种 SSA 之间的第四个区别体现在劳动阶级之间的矛盾。自由的 SSA 相比于管制的 SSA，其中的工人更趋于竞争，而后者使得工人之间更加团结。在自由的 SSA 中，加强了的竞争反过来加强了资方的力量，而在管制的 SSA 中，工人之间的竞争有助于工人力量的增加。

自由和管制的 SSA 都各自具有一个独特的特点，即完全不同的主导意识形态，这一意识形态起着加强并为其相应的制度辩护的作用。自由的 SSA 的主导意识形态为：宣扬个人主义，对竞争不加约束，"自由市场"和国家干预措施会危及经济的发展和个人的自由。相比之下，管制的 SSA 的主导意识形态则是警示不受限的市场活动的危险性，坚持文明竞争的优势，并表明政府调控对经济发展和人类福利的贡献。

因此，资本主义矛盾的缓和在一定程度上具有一致性，这可以由自由的或者是管制的 SSA 所体现。这种一致性在很大程度上是由劳资之间固有的根本矛盾造成的。换言之，如果劳方强大到足以限制资本，那么工业和金融市场也可能受到限制，如果资方可以更充分地支配劳动，它很可能引发工人之间的竞争，以及产业和金融市场的高度竞争。

自由的 SSA 和管制的 SSA 相互交替似乎有某种历史趋势（Kotz, 2003；Kotz, Wolfson, 2004；Wolfson, 2003）。卡尔·博兰尼（Karl Polanyi）对其中原理给出了看法。

在《伟大的变革》中（Polanyi, 2001, 1944），卡尔·博兰尼认为，自由放任的经济政策是试图将经济从社会中分离出来。不加限制的市场将资本从广泛的社会管制中解放出来，由此产生不稳定性，使工作条件趋于恶化，并加深工人阶级的贫穷和受剥削程度。但是自由放纵的思想从未完全成功。因为它不可避免受到反对这一思想的运动的抵制，这些反对运动尝试着将市场经济限制在广泛的社会中，并控制资本的力量，至少这代表着劳动者和它的同盟的部分胜利。

尽管嵌入式经济，或管制的 SSA，不可避免地触碰到自己的问题，并被自由的 SSA 所交替取代，但是在资本主义中存在一种长期趋势，即国家相对于经济的增长以及国家的经济作用的增强。因此，后期自由的 SSA 相比早期的自由的 SSA，国家起了更大的作用。虽然每个新自由主义 SSA 已削减了国家对于经济的调控，但是这些削减不能让国家的作用返回到较早时期的 SSA 的状况。

最后，我们的理论可以应用到当代的新自由主义，这与所有自由的 SSA 的特点一致。资方以更具侵略性的姿态面对劳方，使得劳方的权力大大下降。通过私有化和减少管制使得国家在调控经济中的作用显著削弱。资本家之间的竞争与以前的 SSA 相比变得更加激烈。金融资本成为相对于产业资本更为独立的资本，追逐金融利润，这一行为或许对产业资本积累并无益处。工人之间的竞争相比之前 SSA 更加激烈。并且自由市场的意识形态成为了新自由主义时代的主导。

SSA 和资本主义危机

虽然在自由的和管制的 SSA 中都会出现经济问题和短期的中断或危机，然而危机的性质，则根据 SSA 的类型不同而有所不同。在一个自由的 SSA 中，资方有能力抑制工资的增长并以对自己有利的方式进行收入分配，这往往导致总需求不足以及生产能力过剩，即企业的生产超过他们的销售。竞争的加剧与需求的乏力相互作用，导致"强制性"投资环境（Crotty，1993），其中公司被迫在劳动力集约型的技术方面进行投资以降低开支，并争夺有限的市场份额。此外，自由的 SSA 通常受到金融危机的困扰（Wolfson，1994）。在投资者寻求越来越高的投资回报的竞争环境中，无管制的金融市场导致了金融的不稳定。

另一方面，管制的 SSA 受制于"利润挤压"的危机。在劳动力有较强议价能力的制度背景下，低失业率给企业的利润带来了压力。对战后 SSA 经济危机的研究已经证明了这个结果。魏斯科普夫（1979）和科茨（2009a）都发现，在管制的 SSA 期间，出现短期经济危机的主要原因是实际工资提高对利润挤压。相比之下，科茨（2009a）还发现，利润挤压并不是导致新自由主义时期危机的原因。

我们的分析还表明，导致两种不同SSA消亡和崩溃的危机倾向是不一样的。在战后SSA的末期，20世纪60年代末经济的强劲增长进一步增强了劳方的力量。正如戈登、魏斯科普夫和鲍尔斯（1987：49-50）所指出的，资方的力量和利润也受到国际竞争对手和国内为争取职业安全、医疗运动以及环境保护的影响以及消费者寻求产品安全等的挑战，其结果是顽固持久的利润挤压的危机，经过70年代十年没有结果的努力，资本最终在80年代早期占得上风，但是这仅是通过将之前管制的SSA用一个新的自由的SSA取代来实现的。

由此看来，自由SSA，即新自由主义，可能已经进入其衰退期，随着2008年金融和经济危机的冲击，新自由主义最终带来了金融和经济的严重危机，威胁到SSA的存在。这可以理解为需求不足、产能过剩、强制性投资趋势的结果以及由新自由主义产生的金融机构日益增长的不稳定。科茨（2009b）把2008年的危机视为新自由主义衰落时期的开始，并进行了解释。

正如二战后的SSA中，资方在面对劳工议价能力增强的反应一样，我们能够预测资方在任何一个管制的SSA崩溃以后，都会努力创造一种新的制度结构来确保其相对于劳方的主导地位。此外，由于长期自由的SSA的危机阶段可能涉及由于劳工议价能力薄弱而导致的总需求不足的问题，因而应对危机的解决方案是采取增强劳方力量的措施。在资本主义制度下，这将意味着一种涉及与资本分享权力的新的制度结构，而这可能会改变收入分配并解决总需求问题，这与20世纪30年代和40年代的情况一样。虽然这些推论中的任何一项并无逻辑上的必要性，而且过渡到资本主义以外的制度仍然具有实际上的可能性，但是这与历史上美国管制的和自由的SSA之间交替趋势相一致。因此，我们希望看到在危机唤醒和新自由主义瓦解的情况下创建一个新的管制的SSA。

自由、管制的SSA与经济增长率

引入管制的SSA和自由SSA的概念和理论为分析不同时期的经济增长速度的差异提供了新方法。在理论层面上，我们有理由预测，自由SSA相对于管制的SSA，经济增长更为缓慢。第一，自由的SSA因其通常会降低实际工资和公共支出，往往会产生一个长期总需求不足的问题。第二，自由的 SSA 通常会通过放弃国家反周期的支出和税收政策，或者通过减少社会福利项目以降低"社会自动稳定"的有效性，或是通过放松金融部门的公共管制，而造成宏观经济水平的不稳定。这使得制度体系更容易遭遇严重的金融危机和萧条。第三，自由的 SSA 中的激烈竞争将使企业管理者关注短期战略，这与促进资本积累率的长期投资相违背。第四，一个独立的和缺少管制的 SSA 的金融部门，往往将长期生产性投资分散到投机活动中。

本章开始的时候，我们提供了经验证据，即美国新自由主义带来的国内生产总值提高，不仅仅是比在鼎盛时期的管制的 SSA 慢，相对于之前危机期的管制的 SSA 也无明显加快。科茨（2003）提供的证据表明，美国从 1900 年起两个自由的 SSA 和两个管制的 SSA 期间，两个自由的 SSA 时期比任何一个管制的 SSA 时期，经济增长速率更慢，但是，还需要更多的实证工作以确定增长速度和 SSA 类型之间是否有普遍联系。

无论 SSA 是否促进快速积累，自由和管制的 SSA 都会促进获利过程，并在危机开始前都有促进高获利的趋势。这里我们重新定义了 SSA 的概念，使得 SSA 理论更加有说服力并与历史证据相一致。我们还将使用 SSA 理论来分析当代新自由主义。

仍须进一步考察的一个有趣的问题是，是否这两种类型的 SSA 中的一种，持续时间（包括 SSA 有效运转期间和下一个新的 SSA 被创造之前的危机期）比另一种要长。一个相关的问题是，是否任何一种 SSA 比另外一种要更快地进入危机期。由于对各种 SSA 确切起始和结束日期以及危机阶段起始日期和结束日期有着不同意见，关于这点的历史证据是不充分的。此外，我们不能仅从理论的角度透彻地讨论是否应该预期这两种不同的 SSA 各自作为一个整体而有着不同的生命延续，或者是在危机出现前有着不同的持续时期。这是一个可以做进一步研究的有趣的话题。

总结和推论

总的来讲，我们可以按照下面的方法对 SSA 的概念进行重新定义：第一，SSA 和快速资本积累之间的联系应当予以明确。资本家创造一种 SSA 制度的目标是促进牟利,由此产生的制度可能会也可能不会推动快速增长。第二,SSA 在暂时缓和资产阶级矛盾时起到了作用,尤其是缓和资方和劳方之间最基本的矛盾,构建 SSA 的特定制度结构代表了各阶级之间权力的相对平衡。第三,SSA 的性质将取决于阶级矛盾被暂时缓和的方式。自由的 SSA 强调"自由市场"的方式,代表着资方占据高度的主导地位。相反,管制的 SSA 对资本施加更大的限制,并代表劳资妥协的境况。第四,自由的 SSA 和管制的 SSA 中经济危机性质是不同的。管制的 SSA 可能遭受"利润压缩"的危机,而自由的 SSA 更容易遭受总需求量不足、产能过剩、"强制投资"和金融危机。第五,管制的 SSA 相比自由的 SSA 经济增长速率可能更高。

参考文献

Bowles, Samuel, David M. Gordon, and Thomas E. Weisskopf 1989. " Business Ascendancy and Economic Impasse: A Structural Retrospective on Conservative Economics, 1979 – 87". *Journal of Economic Perspectives* 3, 1: 107 – 34.

1990. *After the Waste Land*. Armonk, New York: M. E. Sharpe.

Crotty, James 1993. " Rethinking Marxian Investment Theory: Keynes – Minsky Instability, Competitive Regime Shifts and Coerced Investment". *Review of Radical Political Economics* 25, 1: 1 – 26.

Dumenil, Gerard and Dominique Levy 2004. *Capital Resurgent: Roots of the Neoliberal Revolution*. Cambridge, MA: Harvard University Press.

Gordon, David M., Richard Edwards, and Michael Reich 1982. *Segmented Work, Divided Workers*. New York: Cambridge University Press.

Gordon, David M., Thomas E. Weisskopf, and Samuel Bowles 1987. " Power, Accumulation and Crisis: The Rise and Demise of the Postwar Social Structure of Accumulation". pp. 43 – 58 in Robert Cherry et al. eds. *The Imperiled Economy: Book I, Macroeconomics from a Left Perspective*. New York: The Union for Radical Political Economics.

Kotz, David M. 1994. " Interpreting the Social Structure of Accumulation Theory". pp. 50 – 71 in David M. Kotz, Terrence McDonough and Michael Reich eds. *Social Structures of Accumulation: The Political Economy of Growth and Crisis*. New York: Cambridge University Press.

2003. " Neoliberaiism and the Social Structure of Accumulation Theory of Long – Run Capital Accumulation". *Review of Radical Political Economics* 35, 3: 263 – 70.

2008, "Contradictions of Economic Growth in the Neoliberal Era: Accumulation and Crisis in the Contemporary U. S. Economy". *Review of Radical Political Economics* 40, 2: 174 – 88.

2009a, "Economic Crisis and Institutional Structures: A Comparison of Regulated and Neoliberal Capitalism". pp. 176 – 188 in Jonathan Goldstein and Michael Hiilard (eds), *Heterodox Macroeconomics: Keynes, Marx and Globalization*. London and New York: Routledge.

2009b. "The Financial and Economic Crisis of 2008: A Systemic Crisis of Neoliberal Capitalism". *Review of Radical Political Economics* 41, 3: 305 – 317.

Kotz, David M. and Martin H. Wolfson 2004. "Deja Vu All Over Again: The 'New' Economy in Historical Perspective". *Labor Studies Journal* 28: 25 – 44.

Piketty, Thomas and Emmanuel Saez. 2007. "Income and Wage Inequality in the United States, 1913 – 2002". In Anthony B. Atkinson and Thomas Piketty eds., *Top Incomes over the Twentieth Century: A Contrast Between Continental European and English – Speaking Countries*. Oxford: Oxford University Press. Updated tables on http://elsa.berkeley.edu/~saez A1.

Polanyi, Karl 2001 [1944]. *The Great Transformation*. Boston: Beacon Press.

U. S. Bureau of Economic Analysis 2009. *National Income and Product Accounts*, Table 1.2 (Real Gross Domestic Product in Chained 2000 Dollars), revision of July 31, 2009, downloaded from website http://www.bea.gov, July 31, 2009.

Wolff, Edward N. 2001. "The Recent Rise in Profits in the United States". *Review of Radical Political Economics* 33, 3: 315 – 24.

Wolfson, Martin H. 1994a. *Financial Crises: Understanding the U. S. Experience*. Armonk, New York: M. E. Sharpe.

1994b. "The Financial System and the Social Structure of Accumulation". pp. 133 – 45 in David M Kotz, Terrence McDonough and Michael Reich eds. *Social Structures of Accumulation: The Political Economy of Growth and Crisis*, New York: Cambridge University Press.

2003. "Neoliberaiism and the Social Structure of Accumulation". *Review of Radical Political Economics* 35: 255 – 62

马丁·沃尔夫森　圣母玛利亚大学经济与政策研究系；
大卫·科茨　麻省大学阿姆赫斯特分校经济系

第 二 篇

全球化和当代积累的社会结构理论

第 四 章

全球新自由主义与当代积累的社会结构

引　言①

社会分析家普遍认为，资本主义从 1980 年左右开始发生显著变化。然而，对于如何描述这些变化、资本主义最近几十年来的主要特征是什么，以及如何命名资本主义的当代形式等问题却没有统一定论。我们认为，"全球新自由主义"这一概念很好地把握了当代社会的现实。

在欧洲，自由主义长期以来指的是主张政府在经济领域实施有限干预的立场。在 20 世纪 30 年代大萧条前，各国政府在管理资本主义经济方面普遍不如二战后那么积极。这并不是说，各资本主义国家的政府过去一贯奉行自由放任的路线。常（Chang）（2002）的研究表明，在其早期发展阶段，每个主要发达资本主义国家的政府都积极推进了工业化进程。在德国和日本这样的后起发达国家，其政府甚至比最早崛起的几个国家的政府在这一点上更为积极。然而，一旦工业化得以完成，主要发达资本主义国家的政府在大萧条之前的经济中发挥的作用相对有限。②

在大萧条和二战之后，新的国家积累的社会结构理论（SSA）在资本主义世界出现了。在这些国家中，政府积极调控宏观经济和核心经济部门，使一些工业国有化，并且提供了一系列通常被称为"福利国家"的社会计划。同时，主要发达资本主义国家空前地加大了对国际经济的

---

① James Miehls 和 Ann Werboff 提供了研究协助。
② 即使在完成工业化之后，在一些国家的某些发展阶段，政府在调节大萧条前的商业中还是发挥了一定作用。比如，政府对一些工业的有限管制构成了 20 世纪早期美国社会积累结构的一部分（Kotz 1994：68）。

管理力度。在二战后的几十年中，旧自由主义意识形态、理论和政策措施都被认为已经过时，并沦落为早期"不成熟"资本主义发展阶段的产物，甚至"资本主义"一词也被"混合经济"等术语所取代。

接下来发生的事情令人无法预料。时间似乎从1980年左右开始倒转。主流意识形态、理论和政策重新回到了放任市场的取向上。用"新自由主义"一词来描述旧思想体系的新版本并不为过。起初，大多数不赞成新（旧）变化方向的分析家认为，这只是由"国家干预"资本主义旧体制的危机所引起的暂时现象。然而在25年后，我们发现，这一新取向并不是短暂的回潮，而是代表了具有一定持久力的资本主义新形式。

我们认为新自由主义是一个连贯的多级统一体，其核心特征包括政治经济体制、政策、理论和意识形态。我们将在本章后篇中讨论新自由主义体制，但这里仅讨论新自由主义的其他主要维度。新自由主义意识形态的标志是：赞颂个人选择、市场和私人财产，认为政府是个人自由和经济效益的天然对立面，采用极端个人主义的概念来界定社会。其主流理论是新古典经济理论的"自由市场"版本。这一理论与米尔顿·弗里德曼（Milton Friedman）、弗里德里希·哈耶克（Friedrich Hayek）和罗纳德·科斯（Ronald Coase）等名字相联系。①

新自由主义主张自由化、私有化和稳定化的政策三部曲。第一部曲"自由化"，是指使市场和公司从国家管制解脱出来，包括解除货物和资本（虽然不包括劳动力）跨国流动的障碍。私有化是指把国有企业转让给私有者，把原先由政府直接承包的服务业外包给私企。"稳定化"这一误称则是指将货币政策转向仅仅专注于防止通胀，而不再致力于减少失业或促进经济增长。政府财政政策则以削减商业和富人的税收为导向，并同时减少或消除各种社会计划。

争论的焦点主要围绕以下问题：在新自由主义下，政府是减少对经济的干预，还是仅仅以有利于资本的方式来重新确定其导向。在此我们不作详细讨论（参见本卷第三章）。很明显的一点是，新自由主义时代的国家已经减少或消除了许多对工人阶级直接有利的计划，却采取了诸

---

① 这一理论有许多版本，比如货币主义、理性预期理论和新古典经济学，但所有这些理论都有这一共同的基本假设，并认为资本主义"自由市场"经济是一个自我调控效果最佳的实体。

如严格实施知识产权等一些直接辅助资本的措施。也许日益增长的政府激进主义的最清晰例证就是干预阶级斗争以削弱工会运动。英国首相玛格丽特·撒切尔镇压矿工联盟,美国总统罗纳德·里根解除空航管制员联盟,就是典型的例子。促进"竞争性"已经成为政府行动在社会许多领域的试金石。

然而,我们认为,新自由主义反政府的意识形态和理论不只是粉饰橱窗。在新自由主义时代废除的政府管制计划中,有一些计划是完全或部分地响应商业需要而产生的。这些计划包括对电力和交通等领域的管制或公有。而这些领域是大多数资本的关键投入要素。另一个例子是被大大缩减的反垄断。它允许拥有市场控制力的巨头企业自由行动。这直接地影响了使用其产品的企业。在新自由主义时代,对资本主义获取利润所必需的公共基础设施投资被削减。显而易见,在早期阶段,大多数资本曾经支持包括政府管制、甚至在一些领域施行公有等在内的有作为的政府,现在倾向于借此机会获取市场操纵力,尽管这样做对资本也有不利的一面。

一些分析家喜欢用"全球化"一词来描述当代资本主义的特征。全球化和新自由主义,当代时期这两方面紧密相连。自由贸易的新自由主义政策、资本管制的废除以及政府的总体"空洞化",助长了生产、贸易和阶级关系的全球化。资本管制是在战后时期的阶级斗争和人民斗争中出现的。新自由主义政策促进其废除,而由此带来的资本自由流动改变了阶级力量的平衡,从而有利于资本。

全球化和新自由主义的关系还有另外一面。在战后 SSA 的后期,即 20 世纪 60 年代至 70 年代早期,全球经济一体化程度提高了。由于在主要工业化资本主义国家内,受保护的国家市场被不断增加的进口竞争所破坏,大资本对原先有作为的政府管制体制的支持开始动摇。由于大企业面临越来越激烈的、威胁到其生存的竞争,他们转而反对政府管制和昂贵的社会计划,因为他们现在认为,这些阻碍了他们与外国对手竞争的能力(Kotz,2002)。

因此,新自由主义推动了全球化,全球化也促生了新自由主义的崛起。我们认为,当代资本主义的本质可被很好地解释为新自由主义的崛起和当代全球经济一体化模式的出现。此外,我们认为,新自由主义更多地基于全球化这一层面而不是基于"国家—政府"这一层面,因为在当代"国家—政府"层面的主导制度比先前 SSA 时期内更加多变。因此，我们认为，"全球新自由主义"一词很好地把握了我们所讨论的当代 SSA 的本质。

全球新自由主义与积累的社会结构理论

新自由主义的重构始于 20 世纪 70 年代末，发端于美国和英国。美国新自由主义的意识形态和经济理论早在 70 年代中期产生影响。在 1979 年，即罗纳德·里根就任的两年之前，吉米·卡特总统的施政突然转向右翼，倡导解除商业管制、缩减社会计划。随着保罗·沃克尔被任命为美联储主席，货币政策也转向只专注于制止通胀。1981 年里根就任以后，新自由主义重构的步伐越发加快了。

在卡特施政转向新自由主义的同一年（1979 年），玛格丽特·撒切尔就任英国首相，迅速带领英国走向新自由主义重构的道路。上文提到的里根和撒切尔对工会的成功打击都是在他们执政后不久发生的。

美国的例子表明，新自由主义制度结构的构建比战后 SSA 的构建过程快得多。战后，在美国建立 SSA 需要建立政府管制经济的新制度体系，同时也需要在激进的劳工运动和最初不愿妥协的资产阶级间达成阶级妥协。美国开始建立新制度结构是在 1933 年罗斯福政府就任时，但是直到 1948 年左右才成功建立了新的 SSA[①]。相比之下，建立新自由主义制度结构则仅仅需要在确立资本支配劳动的稳固地位的同时，废除政府管制结构和各种计划。而这些要求在适宜的条件下能够更快地得到满足。虽然美国在 1979 年左右才开始重构新自由主义，但到了 80 年代早期已经基本完成——英国的情况亦是如此。到了 80 年代早期，美国已经建立了全球新自由主义的所有本土核心制度。后文将讨论这一点。

很难说全球新自由主义是基于传统 SSA 理论中的新 SSA。关于 SSA 的早期文献认为，SSA 是影响资本积累过程的一整套制度体系，即促成快速的积累制度体系（Gordon, Edwards, Reich, 1982: 22 - 26）。然

[①] Kotz（1994: 66）认为，美国战后 SSA 的核心体制——和平的集体议价、美国霸权和经济军事化——建立于 1948 年。同样可参见 Mcdonough（1994: 122—3）。

而，从历史比较上来看，新自由主义时代的长期经济增长速度并不快。

根据 SSA 理论的标准版本，每个 SSA 诞生后都会在一段时间内有效运作，促进快速积累。最终，SSA 停止促进快速积累，这使得停滞阶段开始了，即 SSA 的危机阶段。停滞阶段会一直持续到新 SSA 出现，来代替旧 SSA 恢复高积累率。因此，每个 SSA 具有两个阶段：SSA 有效促进快速积累的第一阶段，以及 SSA 成为快速积累障碍的第二阶段。

因此，根据标准的 SSA 理论，如果全球新自由主义是新的 SSA，那么一旦全球新自由主义建立，它的积累速度将比以往 SSA 的危机阶段更快。本卷第三章的数据表明，美国新自由主义时期的 GDP 增长并没有比在前一次 SSA 的危机阶段更快[①]。很难举例说明新自由主义转型加速了世界各国的经济增长（参见"为什么全球新自由主义应该被视为 SSA？"部分的数据）。

我们认为，新自由主义制度结构应该被视为一种 SSA，但不是基于其对经济增长率的影响。我们同意修正本卷第三章中对 SSA 的解释。该章节认为，关于 SSA 的早期文献从来没有举出令人信服的例子来表明每个连贯、持久的资本主义新制度结构促进积累速度达到某一历史标准。相反，尽管由此引致的资本积累率或快或缓，作为资本积累过程的制度框架，这样的制度结构促进了利润获取。如果把 SSA 重新解释为一个连贯、持久、作为资本积累过程的制度框架促进利润获取的制度结构，我们可以举出一个强有力的例子来表明全球新自由主义制度结构是一种 SSA。在下文中，我们将通过分析各国出现的、全球性的新自由主义时代核心制度，来对这一观点加以例证。

全球新自由主义 SSA 的各种国际制度

国际经济的新发展包括资本、商品、货币的国际流动显著增加以及资本主义生产关系的地理扩张。在这里，重要的是分割跨国生产并通过

---

① 在认为新自由主义 SSA 是始于 20 世纪 90 年代中期的前提下是有可能找美国新自由主义时期的经济快速增长数据的。1995 年开始，美国股市投机泡沫推动经济 5 年快速增长。然而，除去那一时期的快速增长，没有令人信服的理由来鉴定 1995 年是新自由主义 SSA 的起始年份。认为新 SSA 起始于快速增长时期是种赘述——确定新自由主义 SSA 的起始时间，应该以制度创建的分析为依据。而且，自从 2000 年股市泡沫崩溃以来，美国经济增长并不快。

贸易重组这一过程的能力。根据马克思主义观点，阶级关系的跨国化的必然性是相当重要的。包括世界贸易组织（WTO）和各种国际金融制度在内的多级跨国管理体系应运而生。最后，美国成了世界上唯一的现存超级大国。

伴随着全球新自由主义SSA的出现，国际转变围绕资本主义经济的全球化，这一论点当然是有争议的。一些人发现，国际活动和资本主义一样历史悠久，因此现在强调全球化是错位的、服务于削弱实施新自由主义政策的阻力。本章认为，作为当前SSA重要的、互相强化的两个组成部分，全球化和新自由主义确实应该紧密联系在一起。

当前时期的全球化可以分为两个分开的、但并非完全无关的发展：资本流动增加、地理范围扩张。商品、资本和货币的流动障碍已大大减少了。撤销对资本流动的管制以及政府善待国外直接投资，是这一问题的关键点（Bryan，1995）。信息和通信技术的发展与集装箱运输和其他交通运输革新一样，都很重要。通过国际金融活动的大规模集约化，在生产资本层面和货币资本层面资本流动性都增加了（Bryan，1995）。

这一新建立的流动性的最终结果是，生产被分成多个跨国的、通常相距较远的环节，然后再通过贸易和跨国企业内部的运筹经营把这些环节整合到全球生产链中。生产过程的每个环节都设置在世界上能够以最高盈利的方式实施这一过程的地方。按此方式配置生产的能力，在一定程度上是通过资源的绝对规模和集中获得的。另一个必要条件是对全球不同地区条件的全面掌握。这一点通过以相互持股和合资协议的方式创建跨国资本集团来实现。曼纽尔·卡斯特（Manuel Castell）（2000）所赞赏的联合组织在这里发挥了作用。无论是国际还是各个国家内的，保障资本跨国界流动的国际或各国内部的法律体系同样是必不可少的。

第二个发展是随后资本主义生产关系在地理上的巨大扩张。东欧体制的瓦解使颇有影响的苏联迅速向资本主义转型。在中国，毛泽东以后的改革则开始了相似的但更为缓慢和慎重的转型进程。这些转型为全球资本主义获取原材料的大规模供给、巨大的投资机会、大量廉价劳动力以及各类新的大市场敞开了大门。对欠发达国家来说，这些发展也标志着经济支持和军事支持的替代来源的终止。这些发展具有深刻的意识形态意义，因为它们标志着"冷战"和欠发达国家替代发展模式的结束。

这些发展同时也加强了发达国家"没有替代"的意识。①

这些发展与创造国际劳动分工的资本早期国际商品流通不同。自从商品流通具有与各种不同的生产方式相结合的可能性，商品流通就不是决定资本主义阶级关系的首要因素。的确，资本主义之前的生产方式通过进入国际商品流通可能已经暂时得到巩固。资本主义生产运营向以前不发达地区的重新广泛布置，使得这一转型时期得以结束。

与全球生产一体化一起，全球货币一体化对资本主义体系的全球化产生了根本性影响，因为这一全球化促使资产阶级跨国化。这确实是金融全球化的根本意义。使废除资本管制的货币循环和世界市场的电子链接全球化，将那些有权分取资本主义生产关系中剩余产品的人们联系在一起。这伴随着生产全球一体化，包括向欠发达国家的拓展。因此，将资产阶级跨国化与工人阶级跨国化联系到一起。国际政治经济研究领域的新葛兰西学派（Cox，1987；Gill，1994；Gill，Law，1988）、阿姆斯特丹学派（Overbeek，2001；Pijl，1997，1998；van Apeldoorn，2004）以及政治社会学家威廉·罗宾逊（William Robinson）（2004）已经研究了跨国资产阶级的形成及其在国际关系中霸权地位的确立。

然而另一种看法认为，货币循环的全球化为经济全球化创造了条件。如果金融资本具有足够的流动性，那么它可以把全球的获利能力的标准强加于它所经营的地区。如此一来，哪怕是相当本土化的经济决策也能参与全球经济，只要经济核算形式参照全球经济的条件来实施。贸易自由化程度的提高也产生了矛盾性结果，即同时也导致产品市场竞争加剧，并通过相互持股、合资办企业和严格外包机制等形式使得合作得到加强（Castell，2000：77-215）。一股合并浪潮巩固了跨国资本，从而导致更大实体公司的诞生。

资本主义生产和资本主义阶级关系的全球化不可避免地提出了创立跨国机构以管理这些经济关系的问题。罗宾逊（2004）则把跨国政府的出现理论化。与传统"国家—政府"体系的成员不同，实行跨国管理的新机构并不专注于对某个特定地区的统治。这些机构具有分层并且

---

① 由欧洲各国共产党领导下的政府直到1989—1991年才开始正式向资本主义转变，中国直到20世纪90年代初才较明确地具有资本主义特征，这要比其他国家形成新自由主义SSA其他主要制度要晚一些。然而，80年代早期中国便开始进入资本主义的世界市场，苏联及其欧洲CMEA搭档也开始重新调整经济，开始与资本主义国家进行贸易和借贷。

有重叠、存在于多重地理范围的特征。必须注意到，它们通常是通过国家间协议和条约才得以创立。虽然这些机构还不成熟，但是，它们有时可以通过控制市场准入或实行意识形态霸权和影响，而在这些国家享有有限权力（参见本卷第七章）。

WTO 也许是这些发展的范例。它通过成员国间的协议得以创立，来加强贸易规则，以准司法途径来审判违规者，实施罚款或其他制裁。其他这类机构包括 OECD 和 G8 等正式组织。世界经济论坛、三边委员会以及各种 NGO 等非正式组织也会参与其中并且越来越多。这些机构提供建议和有影响力的政策方案。欧盟和 NAFTA 等区域性组织也已建立。同时，传统的民族国家依然发挥了主要作用，他们加强了新自由主义方案并追求"竞争性"。毕竟，资本主义需要在必要时可以通过军队和监狱等设施实施高压统治。除非一个既具备此种能力又合法、真正全球性的资本主义国家诞生，民族国家将继续为资本主义再生产所需。全球机构是处于发展阶段的新复合体，其"国家性"程度仍有争议，因为它将国家主权与其他治理形式结合在一起。

除了 WTO，占主导地位的跨国机构就是 IMF 和世界银行等国际金融机构。这些组织负责结构调整计划对发展中国家贷款偿还和援助方面的落实。这些结构调整计划由一揽子的新自由主义政策构成，其中包括：向国外贸易开放经济，浮动汇率，私有化，消除管制，取消补贴，以及减少社会开支。这些政策的强制实施，标志着许多国家的急剧转型和积极的进口取代发展政策的终止。

一个重要的国际制度变化涉及了美国霸权的恢复和扩张。除了德国和日本的经济实力与日俱增，其军事实力却依旧受到压制而发展滞后。没有证据表明，欧洲有足够的政治雄心来创建一个可以与美国抗衡的军事力量。"日本可以说不"的日子已经在经济停滞的状态下一去不复返了。确实，所谓的三边主义也不过是未来学家的猜测罢了。因此，苏联的瓦解使美国成为仅存的军事超级大国。政治和军事力量的这种相对增长导致了美国势力下的地区优势。从 20 世纪 90 年代开始，美国一直在谋求其在中亚和苏联高加索地区的政治影响和原材料控制权。2001 年 9·11 事件后，美国发动了对阿富汗和伊拉克的占领。与伊朗的关系也异常紧张。美国的帝国地位得以进一步巩固，最主要是通过 NATO 的拓展以及欧盟的扩张而稳固地插手东欧。

另一种类型的全球新自由主义机构涉及资本的本质。

首先，大公司之间竞争的性质改变了。以前这种竞争一直是彼此相顾，并受到谨慎管制的。当大型企业为市场份额而展开竞争的时候，它们通常会回避价格战，因为这会削减整个行业的利润。全球新自由主义发现，这种大公司间彼此相顾的行为被不受限制的恶性竞争所替代。世界各大企业间又开始了激烈的价格战。

其次，大公司CEO的选聘流程改变了。以前CEO们都是从公司内部提拔上来的，即从那些长期在公司效力的经理中挑选出来。而现在外部的劳动力市场的发展取代了这一做法。如此一来，CEO这一高位通常都被外人占有。以市场为基础的CEO选聘流程提升了CEO们的薪水，因为大公司都为争取一流的CEO而竞争。除了推动新自由主义的收入不平等程度提高，这一变化很大程度上影响了公司的行为。CEO们的职业生涯不再与公司紧紧联系在一起，他们开始认识到，他们或许只是在就职的公司工作很短时间就跳槽至薪水更高的其他地方。这使得CEO不再致力于通常需要花费较长时间才会产生绩效的长期生产投资，而是致力于投机取巧以使公司股价在短期内飙升。但这却是以牺牲股价长期良好发展为条件的。

最后，全球新自由主义下金融资本与工业资本的关系改变了。在19世纪末20世纪初，许多主要资本主义国家的银行获取了对非金融公司的有力控制地位（Kotz，1978）。在二战后的SSA中，包括美国在内的许多国家，政府严格管制金融机构，迫使它们对非金融资本的资本积累发挥辅助的积极作用。在新自由主义下金融资本和非金融资本之间的另一种关系出现了，其特点是金融资本高度独立于非金融资本。在全球新自由主义SSA下，金融资本从与非金融资本的紧密联系中脱离出来，转向通过纯金融活动来盈利。同时，许多非金融公司开始直接参与金融活动。这一进程引入了"金融化"一词来描述当代资本主义的特征。[1]

正如本卷第三章讨论的，贯穿全球新自由主义制度的主线是这一SSA中资本对劳动力的相对全面的支配地位。政府作用的变化加强了资本相对于劳动力的优势。资本家之间日益激烈的竞争正使雇主们倾向于

---

[1] 参见本卷第六章和Kotz（2010）。

降低员工的薪水。①

全球新自由主义 SSA 的国内制度

一些全球新自由主义的国内制度涉及资本—劳动关系和劳动过程的本质。其他则涉及经济中国内政府的作用。我们会依次对其作讨论。

首先，全球新自由主义的一个显著特点是：大多数国家中的工会运动明显衰弱。这改变了决定工资和工作条件的过程。以前，工会和雇主间的集中议价代表性地决定了经济中的工资和工作条件。新自由主义时代的变化通常被描述为向"市场决定"工资和工作条件的转变。然而，这一术语太过模糊。劳动和资本的相对议价能力一直是工资和工作条件变化的主要决定因素。② 关于工资和工作条件决定的新进程的较准确的描述是主导权几乎全部转移到了雇主一边。在新自由主义时期，雇主们可以相对自由地决定工资和工作条件。只有当他们考虑雇佣合格的员工时才会受到限制。正如表 4—1 所示，4 个发达资本主义国家在新自由主义时代的工资上涨比在受管制的资本主义阶段要慢得多。这个由雇主决定工资和工作条件的制度当然很有利于获取利润。

表 4—1 所选国家制造业工人的实际时薪增长率（年度平均增长百分比）

国家	1953—1973 年	1973—1979 年	1979—2000 年
法国	4.45	3.31	1.05
日本	5.91	1.74	1.20
英国	2.04	1.44	1.03
美国	1.71	0.02	-0.47

注：所有 4 个国家都没有 1953 年前的数据。第三阶段一直到 2000 年年末。2000 年是全球经济中商业循环的高峰年。第一阶段始于受管制的资本主义，第三阶段始于新自由主义，第二个则代表了两者之间充斥危机的转型阶段。

资料来源：联合国历年数据。

---

① 第三章讨论到，自由主义 SSA 的核心特点——其中当代 SSA 就是一个例子——是通过资本相对全面支配劳动力获得资本—劳动矛盾的短暂稳定。相反，战后 SSA 等其他所谓"受管制的 SSA"，通过资本和劳动之间的妥协来短暂稳定其矛盾。

② 一国经济发展程度等其他因素也会影响工资和工作条件。

其次，在旧 SSA 中，存在一个劳动分工体系，其中一些工种属于"主要部门"，而其他一些则属于"次要部门"。与次要部门的工种相比，主要部门的工资相对高，附加福利好，而且工资会随着资历增加而上涨，有较高的工作安全保障。虽然主要部门中的一些工种是非工会化的管理以及专业或技术工作，但该部门的一部分工种包括工会化的工作。在新自由主义时代，主要部门的许多工种转变成了同在旧 SSA 下次要部门工种相类似的工种。薪水下跌，福利减少或消失，工资上涨更不稳定，而且连工作安全保障都没有。在许多部门，雇主用临时员工来代替正式员工。雇主们打着"劳动力市场弹性"的旗号来实施这些举措。这一旗号实在很讽刺，因为理想的"弹性"只是对于劳动力市场的一方即雇主而言的，而不是站在工人的角度考虑的。雇主们拿着"弹性"的借口来任意摆布员工，而员工们则失去了保护自我利益的能力。

再次，新自由主义时期还引入了新的生产体系。为了代替旧 SSA 下相对死板、廉价、大规模的生产技术条件，许多工业转向了弹性专业化和准时化生产等新体系。

最后，在新自由主义时代，生产地点模式发生转变，即所谓的"空间化"出现了（参见第五章）。利用改善的通信技术和交通技术，资本能更有效地使用转移生产，或者说生产的实际转移作为威胁手段来更加有效地控制劳动力。虽然资本主义企业选址总是有从高薪地区向低薪地区转移的趋势，但是这一趋势在新自由主义时期尤为显著。这已然成为现有资本用来控制工资和工作条件的主要手段。

许多全球新自由主义国内制度涉及政府的职能。我们将讨论六种这样的制度。第一，国家宣布放弃使用旨在达到较快经济增长和低失业水平的凯恩斯主义总需求管理手段。在旧 SSA 时期，大多数资本主义工业化国家的财政政策和货币政策都是为了实现上述目标。[①] 这也导致发达资本主义国家在那一时期平均失业率较低。在新自由主义时期，各国政府宣布放弃鼓舞人心的财政政策，转而追求平衡预算，而货币政策则重新以预防通货膨胀为目标。这一举措通过新自由主义经济理论得以合理

[①] 在那一时期的一些国家，如果失业率下降到如此之低，以至于随之上升的劳动议价能力严重削减利润，政府将转向并使用总需求管理来减缓经济，并恢复资本对利润的榨取能力（Boddy, Crotty 1975）。

化。这种理论认为,即长远来看,财政扩张和货币扩张都不能带来较快经济增长和较低失业,反而只会导致较高的通胀率。[①] 然而,如表4—2所示,新自由主义时期的平均失业率比受管制资本主义时期要高得多。

表4—2　　　　五个国家的平均失业率[②]（劳动力百分比）

国家	1953—1973年	1974—1979年	1980—2000年
法国	2.0	4.6	10.0
意大利	6.1	6.7	10.7
日本	1.7	1.9	2.9
英国	1.8	4.8	8.5
美国	5.0	6.7	6.4

资料来源：OECD 2008。

第二，通过减少或废止退休保障金、失业补偿金、残疾人士保险和教育津贴等计划，政府提供的"社会工资"锐减。员工不得不更加依靠自己的财产来支付这些开支。

第三，公共服务的财政支出的负担分配也转移了。对资本和富人的税收减少，上述财政支出的负担就转移到了赚取工资者和其他群体的身上。

第四，原先由政府机构和政府雇员提供的多种公共服务改由政府资助下的私人企业提供。尽管我们认为，有些公共物品不能简单地由追求利润的私有企业来提供，但是以盈利为目的的私有企业在提供这些公有物品方面发挥着越来越大的作用。这种情况发生在许多公共服务领域。这些领域包括：交通、社会福利项目、教育和职业培训、对公共机关的餐饮供给、公立学校、犯人囚禁，以及保安、警察和军队等各种强制性服务[③]。

---

① 关于美国20世纪80年代和21世纪初的巨大财政赤字存在一些争议。有些人认为，这两次赤字是见利忘义地使用凯恩斯主义手段来扩张经济、增加共和党重新当选的机会。我们认为，这两个时期巨大的财政赤字是由其他几个原因引起的：（1）供应学派理论，即认为减少税收会刺激私人投资；（2）通过减少税收而把收入转给富人；（3）两个时期内都不断上升的军事开支。

② 与平均GDP增长率的有关时期相比，平均失业率的有关时期不能有重叠。因此，表4—2中的第二阶段始于1974年，而第三阶段始于1980年。

③ 2007年，布什政府甚至提出将某些联邦征税事务外包。然而，最终被认为是回到中世纪的"税收农业"而被否决了。

| 第 四 章 | 全球新自由主义与当代积累的社会结构

秉持着政府天生就是低效率的,而资本主义企业则具有最佳效率这一观点,新自由主义意识形态对公共服务外包给予支持和肯定。同时,具有影响力的大企业对于开辟获取利润的新领域的渴望,为此类项目的实施提供了强大推动力。然而,难以理解的是,私有企业既要向其股东发红利又要向其执行官发高薪,却比运营良好的政府机构以更低价格提供同样的公共服务。如果有节约成本之处,那可能就是像私有部门那样通过劳动合同条款由工人以较低的工资、较差的福利、较糟糕的工作条件来提供公共服务。这样的成本节约并不是具有经济效率的,而是把收入从劳动力转移给资本。然而,新自由主义经济理论认为,政府生产部门的较高工资、较好福利和较好的工作条件,来自于"贪婪的"公共部门职工及其工会在当选官员的纵容下,从倒霉的纳税人那里榨取的"垄断租金"。根据这个观点,把公共服务转包给私有企业以及由此导致的政府劳动力萎缩,使工资水平恢复到合适的"市场决定"水平。

第五,被视为一国经济福利和经济发展的核心部门和自然垄断企业,在旧 SSA 下曾受政府管制或实行国有,而在新自由主义下的很多案例中,这些企业被解除了管制并私有化。在各工业资本主义国家,这一现象出现在交通、通信、电力、重要金属(比如钢)、军事硬件和金融机构等部门[1]。新自由主义经济学家认为,对自然垄断进行管制或实行公有所产生的成本大于好处。其成本主要包括:阻碍可能削弱自然垄断的技术进步。他们认为,国家没有理由对重要部门进行管制或国有化,因为私有制和市场力量总能最好地调节国家经济福利[2]。在公共服务外包方面,在工人此前具有强大工资谈判能力的部门,压低工人工资和利益是一个隐秘议程。由于这些部门被解除管制和私有化了,一轮残酷的新竞争很快就压低了工资和利益,尤其是在交通部门。

第六,新自由主义时期见证了更具抑制性的社会控制政策的实施(参见本卷第十章)。因为对穷人和工人违法行为的刑期都延长了,所

---

[1] 在一些发展中国家,迫于国际金融机构的压力,即使供水也被私有化了。比如说服人们以高于汽油的价格购买瓶装水而不是以极低成本从水龙头接水喝,在发达国家也会发生类似情况。

[2] 解除管制的实际进展并不总是像新自由主义经济学家们所建议的那么顺利。例如,美国 20 世纪 80 年代早期的经济学家们认为,银行的存款准备金没有必要,应该废除,但是国会一直走上这愚蠢的一步。

以美国监狱人口飙升。虽然这里不涉及自由论，但对于新自由主义而言，这些政策却使由于与不平等程度加深相联系的社会更加混乱，社会关系更加紧张，将边缘人口和边缘群体排除在政治之外等原因而必须实施的。

为什么全球新自由主义应当被视为 SSA

列出反映全球新自由主义特征的各种制度还不足以说明全球新自由主义构成了 SSA。为了使人们相信全球新自由主义是 SSA，我们必须能举例证明，全球新自由主义是推动获取利润并为资本主义积累过程塑造框架的、连贯持久的制度体系。虽然在本章末尾我们指出，新自由主义的未来现在还不确定，但是新自由主义历久弥新这一点已经很明显，因为它已经顽强地坚持了四分之一个世纪。新自由主义是一个连贯的制度体系。这一点也显而易见。所有这些核心制度都互相联系，而且与新自由主义意识形态以及新自由主义理论相一致。这些意识形态和理论促进并崇尚市场、私有财产和个人选择，而对在工会和政府较活跃阶段占优势的集体行动、集体供给以及集体选择加以贬低。

全球新自由主义在多方面促进获取利润。第一，全球新自由主义制度提高了资本相对劳动的议价能力。这导致了工资上涨缓慢，避免了由高福利和良好工作条件引致的成本，也使资本劳动过程进行较严格的掌控。第二，解除商业管制为资本追逐利润提供更大的自由。在政府管制商业的体制下，政府可以向资本收费，以补偿追逐利润所带来的社会成本。但在全球新自由主义体制下，这一社会成本则由整个社会分摊。第三，维持社会运行所需的一般成本和资本主义社会运行所需的特殊成本，都需要政府项目通过税收来支付，而现在这些税收负担从资本转移给劳动者和其他社会群体。第四，通过私有化、解除管制和外包公共服务，各个全新的生产部门都向追逐利润的活动开放。第五，追逐利润活动的地理范围通过对物资、服务和资本的自由流通的放开而大范围扩张。这就产生了规模经济和专业化。

有经验表明，全球新自由主义有利于追逐利润。如图 4—1 所示，美国经济的利润率在 SSA 后半阶段，即 20 世纪 60 年代开始下跌。到 80 年代中期，利润率又开始恢复，到 2005 年升到了自 60 年代以来的最

第四章 全球新自由主义与当代积累的社会结构

高水平。德国、法国和英国的综合利润率也具有类似规律（见图4—1）。

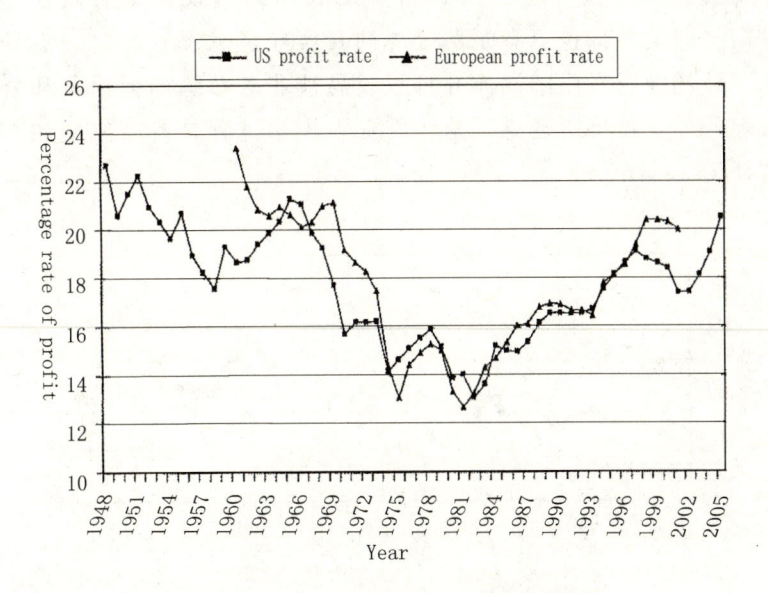

图4—1 美国和欧洲三国的利润率

注："欧洲利润率"是指德国、法国和英国的综合利润率。

资料来源：美国，Wolff（2001：318，图1由Wolff向作者提供的数据系列）。欧洲，Dumenil和Levy（2004：24，图3—1，由Dumenil和Levy向作者提供的数据）。

作为20世纪80年代初以来的资本主义体制结构，全球新自由主义已经构建了资本累积的框架结构，而且以特定方式塑造了这一资本积累过程。而全球新自由主义塑造资本累积的方法有多种。

全球新自由主义已经影响了资本积累获取基金的渠道。在新自由主义之下，大公司的很大一部分利润用于支付分红和股票回购，正如图4—2①和4—3②所示。③这减少了可用于积累的内部资金。从而资

---

① 图4—2显示了20世纪80年代早期以后明显偏高的红利支付比率。2005年这一比率的骤降既反映了当年利润迅猛上升，又反映了分红支出下降。

② 如图4—3所示，在20世纪70年代末之前，新上市股票净值总是大于零，表明非金融企业总体上从售卖新股票中筹得资金。80年代早期后负的新上市股票净值表明，非金融企业在输出资金而不是从股市中融资。2007年，股票回购净值飙升到了现金流的58%。

③ 大笔红利支出和股票回购是由于新自由主义时期的公司经理执着于公司股票的短期绩效，而不是公司的长期经济表现。

本积累倾向于依靠借款来为资本积累筹款。新自由主义理论认为，以市场基础的金融性资本配置要比未分配利润的再投资更有效率。然而，这需要假定外部投资者了解公司的真实经济状况。而这一点是不现实的。外部投资者跟随潮流并且很容易被业务熟练的促销员和公司财务报表的肆意粉饰所迷惑。这就使资本积累过程具备高风险和不稳定的特征。

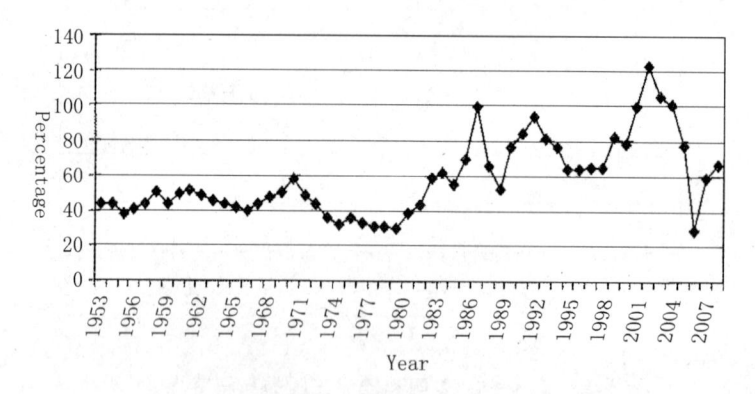

图4—2　美国非金融企业税后利润净分红百分比

资料来源：2008 美国联邦储蓄体系，资金流转表 F.102。

虽然高利润率能鼓励资本积累，但是仍然存在着一个问题，即如何才能将由不断积累而形成的产出销售出去。通过限制工资上涨和政府支出，全球新自由主义使不断增加的产出销售依赖于奢侈品消费的增长、比工资上涨还要快的劳动阶级借债消费以及以对未来利润和需求增长的膨胀性预期为基础的生产资料购买。不像在旧 SSA 下的富人那样低调，新自由主义时期的新贵们不再隐藏其对奢侈品的挥霍。与新自由主义相关的投机泡沫浪潮，夸大了对未来利润增长和需求增加的预期①。

在理论分析的层面上，与较早的旧 SSA 或后来危机时期的旧 SSA 相比，新自由主义促进资本快速积累的趋势并不明显。一方面，高利润率将促进高积累率，因为利润是积累的动机，而且利润是积累基金的主要

---

① 高利润和显著向富有家庭转移的收入创造了大量比生产投资机会更好的可投资基金。这便产生了投机房产泡沫，因为超额基金找到了通往如企业安全和土地的资产的渠道。

来源；另一方面，高利润率并不能确保高积累率。利润不是自动地用于积累，而是流向各种形式的消费，或流向最终对真实积累没有帮助的各种金融投资。在全球新自由主义制度体系中，有许多限制资本积累步伐的途径。本卷第三章讨论了这些途径，包括新自由主义的诸多特征：总体需求增长不足的趋势、宏观经济不稳定、阻碍长期生产投资的无限制竞争以及试图生产投资中转移基金的独立金融部门等①。

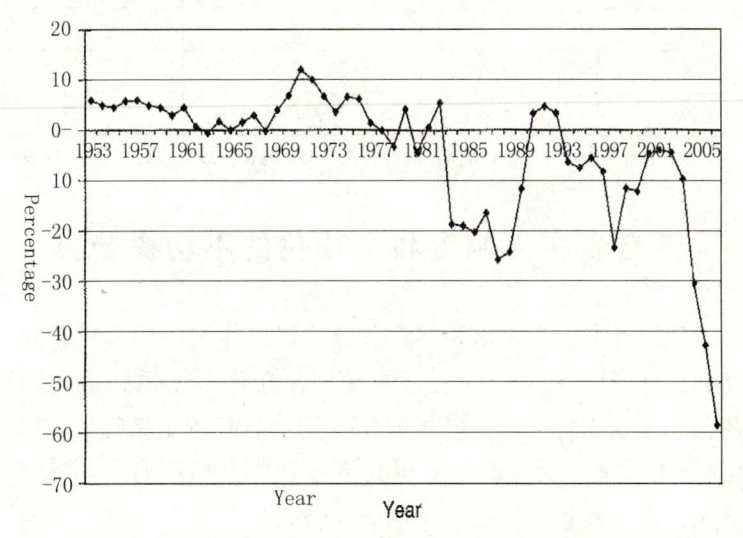

图 4—3　美国非金融企业新股净值占现金流百分比

注：新股净负值表示非金融企业所回购的自己公司股票超过了当年新上市的股票。现金流是内部资金总数加上支出的红利。

资料来源：2008 美国联邦储蓄体系，资金流转表 F.102。

我们在本卷第三章中提到的证据表明，美国经济在新自由主义时期的 GDP 增长并不快于在旧 SSA 下的危机阶段。表 4—3 展示了六大资本主义国家的实际 GDP 增长率。这六个国家在新自由主义时期的 GDP 增长率都明显慢于战后的受管制资本主义时期。只有英国在新自由主义时期的 GDP 增长率明显快于在此前的危机阶段。值得注意的是，在新自由主义时期，GDP 增长率最快的是中国。虽然中国随着时间推移解放了经济，却没有采用新自由主义模式。相反的是，中国采取的是国有制、

---

① 文中所引述的第三章部分关注的是自由主义体制的一般结构。

计划与市场化、追求私有利益相结合的模式。

表 4 – 3　　所选国家的实际 GDP 增长率（年均增长率百分比）

国家	1953—1973 年	1974—1979 年	1980—2000 年
法国	5.0	2.8	2.1
德国	6.0	2.4	2.1
意大利	5.6	3.5	2.0
日本	9.2	3.5	2.7
英国	3.0	1.5	2.3
美国	4.0	3.0	3.1

资料来源：OECD 2000；2000 美国经济分析局；Maddison 1995：83；世界银行 2005。

新自由主义制度和全球化的不均衡分布

在战后的资本主义国家，尽管各国的国内体制结构有些差异，但是其制度都具有当时 SSA 的政府管制特征。在许多西欧国家，国内 SSA 具有社会民主主义特征，而日本的 SSA 则更具集团主义特征。以所谓的"军事凯恩斯主义"为基础，美国具有一种类型的政府管制 SSA。在发展中国家，进口替代的工业化体制非常普遍。尽管存在这些差异，各国的上述国内制度都涉及具有很强政府主义色彩的国内体制，而且都与那一时期的国际制度相适应。

在此层面上，全球新自由主义 SSA 与之前的 SSA 有本质区别。各国新自由主义体制的发展很不平衡。以前，国家社会主义的中欧和东欧国家引入了最彻底的新自由主义体制。因为它们废除了旧体系，很快建立了资本主义，大多数完全就采用了新自由主义体制，尤其是俄罗斯和其他一些苏联国家。这些国家的工人阶级士气彻底受挫而被遣散，已经无法再采取有效措施来抵御新自由主义。20 世纪 80 和 90 年代在 IMF 和世界银行的影响之下，一些发展中国家同样也被迫遭受实质性的新自由主义重组。这在拉美国家尤其普遍。

然而，一些国家工人阶级以及其他群体的抵抗阻止了国内制度进行彻底的新自由主义重组。由于工人阶级抵抗的受挫为新自由主义重组创造了可能性，美国和英国在发达资本主义国家中最明显地转向了新自由主义，尽管这两个国家仍保留了政府在旧 SSA 中的管制和社会福利等方面的一些职能。

在一些主要西欧国家，一种"社会新自由主义"出现了。在社会新自由主义中，私有化、减少政府的商业管制以及财政政策和货币政策的新自由主义转向等一些新自由主义特征都得以吸收，但福利只被少量削减，而且工会依旧有很强的能力。在一些北欧国家，工人阶级和其他群体对社会民主的支持，阻止其被废除。大部分社会民主主义的体制依旧在运作，只是稍微转向了新自由主义方向。

许多亚洲国家在很大程度上抵制了其国内制度向新自由主义的转变。日本尽管一直说要进行"改革"，但只是在个别方面向国内制度的新自由主义重组迈出了步伐。虽然旧的终生雇佣制变弱，使得一个前所未有的失业高潮开始了，但是集团主义模式依旧保持相对稳定。在 20 世纪 80 到 90 年代，韩国、印度尼西亚、马来西亚、中国台湾和新加坡等一些亚洲国家和地区在政府主导的模式下迅猛发展。

也许在新自由主义趋势方面，最重要的一个例外就是中国。通过以市场力量和私有企业来逐步取代中央计划和国有财产，并向世界资本市场开放，中国从 1978 年开始打破政府社会主义。然而，与新自由主义模式相反的是，在中国，通过旨在促进经济快速增长的积极的宏观政策、大力投资基础设施、对主要银行实行国有、一个明确的产业政策以及政府对贸易和资本的流动管制，国家依然保持其对发展进程的控制。中国引进的新自由主义的主要特征是：废除社会福利项目和政府教育资助，并将大多数（虽然不是全部）的国企私有化。

新自由主义国内体制的不均衡分布是全球新自由主义 SSA 的重要特征。这可以通过各国不同的历史来解释。这些差异甚至有利于在全球新自由主义这一 SSA 下追逐利润和资本积累。以全球新自由主义为特点的全球化生产组织，也从这些差异中获利。因此，资本积累的不同阶段和生产的不同环节可被分配到最有利可图的地区。总部和研发机构可以设在社会民主机构能为之提供合适环境的国家。而中度劳动密集型生产可以安排在东欧这些经济全面开放、劳动力受过良好教育却相对便宜的国家。而高度劳动密集型生产可以安排在中国，因为那儿工资很低而政府具有管制职能，维持着秩序并且建设必要的基础设施。此外，中国的政府导向型发展使其经济快速增长。在为美国提供了廉价消费品和所需的大量金融支持的同时，中国经济增长也有助于带动全球经济增长。

表面上看，当代SSA下全球和国家之间的关系与前一阶段相比有很大差别。战后政府管制的SSA可被视为由布雷顿森林体系和美国霸权的特定形式等一套适当的国际制度进行国际对接的一系列国家政府管制的SSA。比较而言，跨国层面的全球新自由主义SSA的存在形式相当单纯。其新自由主义原则在WTO、IMF和世界银行等机构中发挥着全面的主导作用①。全球新自由主义是由当地结构镶嵌于其中的一种跨国性结构。而当地结构对新自由主义模式的顺应程度则各不相同。

全球新自由主义SSA的矛盾和危机

资本主义下的SSA没有一个能永恒存在。每个SSA都存在着最终会被激化的矛盾。SSA内部矛盾的激化最终会导致结构性危机。在危机阶段，各群体、各阶级之间的冲突是旧SSA解体、新事物取而代之的实现手段。可能的结果是，在资本主义内部形成新SSA，或者废除资本主义并且建立另一个新体系。

当代全球新自由主义SSA有许多矛盾。第一，快速增长的利润和停滞的工资之间的强烈失衡将会引起总需求不足的问题。而随着政府支出增长有限和放弃扩张性宏观政策，这一问题变得尤为严峻。第二，金融部门日益增长的投机性特征使得金融脆弱性与日俱增。而解除金融管制，无限制的竞争和CEO市场所形成的短视理念，使得金融部门越来越具有投机性的特征。第三，由于富人们不断增长的利润和家庭收入追逐着有限的生产投资机会，房产泡沫崭露头角。如果泡沫破碎（它们最终必然会破碎），会严重破坏金融和经济。第四，全球经济和金融的高度一体化往往与主要国家的商业循环同步。结果，任何金融危机或严重的衰退都会在全球范围内迅速蔓延，并且变得越来越严重，越来越难以掌控。第五，美元的双重职能之间存在着矛盾。

---

① 世界银行的首席经济学家，著名的Joseph Stiglitz，开始批评20世纪90年代末新自由主义的一些方面时，他就被突然辞退了。

| 第四章 | 全球新自由主义与当代积累的社会结构

一方面，它是全球贸易和储备的货币；另一方面，美国贸易账户和经常账户的持续大规模赤字与全球经济下美元的最终支付手段职能相联系。而后一职能往往会削弱前一职能。第六，资本对劳动的掌控，以及由此引发的工人阶级和其他群体不断恶化的工作环境，造成了一个潜在问题。在新自由主义下，一方面，不平等程度大大提高，百姓不安全感上升，而公共服务减少；另一方面，现有富人（在一定程度上不劳而获）变得更富有，无产出的金融投机者用各种手段攫取各种收入。这一鲜明对比在某种程度上可能会引发一场严重的叛乱。第七，全球新自由主义下无计划、混乱的经济增长类型导致了自然资源的快速损耗以及全球气候急剧变化。要应对这些危及人类文明延续的威胁，就需要把全球新自由主义的经济增长模式转向一个截然不同的经济增长模式。

表面上看，在 2009 年 1 月，早期矛盾的一部分已经被激化，促使全球新自由主义 SSA 进入危机阶段。虽然现在还不能透彻地分析这一过程，但是一些尝试性的考察还是可以做到的。全球新自由主义即将崩溃的首要标志可能是近几年左翼在拉美大选中频频获胜。而这些国家的全球新自由主义已经引起十分严重并广泛蔓延的灾难。这标志着各种新的发展道路即将出现。巴西和阿根廷与全球新自由主义最极端的一面决裂。委内瑞拉和玻利维亚则更为激进，它们正努力全面取代资本主义。

2007 年，美国巨大的房产泡沫开始破碎。紧接着，2008 年，一场严重的金融危机始于美国，并很快蔓延到了全球金融体系。一些大型金融机构，因其持有的价值几万亿美元的按揭证券和金融衍生品骤然贬值而以惊人的速度走向破产。主要资本主义大国的中央银行和财政部迅速放弃了此前的自由市场模式来拯救风雨飘摇的银行和保险公司。许多主要金融机构由于注入了公共资金而得以生存下来，而其他金融机构则在实际上或法律上被国有化。到 2008 年年末，全球实体经济部门的快速倒退开始与金融危机相伴随。所有分析家很快纷纷宣称，这是记忆中最严重的一场金融危机。美国、西欧和中国都宣布了大规模的政府购买计划，复苏了在中国从未被抛弃、但在西方早已销声匿迹的凯恩斯主义。

这次金融危机和经济危机似乎标志着全球新自由主义 SSA 进入了危机阶段。在本书撰写之际，上文提到的全球新自由主义的前四个矛盾似乎对危机负有直接责任。它们是：利润和工资的不平衡、投机性金融部门、房产泡沫产生的必然性、使危机得以迅速蔓延全球的全球高度一体化的金融和经济体系①。随着危机的深化，上文提到的其他矛盾也可能开始发挥威力。由于经济状况变得更糟，新自由主义意识形态也不足信了，我们可以看到，拉美各地暴动泛滥。全球贸易体系和金融体系中的不平衡将引发诸多问题。虽然反对者无疑会坚持认为在经济危机时期任何增加商业成本的事情都不能做，倡导抵制全球气候变化的新经济导向可能在政治上得以加强。

在本章撰写之际，关于经济重组的讨论随处可见。SSA 理论不能预测经济重组的进程。然而，SSA 理论又确实表明，维持全球新自由主义 SSA 不是切实可行的选择，而且在未来的几年中，全球体系的新道路将在各种阶级和群体之间的斗争中出现。至于这种新道路是资本主义主导的 SSA 新形式，还是资本家和选民之间的新妥协，抑或是资本主义时代的终结，现在还无法确定。

参考文献

Boddy, Raford and James R. Crotty 1975. "Class Conflict and Macro – Policy: The Political Business Cycle". *Review of Radical Political Economics* 7, 1: 1 – 19.

Bryan, Dick 1995. *The Chase across the Globe: International Accumulation and the Contradictions for Nation States*, Boulder, CO: Westview.

Castells, Manuel 2000, *The Rise of the Network Society*. Oxford: Blackwell.

Chang, Ha – Joon 2002. *Kicking Away the Ladder: Development Strategy in Historical Perspective*. London: Anthem Press.

Cox, Robert 1987. *Production, Power and World Order*. New York: Columbia University Press.

Dumenil, Gerard and Dominique Levy 2004. *Capital Resurgent: Roots of the Neoliberal Revolution*. Cambridge, MA: Harvard University Press.

Gill, Stephen 1994. "Knowledge, Politics, and Neo – Libera3 Political Economy". pp. 75 – 88 in Richard Stubbs and Geoffrey R. D. Underhill, ed. *Political Economy and the*

---

① 不平等的主要作用，虽然在危机研究中并非经常被提及，但是它刺激了房屋贷款尤其是按揭贷款的快速且不可持续的增长。基于 SSA 理论上的新自由主义危机分析，请参见 Kotz (2009)。

Changing Global Order. New York: St. Martin's Press.

Gill, Stephen and David Law 1988. *The Global Political Economy: Perspectives, Problems and Policies*. Hemel Hempstead: Harvester and Wheatsheaf.

Gordon, David M., Richard Edwards, and Michael Reich 1982. *Segmented Work, Divided Workers*. New York: Cambridge University Press.

Kotz, David M. 1978. *Bank Control of Large Corporations in the United States*, Berkeley: University of California Press.

—— 1994. "Interpreting the Social Structure of Accumulation Theory". pp. 50 – 71 in David M. Kotz, Terrence McDonough, and Michael Reich, eds. *Social Structures of Accumulation: The Political Economy of Growth and Crisis*. New York: Cambridge University Press.

—— 2002. "Globalization and Neoliberaiism". *Rethinking Marxism* 14,2:64 – 79. 2009. "The Financial and Economic Crisis of 2008: A Systemic Crisis of Neoliberal Capitalism." *Review of Radical Political Economics* 41:3:305 – 17.

—— 2010. "Financialization and Neoliberaiism". In Gary Teeple and Stephen McBride, eds. *Global Rule in Crisis*. Toronto: University of Toronto Press, forthcoming.

Maddison, Angus 1995. *Monitoring* Paris: Organization for Economic Cooperation and Development.

McDonough, Terrence 1994. "The Construction of Social Structures of Accumulation in US History". pp. 101 – 32 in David M. Kotz, Terrence McDonough, and Michael Reich, eds. *Social Structures of Accumulation: The Political Economy of Growth and Crisis*. New York: Cambridge University Press.

OECD. 2000. *World Economic Outlook*, www.oecd.org/.

—— 2008. Organization for Economic Cooperation and Development website.

Overbeek, Henk 2001. "Transnational Historical Mechanism: Theories of Transnational Class Formation and World Order". pp. 168 – 483 in Ronen Palan, ed. *Global Political Economy: Contemporary Theories*. London: Routledge.

Piji, Kees van der 1997. *The Making of an Atlantic Ruling Class*. London: Verso.

—— 1998, *Transnational Classes and International Relations*. New York: Routledge.

Robinson, William L 2004. *A Theory of Global Capitalism: Production, Class and State in a Transnational World*. Baltimore: Johns Hopkins University Press.

United Nations various years. *United Nations Monthly Bulletin of Statistics*, Number 13 (January to June 1959) through Number 57 (January to April 2003).

U.S. Bureau of Economic Analysis 2000. *National Income and Product Accounts*.

U.S. Federal Reserve System 2008. Website http://www.federaireserve.gov/datadownload/.

Statistical Release of June 3, 2008.

van Apeldoorn, Bastiaan 2004. "Transnational Historical Materialism: The Amsterdam International Political Economy Project". *Journal of International Relations and Development* Special Issue 7, 2: 110 – 12.

Wolff, Edward N. 2001. "The Recent Rise in Profits in theUnited States". *Review of Radical Political Economics* 33, 3: 315 – 24.

World Bank 2005. *World Development Indicators*. Washington, DC: The World Bank.

大卫·科茨　麻省大学阿姆赫斯特分校经济系

特伦斯·麦克唐纳　爱尔兰国立大学经济系

第 五 章

全球化还是空间化？
世界范围内劳动过程的空间重建

20世纪90年代以来，关于全球化及其后果的学术研究在整个社会科学领域十分普遍（Brady et al.，2007年综述）。虽然有些人认为全球化（Skiral，2002）是作为世界系统整合的百年的长期过程存在的，但有些人更侧重于世界最近几十年的变化。虽然关于全球化概念的差别很大，但他们都有一个共同的见解，以前许多地方、次国家或国家水平上的现象日益在全球尺度上相互关联。全球化意味着社会、文化和世界各国人民越来越多地相互渗透和相互依存，与此同时，地域性的自治权和主权在不断弱化。

由全球化所带来的改变和那些提出积累的社会结构理论（SSA）所讨论的转变很相似。传统学者主要侧重于金融资本、新自由主义和其他全球化体现的出现作为新的SSA主要标志。SSA理论已经有许多改进（Kotz, McDonough, Reich, 1994），我们认为，SSA学术偏离了戈登、爱德华和里奇（GER，1982）劳动过程转化是每个SSA的定义性特征这一前提（Wallacc & Brady，2001）。带着恢复劳动转变中心地位的目的，我们从以下三个方面扩展SSA理论。第一，我们认为，在世纪之交，美国经济处在一个新的SSA的巩固阶段。我们把它称为SSA的空间化，其前提是劳动过程和技术系统控制的空间结构重建。第二，根据爱德华（1979）理论，我们认为每一个SSA都带有一个劳动控制系统，这是透彻理解SSA的前提基础。第三，我们试图在全球化和SSA文化之间构造某种联系。

尽管全球化和空间化这两个研究分支能够相互支持，但是它们经常是相互交叉的。对于研究全球化的学者来说，我们认为，空间化为全球化程度加深提供了内在逻辑。对于研究 SSA 理论的学者来说，我们认为，GER 的核心前提是 SSA 结构的动力在于劳动过程，这一核心前提提供了一个与当代资本主义不同的视角，应该被保留。通过重观和激活这一核心假设，SSA 理论可以为全球化理论提供一个独特的和必要的纠正。我们把这一章组织划分为三个部分：第一，我们研究全球化和 SSA 的理论之间的互补性和关联性。第二，我们回顾美国先前的 SSA 和它们控制系统的历史发展。第三，我们给美国最近的 SSA 提供一个空间化描述。

全球化在 SSA 理论中的位置

在之前收集的科茨等人关于 SSA 理论的一些文章里（1994），其中有一篇比较出名的文章是戈登对全球化争论的尖锐批评。戈登挑战了全球化的创新性，推翻了全球化影响工人的例证，对全球化有可能改变美国的经济提出质疑。在戈登这篇短文发表后的 15 年里，发生了许多大事。从某些方面来看，他的批评可能不够成熟。毕竟，在他的文章发表之后的几年里，全球化经历了最重要扩展，而且上升到了高峰期。例如，通过充分的民主，贸易变得更加开放，从 1960 年占 GDP 43.8% 到 2000 年的 80.6%。尽管美国贸易远低于西欧水平，但是也有了显著的增加，从 1960 年的 9.6% 到 2000 年的 26.3%（Brady et al., 2007）。还有，美国贸易和投资开放度在 1990 年仅为 GDP 的 22.9%，但是在 2000 年提高到占 GDP 的 37% 还要多。[①] 一些人宣称关于全球化的文献有夸大的成分，例如富裕的民主国家国际经济交流仍不成比例（Alderson, 2004），但是上升的国际贸易，投资和移民等的事实现在很难辩驳（Brady et al., 2007）。然而戈登引起了许多经济学家怀疑是可以理解的，在他的文章之后国际贸易、投资、移民急剧增长当然可能导致不同的结论（Sutcliffe, Glyn, 1999）。

全球化有多重含义，包括文化、政治和经济全球化；斯克莱尔

[①] 平均贸易和投资开放程度在 1975 年达到 GDP 的 53.4%，2000 年达到 136.1% 的高点，2003 年下滑到 100.5%。这个平均值部分是由西欧的小国高水平投资流推动的，像比利时、荷兰和爱尔兰。贸易和投资开放程度比西欧以外的国家上升或下降得慢一些。不管怎么样，美国从 1960 年的 18.2% 翻倍到了 2000 年的 37%（2003 年是 31.9%）。

(Sklair，2002）将其称为"普遍全球化"；自从当代资本主义系统出现以来国际经济长期整合的历史和 20 世纪初期的全球化浪潮。这一文献至少跨越了社会生活的六个方面。第一，在经济领域，全球化意味着市场的开放、资本跨越国界的渗透和全球工人的更方便介入。关于经济全球化的讨论，有时候会以劳动过程的转变为中心，即工作组织的改变和资本与劳动力之间的相对力量的改变（如 Bonacich，Appelbaum，2000）；第二，在社会文化领域，全球化为交叉文化联系、生产、意识形态和行为的文化渗透和其他方面的全球化意识（例如多元文化和环境主义）创造了很多机会；第三，在政治领域，全球化意味着国家政府向国际组织的组织、非政府组织和世界政府机构转变（Frank et al.，2000）；第四，在技术领域，交通和通信技术的进步已经导致"距离的消失"和全球生活的超融合；第五，在金融领域，存在着调整和巩固金融市场，外汇交易监管削弱与作为积累的驱动力的企业家和商人的敏锐相对抗的金融资本出现的趋势；第六，在意识形态领域，拥护自由市场、私有化和个人主义的新自由主义的影响有所扩大，同时人们也越来越痛恨国家影响经济效率，采取专门货币措施来稳定经济（Harvey，2004）。在这六个领域里发生的变化与在法律或刑事机构、卫生保健和医疗、娱乐、环境甚至是体育等诸多领域方面的创新相互影响、关联。

考虑到全球化背景的意义十分重大，我们简要地回顾一下研究的几个主要领域。大量的研究考察了全球化是否会引发非工会化。一般来说，这些研究的结论是全球化并不能真正解释跨国的工会化的不同，因为这是由绝大多数机构驱动，但国际贸易和移徙导致国内工会化程度的下降（参照 Baldwin，2003；Lee，2005；Sassoon，1996）。例如，马格纳尼（Magnani）和普伦蒂斯（Prentice，2003）认为，美国制造业大规模工会化程度的下降无法用全球化来解释，凯（Kay）（2005）表明，全球化实际上促进跨国劳动组织的形成。然而，布雷迪和华勒斯（2000）发现，外国直接投资的增加破坏美国国家工会组织和工会密度。韦斯顿（Western）（1997）发现，贸易开放引发了 20 世纪 80 年代工会化程度的下降。雇主往往通过全球化生产来避免较高的劳动力成本、灵活和明确工作安排以及对付工会（Alderson，2004）。正如韦斯顿（1997：195）所述，"植根于国家组织机构的国民组织的统一性，常被一个新兴的国际体制氛围所挫败"。也许同样重要的是，管理者及雇主利用全球化威胁论博取劳动组织的让步，以破坏工人进入工会的组织和招募（Brady and Wallace，2000）。

关于全球化后果的一个旧争论是关于非工业化的（Bluestone，Harrison，1982）。自从1988年布卢斯通和哈里森呼吁注意非工业化，越来越不平等的"U型大反转"，以及将这些趋势和"全球化策略"相联系的那一刻起，许多专家就分析了贸易及投资对生产工作岗位的影响。有些专家找到证据表明在富裕的民主国家全球化程度的加深伴随着制造业就业率的下降。例如，奥尔德森（1999：718）显示："全球化在发达工业国家独立的非工业化中起到了重要作用。"而其他人则认为全球化对富裕的民主国家的制造就业至多只有温和的影响。尤其是在美国，全球化的水平很难成为非工业化的主要原因。此外，全球化主要涉及富裕民主国家之间的贸易和投资，因此对中国或墨西哥这样的发展中国家经济造成的影响是相当有限的。最后，人们发现技术、不断提升的劳动生产率和经济发展在推动全球化的非工业化中更有影响力（Alderson，1999）。针对这些研究，布雷迪和丹尼斯顿（Denniston）（2006）提出了全球化与制造之间的关系曲线。起初，全球化通过分化导致制造业的就业机会增加，这其中涉及产业专业化和跨国就业。但是，接着更广泛的全球化导致了非工业化。随着经济由适度全球化过渡到高度全球化，由于国家之间的竞争、企业搬迁生产设施相仿同构[①]（DiMaggio，Powell）和生产空间化（Brady，Wallace，2000）的饱和，又将反过来破坏制造业。最终，生产收益和全球化都有助于非工业化（Alderson，1999；Brady，Conniston，2006）。

相关文献分析了全球化对特定产业和公司行为的影响（例如Anderson et al.，2001）。这项工作提供了令人信服的证据，表明全球化不是一个神话，而是实实在在发生的。例如，斯克莱尔（2002）通过在加利福尼亚州采访全球化公司成员来说明"全球化"在公司词汇和行为中的使用和意义。此外，科德布施（Kurdelbusch）（2002）表明，由于产品和资本市场日益国际化，越来越多的德国大公司实施浮动薪酬计划。这些研究文献涉及全球化是如何影响不平等等更广泛的问题。经济

[①] 模仿同构指的是这样一种群体行为：在不确定环境下，一些组织模仿其他成功组织的行为。

学家们认为全球化有助于高级技术溢价和蓝领工资份额大幅度下降,美国非制造业和制造业员工收入差距增大(Bardhan, Howe, 2001; Dasgupta, Osang, 2002)。社会学家往往更关注全球化危机,认为全球化破坏了劳动力地位,使得管理者和资本家权力扩大,能够寻找到更便宜的工资(Brady, Wallace, 2000)。奥尔德森和尼尔森(Nielsen)(2002)发现,对外直接投资、发展中国家产品的进口和移民促进了不平等的 U 型大反转,自 20 世纪 70 年代以来,许多富裕民主国家经历了这一过程。有专家表明,美国经济全球化促进了不平等,减少了工人收入(Brady, Wallace, 2000; Dasgupta, Osang, 2002)。最终的共识是,不平等的国别差异或资本主义多样化在高度全球化下始终存在,但 20 世纪 70 年代以来,全球化在富裕的民主国家增长的不平等上发挥了很小的作用。在某种程度上,这部分由于哈里森和布卢斯通最初认为的全球化让报酬丰厚的工人具有可替代性,关于空间化的讨论同等重要,我们下面要讨论的是全球化如何改变工人和资本家①之间力量以及如何触发弹性体制②转变。不幸的是,这种精确的机制在全球化的文献中才刚刚开始研究。

除了这些文献之外,许多关于劳动和工作的方面在全球化文献中很少受到关注(Brady et al., 2007)。一些研究探讨全球化如何影响工人的经验,尤其是跨国公司(例如 Blair - Loy, Jacobs, 2003; Ono, 2007)。例如,舍韦(Scheve)和斯劳特(Slaughter)(2004)发现,20 世纪 90 年代的英国外国直接投资增加员工对于不安全的感知。然而,全球化研究普遍忽略了就业的主观方面,例如满意度、自主权和异化等(参见 Gille, O'Riain, 2002; Graham, 1995)。其危害是,全球化文献在很大程度上忽略了 SSA 文献和 GER(1982)劳动过程的核心内容。这就错过了一个机会,因为 SSA 理论为将全球化置于历史背景下提供了一个有用的视角,将全球化及其后果和对工作的其他影响联系起来。我们认为,全球化对工作和劳动过程的影响源于对劳动的空间结构调整。

---

① 例如,Choi(2006:78)认为,由于全球化进程对镇压工人有积极作用,"公司"加快地理移动,工人害怕从谈判桌上失去工作,只好接受更低的分红。

② 全球化触发的机制变化产生了易变性、不确定性和工人无保证性等问题,而且破坏了管理—劳动关系的社会合同。

积累的社会结构和劳动控制系统

在我们开始对空间化陈述之前,我们来讨论一下先前的 SSA 的历史轨迹,为空间化的产生提供历史背景。GER 的开创之作,《分工,工人分配》(1982) 将 SSA 描述为便于资本积累复杂的整合的制度安排。包括核心技术体系、市场组织方式、货币信贷制度、政府参与经济的模式、限制资本主义内部竞争机制和军队在保护资本主义市场通道的作用。重要的是,GER 注重处理冲突体制的创造和消亡。事实上,他们定义的三个连续的长期波动是:无产阶级初级化、同化和分化,其重点在于阶级斗争中劳动过程的广泛重组。

SSA 的特征是连续的探索期、稳固期和衰退期,正如每个 SSA 出现,并最终的表现一样。每一个衰退期也是一个探索期——在旧 SSA 下的资本主义扩展的障碍让道于新的积累的探索性策略及调整。每个新的 SSA 通过探索性调整为振兴资本主义的积累提供途径,同时解决控制和空间化劳动力的关键问题。尽管原作把重点放在劳动过程的阶级斗争上,但我们认为在随后的 SSA 的文献中,对劳动过程的重视可能已经减少)(Brady, Wallace, 2001)。

爱德华 (1979) 增加了一个对工作场所控制系统的令人信服的描述,这历史性的调和了资本家和工人之间的"竞争地带"。爱德华认为,不同控制系统的周期性出现,解决了资本主义的发展和之前控制系统效率下降之间的固有矛盾。当控制系统占优时,劳动力就相对薄弱,当控制系统开始衰退时,工人抵制资本主义的特权就变得更加容易而且有更广阔的成功前景。爱德华对资本主义控制系统落涨的描述基本上与 SSA 的兴衰相吻合。事实上,我们认为,控制系统是处理资本—劳动之间冲突的关键机制,尽管这在 GER 里没有明确指出 (1982)。每一个 SSA 都有一个主要的控制系统,通过策划工人的合作来解决资本主义生产中劳动控制的基本危机。我们可以清楚地看到,含蓄的但又至关重要的 SSA 和控制系统之间的桥梁,正如我们回顾先前的每个 SSA 所发现的。

接下来,我们为 SSA 和控制系统的概念提供了一个历史性的总结,以此为新时期的空间化和技术控制提供一个分析基础。表 5—1 列出了一系列的历史论点。

表 5—1　　SSA 和主要的控制系统的历史回顾

SSA	初始的无产阶级化	同质化	分化	空间化
主要控制系统	简单：企业家等级	技术	政府机构	技术专家控制
大概时间				
1790—1820 年				
1820—19 世纪 40 年代中期	探索			
19 世纪 40 年代中期—1873 年	巩固			
1873—19 世纪 90 年代后期	衰退	探索		
19 世纪 90 年代后期—一战		巩固		
一战—二战		衰退	探索	
二战—20 世纪 70 年代早期			巩固	
20 世纪 70 年代早期—2000			衰退	探索
2000—至今				巩固

作为第一个 SSA，无产阶级化对资本主义车间或工厂工作的工人进行更稳定的监管以寻求更可靠和集中工作效率。这种 SSA 及其简单的控制系统在 19 世纪 20—40 年代进入探索时期，在 40—70 年代进入巩固期，70—90 年代进入衰退期。在此期间的主要变化是，现在工人在资本主义的屋檐下并朝资本主义方向劳动。大多数工人保留自己的生产方式，往往拥有自己的工具。不过，这种新的关系本质上是冲突性的，工作人员必须服从于一个新的工业方案。在爱德华（1979）称为"企业控制"的一系列简单控制下，资本主义企业家直接监督日常运作，通常资本家又是工匠。企业家的控制是随意的、反复的，有时甚至是笨拙的，但通常十分有效，因为工人的忠诚和模糊的生产过程的阶级性激发了辛勤工作和企业家的亲自参与。企业家的辛勤工作和亲自参与激发了工人的忠诚，模糊了生产过程的阶级性。持续增长带动公司扩张，这对企业家的控制带来了新的挑战，资本主义企业家对日常运作的监视变得

更加困难。随着企业的增长也超过其初始值,企业家将权力下放给更广泛基层领班和监工,这是一种简单控制的分析形式"等级控制"。虽然公司稳定增长的问题得到临时解决,工人和资本家之间越来越大的差距损害了忠诚度。

当无产阶级化下降时,两个事实引发了工作场所控制的新的危机。首先,工厂条件恶劣和工厂管理人员任意行使权力,使得资本主义生产的阶级性变得透明。其次,工人获得关于车间生产的垄断性知识,平衡力量向有利于他们的方向倾斜。伴随着19世纪末期由经济危机的这两个因素标志着的第一个SSA无产阶级化的消亡,人们开始努力探索构建一个新的SSA。20世纪初出现几个争夺资本主义注意力的"实验"性控制系统,这些系统试图解决简单控制的危机。爱德华论述了资本主义福利、科学管理、公司工会等的演变和最终灭亡,其原因在于试图重建简单的控制。然而,每个系统的失败教训都被纳入接下来的SSA中。

在无产阶级化之后,接下来的SSA出现同化。同化促进了分工,细化工作,但也破坏了工艺工人的技术。在同化之下,技术控制用机器技术将大公司员工捆绑在共同工作节奏之下,此时资本家的直接监管不再现实。在19世纪70年代到19世纪90年代这一SSA开始了它的探索期,在19世纪90年代到一战期间进入巩固期,并在世界大战期间进入衰退期。同质化的特点是,首先,通过对工艺工人直接、固定的监视工作,效率可以增强,获得更多的产出,新技术的应用也能达到同样的效果,相对于失败的实验控制系统,同化的成功是因为它从根本上改变了工作组织。具体来说,机械化生产产生了更详细的分工,加强了工作效率,提高了雇主对劳动控制。技术控制的典范是流水线控制,其中包括机械设计和规划工作流程以同时提高生产效率和更有效的工人控制。正因为如此,它是客观的并且缓和了早期系统日益增长的阶级对立。它减少了领班的作用,取得了不同程度的成功,使劳动过程"合理化",损害工人的工艺知识并把他们变成半熟练或不熟练劳动者(Braverman,1974)。

技术控制,努力创造了更大的剩余劳动力蓄水池,通过将工人分解成不可交换的部分,成功地重新控制资本主义。但是,这样做只能产生昂贵的副作用,即提高工人阶级觉悟并在更广泛的范围内加深相关冲突。实际上,资本家技术控制的行动激励工人集体抵制工业工会和空前

| 第 五 章 | 全球化还是空间化？世界范围内劳动过程的空间重建

劳动军事力量。在大萧条时期，资本家不仅面临经济危机，而且面临新的控制危机。

二战之后，为解决先前 SSA 的问题出现了分化，分化的 SSA 和伴随它的政府机构控制系统在两次世界大战之间进入探索时期，20 世纪 70 年代初又进入巩固期，并从 20 世纪 70 年代中期到 90 年代末开始衰退。我们认为，20 世纪过去的 25 年代表着分化 SSA 的衰变期和下一个 SSA 的探索期，这一分化试图分层工人力量，分解工人对职业、行业、种族、性别和阶级路线的忠诚。分化通过"分解和征服"的策略颠覆了同化，即将劳动市场分为垄断/主要的和竞争/次要的分化。

为了瓦解工人的团结，不同部门的工人归属不同的组织、奖励和调动制度。主要部门取得稳定、高薪、保障的工作与晋升机会，并通过适当的过程解决抱怨而成为良性的权威系统。次要的部门特征是微小、低薪、无晋升机会并且任人行使权威。从而分化加强了：工会保证员工的安定并获得经济馅饼中更大的份额，从而有组织的劳动力和垄断资本之间达成资本—劳动的协调，资本和国家福利达成协调，这保护了脆弱者和美国公民，美国因此成为全世界主导地位的霸主（Bowles, Gordon and Weisskopf, 1983）。在第二次世界大战后分化巩固期，这又引发了资本主义积累的"战后黄金时代"（Arsen, 1991）。

鉴于技术控制受限于技术组织，政府机构的控制植根于公司的社会和组织结构。政府机构控制的书面规则和程序包括管辖的职位分类制度、工作条件、工资和晋升、评价和纪律以及解决不满。政府机构控制对分化进行补充，越来越多的工作类别伴随着自主权、奖励和机会的差异。在工会的工作场所，通常这些程序设计能够得到工会的同意，以进一步提高员工的工作保障。

政府机构控制非常适合垄断部门主导的大型公司的大规模运作。政府机构控制的隐蔽性和客观性能掩盖资本主义剥削的本质。内部劳动力市场的常规化管理推进了结构性机会与工人资历的草率联姻，而不是由管理者个人来决定。不像以前的控制系统那样将工人推到极限，公司利用政府机构控制"生存并且发展它们在组织日常事务和工人正常工作的能力，而不是追求最高生产能力"（Edwards, 1979：157）。由于对工作的专业化和常规化，政府机构控制在标准生产和大型消费市场上获得统治地位。

通过撰写《竞争地带》，政府机构控制的矛盾显示出了"与魔鬼达成协议，虽然暂时解决了麻烦，但却意味着长期灾难"（Edwards, 1979：157）。首先，政府机构控制下就业机会的增加，意味着工人可以把注意力转向发泄对工作的无聊或不满意引起的沮丧。其次，在长期劳动合同和生活费协议的帮助下，政府机构控制加快了生产过程中劳动力成本从可变成本转向固定成本的速度，从而挤压资本主义的利润，尤其是在经济处于衰退期时。因此，政府机构的控制体现了拥有高工作保障的工人所需的忠诚和工作分配灵活性的愿望之间的矛盾。从20世纪70年代到90年代，劳动国际化再也不能调和这个矛盾。最后，政府机构控制潜在的政治化阶级斗争，通过相应的规则和程序与公司内部追求经济民主和公民权利的广泛运动产生冲突。

空间化和技术控制

分化SSA从20世纪70年代到90年代开始进入衰退期，这也正是下一个SSA的探索期。自2000年以来，我们提出的新的空间化SSA经历了巩固期①（Brady, Wallace, 2001）。这一时期的特点是对政府机构控制的低效率的替代品的实验，（例如工人参与、质量圈和利润共享），试图将政府机构的控制在表面上人性化，但这并没有从根本上改变其核心。相比之下，目前的空间化SSA引入劳动力的空间分工和空间重新部署的威胁，从而消除工人潜在的抵抗和瓦解工人对地域和国界的爱好。空间化是伴随着技术控制（Burris, 1993）出现的，这其中涉及计算机的运用、信息技术和科技知识，并通过地域遥远的网络组织来组织和指挥劳动过程。

空间化优先考虑雇主对业务运营的地域安排优化的要求，以维持靠近劳动力市场、自然资源和原材料和消费市场的需要。此外，空间化涉及劳动过程的改组，使得具有不同的工作任务的劳动过程在不同的地点进行，并在盈利和控制上都没有损失。少量工作任务受时间和地域的限制，雇主可以通过再定位或用再定位来威胁，以达到规范工人、侵蚀工

---

① 空间化理论的实证应用，参见 Brady 和 Wallace（2000）；Grant（1995）；Grant 和 hutchinson（1996）；Grant 和 Wallace（1994）。

第五章 全球化还是空间化？世界范围内劳动过程的空间重建

资和维持静态的劳动力供应的目的。简而言之，空间化使得资本家在新的全球经济下能够更广泛地使用更加便宜和弱小的劳动力。

空间化通过下列方式变得更加可行：(1) 工作任务模块化的增加（例如将工作分解为相离的部分，由于高度整合的劳动分割使得不同的模块可以在不同的地点完成）；(2) 先进的运输技术；(3) 先进的信息和电信技术；(4) 新的解决经济整合和自由化问题的地方政治协议，许多制造业和服务行业有足够的常规化工作任务（点1），在交通、通信以及贸易的技术创新（点2、3和4）使得整个工作部分可以发生地理互换。

然而我们认为，雇主追求空间化的最终目标，不仅仅是空间重新部署本身，而是让灵活积累的成熟系统成为事实（Rubin，1996）。在获得顺从的劳动力从而有利于灵活积累上，空间重新部署的威胁往往被视为和实际再定位过程本身一样有效。因此空间化对于重新诠释由罗森伯格（Rosenberg）(1991) 定义的劳动灵活性的三个方面：工资的灵活性（工资调整以适合劳动力市场状况）；就业灵活性（根据需要改变工人数目或工作时间）；功能灵活性（根据生产需要改变单个工人的工作任务）。

实体经济变化的这30年，标志着分化和空间化探索时期的衰退。20世纪70年代是"非工业化的十年"，其中由于工厂关闭和/或业务转移，上百万的蓝领失去工作（Bluestone，Harrison，1982），非工业化标志着新的"资本的过度流动"开始（Bluestone，Harrison，1982），资本可以迅速流向低工资的劳动力蓄水池，这首先出现在美国的"阳光地带"，然后是其他发展中国家，甚至是其他发达国家（Brady，Denniston，2006；Brady，Wallace，2000；Grant，Wallace，1994）。与此同时，娴熟的通信技术让美国公司在舒服的总部就可以监测到全球的日常业务。早在20世纪80年代，有幸保住工作的美国工人面临经济奖励和工作保障日益减少的前景（Wallace，1998）。长期影响是中等工人工资结构的严重削弱，使得资本家能够宣称劳动过程的灵活性，并给工人传达了一个发人深省的信息。

虽然非工业化一直持续到20世纪80年代，成为在20世纪80年代"非工会化的十年"，见证了雇主对工会攻击的扩大。在这一攻击的分水岭时刻，里根（Reagan）总统打击了空中交通管理职业组织（PAT-

CO）的罢工，这标志着一劳永逸的资本—劳动协议消灭，从根本上改变了在灵活积累阶段出现的雇主—工人关系的规则。为削弱工会，雇主采取的新策略充满了空间化的标记：离间（使两个遥远的工会组织的工厂或工会和非工会工厂有矛盾并相互斗争）；两级工资结构（给新员工比从事同样的工作的老员工更低的工资和福利）；外扩（给非公会工厂更低的报酬做部分分配给工会员工的工作）以及家庭工业（一种特殊类型的外包工作，工人在家里完成工作）。

非工业化让道于对20世纪90年代的"减小规模的十年"，其中大型企业大幅度削减其劳动力队伍，并采取多种形式的临时工作来扫除政府机构控制的残留（*New York Times*，1996；Wallace，1998）。森尼特（Sennett）（1998：49）估计，到1995年，美国被裁减了13万至39万工人。减小规模、临时劳动和工作保障的缺乏是新的灵活性公司标志，也是空间化工作结构重组清晰的体现，临时工人时常提醒长期工作者他们拥有的工作到底是多么的临时（Budros，1997；Smith，1997）。在减小规模的过程中，在AT&T裁掉超过12000的工人，一位经理陈述道，"我们必须认识到我们都是这样或那样的临时工人"（Andrews，1996：D1，D6）。民族志研究人员在研究20世纪90年代临时工人的时候提出：永久和临时的工人都是"分开和征服"策略的受害者，其中双方都不信任对方和怨恨对方，对工作成果不满，工作更没有保障，管理更严格（Henson，1996；Parker，1994；Rogeis，1995）。

虽然空间化意味着多层次（即地方、区域、国家、跨国和全球）空间化劳动分工，这与全球化有着千丝万缕的联系。事实上，许多现存的全球化观点都明确地纳入空间化的主要特征中。吉登斯（Giddens）（1990：64）确定了全球化的主要特点为"时间与空间的距离化"，换言之，全球化可以定义为"世界范围内社会关系的强化，这种强化了的社会关系把相距甚远的地域联系起来，从而远处发生的大事可以影响当地发生的事件，反之亦然"。还有人指出，全球化隐含着通过对时间和地域的压缩使得世界"缩水"（Harvey，1989；Mittleman，1996）。卡斯特（1996：92）简明扼要地定义了空间化，认为全球化经济的本质是"能够在全球尺度上实时地作为一个整体工作"，卡斯特还设想了一种全球的信息和资本可以不受时间和地域界限自由流动的生产网络。在这个网络中，许多新的组织形式正在出现（DiMaggio，2001）。

第五章 全球化还是空间化？世界范围内劳动过程的空间重建

弹性积累系统本身的性质和诸多方面，例如外包和即时存货控制系统，需要跨组织的协调与合作。合伙企业、合资企业、转包合同以及与独立合同之间建立的临时关系——伴随着传统的吞并——组织间的界线越来越模糊。许多这些新的安排，如国际汽车工业的合资企业——故意超越国界，以利用由某个或者另一个伙伴探索市场优势，以获得经济规模，信息共享或诀窍，或者是简单地分担在混乱或快速改变的市场中不稳定性的风险（Hollingsworth，1998）。这些新的组织安排，进一步深化了代理商、管理者和资本所有者之间的关系网。在这种情况下，单个组织成为全球化网络生产的一个节点，并成为引导国际资本和信息流动的管道。因此，在空间化时代的资本主义越来越接近哈里森的（1994）"无中心的集中"，虽然分散，但是资本的力量增强了。

正如我们在前一部分中的讨论，任何一个 SSA 的重要组成部分是劳动控制系统，空间化需要一个根本的新的劳动控制系统，以使资本家能在不集中和地域分散的情况下维持有效的控制和协调。根据贝弗利·伯里斯的（1993）《工作技术》，我们认为，技术控制系统能够允许灵活性和协调性，以便于空间化下工作（关于技术专家政治论的更早讨论参见 Akin，1977；Alvesson，1987）。在技术控制手段中，可以把更早期系统的原理包括进去，它集中在工作场所中使用计算机技术和在创造中使用技术专长，传播和解释计算机化信息。在工作场所中使用电脑同时是一种不可思议的自治的、创造性的和自然的工具（Hirschhorn，1984），或是一种让心态麻木的日常化的工具（Shaiken，1984）。从工作场所电脑化的大量文献中得出的唯一结论是，计算机化工作真正的可能性和局限性并不是由计算机本身决定，而是由资本家、企业家和管理人员决定并按照他们的利益组织的。伯里斯（1998）认为，计算机技术比以前的工作环境技术都更灵活和富于变化性，从而为工作的组织带来更广泛的应用。

技术控制手段在从以下四个方面与盛行的空间化趋势相一致。第一，虽然以远距离工作和电话会议为特征造成了电脑和相关技术的分散化，但仍存在一种潜在的控制中心化。在某些情形下，工人可以对日常活动的速度和流量具有自治权和决策权，并在这种气氛中工作，这保证了在手工技术中盛行的工作概念和执行一体化。但是在更加日常化的工作中，执行任务主要是电脑化的过程，工人变成看管机器的人，他们监控系统的运行和产出的质量，并且报告损坏和故障。

有人认为，技术控制决策往往倾向于"算法控制"的特点，尽可能减少"由计算机执行的自己控制的规则（算法）的决策"（Appelbaum，Albin, 1989: 252；对照 Vallas, 1999）。算法控制普遍存在于医疗技术师、汽车机械师、面包师、保险理算师、机械师、旅游代理、银行出纳员、股票经纪人和 UPS 运送人（Sennett, 1998）。在极端情况下，技术控制有可能破坏传统知识产权的专有权利，危及与客户或顾客交换的机密信息，或破坏许多行业中标志性的自主权和专业判断。因此，技术控制最终的前提是日常化非常规的工作活动，而且管理监控尽可能比以前的任何控制系统更紧密、更全面。

第二，正如空间化能够转变全球经济中富人和穷人之间的关系，技术控制则会导致富人和穷人之间技术知识的两极分化（Burris, 1993）。这种新的两极分化涉及了二分法。主要是介于：分析、操控和翻译计算机系统的人或设计和修理系统本身的人员；文职工人或只是收集、存储和执行计算机信息日常化（算法化）操作的数据登记人员（Kraft, 1977）。专业知识的分化是重组核心和临时工作场所边缘的关键轴，在这些工作场所中，一些重要的人仍然是永久性雇工，一些不重要的人被裁减或者成为临时工。因此，技术官僚的控制，不仅是雕刻资本主义企业的精简和平均的外表的主要力量，也是塑造工作场所[①]的非正式文化的重要特点。

第三，技术官僚控制促进社会网络上升到一个新水平，这强化了现行的空间化的内部组织网络的模式。电子邮件、互联网和其他计算机通信系统改变了僵硬的等级界限，这一界限限制了官僚机构的社会互动，产生了更密集的、更有活力、更流畅的社会互动，社会互动在组织内部横向和纵向压缩，并超越了组织界线。这些通信的新模式在工作组织的"去分层"做出贡献；工人之间自发的、不正规，甚至偶然的相互作用跨越传统的地位和权力的界限，以及组织间联系的新的可能性。重要的是，电脑通信使得新的"网络组织形式"成为可能，它的运作有利于

---

① Kunda（1992）认为这样以下两个部门的工人控制形式存在微妙的区别：如果专家能够通过加班、自愿分配有挑战的工作、与工作场所的有影响力的知情人建立社交达到组织目标，并且能够说明这些目标的识别和国际化，专家就可以采用"规范控制"；反之，非专家要采用更强制的、更实用的控制方法，与有影响力的工人脱离信息往来。

威廉森（Williamson, 1975）的促进市场和领导层之间的分化（DiMaggio, 2001; Powell, Smith – Doerr, 1994）。技术控制的网络工作功能可能带来内部组织协调例如强化工人的问题。例如：专业的、电脑化的通信服务更有可能提高协作和更高效率的服务，对于所有的工人，它具有潜在的民主化功能，并以一种跨过全球管理者目的的方式允许工人集中资源和共享信息。（Wellman et al., 1996）。

第四，技术控制产生了一个新泰勒（Taylor）主义，即技术控制思想体系中工作场所的决策是由技术追求驱动的，而技术被认为是只有技术专家能理解，超越了普通工人的理解范围（Burris, 1993, 1998）。这是寻求泰勒设想的以"一个最好的方式"来完成工作任务或组织者的目的。泰勒设想要求把技术专家放在首要地位，并次要考虑其他所有因素。此外，这一设想倾向于非人工化的管理控制，并把工人对工作中更加苛刻的条件的抱怨完全归咎于计算机，而不是管理人员。重要的是，技术控制的思想体系优先于讨论交替安排，这掩盖了本来可能被发现的政治选择，这些政治选择主要是关于工作重组，并使新地位和权力安排合法化，在权力结构中将技术专家放在关键的作用上。这样，技术控制思想体系的微观动力补充了使经济空间化的宏观水平的"低路"心态（Gordon, 1996）。这两种意识形态有着确定性、底线性的心态，注重盈利能力和管理控制，排斥提高劳动者生活质量和素质工人的人类潜能的倡议。

结　　论

本章主要通过探讨劳动过程的中心作用和主要控制系统的形成来谋求振兴 SSA 理论中的一个原有核心焦点。我们认为，目前的资本主义经济发展长期摆动是一个称为空间化的 SSA 涉及工作的空间重组，以使资本主义重新获得对资本积累过程控制。技术控制系统对空间化进行了补充，它集中于把计算机的力量转移到组织经济活动不同的节点和工作领域技术专家的支配权。这种 SSA 的一个重要结果是一种新的灵活的积累系统。该系统的风险转移到工人，远离雇主，并通过将资本主义积累的体制嵌入一个灵活的网络来促进产品和服务的利润，并旨在实现大规模用户化产品和服务的目标。如果最近的趋势显示出任何迹象的话，工作没有保障，灵活性和不确定性将肯定是空间化SSA特点。

我们描述了关于空间化的讨论，展示了当前工作场所的转变如何反映资本主义长期存在的趋势，说明了积累过程中危机是怎样产生和解决的。以前的每一个SSA通过发展一种恰当的制度来方便资本积累。重要的是，每个新的SSA为实现这一目标，注重对劳动过程基础的重新安排。无产阶级化通过让工人在资本主义工厂和车间里受到更频繁的监督以实现更为可靠和理想的工作效率。同化强化了劳动分工，这种细致的劳动分工简化了工作任务，破坏了工人的工艺技巧。分化试图通过分化工人的忠诚来对工人力量再阶层化并调整奖励方式，而职业、行业，性别和阶级可以分化工人的忠诚。空间化通过引入劳动空间化分工和再定位对工人威胁以化解工人的反抗和瓦解他们对于地域和国界的偏好。

每一个积累的社会结构都依靠一个主导控制系统，这一系统试图通过寻求与工人的有效合作来解决资本主义生产中劳动力控制的根本性危机。简单的控制可以通过工人对资本家的忠诚使工人达到最佳状态，企业家正以他们自己的努力为他的员工提供榜样。当资本家的直接监督变得不再现实的时候，技术控制企图利用机器技术，将在资本主义大型企业中的工人捆绑在一个共同工作节奏下。政府机构控制试图使用包括多种等级的权利、地位、经济奖励的等级安排，并期望以此作为一种推行方式来激发"例行工作"，以促进公司繁荣。技术控制注重运用先进的计算机系统和技术专长，并通过网络和组织来组织和引导劳动过程。

SSA理论断定，当每个积累系统达到成熟水平时，可能给新的积累和控制创造新的潜在危机。因此，我们可能会产生这样的疑问：在未来的半个世纪空间化SSA将会出现什么样的危机。虽然社会预测是冒险的，但是可以预测某些广义模式。首先，虽然目前空间化充满着巩固资本和分化劳工的特征，但如果工人之间国籍和种族的分歧能够被克服的话，新时期完全有可能产生工人集体反抗资本主义的机会和策略。其次，积累过程与常见的计算机技术同步，给工人集体沟通、组织，挑战技术专家和资本家的权威提供了潜在的机会。再次，高端和低端工人之间的劳动成果差异的加剧以及公民作为消费者和工人的经历的差异，将会使工人的生活质量和权利受到更多的关注。最后，技术能力和经济体系的不平等性日益加剧，技术能力能够生产足够的粮食、住房以及支持全球人口舒适，经济体系的不平等性在全球范围内则会产生大量的贫穷、饥饿和绝望的人群，两者之间矛盾的加剧将可能引发对当前系统的合法性的危机（Przeworski，1991）。

无论如何，21世纪的工人将在一个没有界限的经济领域内进行越来越多的工作，这一领域中没有国界，也没有那么明显的时空界限，虽然这种界限已在多个世纪以来塑造了人与人之间的互动。这无疑会为世界范围内工人工作的前沿，同时也为学者创造出许多新工作领域。

参考文献

Akin, William E. 1977. *Technocracy and the American Dream.* Berkeley, CA: University of California Press.

Alderson, Arthur S. 1999. "Explaining Deindustrialization: Globalization, Failure, or Success?" *American Sociological Review* 64; 701-21.

——2004. "Explaining the Upswing in Direct Investment: A Test of Mainstream and Heterodox Theories of Globalization". *Social Forces* 83:81-122.

Alderson, Arthur S. and Francois Nielsen 2002, "Globalization and the Great U-Turn: Income Inequality Trends in 16 OECD Countries". *American Journal of Sociology* 107: 1244-99.

Alvesson, Mats 1987. *Organizational Theory and Technocrati Consciousness.* New York: Waiter de Gruyter.

Anderson, Cynthia D., Michael D. Schulman, and Phillip J, Wood 2001. "Globalization and Uncertainty: the Restructuring of Southern Textiles". *Social Problems* 48:478-98.

Andrews, Edmund L. 1996. "Don't Go Away Mad, Just Go Away". *New York Times* (February 13): D1, D6.

Applebaum, Eileen and Peter Albin 1989. "Computer Rationalization and the Transformation of Work". pp. 247-65 in Stephen J. Wood, ed. *The Transformation of Work? Skiff, Flexibility, and the Labor Process*, Boston, MA: Unwin Hyman.

Arsen, David D. 1991. "International and Domestic Forces in the Postwar Golden Age". *Review of Radical Political Economics* 23:1-11.

Baldwin, Robert E. 2003. *The Decline of U.S. Labor Unions and the Role of Trade.* Washington DC: Institute for International Economics.

Bardhan, Ashok Deo and David K. Howe 2001. "Globalization and Restructuring during Downturns: A Case Study of California." *Growth and Change* 32:217-35.

Blair-Loy, Mary and Jerry A. Jacobs 2003. "Globalization, Work Hours, and the Care Deficit among Stockbrokersx". *Gender and Society* 17:230 – 49.

Bluestone, Barry and Bennett Harrison 1982. *The Deindustrialization of America*. New York: Basic Books.

Bonacich, Edna and Richard P. Appelbaum 2000. *Behind the Label*. Berkeley: University of California Press.

Bowles, Samuel, David M. Gordon, and Thomas E. Weisskopf 1983. *Beyond the Wasteland: A Democratic Alternative to Economic Decline*. Garden City, NY: Garden Press.

Brady, David and Michael Wallace 2000. "Spatialization, Foreign Direct Investment and Labor Outcomes in the American States, 1976 – 1996". *Social Forces* 79:67 – 100.

Brady, David, Jason Beckfield, and Wei Zhao 2007. "The Consequences of Economic Globalization for Affluent Democracies". *Annual Review of Sociology* 33:313 – 34.

Brady, David and Ryan Denniston. 2006. "Economic Globalization, Industrialization, and Deindustrialization in Affluent Democracies". *Social Forces* 85:297 – 329.

Braverman, Harry 1974. *Labor and Monopoly Capital: The Degradation of Work in the Twentieth Century*. New York: Monthly Review Press.

Budros, Art 1997. "The New Capitalism and Organizational Rationality: The Adoption of Downsizing Programs, 1979 – 1994". *Social Forces* 76:229 – 49.

Burris, Beverly H, 1993. *Technocracy at Work*. Albany, NY: State University of New York Press.

 1998. "Computerization of the Workplace". Annual Review of Sociology 24:141 – 57.

Castelis, Manuel 1996. *The Rise of the network society*. Cambridge MA: Blackwell.

Choi, Minsky 2006. "Threat Effects of Capital Mobility on Wage Bargaining". pp. 64 – 86 in Pranab Bardban, Samuel Bowles, and Michael Wallerstein, eds. *Globalization and Egalitarian Redistribution*. Princeton, NJ: Princeton University Press.

Dasgupta, Indo and Thomas Osang 2002. "Globalization and Relative Wages: Further Evidence from U. S. Manufacturing Industries". *International Review of Economics and Finance* 11:1 – 16.

Dimaggio, Paul 2001. *The Twenty – First Century Firm*. Princeton, NJ: Princeton University Press.

DiMaggio. Paul J. and Walter W. Powell 1983. "The Iron Cage Revisited: Institutional Isomorphism and Collective Reality in Organizational Fields". *American Sociological Review* 48:147 – 60.

Edwards, Richard 1979. *Contested Terrain: The Transformation of the Workplace in the Twentieth Century*. New York: Basic Books.

Frank David J. , Ann Hironaka, and Evan Schofer 2000. "The Nation – State and the Natural

Environment over the Twentieth Century". *American Sociological Review* 65:96 – 116.

Giddens, Anthony 1990. *The Consequences of Modernity.* Stanford: Stanford University Press.

Gille, Zsuzsa and Sean O 'Riain 2002. " Global Ethnographyx ". *Annual Review of Sociology* 28:271 – 95.

Gordon, David M, 1994. " The Global Economy: New Edifice or Crumbling Foundations?" pp. 292 – 305 in David M. Kotz, Terrence McDonough, and Michael Reich, eds. *Social Structures of Accumulation: The Political Economy of Growth and Crisis.* New York: Cambridge University Press.

—— 1996. *Fat and Mean: The Corporate Squeeze of Working Americans and the Myth of Managerial" Downsizing. "* New York: Free Press.

Gordon, David M. , Richard Edwards, and Michael Reich 1982. *Segmented Work, Divided Workers.* New York: Cambridge University Press.

Graham, Laurie 1995. *On the Line at Subant – Isuzu.* Ithaca: Cornell University Press.

Grant, Don Sherman 1995. "The Political Economy of Business Failures across the American States, 1970 – 1985". *American Sociological Review* 60:851 – 73.

Grant, Don Sherman and Richard Hutchinson 1996. " Global Smokestack Chasing: A Comparison of the State – Level Determinants of Foreign and Domestic Manufacturing Investment". *Social Problems.* 43:21 – 38.

Grant, Don Sherman and Michael Wallace 1994. "The Political Economy of Manufacturing Growth and Decline across the American States, 1970 – 1985". *Social Forces* 73:33 – 63.

Harrison, Bennett 1994. *Lean and Mean: The Changing Landscape of Corporate Power in an Age of Flexibility.* New York: Basic Books.

Harrison, Bennett and Barry Bluestone 1988. *The Great U – Turn.* New York, NY: Basic Books.

Harvey, David 1989. *The Condition of Postmodernity*, Oxford: Blackwell.

—— 2004. *A Brief History of Neoliberalism.* New York: Oxford University Press.

Henson, Kevin D, 1996. *Just a Temp.* Philadelphia: Temple University Press.

Hirschhorn, Larry 1984. *Beyond Mechanization.* Cambridge, MA: MIT Press.

Hollingsworth, J. Rogers 1998. " New Perspectives on the Spatial Dimensions of Economic Coordination: Tensions between Globalization and Social Systems of Production " . *Review of International Political Economy* 5:482 – 507.

Kay, Tamara 2005. "Labor Transnationalism and Global Governance: The Impact of NAFTA on Transnational Labor Relationships in North America". *American Journal of Sociology* 111:715 – 56.

Kotz, David M, Terrence McDonough, and Michael Reich, eds. 1994. *Social Structures of Accumulation: The Political Economy of Growth and Crisis*. New York: Cambridge University Press.

Kraft, Philip 1977, *Programmers and Managers: The Routinization of Computer Programming in the United States*. New York: Springer – Verlag.

Kunda, Gideon 1992. *Engineering Culture: Control and Commitment in a High – Tech Corporation*. Philadelphia: Temple University Press.

Kurdelbusch, Antje 2002, "Multinationals and the Rise of Variable Pay in Germany". *European Journal of Industrial Relations* 8: 325 – 49.

Lee, Cheol – Sung 2005. "International Migration, Deindustrialization and Union Decline in 16 Affluent OECD countries, 1962 – 1997". *Social Forces* 84: 71 – 88.

Magnani, Elisabetta and David Prentice 2003. "Did Globalization Reduce Unionization? Evidence from U. S. Manufacturing". *Labour Economics* 10: 705 – 26.

Mittleman, James H. 1996. "The Dynamics of Globalization". pp. 1 – 19 in James H. Mittleman, ed. *Globalization: Critical Reflections*, Boulder, CO: Lynne Rienner.

New York Times 1996, *The Downsizing of America*. New York: Times Books.

Ono, Hiroshi 2007. "Careers in Foreign – Owned Firms in Japan". *American Sociological Review* 72: 267 – 90.

Parker, Robert E. 1994. *Flesh Peddlers and Warm Bodies: The Temporary Help Industry and Its Workers*. New Brunswick, NJ: Rutgers University Press, Powell, Walter and Laurel Smith – Doerr 1994. "Networks and Economic Life".

pp. 368 – 402 in Neil Smelser and Richard Swedberg, eds. *The Handbook of Economic Sociology*. Princeton, NJ: Princeton University Press.

Przeworski, Adam 1991. "Could We Feed Everyone? The Irrationality of Capitalism and the Infeasibility of Socialism". *Politics and Society* 19: 1 – 38.

Rogers, Jackie Krasas 1995. "Just a Temp: Experiences and Structure of Alienation in Temporary Clerical Employment", *Work and Occupations* 22: 137 – 66.

Rosenberg, Sam 1991. From Segmentation to Flexibility: A Selective Survey. *Review of Radical Political Economics* 23: 71 – 9.

Rubin, Beth A. 1996. *Shifts in the Social Contract: Understanding Change in America Society*. Thousand Oaks, CA: Pine Forge Press.

Sassoon D. 1996. *One Hundred Years of Socialism*. London: Fontana Press.

Scheve, Kenneth and Matthew J, Slaughter 2004. "Economic Insecurity and the Globalization of Production". *American Journal of Political Science* 48: 662 – 74.

Sennett, Richard 1998. *The Corrosion of Character: The Personal Consequences of Work in the*

New Capitalism. New York: W. W. Norton.

Shaiken, Harley 1984, *Work Transformed*. New York: Holt, Rinehart & Winston.

Sklair, Leslie 2002. *Globalization: Capitalism and Its Alternatives*. New York: Oxford University Press.

Smith, Vicki 1997. "New Forms of Work Organization", *Annual Review of Sociology* 23:315-39.

Sutcliffe, Bob and Andrew Glyn 1999. "Still Underwhelmed: Indicators of Globalization and Their Misinterpretation". *Review of Radical Political Economics* 31:111-32.

VaHas, Steven P. 1999. "Rethinking Post-Fordism: The Meaning of Workplace Flexibility", *Sociological Theory* 17:68-101.

Wallace, Michael 1998. "Downsizing the American Dream: Work and Family at Century's End". pp. 23-38 in Dana Vannoy and Paula J. Dubeck, eds. *Challenges for Work and Family in the Twenty-first Century*. Hawthorne, NY: Aldine de Gruyter.

Wallace, Michael and David Brady 2001, "The Next Long Swing: Spatialization, Technocratic Control, and the Restructuring of Work at the Turn of the Century". pp. 101-33 in Arne L. Kalleberg and Ivar Berg, eds. *Sourcebook on Labor Markets: Evolving Structures and Processes*. New York: Plenum Press.

Wellman, Barry, Janet Salaff, Dimitrina Dimitrova, Laura Garton, Milena Gulia, and Caroline Haythornthwaite 1996. "Computer Networks as Social Networks: Collaborative Work, Telework and Virtual Community". *Annual Review of Sociology* 22:213-38.

Western, Bruce 1997. *Between Class and Market*. Princeton: Princeton University Press.

Williamson, Oliver E. 1975. *Markets and Hierarchies: Analysis and Antitrust Implications: A Study in the Economics of Internal Organization*. New York: Free Press.

迈克尔·华勒斯　康涅狄格大学社会系
大卫·布雷迪　杜克大学社会学系

第 六 章
当代积累的社会结构的金融化

引　　言

　　社会积累结构（SSA）具有生命周期。它们诞生于与衰落的旧SSA的对抗性关系之中。从概念上讲，它们最初出现在一个批判性的时刻。此时，已经弱化的制度性调节和制度规范被废除，而制度内部矛盾不可调和的预期已经形成。新SSA的制度性解决方案考虑到了在稳定条件下重建的积累。这并不意味着，应当把SSA定义为快速的经济增长（科茨和沃尔夫森在第三章中持这一观点）。相反，应该把SSA定义为：几十年内经济的稳定性以及规定这种稳定性的制度构建一个决定性整体的方式（见第二章）。

　　出于对20世纪20年代的财政超支与危机作出反应的前车之鉴，SSA在30年代建立起来并在战后时期得到巩固，它抑制了财政金融在经济中财政的作用，这种SSA在70年代大萧条滞涨时期衰落了。新SSA开始于80年代中期取代了旧SSA，并迅速给金融带来一种极大的、最终根本难以持续的作用职能。笔者同意这种普遍的观点，认为一种国家凯恩斯主义的SSA在战后时期被联合起来得到巩固，并最终导致了终止于70年代的大萧条滞涨时期。

　　全球新自由主义的SSA可以追溯到罗纳德·里根在1980年的竞选获胜之时（当然，不是所有的SSA的起始时间都与具有转折意义的竞选完全一致）。新的SSA具有以下特征：劳动相对弱于资本，保持从而形成了生产能力与工资之间的相应差距；本质上与以往不同的竞争全球化（即可用"跨国经济"一词来概括的复杂商品流通链和生产场所多元化，而不是以前以各种制造业在中心国、日用品生产在外围国为特征的"国际经济");曾在国内受政府保护的寡头企业的固有地位及其前景被推翻;借贷资本和投资资本的流动。

在这一章中,笔者主要考察全球新自由主义 SSA 的几个方面:国内层面和全球水平层面的金融创新,以及在全球新自由主义指导下的解除管制所带来的金融化程度的加深。就像科茨和沃尔夫森在第三章中所指出的,在新自由主义为主导的时期,尽管生产力的迅速增长并没有使随着 SSA 施行而负债累累的大多数人受益,却使富人增多。这种不平衡性,即债务杠杆的脆弱性,进而引起的总需求的脆弱性和宏观经济稳定性的不足,使得这一时期具有特定特点。从历史角度看,这一时期可能在 21 世纪前十年中的最后几年就结束了。当然,现在下定论还太早。据笔者估计,SSA 理论家还将就新自由主义的时期划分问题继续展开争论。此外,在 SSA 框架下,如何把阶级关系和政府关系加以理论化,以及跨国 SSA 在现阶段是否已经出现等问题,同样需要加以研究。笔者会在本章结论部分再讨论这些问题。

新自由主义 SSA 的性质

新自由主义既在旧的国家凯恩斯主义解体方面具有消极作用,又在创建新的制度形式和社会关系中具有积极作用。前者可以看作是危机阶段,而后者可看作是与积累相关的制度的建立过程。由于可能缺少对变化的辩证性质的评判,所以经历转变时期的观察者无法理解,表面上经久不衰的调节体制在崩溃或解体时所形成的推动力量是如何成为将新的社会元素并入 SSA 萌芽的必要前提。

因此,许多分析家开始把新自由主义看成是倒退至已不再存在的一种资本主义的尝试。无论是以前还是现在,都有人不愿意把战后 SSA 制度下具有较大风险、更不稳定的全新阶段只看作是危机时代。但这一阶段已持续数十年。安德鲁·甘布尔(Andrew Gamble)(2006:21)已经指出,经过一段时间才认识到,新自由主义"在'新'的含义上确实有一个与众不同的新特点,并且是正在进行的资本主义关系重组中不可或缺的一部分"。

新自由主义具有全球一致性。它的主要原理、观点和实践是相互强化的。关于政府—公民之间的关系,新的分配方式摒弃了政府供给福利的资格假定和政府的管制地位及参与，从而有利于解除管制、外包和私有化。一方面，资本—劳动者之间的新冲突具有弹性，表现为失去工作的代价较高、工资和津贴具有下降趋势。另一方面，新冲突表现为个人主义取代了团结、对工会的认可以及更高程度的工作保障。在先前的世界体系中，较富裕国家与其他国家之间是核心—外围关系，前者是工业化国家，后者作为原材料的提供国。现在，新型工业经济的出现取代了核心—外围关系。而原来的核心制造国则表现出明显的去工业化趋势，其商业服务和高科技部门的增长已经变得独有特色。因此，资本—资本之间的关系被全球化。复杂的商品链表明，在生产过程中，技术娴熟的企业之间存在复杂的合作—竞争模式，供应商和承包商承受着持续不断的压力。

从国家凯恩斯主义 SSA 到全球新自由主义 SSA 的转变

金融部门的发展在某种程度上来自于加速这种发展的需要。就像在美国的次贷危机触发全球危机一样，这种金融占中心地位的 SSA 的衰退是相当突然的。一种新 SSA 正在形成。是否能够洞察以下这种转变，对回顾从国家凯恩斯主义 SSA 到全球新自由主义 SSA 的转变是十分有用的。从 SSA 的角度来看，尽管全球新自由主义 SSA 所引发的经济危机程度较深，但全球新自由主义 SSA 的终结也是意料之中的。

在战后 SSA 中，银行与制造业公司之间长期密切的工作关系，使得欧洲的社团主义和日本政府主导的银行模式受益。与战后 SSA 不同，全球新自由主义赋予英美的金融集团特权。它关注短期的利益最大化，更好地适应资本大量重新调配、部门快速重组、缩小规模、关闭企业的需要，并关注所持股票的市值。在 20 世纪最后几十年间，全球经济发展减速且更不稳定，导致利益追寻者沉迷于一系列的金融投机。而这些金融投机活动的潜在获利机会是由浮动汇率、半外围的新中心快速增长等偏差造成的。在每一次新情况的适应性调节中居于核心地位的金融业，为认识变革性元素提供了途径，并就新时代的积累体制提出了两个重要问题。

第一个问题是：新自由主义怎样允许金融部门占有生产中创造的、

较大份额的剩余价值？在这点上我们认识到以美国为基准的金融体制（包括在伦敦市与其他地区的附属机构）的重要性。在这一体制下，全球金融中心的竞争者通过重组集团结构使股票市值最大化，从购买股份、合并和金融套期保值策略中获利。第二，到现在为止，这一体制现在有几十年的历史并展示了明确的倾向性。现在，它的成功恰恰带来了一种威胁其自身稳定性的扩张逻辑。我们应该怎么样理解它的内部矛盾呢？

金融是新自由主义社会结构的核心。而金融发展过程中的关键标志，可能还有其他事件。但是笔者强调以下方面的重要性：（1）运输业和通信行业巨大创新和成本降低所引起的生产重组——这些生产重组已经扩大了商业的范围，从而鼓励了那些需要资金支持的大型重组；（2）计算机辅助的数字分析技术与数据处理技术的发展——这些技术进步能够在市场评估和风险评估方面以低代价及高复杂程度进行精确计算，并分析发展新金融工具的风险；（3）布雷顿森林体系固定汇率制的终结给通过金融革新带来机会，从而防范不断增加的外汇风险；（4）作为公司治理主导思想的股票市值最大化原则的成功实现——这一成功为管制资本主义到金融资本主义的转变铺平了道路。

上述第一方面的发展，重新评估各种资产，开辟了市场，鼓励兼并及复杂的供应网络及商品链。第二、三方面的发展导致金融工程学的出现，以及创新型金融产品使用的发展和迅速扩张。衍生工具的激增推动各种资产价格运动的投机性买卖，并允许超出直接购买能力举债经营。由于高杠杆率，在交易中实现小额收益的金融精算策略就可以产生巨大的利润。这些机会刺激人们去寻找开发资产价值的各种方式方法。结合列举的第四方面的转变，对于在管制资本主义时期与强势工会签订合同，并与社会伙伴达成政治和解的企业来说，这些发展迫使它们摒弃以前的看法。

提出金融化测量方法的格丽塔·克利普纳（Greta Krippner，2005）注意到，我们生活在金融世界里，这一事实是无法回避的。"大大小小的美国公司的经营随着华尔街的节奏而变化"（Krippner，2005：173）这一点已成共识。在将这种发展理论化时，笔者认为：金融化是当代社会积累结构的核心特征；如果金融创新不是经济增长的主要来源，那么英美资本主义模式也已经主要依靠金融创新来实现经济增长；同时，金融化已经深刻改变了资本主义生产组织的方式，并产生了具有重大意义的系统化风险。

金融化作为 SSA 的关键词与全球化和新自由主义结合在一起。从金融产业对其他经济活动的主导性而言，金融市场强有力地决定着总体经济状况，并成为新 SSA 的核心特征。也就是说，股价、币值和利率决定了劳动人民的经济前途。而劳动人民又受投机者的摆布。这些投机者左右着集团的策略及政客的选择。金融活动在产品和服务生产中的主导地位，正是新 SSA 的重要特征。

在这个问题的探索上，文章的以下内容划分为三个部分。第一部分描述了从国家凯恩斯主义 SSA 到全球新自由主义 SSA 的转变，强调金融业发挥的核心作用。第二部分讨论在当代金融业怎样继续重组市场。最后一部分从全球角度讨论这种金融驱动的资本主义发展阶段内在的软弱性和危险性。

在全球新自由主义 SSA 中金融的核心作用

伴随着全球化的重要性以及从国家凯恩斯主义社会积累结构（SSA）到全球新自由主义社会积累结构（SSA）转变的重要性逐渐引起普遍关注，人们把关注点首先放在贸易对于国家经济重组过程中的影响上。人们需要一段时间才能逐渐认识到，全球化和解除管制与全球新自由主义社会积累结构（SSA）相伴随，并使全球新自由主义社会积累结构（SSA）可以分三个阶段来实现。每个阶段中主导这一过程的因素不同：第一阶段，即 1950 至 1970 年，贸易起主导作用；第二阶段，从 20 世纪 60 年代后期开始，国外投资起主导作用；最后，从 80 年代早期开始，金融自由化起主导作用。关于第三阶段的重要意义，纳雅（Nayyar，2006：145）写道：

> 有两个方面：工业化国家解除对国内金融部门的管制以及国际收支平衡表在其资本账户引入可兑换性……自 80 年代中期以惊人的速度发展的金融全球化，与管制和控制的废除有关。

事实上，在 20 世纪 80 和 90 年代金融管制全面解除之前，金融化的趋势是明显的。当国家凯恩斯主义和寡头竞争下国内（相对的）平静的生活遭受来自外国企业的压力时，国内生产商（常常是国外生产商子公司的拥有者或是与国外供货商有外包协议的生产商）的利润更有可能再投资到金融资产而不是投在工厂和设备上。魏斯科普夫、鲍尔斯和戈登（1983：389）注意到金融资产的增加。而企业中金融资产占全部可利用资金的百分比，从1959—1966年的不足20%增加到1973—1979年的25.8%。

在一篇比较有引用价值的文章中，保罗·斯威齐（1994：11）刻画了这一划时代意义的决定性转变：

> 经济和政治力量的轨迹伴随金融资本的支配地位而改变。很多人（尤其是激进主义者）在很长时间内想当然地认为，资本主义社会的权力宝座是在几百家大型跨国公司的交易所内。尽管这些实体在分配资源及其他重要事务上具有毋庸置疑的作用，但笔者认为，还有一点需要加以重点考察。即这些交易所的占有者自身在一定程度上受控于金融资本，因为它通过金融市场来进行全球网络运营。换句话说，真正的权力与其说在交易所内，不如说在金融市场上。

斯威齐接着说，对首席执行官们（CEO）的这些分析同样适用于行政官员，因为金融市场决定着行政官员们什么事情可以做、什么事情不可以做。这不仅适用于在国际货币基金组织和世界银行监督下发展中经济体的领导人，而且居于核心地位的发达经济体，包括美国在内。行政官员们一般还没有怀疑金融市场的效率。的确，行政官员们向曾经在其竞选获胜中做出主要贡献的金融部门请示，哪些是金融部门需要的政策，而哪些是不愿讨论的议案。斯威齐不仅列举了克林顿政府财政政策的实例，而且列举了在金融市场下克林顿政府卫生保健改革失败的实例。

在全球化新自由主义的几十年间，金融业已经以超过实体经济增长的速度加快增长（Tabb，2007）。美国金融部门在其巅峰时期创造了企业利润的40%。在英国，金融服务业创造了GDP的25%。在其他国家，虽然金融业不像英美金融业那样占支配地位，但重要性不断增强，因为英美体制把其金融创新产品带到了当地市场，而国内体制仿效了这些策略。所有这些行为的核心就是债务的增长、安全系数和借贷标准的恶化、高杠杆率、金融资产比重增加。而这些金融资产更具流动性，并被证实比最初预想的风险性更高。到 2008 年中期，金融资产已给大银行带来了超过 1000 亿美元的损失。

在新自由主义时期有很多方面会产生债务。债务产生的一个原因就是停滞不增的实际工资和失去工作的高成本（Farber，2005）。这促使信用等级低的低收入家庭从银行借贷来维持消费水平。劳动力市场上停滞的工资和购买力的丧失，在某种程度上是金融市场对美国企业施加重组压力的结果。具有大量现金储备的公司成为私人股权公司的目标。这些私人股权公司通过支付溢价进行操控，从而能够收购并重组企业（售出或闭门歇业、缩小规模或以其他方式抽取资金，在这些公司重新上市之前使其负债累累）。

全球化和境外生产给工人们带来进一步的压力。工资和薪水在美国国民收入中的份额在 2005 年达到创纪录的最低水平。企业利润占美国 GDP 的比重从 2001 年（经济开始好转的年份）的 7%，上升到 2006 年初的 12.2%。而同期的实际收入中位数却下降 3 个百分点。在 2001 到 2005 年之间，美国家庭债务以高于总体经济增速 60% 的速度累积。金融部门的发展还有其他原因。国内或跨国的企业并购和收购活动，依赖债务的金融化和承担；国际导向的企业学会了回避外汇风险并且把应收账款证券化，而银行提供了大量的金融新产品。这些发展都提高了利润并扩大了金融服务部门的规模。

正式宣告金融化时代到来的最早的标志之一就是证券化的扩张（即把非流动性资产转变为流动资本的过程）。通过捆绑期望现金流（信用卡应收账款或者"飞机租赁费"）并把它们打包成售出资产，买方得到可支付的未来现金流，而卖方得到一次性支付的款额。证券性抵押贷款允许银行廉价售出它们发起的贷款并创造新贷款。这种证券的买主随处可见，现实房地产市场的上升趋势，较低的违约率，及发行基金的低成本，都推动了金融业务通过向实际信用状况薄弱的低收入人群提供贷款而扩展到次级市场。

在这个市场中，大银行是主要参与者。它们通常建立子公司、提供贷款，并将二者捆绑，以证券形式将其中大部分售出。这些证券赢得高信用等级并被养老基金和保险公司等金融机构购买。发放贷款的银行销售这些证券。无论证券的买者还是卖者都没有尽职调查或者担心如果利率上涨会发生什么。而负有还款义务的变息贷款者会很容易支付不起。

结果，在 2007 年次级市场的崩溃中带来了极大的损失。

金融奇才们设计出一种可以出售商标专用的实体（SPE），称作"浸泡的油炸圈"。在公司继续经营业务（带有广告支出等限制，以便保护新所有者的投资）期间，这一实体拥有商标。SPE 所有者的回报与其他业务相分隔。因此，即使公司作为一个整体评级较差，这种公司证券仍可获评 AAA 级别。由于有保护措施落实到位，公司能够以低成本筹集资金，而收购者可以拥有安全的投资。即使公司自身濒临破产，资产仍然可以合法划分。这种想法很简单。很快，资产的债务抵押债券包（例如，包括抵押债券）的目的，在于出售在放松信贷与低违约率的时期看似安全的金融衍生品的衍生品。然而，因为这种债务抵押债券包的实际资产基础很小，并且其中大部分都牵涉累积债务，所以对其持有者来说，较小的贬值可能转变为大的损失。这一点在 2007 年次级房地产市场的崩溃之时表现得非常明显。

类似的进程在美国企业所有制中发生。金融化时代的较短时间范围同样也证明私募股权和对冲基金日益重要，表现在股票持有者的行为以及金融衍生品和其他高杠杆率工具的使用激增等方面。在 20 世纪 50 年代的美国，家庭拥有 90% 的股票并把持有股票作为长期投资。由于机构投资者、养老基金和其他共同基金变得更加重要，而且它们的绩效反映在每个季度排名表中，它们和公司经营者一样，受短期股票价格最大化动机的驱使。直到 80 年代，由于股东利益占据支配地位，成交额获得极大的增加。

如果说股东不再像企业所有者一样行事，不如说他们对公司长期发展不再那么感兴趣，而是关注股票价格的短期变化，不断买进和卖出，成为投机者。这就是他们与企业所有制的不同之处。英国雇主组织领导人、同时也是吉百利—史威士（Cadbury - Schweppes）（该组织感到分散自己所持股票以使其升值的压力）领导人的约翰·桑德兰德（John Sanderland），在 2006 年 CBI 的年度会议上说（Stern，2006：11）：

> "也许我的看法已经过时。但是我所说的股东，指的是其利益与公司的成功和前景紧密相联系持续超过三周的股票持有者。……我真正关心的是促进我公司的股票交易，就像对冲基金所发挥的作用一样——打个比方，如果它们是赌场的筹码，我会持此观点。"

在管制资本主义下，企业被认为是专注于长期发展的整体。而在金融资本主义下，公司被理解为一种资产的组合。这一组合的一部分可以通过买进和卖出而使投资者利益最大化。认为可以从公司资产中榨取更多价值的收购公司，逐步收购那些看起来表现不佳（这一术语可仅指这些企业拥有大量资金储备，从而可以以其自有资金收购其公司）的公司。收购公司可以控制并利用多余的公司储备，将公司的部分资产售出并重组其他部分，然后再售出。这一杠杆工具允许金融系统中的私募股权公司、对冲基金和投资银行不断增加系统中的风险，使得该系统早晚要崩溃。这一金融系统不受管制，废除或者违背战后 SSA 的基本原则。

甚至在新的企业所有者通过售出非核心资产而抽取了大量酬金、红利和回报之后，公司还必须利用可获得的资金储备和获取贷款能力，使公司减少被收购的可能。虽然在管制资本主义模式下，高债务水平是管理制度较差的标志，但新标准则是可以掌管所有资产并把它们转化成可以从公司撤出的流动性资本，听任高水平债务就要求管理上严格降低成本。非金融性公司机构内部拥有很少的员工，并且在物资设备、研究以及发展上花费很少。

随着金融工程化开始支配公司决策，"融资资本充实"变得更加普遍。私募股权公司可以收购一个公司，然后它们拥有的公司就可以借到资金给它的新股东支付红利。这种公司的债务拖欠率上升，但出资收购的私募股权公司却常常获得巨额短期利益后脱身撤出。通过减少劳动力、退休金支出和其他商业费用，这个公司再次以一个貌似运转良好、有成本效率的公司上市之时，那么新公司市值通常高于收购价格。

养老基金渴望高回报，从而来兑现对资金不足的养老金计划中退休工人迅速增长的承诺。因此，养老基金投资于对冲基金。而对冲基金大量收购公司，通过对工人施加压力来降低工资和养老金成本，从而还清用于控制公司的贷款。这一情况非常具有讽刺意味。对冲基金的这些做法会迫使其竞争对手也这样做。这样，养老金状况会发生突变。

与融资收购活动增加的趋势相一致的是，"冻结"退休金计划（从而使加入计划的会员不再从中获得利益）的公司数量在迅速增加。在2007 年，美国大约四分之一的退休金计划被冻结。据估计，这个数字在接下来的五年会比翻番还多。在英国，金融化比在美国更大程度上支配着经济,而大约70%的退休金计划被冻结或简单终止。由雇主提供的医疗保健也发生很明显的类似情况。公司摆脱了这些义务,而工会被迫承认特殊目的机构,而由特殊目的机构来接管本由公司来承担的一次性总付义务。即使这个特殊目的机构不能在将来几年履行健康保健义务,就像退休金计划对退休者的承诺一样,公司也不会负有法律责任(Wighton, 2007: 3)。

在2006年,在从上市公司到私募股权公司的"去股份化"交易中,企业中有1500亿美元的资金成为私募股权。而在这一过程中,很多股票市场的上市公司被私募股权公司收购。尽管大多数这类交易在纽约和伦敦交易所内进行,但这种现象正变得全球化(Smith, Cohen, 2007: 1)。因为与收购的总成本相比,私募股权公司自有资金微不足道,所以这些交易依赖于以最低成本借取资金的可得性和私募股权公司借钱收购的利息成本可抵扣程度。这一避税手段变相增加了私募股权公司的价值。

私募股权公司价值的增加额度取决于市场导致大量债务违约的可能性。尽管历史上的违约率很低,但银行愿意为这些交易提供贷款。因此,退休基金和保险公司不断增加。因为借贷方有资金需要处置,所以银行仍然放宽条款并提供低息贷款。因为私募股权公司可以为这些业务筹得大量资金,并且LBO基金加入了"俱乐部贷款"来分担风险,更大的收购改变了公司面貌。其代价是制造杠杆的极端性。而在利率上升和预期逆转导致银行要求债务偿还并拒绝延缓支付债务之时,杠杆将无法为继。

对冲基金对美国金融化发展具有危险性贡献。对冲基金是产业中发展最快的部分,占2007年美国和伦敦股票交易市场所有交易额的一半,并且是不透明的债务市场的主要力量。这种债务市场规模是股票市场的1.5倍。在这两种市场上,对冲基金被看作是依赖于非公开信息的交易和违反内幕交易法规的多变市场。但是对冲基金并不像其他主要市场参与者一样受到严格监管。对冲基金转手较快,而且高度杠杆化。典型的"2和20"补偿方案(2%的收益作为管理者酬金,而20%的收益作为利润)鼓励并大大犒劳了冒险活动。规模巨大且不断增长的这种基金在遵循相似的经营策略。根据SEC的数据,这类基金在2006年掌控2.4万亿美元资产。由于更多的资金涌入这些金融工具,参与者的增多压低了利润，并且刺激了更为冒险的行为。这就为严重的系统化风险产生创造了条件。因为深度金融市场的存在，参与者普遍认为，他们可随时售出所持的这些金融产品，因此对冲基金以大量金融杠杆为赌注，而对信用衍生品未采取对冲措施。隐蔽基金借款者成为银行收入的重要来源。正如莫里斯·德斯坦（Morris Goldstein）(2005：8）提到：

> "大量涌入对冲基金交易。银行面临来自于其他为对冲基金服务的服务提供商的强大竞争，从而对冲基金是银行非常重要的客户。在这样的环境中，我们在多大程度上能够依靠这种由银行来负责监督对冲基金风险管理活动的管理模式呢？"

主流金融理论家认为，投机者在利用市场的无效率并预测市场变化（Paredes，2006）。但是，出现从众误差的可能性常常被忽略，直至出现广泛、普遍的巨大判断误差。由于成功的对冲基金吸引了缺乏技能、投机取巧的市场参与者及其缺乏经验的客户，高回报的潜在成功机会可能与投放在市场上的对冲基金数量并不相称。当对冲融资转为庞氏骗局（Ponzi）融资、借款来偿还债务利息时，面临严重的损失的不仅仅是那些高度杠杆化的参与者（Minsky，1992）。"明斯基拐点"（Minsky Moment）将不可避免地到来。

本章描述的金融工具扩张，可以看成卡尔·马克思所说的虚拟资本急剧增加。虚拟资本指资本所有权不以（或尚不）物质形式存在的纸质所有权凭证。可以说，金融体系以在未来才实现的回报为基础。而这种回报是可能无法实现的期望。由于资产与负债的比率已经增加，这种回报的期望支撑更多的虚拟资本。如果借款成本比较低、按历史标准看违约率适度，以及对看起来价格猛涨的金融资产的购买活动很普遍，风险会收到回报的希望不会受挫。在某一特定点（这一点在事前从不清晰，即使各种警告也会增加回报期望），投资者开始质疑这种投资的安全性。在那一点上，投资的资金可能会减少，或者只在有较大保险性和较高利息的条件下才有新的资金从事投资。这一点在2007年体现了，而且在2008年损失惨重的全球经济中十分明显。

对严重资产评估损失的担忧会引起信用衍生品的惊人增长。这（理论上）使得投资者购买这些衍生品防止违约及其他价格下降的风险。这些衍生品主要由银行巨头售出。据说截至 2006 年年中,摩根大通银行(JPMorgan Chase Bank)持有 2.2 万亿美元的信用衍生品敞口。衍生品合同的存在产生了道德风险。投资者由于购买信用衍生品而承担着较大的风险。借款者并不担忧,因为相信自己是受保护的。结果,他们也许没有密切监控投资者,或者根本就没有监控。那些出售复杂衍生品的机构同样没有监控投资者。对于这些发行者来说,如果在远程市场中和诸如信用违约掉期(credit default swaps)、巨灾债券(Catastrophe Bond)等神秘产品上出现投机活动,这些衍生品可能被证实是具有高度危险性的。这些衍生品具有很高的非流动性,并不像早期保险性的金融创新品那样可以被很容易地售出。尽管个体投资者和当地发行者的损失可能并不是国际性监管机构制定政策的主要考虑因素,但投机规模已急剧增大。这就出现了系统脆弱性的问题。在 2008 年,一些风险承保机构被发现没有足够资本来履行他们的承保义务,而这些机构本身也倒闭了。

寻求投资机会的资本量不断增加,反映出对风险几乎没有任何防范措施。而的确存在一些警告。国际货币基金组织宣称,在非流动性市场条件下,一些新型复杂金融工具可能将市场衰退趋势加以放大(IMF, 2006:7)。尽管艾米利·松顿(Emily Thornton, 2006:54)得出了合理的结论,即"迄今为止"回报已证实了风险(实际上,账面利润及其股票价格运行良好),但是这种回报增加了赌注,而且可以说,是"在华尔街上演的最大风险游戏"。这种杠杆崩溃的影响巨大。而这一崩溃不仅由市场情绪所触发,而且由贸易未能与在高杠杆化、相互依赖的市场上的连锁反应相协调而触发(1998 年长期资本管理的崩溃所构成的威胁是如此,十年后贝尔斯登公司(Bear Stearns)发生的情况也是如此)。

这些现象在近几十年非常普遍。尽管主要银行采用了被认为是比较发达的风险管理工具,债务的迅速增加和高杠杆提出了有关系统稳定性的严重问题,正如越来越焦虑的《全球稳定性报告》《国际资本市场部门关于市场发展和发行的报告》(国际货币基金组织一年发布两次)所指出的那样(Schinasi, 2005)。但这些警告被忽视了。

重要性急剧上升的一种工具是抵押贷款债券(Collateralized Loan obligation)。抵押贷款债券是按风险等级合并、然后分段(部分)售出的打包贷款。因为最安全的部分获得了高信用等级评价,从而可以很容易名列前茅,所以抵押贷款债券便拓展了债务市场。这有效地将垃圾贷款转变为 AAA 级有价证券。抵押贷款债券非常成功,从而其使用规模急剧扩大。那些持有信用等级垫底的部分投资者吸收损失,而那些持有信用等级较高的部分投资者却受到保护,因为如果投资失败,损失不可能平均分配的。大卫·亨利(David Henry)(2006:90-1)解释了抵押贷款债券的重要性:

> "事实上,许多不为人知的,抵押贷款债券正为整个经济充气。抵押贷款债券的贷款是由借款公司资产来担保。这就意味着,与在 2001 年和 2002 年违约浪潮中遭到洗劫的无担保债券相比,一旦面临破产时,抵押贷款债券可以保留更多的价值。通过以更好的条款为现存企业债券进行再融资,以及为企业在上次衰退中恢复并发展提供资金,抵押贷款债券已经推动违约率降到 20 年来的最低水平。通过增加手中持有的垃圾贷款,对冲基金的积极性上升。而经济已开始增长,使得公司能够偿还债务,并提升了抵押贷款债券投资者的信心。这是一个良性循环。"

但是正如亨利所发现的那样,这种巨额资金的可得性正推动着这些越来越不可靠的且"偿还时间可能很快就到期"的交易。联邦储备委员会的风险分析家发出警告,很多挤进抵押贷款债券的人不明白他们面临的风险,因为在经济低迷时期其损失是巨大的。到 2008 年,一些债权无人购买,而其余债权不能再筹得资金或支持其较高的追加利息支出。

如果银行不再保持其所发放信贷的风险,或者银行完全迂回于贷款再转卖的信用市场,进行初始信用创造的机构很少担心信贷风险。此外,这些机构还有增加这种信贷量的动机,而不担心贷款质量。尽管保值措施降低了个人风险,但它增加了整个金融体系的风险。这种情况之所以发生是因为更多信贷持有者之间的扩散风险会使更多的参与者进入。在经济低迷时期,这些参与者可能不能履行他们的义务。这就为全球体系增加了脆弱性,因为,关于谁持有多高水平的风险,进而谁是可信的履约人,都一无所知。相信自己受到保护的个体趋向于逃避风险。

在以前的 SSA 规范下,银行可以延长贷款归还期限或者对条款进行重新谈判。但在新的 SSA 体制下，债权人的分散使得上述方案非常困难。银行自信地为一些债务抵押债券提供担保。如果这些债务抵押债券蒙受损失，银行就保证（现已证明，这是相当愚蠢的）将这些债务抵押债券返还至其账簿。这一情况在 2007 年年初发生。而此时，大宗交易者已蒙受巨大损失。在 2008 年，花旗银行及其他美国银行被注资多达数千亿美元。瑞士银行（UBS）和世界上其他银行都分别损失了数千亿美元，而由纳税人的巨额税款来出资挽救。来自这场失败的全球损失在一到两万亿美元之间。

风险已经集中。美国金融管理局（2004）的银行衍生品报告显示，五大商业银行的衍生品占据了衍生品名义总金额的 96%；对于五大商业银行中的四家来说，其银行敞口相当于基于风险的自有资本的 230% 或更多。对于银行和对冲基金来说，高杠杆已成为一般规则。这是令人担心的（Geithner，2006）。无论系统风险是什么，对于投机者来说，有太多的钱可赚以至于不能保持谨慎，直至恐惧逐渐战胜贪婪。即便面对普遍损失，这场游戏似乎在停顿之后又重新开始。仍有待历史回答的问题是，已经成为经济增长重要推动力的金融化，是否意味着陷入金融危机的衍生品数量将结束全球新自由主义时代，并引起新 SSA 的出现。笔者断言，（情况）就是这样。

金融主导的 SSA 终结了吗？

如果说现有体制有可能达到其极限，或者说，现有体制是与金融化紧密联系、向全球扩展，并拓展使用创新性金融工具和债权的全球新自由主义 SSA，那么我们有理由相信这一点吗？在结束语部分，笔者提出几点建议：(1) 不受控制的金融化所形成的系统风险是实质性的；(2) 再分配增长的自由制度框架，在政治上变得越来越不可接受（在这种框架下，总体经济增长率很难令人钦佩，而经济增长的利益压倒性地流向高层管理者，却以大多数人利益为代价）；(3) 作为 SSA，新自由主义的内在逻辑性越来越有问题；(4) 我们有可能看到新调节主义制度结构出现。

新自由主义体制的破裂是金融危机的结果。而受管制制度结构的回潮是不可避免的。新自由主义具有引起收入和财富较大的不平等、经济的较缓慢增长的内在趋势。这一趋势遇到的政治阻力不断增加，从而产生了对新自由主义体制的抵制。这是因为，随着危机深化，当选的官员开始勇于采取措施以创建新经济发展模式。尽管一些官员继续相信可以通过向银行注资而固守旧经济增长模式，但是在扩展全球新自由主义 SSA 的成功是值得质疑的。

大卫·科茨（2003）、科茨和沃尔夫森（本书第三章）已经指出两种体制结构的存在，并将两者加以对比。一种是以战后 SSA 要素为特征的调节主义制度结构，在国家激进主义、干涉主义者保持经济稳定性、促进经济增长、应对市场失灵以及劳动力和资本之间的合作等方面起积极的作用。另一种是自由主义制度结构，以自由市场意识形态、有限政府调控以及尖锐的劳资关系为特征。在此，本文将这种自由主义制度结构称为全球新自由主义。与在调节主义制度结构下的经济增长相比，在自由主义制度结构下经济增长较慢。我们所看到的，是我们所称作再分配增长的过程，或者如大卫·哈维（David Harvey）（2005）通常描述的剥夺式积累。哈维用这一术语描述剥夺某人资产或权利的过程。他打算通过公共物品的私有化，将水资源、卫生保健和教育加以私有化。这些公共物品已经成为权利并逐渐在私有市场上进行买卖交易，却剥夺了那些无力支付市场价格的人获取公共财产的权利或者公民权利。这一术语恰当地描述了全球新自由主义体制下所发生的一切。

一个自由体制的 SSA 存在很多潜在的固有问题。这种自由市场时期以消费不足为特征，因为金融管理者缩小企业规模，压榨工资和效益以偿还债务，而政府支持累退税制。收入向上层的再分配被误解为有益的经济增长，因为一般工人的实际收入状况被忽视了。金融增长和积累下滑之间存在密切的关联。这一点可由美国、大不列颠联合王国、法国以及德国的企业投资总额来衡量（Stockhammer, 2004）。

金融市场总是有效率的，以及政府干预减缓了经济增长等两个假定在主流经济学家、财经媒体和顺从的政客思想中根深蒂固。因此，他们无法提出如下问题：为什么总体经济增长比调节主义制度结构主导时期缓慢。当经济开始衰退时，人们普遍认识到信息不对称盛行和金融市场不完善，并开始从非正统金融制度的角度批判性地对金融进行探索（Arestis, Stein, 2005; Wolfson, 2003）。这甚至使得主要金融机构的代表国际金融协会（Institute for International Finance）接受对于他们的不负责行为的指责,并提出自我管制的方案作为回应。而就任前曾当过华尔街投资银行管理者的美国财政部长保尔森(Paulson),则提出扩大美联储职责(但是并没有更大执法权)的方案。这两种方案都回避了严格的金融管制。

在社会层面,核心问题是:如果承担债务的能力下降和新的恐慌出现,依赖于金融化的经济增长会带来什么结果呢?通过推动股价值直至榨取每一盎司的剩余价值和使企业债务负债累累,而不允许这些企业以其传统意义上的储备来渡过难关,金融化在经济衰退时期诱发大规模的破产。在2000年,纵观本章所强调的美国经济的显著特点,理查德·弗里曼(Richard Freeman, 2000: 20)提出:"美国经济,可以很快像20世纪七、八十年代典型资本主义模式的日本和德国、20世纪60年代第三条道路典范的瑞典那样,继续其充分就业的新繁荣。"虽然在这一预测后互联网泡沫就破灭了,但金融化进程在一个简短的插曲之后继续。

最近,我们已经注意到,新的积累中心出现了。在2008年,根据国际货币基金组织的《世界经济展望》估计,在过去五年的世界经济增长(按购买平价计算)中,中国占1/4,巴西、印度和俄国大约占1/4,所有新兴发展中国家共占约2/3。虽然金融部门遭受严重损失,并对其他经济部门产生扩散性影响,但是考虑到全球范围内可获取的巨额剩余储蓄和将英美金融制度扩展到世界其他地区的机遇,宣称新自由主义SSA已经达到了顶点,似乎还是有些草率。这些快速增长的经济体的基金已经流入美国经济。

然而,随着危机的蔓延,以及这些经济体遭遇相似的难题,上述流动已经停止。因为这些经济体自己的金融部门也出了问题,而其出口下降。一种可能性是,所有这些都可以以某种方式被克服,金融化将在全球范围内扩展,并作为世界经济的一部分继续发展,而主要金融机构和资产的所有权在全球范围内更加广泛地分布。虽然这种可能性不能被排除,但是考虑到金融化造成的损害,这种可能性又似乎不太可能变为现实。

即便这真的发生了,金融化过度扩张的逻辑可能将引起全球范围内更大的金融泡沫。因为金融风暴的阴云已露端倪,花旗集团首席执行总裁查克·普林斯(Chuck Prince),在2007年的一次访谈中评论道:"当音乐停止时，在流动性方面，事情将会复杂化。但是只要音乐还在继续，你就得站起来跳舞。我们仍在跳舞。"但不久之后，音乐就停止了。普林斯不再担任 CEO，花旗集团公布了惊人数额的损失，金融机构宣布大规模裁员，从而导致股市下跌。

对于那些无知地购买华尔街附有"有毒废品"（无法收回的抵押品）的证券化资产的人们来说，美国金融体系的过度杠杆化导致的严重损失具有全球连锁反应，并对美式金融化的未来提出了令人不快的难题，甚至提出了未来以美国为基础的金融体系与新兴市场经济国家的金融体系之间的平衡问题。实际上，随着世界经济体系全球化时代的到来，国家资本主义之间不断变化的平衡，不仅仅提出了相对来说无管制的金融化造成的损失以及作为 SSA 的新自由主义的可持续性等问题。它同样也提出了在紧密联系的世界政治经济中如何将 SSA 理论化的问题。而世界政治经济中的全球力量平衡正在脱离美国霸权。新 SSA 的理论化将不得不关注世界体系背景。在这一背景下，经常项目盈余的国家、新型重要跨国公司、主权基金和其他参与者将与核心国家经济更加紧密地结合。

结　　论

本章的分析，既像其他类似研究一样回顾了 SSA 理论的概念重建过程，又回顾了全球新自由主义 SSA 本质，以及我们所处的历史方位。在结论部分，笔者将讨论与新自由主义 SSA 的金融化相关的阶级关系和国家关系。特别是，笔者将讨论 SSA 理论学家如何试图解释全球化（或者有些理论家更喜欢用"跨国化"）的，是否在阶级和国家层面上存在单一的新兴全球 SSA，以及国家在催生新 SSA、保护现存新自由主义 SSA 的权力关系等方面的作用。

新 SSA 的阶级分析

笔者以阶级分析开头。在第三章中，通过集中讨论典型资本家，科茨和沃尔夫森构建了新 SSA 形成方式的分析框架：

"有人期望个体资本家赞成支撑每一步营利过程的制度。而且，支持高利润率或比以前高的利润率的制度,将会获得个体资本家的支持。"

然而,笔者认为,正在向新授权的金融资本手中积累的较高利润是以其他经济部门的生产资本为代价的。流通领域的再分配是说明金融化增长的核心。正是金融家对生产者的霸权及债务增长的影响,推动了SSA的扩张(Tabb,2007)。这种可能性超出了沃尔夫森和科茨提出的分析框架。他们的框架集中讨论资本的整体利润。

SSA理论化的一个核心方面是SSA中矛盾或冲突关系的理论化。而这种SSA是最初提供稳定性但最终垮掉的制度。正如所讨论的,跨国公司和后期的金融化的崛起导致资产阶级内部各群体之间的新平衡。如果股东利益最大化取代此前SSA对包括工人在内的其他股东的尊重,短期思维逐渐胜过企业的长期健康运转。由于银行没有收入上限、地理流动性限制和功能约束,他们对新的金融产品做出回应。这些新的金融产品不仅包括衍生品,而且包括以房屋净值贷款(home equity loans)形式与工人阶级家庭达成的信贷协议,以及很容易获取信用卡的金融工具。

尽管金融部门债务和资产膨胀达到了空前的高水平,但是这种SSA建立在一种尖锐冲突的基础上。冲突的一方是金融资本利益,另一方是经济整体增长率、众多非金融企业收入以及劳动人民收入。正如笔者所说明的那样,制造业企业对于上述发展十分不满。现在说"资本家"同意有利于他们的变化,就会忽略阶级内部冲突的中心地位,当然也会忽略与新SSA的收入分配密切相关、并从中受益的职业阶层与遭受损失的职业阶层之间的划分界限。[①]

政府在新自由主义SSA中的作用

笔者同意科茨和麦克多诺在第四章中的观点,即阶级关系的跨国化是全球新自由主义和后续SSA的一个核心方面。然而,他们认为,这种跨国化可能导致跨国资产阶级的形成,甚至导致美国式跨国组织的出现。笔者对这一观点并不赞同。各国都不愿将主权让与某个考茨基式

---

① 在Tabb 2004b和2009b的有关内容里,我讨论了"建造阶层(construct class)"一词的使用。

(Kautskian)的超国家机构。各国资产阶级之间的竞争仍然激烈。而在目前危机中，这种竞争已经导致工人和资本家更加依靠本国政府以寻求保护来对抗竞争者。欧洲社团主义政府与英美金融化之间的矛盾，以及具有系统重要性的先前外围国家政府与不愿放弃权力的核心国家之间的矛盾，在国际谈判中显而易见。这种矛盾表明了构建国际货币基金组织、世界银行和世界贸易组织的优越性。这三个组织是根据在全球国家经济管理机构（GSEGIs）中实施软法治理框架的协议目标而成立的。在全球国家经济管理机构（GSEGIs）中，强国（而不是一个全球政府的构想）压制弱国是可能的（Tabb，2004a）。

至于在历史上以美国为主导的 GSEGIs 成为跨国政府的努力，此前将华盛顿共识政策强加给发展中国家的成功必须用于对抗众多拉丁美洲政府的典型模式。这些拉丁美洲政府受新自由主义支配的时间最长，而现在已减少了 GSEGIs 对其命运的影响。东亚发展中国家建立了外国货币储备，同样增加了这些国家的独立性。虽然 2008 年以来的全球金融危机导致一些最贫穷的政府（尤其是负有巨额外币债务的东欧各国政府）重新依赖国际货币基金组织（IMF）以及其他借贷机构，但是治理结构调整的要求则比过去少。在目前的危机中，GSEGIs 能否充当跨国政府，还很不明朗[1]。

科茨和麦克多诺指出，全球新自由主义 SSA 以"限制政府开支增长、放弃扩张性宏观政策"为特征。美国以及其他各国在不同程度上调整了政策，放弃了凯恩斯宏观经济学，从而使福利国家的规模和范围减小。然而，虽然从里根政府到小布什政府靠减税来刺激经济增长的基本原理不同，但是小布什政府所采取的政策是新自由主义 SSA 中主要的宏观经济政策。新自由主义 SSA 的财政政策并非限制政府开支，而是缩减社会项目而增加了军队开支。更重要的是，全球新自由主义秩序的特殊增长范式以债务依赖和扩张乏力为特征，而且并非美国所独有。而这特征是由于国家债务、个人债务和企业部门债务的增加以及增长模型产生的系统不稳定性造成的。

---

[1] TCC/TCS 文献中两个杂志特刊（即 Symposium，*Science &Society* 2001 – 2002；Symposium，*Theory and Society* 2001）的各位编著者已经怀疑这一方法。笔者对 TCC/TCS 视角的使用及局限性的观点，参见 Tabb（2009a）。

因为金融部门对就业和经济刺激的贡献作用必须由一种新的主导部门或一些部门（目前尚不明确）来代替，所以旨在于直接创造就业机会的政府刺激作用将在过渡过程中变得更加重要。当然，应对当前危机需要政府在社会消费方面的支出发挥较大作用以满足失业者的基本生存需求、吸引社会投资创造就业，而且要重建在新自由主义 SSA 中忽视的基础设施和人力资本。联邦政府通过为未来可能的主导部门不断加以激励和引导，来代替和重组衰落的基础产业。这一职能在多大程度上表明了政府在新 SSA 中的持久性基础作用，目前还不够清楚。

大众媒体和学术文献都认为：1980 年至 2009 年间是全球新自由主义 SSA 时期（即使这不是特定标签），但这一时期已经终结，而后新自由主义时期已经开始（Demirovic，2009）。

参考文献

Arestis, Philip and Howard Stein 2005. "An Institutional Perspective on Finance and Development as an Alternative to Financial Liberalization", *International Review of Applied Economics* 19,4:381 – 98.

Demirovic, Alec 2009. "Postneoliberalism and Post – Fordism – Is There a New Period in the Capitalist Mode of Production?" *Development Dialogue* January.

Farber, Henry S. 2005. "What Do We Know About Job Loss in the United States? Evidence from the Displaced Worker Survey, 1984 – 2004", *Economic Perspectives*, Federal Reserve Bank of Chicago, Second Quarter.

Freeman, Richard B. 2000. "The US Economic Model at Y2K Lodestar for Advanced Capitalism?" Working Paper 7757, National Bureau of Economic Research.

Gamble, Andrew 2006. "Two Faces of Liberalism". pp. 20 – 35 in Richard Robison, ed. *The Neo-liberal Revolution: Forging the Market State*. Houndsmills: Palgrave Macmillan.

Geithner, Timothy F. 2006. "Hedge Funds and Derivatives and Their Implications for the Financial System". Distinguished Lecture, Hong Kong Monetary Authority and Hong Kong Bankers Association. September 14.

Goldstein, Morris 2005. "What Might the Next Emerging – Market Financial Crisis Look Like?" *Working Paper* WP 05 – 7. Washington, DC: Institute for International Economics.

Harvey, David 2005. *A Brief History of Neoliberalism*. New York: Oxford University Press.

Henry, David 2006. "Danger – Explosive Loans". *Business Week* October 23.

International Monetary Fund 2006. *Global Financial Stability Report*; *Market Developments and Issues*, September. Washington, DC: International Monetary Fund.

Kotz, David M. 2003. "Neoliberalism and the Social Structure of Accumulation Theory of Long-Run Capital Accumulation". *Review of Radical Political Economics* 29,3:263-70.

Krippner, Greta R. 2005. "The Financiaiization of the American Economy." *Socio-Economic Review* 3,2:173-208.

Minsky, Hyman P. 1992. "The Financial Instability Hypothesis". Working Paper No. 74. Jerome Levy Economics Institute.

Nayyar, Deepak 2006. "Globalization, History and Development: a Tale of Two Centuries". *Cambridge Journal of Economics* 30,1:137-59.

Paredes, Troy 2006. "On the Decision to Regulate Hedge Funds: The SEC's Regulatory Philosophy, Style, and Mission". Faculty Working Paper Series 06-03-02. School of Law, Washington University.

Schinasi, Garry J. 2005. "Safeguarding Financial Stability". *Economic Issues* no. 36. Washington, DC: International Monetary Fund).

Smith, Peter and Norma Cohen 2007. "Record $150 bn of delistings". *Financial Times* January 2.

Stockhammer, Engelbert 2004. "Financiaiization and the Slowdown of Accumulation". *Cambridge Journal of Economics* 28,5; 719-41.

Stern, Sefan 2006. "The Short-Term Shareholders Changing the Face of Capitalism". *Financial Times* March 28.

Sweezy, Paul M. 1994. "The Triumph of Financial Capital". *Monthly Review* 46,2:1-11.

Symposium 2001. "Responding to William Robinson's Social theory and global-ization". *Theory and Society* 30:2.

Symposium 2001-2002. "Responding to William I. Robinson". *Science & Society* 65:4.

Tabb, William K. 2004a. *Economic Governance in the Age of Globalization*. New York: Columbia University Press.

2004b. "The Two Wings of the Eagle". pp. 95-101 in John Bellamy Foster and Robert W. McChesney, eds. *Pox Americana: Exploring the American Empire*. New York: Monthly Review Press.

2007. "The Centrality of Finance". *Journal of World Systems Research* 13,1:1-11.

2009a. "Globalization Today: At the Borders of Class and State Theory". *Science & Society* January.

2009b. "The Transnational Capitalist Class and the Politics of Capitalist Globalization". pp. 98-115 in Samir Gupta, and Jan Nderveen Pieterse, eds. *Politics of Globaliza-*

tion. New Delhi: Sage.

Thornton, Emily 2006. "Inside Wall Street's Culture of Risk", *Business Week* June 12.

U. S. Office of the Comptroller of the Currency 2004. *OCC Bank Derivatives Report*: Fourth Quarter 2004.

Weisskopf, Thomas E., Samuel Bowles and David M, Gordon 1983. "Hearts and Minds: A Social Model of U. S. Productivity Growth". *Brookings Papers on Economic Activity* 2: 381 – 441,

Wighton, David 2007. "Pensions Worry CEOsx". *Financial Times* July 25.

Wolfson, Martin 2003. "Neoliberalism and the Social Structure of Accumulation". *Review of Radical Political Economics* 35,3:255 – 62.

威廉·塔布　女王学院经济系，纽约城市大学研究生中心经济、政治与社会系

第 七 章

全球新自由主义及跨国国家结构的可能性

在第四章中，大卫·科兹和另一位学者提出了：为了解决20世纪70年代和80年代初的危机，所采取的措施导致了一种新的SSA的出现。这种新的SSA是全球新自由主义最突出的特征之一。科兹和麦克多诺认为，这一时期的新自由主义是一种多层次的现象，包括新自由主义制度、新自由主义政策、新自由主义理论和新自由主义意识形态。在新自由主义的各种政策中，试图去除任何阻碍商品和资本的自由流动的激进措施尤为突出。这些措施构建起了新自由主义和全球化之间的联系，这是它们之间众多联系中的一种。新自由主义促进了全球化，另一方面，全球化以资本为基础引导了一种新自由主义的方向。日益激烈的国际竞争降低了利润率，资本开始寻求逃避规制，并且以资本外逃作为恢复利润率的一种方式。而且，生产全球化的结果是弱化了劳动，强化了资本有效地追逐利润的能力，即提高利润率的能力。

在全球新自由主义发展过程中起重要作用的各种制度中，国家层面的转型必须考虑在内。事实上，一国之内国家结构和政策的当代变化已经引起了一些学者的注意，并进行了一些分析。全球化常常被人们看作是导致这些变化的因素之一。国际竞争被视作是政府在社会生活各领域制定政策的理论基础。而且，一些国际化的机构，如国际贸易组织、欧盟和国际货币基金组织的重要性越来越为人们所认识到。这也就不奇怪，为什么在资本主义的制度性重构过程中，它的跨国性本质被人们看作是一种居于中心地位的重要特征。

本文的中心目的是解释这些最新发展的特点。假设国际化的SSA必然伴随着国家制度的跨国特征的变化，是自然而然的事情。然而，现有的国家机构的本质和概念，却使这一命题难以成立。目前，民族国家合法的政治机构的概念模式已经普遍存在。把这一模式延伸到理解全球甚至地区性的政治机构却存在着问题。

目前，主权国家的概念是由其领土界限所规定的。国家的法令只能在已经界定的范围内运行。当然，这并不意味着一些国际机构无法存在。只是它们的形式和力量源于主权民族国家所签订的协议，并且无法独立于这些国家。事实上，这种国际性的机构在第二次世界大战以后的SSA中尤其突出。这一时期，布雷顿森林体系为许多国家的国际经济关系提供了一个基本框架。人们自然也会希望，这种国际安排在国际新自由主义的SSA中也能够得到运用。当从一种SSA变为另一种SSA时，国际机构的某些方面会发生变化，但是那些机构的基本特征不会发生改变。

而且，前面已经指出：夸大由于经济活动的国际化而导致的民族国家权力被剥夺的范围，是一件很容易的事。但是，民族国家在其领土范围内依然是最强有力的政治因素，它通过建立法律框架以及其他措施，以确保生产的有序运行。政治权力运用的关键是能否在一国之内，甚至有时是在国家的界限以外有效地运用权力。在当代世界，通常是民族国家拥有运用这种权力的能力。本章所讨论的并不是力图把当今民族国家的作用最小化，而是讨论在整个变化的国际政治框架中，民族国家的角色，而非其重要性。

除了前文所述的国际机构的力量，本章的主题是讨论那些参与国际经济管理的机构被假设为具有跨国性的特点。尽管各种各样的民族国家的结构仍然是这一过程的必要组成部分，然而由于资本主义的发展超越了民族的界限和国家的领土范围，因此民族国家已经开始受到人们的质疑。然而，我们并不会在传统的民族主权国家模式的基础上，尝试建立一种跨国机构。事实上只是在强调新出现的全球新自由主义的传统特点的基础上，对政治和监管机构进行重组。

为了支持这种讨论，本章余下的内容分为以下几个部分：第一部分讨论了一个新概念，即可以发展跨国国家的理论基础，这一部分基于传统的SSA理论的民族国家与SSA关系的描述。接下来的一章讨论了马克思主义国家概念的一般术语、国家和市场之间的关系、国家历史上的波兰尼（Polanyi）的双重运动（double movement）（"双重运动"指的是一方面市场原则不断扩张,另一方面是反市场的力量不断对市场原则的扩张进行抵抗和限制)。接着,我们运用国际政治经济学的意大利学派中的葛兰西学派的观点分析国际机构,并讨论了跨国资产阶级的产生。威廉·I. 罗宾逊沿着这一研究方向,继续提出了跨国国家机构(TNS)的概念。这一部分的最后,我们运用"新中世纪主义"的观点更具体地分析这种 TNS 的新特征("新中世纪主义",是德国慕尼黑大学教授乔格·弗里德里希提出的分析"后国际"体系的一种范式。指的是国际关系从近代发展到现在,在新的条件下重现中世纪时期西欧国际关系的基本景象)。下面一章,我们首先勾画出正在出现的 TNS 的大体轮廓,接着论述了 TNS 之间的关系以及对传统的民族国家的坚持。接下来该部分论述了新出现的国际人权与波兰尼的第二部分运动之间的关系。最后总结了 TNS 与全球新自由主义 SSA 之间的联系。在结论部分,将讨论那些新国家组织和全球新自由主义之间的关系,全球新自由主义的出现似乎是危机的第一阶段。

论跨国政府

本部分的目的:首先,重新评估在国际背景下,传统的 SSA 模式在国家中的地位。第二,试图把马克思主义国家理论、波兰尼和一些创新性的现代方法运用到跨国国家的分析之中。

SSA 理论与国家

SSA 学派的大部分研究集中于积累过程的经济研究,而不是研究更加社会化和政治性的社会结构,社会结构巩固和促进了积累过程。另一方面,SSA 经常以民族国家作为研究的出发点,通过诉诸这一理论基础,以证明 SSA 的范围是与民族国家相连的,麦克多诺(1994:79)指出这是民族中心主义分析的前提:

> 既然政治和意识形态制度是任何 SSA 的重要组成部分,并且政治和意识形态对于每一特定的区域甚至民族而有所不同,因此把 SSA 看作一种民族的或区域的现象,而不是整个资本主义世界的特征,是合理的。

然而，那些民族 SSA 的国际环境并没有被忽视。国际制度和安排是现实存在着的，但是它们并没有被看作不同民族 SSA 的共同特征。在过去，在民族国家是主要的国家形式的体系中，这种国家形式专有的研究方式有很多（Kotz et al., 1994: 308-09）。然而，这种分析需要加以修正，以更好地适应全球性和跨国性的生产和消费以及全球范围积累过程的产生，而这些越来越成为当代政治经济的特征。这种再考虑认为 SSA 理论准确地说是国别层面上的，具有其独特性，但并不排除强调美国这一案例。然而，经济和社会的最新发展，使人们不得不重新开始强调资本主义跨越民族边界的趋势。

民族资本主义的基本元素（阶级关系、生产、商业、财政）已经超出了民族制度的限制。随之而来的是超越先前制度约束的管理民族国家之间经济和政治活动的内部经济框架。这些趋势，可以被看作"跨民族"或者"超民族"的，即超越了以前的民族性的 SSA，这样在原来的 SSA 学派内的，以民族为中心的研究，就不能对此做出合理的解释。一个新兴的全球 SSA 不能被定义为民族 SSA 的发展，它们自身的积累逻辑来自世界经济的发展。

尽管区域性的国家依然是控制世界经济的最重要的力量，但它们的作用和功能越来越受到全球资本的挑战，非国家因素的作用在增强，技术和通信的进步缩短了时间和空间的距离，提高了全球组织生产的能力，这些发展，可以描述全球化过程的特征，通过国际性制度挑战由单一国家决定的社会结构的功能。

国家和市场

然而全球化并没有结束，而是一个不断变化的过程，它挑战了我们对于经济和社会关系的传统观念。在任何试图理解全球 SSA 的复杂性的尝试中，最重要的是认识国家和市场之间的辩证关系：

> 从 19 世纪中叶开始，随着国际政治经济的发展：一方面越来越多的民族国家参与全球经济，民族国家之间的相互作用和竞争日趋激烈；另一方面全球资本主义力量的日趋增强（Gill, 1994: 75）。

在资本主义历史中，这两个关键性因素相互作用，已成为决定资本主义积累率提高和降低的一个最主要的、决定性的力量（Sehwarz, 2000）。然而，国家和市场不能分开分析。资本积累成功与否取决于两方面之间的平衡关系，一方面是经济增长的逻辑和压力，另一方面是社会的供求。

这种调节过程可以用卡尔·波兰尼在《大转型》一书中的一个术语进行描述。波兰尼定义了资本主义发展过程中的"双重运动"。第一种运动，是在经济活动中降低国家的地位，即通过干预使市场行使以前由政府执行的生产和分配功能；第二种运动，是社会发展起来的、相反的、阻止纯粹市场机制作用的机制，即由国家对过度的市场"自由主义"的干预。

20世纪70年代末，在实施了一段时间的凯恩斯主义刺激经济政策之后，经济发展面临通胀与失业并存的棘手问题。国家开始强调波兰尼"双重运动"的第一方面，即减少国家对经济的干预，而强调市场机制的发挥。这种政策转变的部分结果可以从全球新自由主义经济的出现看出。然而，波兰尼运动描述的是民族国家体系中调节资本主义的过程，目前则由于生产的全球化使国家在尝试实施"波兰尼运动"过程中存在着一系列的问题。一国政府很难采取措施以限制跨国资本，这需要一系列的结构和机构的创新。

这些因素提供了创造一种新型的资本管理方式的动力。在经典的、传统的马克思主义中，现代国家是一个资本主义国家。它是资本主义生产方式的结果，并且部分体现了资本主义阶级关系。体现了一个阶级对别的阶级的统治。按照这种传统，全球生产关系可以看作阶级关系的全球化。

葛兰西和跨国资产阶级

新葛兰西学派（Cox, 1987; Gill, Law, 1988; Gill, 1990）和阿姆斯特丹学派（Pijl, 1984, 1998; Overbeek, 2001; van Apeldoorn, 2004）在国际政治经济学领域已经论证了跨国资产阶级的形成，以及它对生产关系的影响。考克斯最大胆的尝试是试图把葛兰西学派的历史唯物主义运用到国际关系理论中（Linktater, 1996）。最根本的是，按照波兰尼学派的观点，把国家调整和再调整运用到国家的跨国分析中，而随着资本主义生产关系的发展,这必然涉及国家结构的重新建构的问题。在全球背景下,这一过程导致了劳动权力被削弱,相反资本的结构性的权力在增长。他运用葛兰西学派的观点强调:通过强制或非强制的手段,国内最重要的力量取得了意识形态的一致,接着便开始支持如何更好地重构国内经济。因此考克斯(1987:254)提出:"需要调整国家内部结构,以便最好地把全球共识转变为国内的政策和实践。"

考克斯提出:国家的国际化可以划分为三个阶段。在 20 世纪 30 年代,国家对国内经济具有支配地位。其后,在战后体系中,实现了某种妥协,国内需求与国际资本的需求形成了某种平衡。这体现在国内的福利体系为国际机构如布雷顿森林体系所调节。目前,许多福利国家的职能被部分的削弱,因为跨国的力量开始成为国内的统治权威。

国家和世界经济关系转型的根源不是由于全球资本或技术的发展而导致的不可避免的结果,而是源于重新平衡资本和劳动的关系以及其他束缚全球生产的因素。根据考克斯的论述,这个问题的关键在于:

> 经济管理的主要方面规避了政治因素的影响,经济管理没有来自政治方面的压力。这是通过实践、通过合约、通过立法以及正式的法律规定来实现的。

按照考克斯的观点,这些过程伴随着国内阶级的全球化,随着资本和经济的国际化,阶级关系开始走向分裂化。各种阶级关系的国际化导致了国家的国际化。随着民族阶级日益相互渗透,国家改变结构以适应这种越来越突出的变化。跨国阶级最早从具有统治地位的国家产生,但是它们对国家的背叛也导致了国家主权的丧失,权力随之转到了从事跨国生产的资本代言人手中。因此,考克斯提出,国内阶级的全球化并不会导致国际体系中的无政府主义。通过资产阶级在全球基础上的相互关系,建立起了跨国的统治和霸权地位。

跨国国家机构

从以上观点出发,政治社会学家威廉·罗宾逊分析了跨国国家机构(TNS)出现的可能性,以体现跨国资产阶级的政治利益(Robinson,2001,2004,2005),罗宾逊(2001:166)这样描述 TNS:

TNS是多层次和多层面的。它把不同的、渐变的国家性质的、功能性的机构联结了起来，这些机构有不同的历史和发展轨道，并把不同的机构、组织和地区前后联系起来。这种超国家的组织是经济和政治的，既有正式的也有非正式的。这些超国家的组织机构，在政策制定、全球治理以及全球经济管理方面，慢慢地代替了国家机构。

按照罗宾逊的观点，这种新出现的机构是通过提供必要的工具，以允许全球积累过程中新阶级关系的形成，代替在早期资本主义阶段由民族国家的霸权力量所起的作用。

我们希望强调：罗宾逊以及我们对TNS这一术语的使用，不会与民族国家的终结相混淆或相联系，或者与传统意义上的全球国家相混淆。从性质上来讲TNS的概念与以前的民族国家的变异体具有不同的地位和能力。它不仅可以被看作一个新出现的网络体系、论坛、机构和地区，也包括了以前存在的正处于转型期的民族国家结构。

新中世纪主义

尽管这些国际机构终止了一些国家的某方面的主权，但这些国家机构并不必然是传统意义上的国家结构，它们并不依靠对权力的垄断来行使权力。尽管罗宾逊注意到：应该把TNS看作一种不同于传统民族国家的方式，并且指出了这种新结构或者说一系列结构的，多层次、多样化的本质，但他并没有提供一种理解这种新发展的一个统一的框架。

20世纪70年代末，国际关系理论家赫德利·布尔（Hedley Bull）创造了一个新名词"新中世纪主义"，用它来描述国家体制的现代发展和中世纪时期运用松散的双重力量和权力来管理的体制的内在联系。（译者注：双重力量指教会和国家的双重）（Bull, 1977）。布尔注意到了国际关系中的一些新趋势，从而使他有理由运用这一比喻：一是出现了区域一体化机构如欧盟（不包括其他形式的区域一体化）；二是现有的国家"去区域一体化"，变成更小的由地方政府管理的地区，例如英国的分权体制或者西班牙的地区性自治；三是私人暴力（恐怖分子，罪犯）增加，挑战了国家在暴力上的垄断地位；四是国际或跨国组织日益

第七章 全球新自由主义及跨国国家结构的可能性

增长的影响；五是世界技术的融合，特别是生产、运输和通信方面（Gamble，2001）。

新中世纪主义认为世界上严格意义的民族主权正在终结（对于这一立场的批评，参见 Krasner，1999）。它认为民族国家正在被水平的网络式的国家、非政府组织以及国际机构所取代。这些理论家描绘了一个多重效忠与责任的世界，以代替公民对主权国家的正式的、不可分割的忠诚。在这个新中世纪的世界中，次民族的、民族的和超民族的机构共同分享对个人的权力。这是一种启发性的观点，通过认识"前国际化"世界，有助于我们理解"后国际化"世界。

于是，这就提供了一种认识现代国家和民族国家的新方式。尽管历史学家们会毫不犹豫地讨论中世纪的国家问题，但他们并没有认识到中世纪的国家与现代国家之间的相似性。中世纪的欧洲国家通过精细的等级制进行管理。在新的国际机构中，权力是多重的、边界是重叠的。很多领域要面临各种各样的法律和管理体系。没有传统的民族国家存在的那种权力中心。因此从某种意义上讲：主权被分配了，而不是集中了。在中世纪，管理取决于教会和帝国之间的关系，竞争的国王之间的关系，国王和封建领主之间的关系，封建领主和他们的诸侯之间的关系，等等。既然有各种各样的环形的相互作用影响，这就使得在特定的地点施加单一的权力或力量是不可能的。这就导致了重叠的命令和各种同时的忠诚。这种离心的趋势导致了两种有力的、相互对抗的组织形式即神圣罗马帝国和罗马天主教堂。与此同时，这些权力，无论是竞争的还是补充的，弱化了单一的权力。

与现阶段相似，在新中世纪主义中，存在着两种竞争和补充的权力的来源，即民族国家体系和跨国市场体系。这有助于解释如何，以及为什么在全球化的新自由主义世界中，就像在中世纪时代一样，尽管一些组织失去了一些原则性的霸权，仍然能够保持一定的稳定性和一致性。因此，新中世纪主义是一种对国家体制和市场体制的双重竞争、双重权力和多重忠诚。例如，弗里德里希（2001）把新中世纪主义作为理解后威斯特伐里亚体系的一种宏观的分析工具，并且当作论述全球化的另外一种替代性的说法。国家的持续，现有结构和制度的转型以及新出现的结构和制度，都可以通过新中世纪主义的框架进行分析。

这里需要回归到罗宾逊有关不同参与水平的国家制度的建议，这一新框架的许多组成部分与传统的国家是相似的，它们对各种各样的社会事物施加管理，而这些过去是由传统的政府实施的。一般而言，大部分的功能是经济方面的。它们从传统的国家中脱离出来，是因为它们面临失去合法力量的危险，以至于无法维护它们的统治。然而，它们可以用两种潜在的方式实施它们的决定。第一种是通过参与 TNS 的民族国家的行为；第二种方式是通过处罚 TNS 中的参与收益。例如，通过 IMF 实施的处罚。这种方式与中世纪教堂的强制力量有相似性。WTO 综合了这些策略，通过授予成员国处罚权得到贸易的收益。

跨国国家机构的发展

威廉·罗宾逊（2001，2004）认为跨国国家机构在跨国范围内执行了管理职能。但是，准确描述实现这种作用的机构的组成部分及其力量和能力的范围的工作仍然做得很少。罗宾逊更关注这些结构的意识形态方面的能力，例如强调，世界经济论坛是跨国资产阶级的（TCC）起着综合性调节作用的跨国计划主体，在一个跨国文明社会中，一个真实有效的全球网络把 TCC 联系在了一起（Robinson，2004：127）。然而，罗宾逊同样也指出了跨国网络和全球机构是如何侵犯了民族国家调节分配的权力的，例如在资本积累过程中就是这样（Robinson，2004：102）。但具体来说，这一新的联结起了全球阶级关系浓缩的国家型组织的实际范围和程度如何？某一跨国机构或一系列的国家机构的固有的能力是什么？在这一部分，我们将研究已经出现在全球视野中的这一结构的一些潜在的组成部分。

区域贸易集团

通过区域贸易集团的方式，世界上已经建立了大量的地区性组织。在每个大陆都建立起了某种形式的具有不同能力的区域性论坛。这些区域性的安排在某些政策方面，有时具有半国家性质的功能，有时具有完全新型的结构性组织的功能。其内部结合是建立在分享或合并主权的基础上的，许多国家之间通过达成协议，而不是建立在民族的霸权概念的基础上的。尽管不同区域性论坛发展的速度不一样，而且它们的功能千差万别，但不可否认的是它们都在合并区域主权，特别是贸易方面。这些各种各样的组织可以被命名为区域经济共同体（RECs）。

尽管欧盟是最为人们所熟悉的区域性的组织，但它的创立经常对其他区域性组织的建立产生影响（Cameron, 2005）。对于一些非欧盟成员的欧洲国家，如爱尔兰和挪威，作为欧洲自由贸易联盟（EFTA）的成员，欧洲经济区域协议允许它们参与欧盟的内部市场。另外，例如非洲联盟（AU）通过非洲经济共同体（AEC）把无数区域和次区域的组织拉拢在了一起。在 AEC 内部是各种各样的次级集团，它们以不同的程度进行合并。例如，东非共同体、西非货币联盟、中非经济和货币共同体以及南非关税联盟都完全具有自由贸易区和关税同盟的作用。而且，甚至一些区域共同体拥有共同的货币。目前还有其他方面的建议和跨国的谈判，以试图增进区域的进一步融合，如自由签证旅行和创建单一市场。随着区域水平上的努力所取得的成果的增加，非盟试图通过把区域性的组织整合成更广范围的非洲大陆层面上的协议。现在有人提议要建立非洲中央银行或者统一非洲货币。

在世界其他地区也有类似的组织。东南亚国家联盟（东盟）是通过亚洲自由贸易协定建立的一个自由贸易区。南美洲的南美国家联盟（UNASUL）在其大部分成员国实行关税同盟和自由贸易区。而加勒比的加勒比共同市场（CARICOM）则具有一个自由贸易区、一个关税同盟、一个统一市场和一个几乎具有完全功能的货币区域，在波斯海湾区域的自由贸易协定和北美海湾区域的北美自由贸易协定（NAFTA），需要进行更深层次的经济合作。而且地区性的组织经常相互影响，它们有时代表所有大陆国家的共同立场就特定问题进行谈判。这些组织同样也和其他全球性的机构开展协作，如世界银行（WB）和国际货币基金（IMF），因为有时一些政策最初是单个国家同这样的全球机构签订的一些矛盾或补充的协议。这些协定有时有助于在处理全球贸易问题时形成一致的立场，如 WTO 内部的问题。

全球金融

在将不同区域整合为一个全球积累过程中的一个最重要的问题，是在生产和市场发展过程中的金融和资本的供给问题。这通常是由国际性金融组织（IFIs）在全球范围内实现的。在联合国体系下，特别是在区域发展方面，拥有独立授权的国际货币基金组织（IMF）和世界银行集团（WBG）起着关键性的作用。通过运用其结构调节计划（SAPs），IMF可以在一国需要其帮助时，决定其国内经济政策。一般而言，这种政策意味着建立国家与全球市场之间的紧密结合，是通过私有化和打开国内市场完成的。世界银行集团是由五个组成部分构成的，通过国际复兴开发银行（IBRD）和国际开发协会（IDA）为主权国家基础设施项目提供资本，对发展中国家私人企业的资本提供是通过世界金融公司（IFC）进行的。投资风险保险是通过多边担保机构（MIGA）实现的。而私人和国家投资争议解决则是通过国际投资争端解决中心（ICSID）达成的。

通过以上这些方式，全球金融机构可以使发展中国家融入各种各样的积累循环之中。ICSID所定义的合法机制已经被许多贸易合同和条约所吸纳，当争议出现时，许多双边投资条约要从ICSID中寻找依据。这些例子也许证明了哈特（Hardt）和尼格丽（Negri）（2000）的观点，他们认为"通过跨国法律的现代转型，帝国主义的立法过程趋向于直接或间接地渗透和重新配置民族国家的法律，因此超国家的法律强有力地决定了国内法律"。尽管这可能有些夸大其词。

在这些国际金融机构体系的下一层次，是一系列的地区性和次地区性的金融机构和多边发展银行，它们相互联系构成全球范围的国际金融机构。它们经常和国际组织一起发挥作用，而且许多结构是一样的。哪里有这种机构运行的地方，哪里的区域合作程度就越高。在欧洲、非洲、亚洲和加勒比以及美洲都有一些发展银行，相应地在每一大陆都有一些更小的银行处理特殊领域的事务。

世界贸易组织

全球范围内的贸易是由世界贸易组织（WTO）进行监管的，它是由关税贸易总协定（GATT）发展起来的。WTO的形成过程是一种众所周知的"论坛跳跃"的实践的例子。这种情况发生于当一个论坛因为一个严格的命令难以解决问题时，或者当权力无法超越更强大的国家时。贸易组织最初是在联合国的体系下，通过布雷顿森林体系进行监管的，但是一些强有力的成员运用GATT进行管理。WTO拥有全球贸易监管的权力，如果有国家不遵守贸易协定，允许成员国对该国实施制裁。其主体拥有司法机制，通过各国的力量来保证权力的执行。这通常是通过民族国家修订法律，来巩固 WTO 的司法权，而这种法律的修订是成为 WTO 成员国的必备条件。然而，要达成协议，则需要各个成员国在关税和补贴的各种规定方面达成一致。因为最近发展中国家越来越难组织起来并且发出一致的声音，西方国家发现越来越难以强迫他们达成协议。另外，西方国家的国内政策（如农业补贴和关税）已经开始被置于更加公开、详细的审查之中。

非政府组织（NGOs）

除了源于政府的官方组织外，也有许多私人领域的组织，它们组成了一个全球的公民社会。当然，也有许多组织是作为全球主义的对立面而存在的，并且在寻找自身替代全球新自由主义的方式，例如，绿色和平组织、世界社会论坛等。一些则致力于推动全球化，这些组织一般主要有意识形态功能和政策规划功能。例如国际商会（ICC），主张保留民族国家政府、全球体系以及联合国体系等对国际事务重要的组织。在每次与 WTO 高峰会谈之前，ICC 都要与八国集团（G8）东道主国家举行一次会议。它还有一个国际仲裁法庭以解决国际合同的争议。

政策论坛

通过发达国家建立的论坛和国际组织，现在各国有越来越强的政策协调的趋势，例如 G8 和经济合作与发展组织（OECD）。G8 每年召开一次会议，讨论的议题涉及贸易、经济、社会保障政策、人权以及环境政策等。自从 20 世纪 80 年代中期开始，分别每半年一次和每三年召开一次由财政部长参加的会议。近年来，其部长如环境、劳动和教育部长也每年参加会议。G8 没有一个永久的秘书处，因而仅是一个非正式的论坛，但是，它在推进所有参与国共同关注的议程方面起着重要作用。相反，OECD 是一个正式的国际组织，设有长期秘书处，可以向成员国提议。例如该组织建议成立了投资多边协议（MAI），虽然这一协议从来没有得到实施，主要原因是民间社会团体，NGOs 和发展中国家的大范围的强烈反对。这种情况证明了存在着全球范围内的经济活动以及反对全球经济活动进行的情况。

通过这些论坛，也建立起了发展中国家和发达国家之间的相互联系。例如 G20，把参与国扩展到了巴西、中国、印尼等国家，同时也包括 IMF 和世界银行的首脑以及欧盟主席。它们最近在开会讨论全球金融调控问题。

民族国家和跨国国家机构

现在，回过头来再次讨论民族国家在跨国国家机构（TNS）中的作用是非常重要的。大部分有关民族国家在全球新自由主义时代的讨论是强调民族国家力量和控制力的下降。然而，很容易过度强调这一点。事实上，恰恰是民族国家自身对特定政策目标的追逐，导致了经济的全球化。全球新自由主义产生于一系列政策的制定，但不是不可避免的。我们认为按照一些抽象的标准来说，民族国家的力量并不是进一步被削弱了，而是在更大的 TNS 框架下，民族国家的力量在增强。在民族国家仍然起很重要作用的部分缺失的情况下，TNS 发挥作用的效率是非常低的。

根据罗宾逊（2001：183）的观点，民族国家在这种背景下越来越起着"新自由主义"国家的作用，或者像切尔尼（Cerny）（1990：53）所谓的一个"竞争性国家"。因此，民族国家越来越参与到管理经济和政治体制改革中，有时甚至需要修正宪法。这源自论坛的转型，其结果是生产关系的变化。这些政策经常体现在超国家的法律中，以代表跨国资产阶级（TNCC）的利益。

跨国资产阶级的影响并不局限于通过跨国的途径表达。这种精英的影响是深层次的意识形态式的，它通过建议者、专家或各种各样的左翼或右翼的直接金融管理，来达成民族国家在政策决定上的一致性的认识。这种自上而下的策略，在地区或国家层面得到了更深层次的支持，在那里还有全球性质的工业和组织机构挑战国内的劳动转移和当地工业的压力。所有的跨国机构拥有潜在的新自由主义意识形态，在某些方面超越并且改变了国家。鲁宾逊（2001：188）总结道：

> 绝对不是最近一些研究所指出的那样，出现了"民族国家的终结"，我们见证了其转型成为新自由主义国家的过程。这些新自由主义国家是 TNS 的组成部分，为资本提供了必要的服务。在跨国议事日程的强行的运转过程中，民族政府起到了传送带和过滤器的作用。

第七章 全球新自由主义及跨国国家结构的可能性

我们不需要利用鲁宾逊的观点来指出国家在当前时期不可避免地所起到的这种作用。这些国家行为是当地具体斗争的结果。在这种背景下，在本土的环境和跨国资本家的跨国环境中，当地和跨国资本家之间的利益之争可以存在于当地和跨国的资本家之间。国家必须通过缓和利益之争来调节这种冲突，同时，强迫订立跨国水平的协议。这种当地和跨国资本之间的利益分配，是通过民族国家和跨国机构来实现的，具有代替更加传统的金融、产业和商业资本的利益分配的潜力。而且对于国家来说，可以肯定的是仍有可能对来自当地进步势力的主动行为做出反应，这在委内瑞拉和玻利维亚是很明显的。

尽管民族国家保留甚至增加了它们在实施跨国方面的重要性，必须要认识到的是，相对于"跨"或者"超"国家主体，民族国家已经终止了在特定领域的权力，特别是对于宏观经济问题方面的权力。例如，对于欧元区的货币和利率来说，欧洲中央银行取代了许多国家银行的作用。在北美，NAFTA的签署国在条约中让渡了其在劳动和贸易争议的代表性的权力。正如比尔斯泰克尔（Biersteker）（2002）指出的那样，WTO之类的经济组织，已经开始把它们的领域延伸到了以前看作神圣不可侵犯的民族国家的领域，如通过批评一些劳动政策，消费品的安全标准以及环境协定来作为自由贸易的非关税壁垒。IMF和WB的贷款人已经对这些国际组织放宽了对其国内政策领域的控制。

主权的超领土化伴随着不断增强的区域化，例如欧盟。这些地区有时被看作是反全球化力量的一种缓冲器。但更多的时候，是作为进一步实现全球化的中转站。有些荒谬的是，地区化支持小国作为独立国家参与全球经济。这些渴望独立的地区可以在重构的全球经济中得以生存，因为，传统的重工业制造业和资源开采已经不再是民族生存的前提条件。诸如银行和金融的服务业可以弥补传统制造业的缺乏，并使得小国能够生存。

这些新兴国家可以在对外商直接投资方面挑战那些已经建立很长时间的国家，给它们带来竞争的压力。这些小国新建立起来的生存方式，在资本家利益的维护方面起着很重要的作用。比较传统的欧洲民族国家已经经历了来自新兴国家的不断增强的竞争，这为跨国机构的形成减轻了负担，在新的条件下巩固了资本主义积累过程。新兴国家的民族主义趋势也在某种意义上提高了全球化的合法性。尽管建立起来的民主制度，使它们感到丧失了主权，新兴国家感到自身的能力和力量在增强，至少在最初是这样的。

波兰尼运动的第二部分和国际人权

国家越来越脱离具体的民族经济，特别是具体形式的民族生产（钢铁和汽车工业），许多服务业（民族航空和邮政服务），以及金融业（民族银行），使各国更完全地融入了全球的循环之中，进而使其陷入对私人利益的追逐而导致的全球积累逻辑之中。这与波兰尼运动的第一部分类似。这些发展对于以代表公民作为基本原则的自由民主国家具有重要的意义。正如阿斯特曼（Axtmann）（1996：131）所指出的那样：

> 超地域的全球力量不但因为它们的超地域性的特点侵略了民族国家的空间，而且也摆脱了民族国家的操作而进行运作。它们作为空间的入侵者和逃避者而挑战了传统的民主政体。

这就提出了一个问题：为什么没有领土地点、没有直接的主权命令的主体，能够合法化？而且这些主体的建立被看作是民主的行动，并且阻止反对全球资本主义的倾向。一种答案在于在"民主、自由、人权"的传播过程中伴随着经济的重建，这样使新出现的全球框架具有某种意义的合法性。在发展中国家和发达国家，这个原则作为"指引之手"或者"道德指南"，影响了民族国家的政策，同时也有助于塑造民族国家的民族理想。

人权问题是跨国管理结构中一个重要的相关话题。它至少与第二部分的波兰尼运动有某种弱相似性。人权的普遍化已经日益制度化，并慢慢在国际体系中传播开来，成为新兴国家被认可的先决条件之一。国家现在不但要满足国内人口的需要（这是以前国家被认可的全部标准），而且它们同时必须在"诸如民主机构的建立和巩固，少数人口权力的处理，经济管理等方面"被全球所接受，甚至要求在产权、性别权利以及其他以前被认为是私有权利的地方，与全球标准一致（Biersteker 2002：169）。

在其他方面，诸如（联合国）国际法院等国际组织，处理那些被认

第七章 全球新自由主义及跨国国家结构的可能性

为是国与国之间的问题，如边境交叉污染的事件，而国际刑事法院处理诸如战争犯罪和大屠杀等问题。通过处理超出民族国家管理的问题，这些国际组织有助于在全球体系内保持一定的权力意识和信仰意识，这是任何新出现的跨国结构的重要意识形态方面的内容。

TNS 和全球新自由主义的 SSA

在第四章我们讨论了全球新自由主义 SSA。在这里，我们希望将其扩展到新的全球跨国管理机构在 SSA 中所起的作用。

国际政治经济可以定义为包含一系列民族特色 SSA 的体系。正如科茨等（1994：1-2）指出的：

> 尽管日本、德国、美国、瑞典以及南非全部都是市场为导向的资本主义经济体系，但是他们的组织和执行也同样各有不同。为了解释这一现象，我们需要一种原理融合资本主义国家之间的这些制度性差异。

这种民族 SSA 通过民族之间的机构联系在了一起，国家管理本质上是各国的民族资本主义集合的事情。积累和生产的循环被国家设置和规制，同时运用一系列的国际管理机构帮助完成这一过程。

然而，目前国家开始把它们的注意力从相对严格的国家调节体系，转移到了相对解除管制的开放体系，这将吸引投资，使国内的生产力在国际市场上能更有效地参与竞争。这种新的方式代表了从一个意识形态转向了一系列的自由主义，这也导致了已经存在的民族国家的 SSA 向国际积累模式的转型。在过去国际积累是资本的补充，但最终限制了资本扩张的能力。

这种新的资本主义程序，主要是部分地，通过新的跨国制度性框架来管理资本主义的超出民族国家的传统的有限范围的事务。因此，尽管国家仍然存在，并且以它们原来的国家的名义存在，但它们的作用在减小，并且越来越由全球范围的决定所引导。这种国家行为和动机的衰退，同时伴随着新自由主义的限制国家在经济和社会方面的地位。这些发展也与全球新自由主义的其他因素一致。

在以前，不同民族的 SSA 通过一系列共同的国际机构联结在了一起。全球新自由主义改变了这种关系。全球新自由主义构建了一个跨国 SSA。然而，这种跨国 SSA 在跨国界时并不是均质的。这种跨国的框架在其范围方面受到限制。最初仅仅关注商品和资本在跨国界运动时的放松管制。迄今为止对跨国规制的减少，导致了民族差异的产生，这样为资本进入积累过程中利润最高的地方铺平了道路。目前，如果从民族的水平审视国家的行动，其形式、政策和操作的差异仍然是非常显著的。然而，这些差异的重要性已经改变了。这些政策和机构的体系，可以被看作从大量的工具菜单中选择出来的，它是新出现的全球 SSA 的一部分，并且在国内和全球范围内有效地决定生产、竞争、调控和消费。

目前的危机和 TNS

由管理创新所促进的经济活动的全球化，在当前危机的产生过程中起到了关键性的作用。非常明显的是金融全球化对目前的资产泡沫的形成起到了很重要的作用，并导致了危机在全球传播。间接地说，全球化在产生潜在的需求危机上起到了重要的作用，延长了衰退的时间。在产生潜在需求危机过程中，全球化起了重要的作用，这将延长危机的低迷期。经济的国家界限的拆除造成生产能力过剩，正逐渐削弱许多企业，目前，最显著的是汽车产业。更加重要的是，生产全球化削弱了劳动的权利，产生工资增长停滞，使消费过分依赖于不能维持的借贷，现在其可能性已破灭。TNS 的特点也证明其在决定经济的前景方面是重要的。尽管定位于促进消费贸易和消除资本自由流动的障碍，但 TNS 不适合于解决经济危机问题。由于不同利益的卷入，贸易和资本流动的放开是一个复杂和拖延的政治问题。但它的目标是相对清晰和清楚的，至少从抽象的概念上看，设计政策来应对一个没有完全展开和无法预见的全球经济危机，看起来是非常具有挑战性的。

国际管理出现了两个直接问题，而当今机构组织不适合于解决其中任何一个问题：第一个直接任务，是如何应对金融危机和设计一种适当的且比较具有干涉主义的、调控的以及具有明显效果的国际金融体系机构；第二，是如何提供一种财政调整刺激计划，它的力度和范围恰恰足以应对目前生产和需求的下降。这一问题的讨论已经扩展到了 G20，

G20 是一个相对于 G8 的论坛，同样包括大的欠发达经济体，例如巴西、印度和中国等国家。尽管包括更广范围的国家，对于危机这一问题的范围来说是恰当的，但并没有任何迹象表明参与者的扩展，不会使达成最终协议更加困难。

2008 年 12 月华盛顿峰会之后的宣言列出了许多问题，但缺乏细节。它担心没有与新自由主义划清界限。宣布承诺"自由市场原则、包括法律制度、尊重私有产权、放开贸易和投资、建立竞争性市场等等"，但令人奇怪的是，在以上背景下，报告仍然担心对经济的过度管制。

接下来，2009 年 4 月的伦敦峰会，更明确地讨论了银行规制和财政刺激的问题。然而，美国的反对限制了金融规制所产生的影响，但这是德国和法国需要的。而德国的反对意味着一个更加积极的财政刺激计划没有被通过。更多的钱提供给了 IMF，但是没有基金会在紧缩情况下对贷款的刹车机制。G20 仍然遵守全球新自由主义的议程。会议认可了世界贸易组织多哈回合的结果。特别是，它宣誓要促进全球贸易和投资，而不会采取限制世界范围内资本流动的措施。也许最显著的是："下决心保证长期的金融稳定和物价稳定，并且提出了：退出现在为了支持金融部门和恢复全球需求而采取的政策。"

G20 已经不能在面临全球经济危机时，采取决定性的行动。虽然已经采取了一系列措施，但在每一领域这些都被限制于最小的公有分母中。有效的否决权由几种发达经济体行使。"富人俱乐部" G7 之外的较大的经济体，已经被终止了大步走向全球管理的过程。尽管有新兴市场经济体的加入，G20 仍然担心无法打破过去 30 年形成的新自由主义的共识。G20 仍然更愿意追求自由贸易和更畅通的资本流动，而不是忙于解决全球金融和财政危机。

因此 TNCC 和 TNS 所面临的更大困难是重建一种新的 SSA，以处理全球新自由主义所面临的困难。TNS 的国家形式已经远远无法解决这些问题。就像 TNS 是全球新自由主义的一部分并且代表了以前国家形式的断裂一样，建立一个适合于新的 SSA 的管理体系，可以导致 TNS 更深层次的发展，但也可能导致与 TNS 关系的断裂。这种断裂可能偏离在 TNS 下的主权分配功能的本质。这可能引起力量和决策的全球集中。

同时，目前体系中的矛盾是不明显的。不平等、生产过剩、积累缓慢以及金融不稳定性，这些矛盾对于保持或深化跨国经济活动的解决方案是可以修正的。目前，对于衰退的任何最终的制度性的解决方案中，经济的跨国特征被保留并不是不可避免的。如果人们回到解决危机的国家政策，这会导致跨国主权和管理职能的弱化。事实证明，TNS 的重要性局限于全球新自由主义时代，并从 2008 年开始走向终止。SSA 理论的一个要点正在于此。制度的形式，包括国家的形式，是有限的，受限于特定阶段的资本主义，为应对资本主义危机应做出变革。

参考文献

Apeldoorn, Bastiaan van 2004. "Transnational Historical Materialism: The Amsterdam International Political Economy Project". *Journal of International Relations and Development*, Special Issue 7, 2: 110 – 12.

Axtmann, Roland 1996. *Liberal Democracy into the 21st Century, Globalization, Integration and the Nation – State*. Manchester: Manchester University Press.

Biersteker, Thomas J, 2002. "State, Sovereignty and Territory". In Walter Carlsnaes, Thomas Risse and Beth Simmons eds. *Handbook of International Relations*. London: Sage.

Bull, Hedley 1977. *The Anarchial Society: A Study of Order in World Politics*. London: Macmillan Press.

Cameron, Fraser 2005. "The EU Model of Integration – Relevance Elsewhere?" *Jean Monet/ Robert Schuman Paper Series* 5, 37.

Cerny, Philip G. 1990. *The Changing Architecture of Politics. Structure, Agency and the Future of the State*. London: Sage.

Cox, Robert 1987. *Production, Power and World Order, Social Forces in the Making of History*. New York, Columbia University Press.

Friedrichs, Jorg 2001. "The Meaning of New Medievalism". *European Journal of International Relations*, 7, 4: 475 – 501.

Gamble, Andrew 2001. "Regional Blocs, World Order and the new Medievalism." In Mario telo ed *European Union and New Regionalism, Regional Actors and Global Governance. ina post-Hegemonic Era*. Aldershot: Ashgate.

Gill, Stephen 1990. *American Hegemony and the Trilateral Commission*. New York: Cambridge University Press.

1994. "Knowledge, Politics, and Neo – Liberal Political Economy". In Richard Stubbs and

Geoffrey R. D. Underhill eds. *Political Economy and the Changing Global Order*, New York: St. Martin's Press.

Gill, Stephen and David Law 1988. *The Global Political Economy, Perspectives, Problems and Policies*. Hemel Hempstead, Harvester and Wheatsheaf.

Hardt, Michael and Antonio Negri 2000, *Empire*. Cambridge, MA: Harvard University Press.

Krasner, Stephen 1999, *Sovereignty: Organised Hypocrisy*. Princeton: Princeton University Press.

Kotz, David M. 1994. "*The Regulation Theory and the Social Structure of Accumulation Approach*". pp. 85 – 97 in David M. Kotz, Terrence McDonough and Michael Reich eds. "*Social Structures of Accumulation: The Political Economy of Growth and Crisis.*" New York: Cambridge University Press.

Linklater, Andrew 1996. "Marxism." In Richard Burchill and Andrew Linklater eds. *Theories of International Relations*. London: MacMillan Press.

Marx, Karl. 1978 [1888] "Manifesto of the Communist Party", In *The Marx – Engels Reader*, Second Edition, ed, Robert C. Tucker. New York: W. W. , Norton.

McDonough, Terrence 1994. "*Social Structures of Accumulation, Contingent History, and Stages of Capitalism*" pp. 72 – 84 in David M. Kotz, Terrence McDonough and Michael Reich eds. "*Social Structures of Accumulation: The Political Economy of Growth and Crisis.*" New York: Cambridge University Press.

Overbeek, Henk 2001, "Transnational Historical Mechanism: Theories of Transnational Class Formation and World Order". pp. 168 – 183 in Roland Palan ed. *Global Political Economy: Contemporary Theories*. London: Routledge.

Pijl, Kees van der 1984. *The Making of an Atlantic Ruling Class*. London: Verso.

1998. *Transnational Classes and International Relationas*. New York: Routledge.

Polanyi, Karl 2001 [1944]. *The Great Transformation: The Political and Economic Origins of our Time*. Boston: Beacon Press.

Robinson, William I. 2001. "Social Theory and Globalization: The Rise of the Transnational State", *Theory and Society* 30: 157 – 200.

2004. *A Theory of Global Capitalism, Production, Class, and State in a Transnational World*. London: University of Baltimore Press.

2005. "Gramsci and Globalisation: From Nation – State to Transnational Hegemony", *Critical Review of International Social and Political Philosophy* 8, 4: 1 – 16.

Schwartz, Herman M. 2000. *States versus Markets, the Emergence of a Global Economy*. New York: St. Martin's Press.

Telò, Mario 2001. "Reconsiderations: Three Scenarios". In Mario Télo ed. *European Union*

and New Regionalism, Regional actors and global gover – nance in a post – hegemonic e-ra. Aldershot: Ashgate.
Weisbrot, Mark 2009. "It's the Global Economy, Stupid (Or Is It?)" *The Guardian Unlimited*, April 8.

埃姆林·纳顿　爱尔兰国立大学经济系；

特伦斯·麦克唐纳　爱尔兰国立大学经济系

第 三 篇

美国当代积累的社会结构理论

第 八 章
当代积累的社会结构中的劳工

  二战结束之后,一项制度性框架——战后 SSA——逐渐形成,促成了美国再度繁荣的新阶段的到来。从美国国内来说,这一结构包含了两个重要的因素:首先,联邦政府在促进和巩固经济增长的进程中,发挥了更加重要的作用,并在一定程度上为个人和企业在市场竞争方面提供了保障。其次,尽管劳工和管理层仍处于竞争冲突之中,人们对劳工与管理者权力之间冲突的本质已经形成了一系列的共识,对劳工角色的定义也越来越清楚。在国际上,该战后制度性框架则以美国在经济和政治领域的支配地位为特征。

  20 世纪 60 年代后期,战后 SSA 中的紧张状况开始显现并延续到 20 世纪 70 年代。滞涨是这一紧张状况的突出表现之一,它反映了政治和经济上的困境。随着美国经济和政治霸权地位的相对衰落,美国企业不得不承受这一困境所带来的重负。滞涨在 20 世纪 80 年代早期被打破,一个"新自由主义"SSA 产生了。①

  虽然里根政府没有明确讨论这方面的议题,但事实上却致力于构建一种新的制度性框架,即新型的 SSA,在新自由主义或对资本主义放松管制的基础上实现经济的繁荣。在意识形态上,联邦政府被指责为造成美国所面临的经济问题的最重要起因。联邦储备系统所践行的货币主义在宏观经济政策中发挥了更为重要的作用。在企业里,以前广为人们所接受的有关"管理层权利"和"劳工角色"的一系列共识也遭到了质疑。

---

  ① 尽管大卫·科兹和特伦斯·麦克唐纳在他们的《全球新自由主义和当代 SSA》讨论了"全球新自由主义"这一术语更好地抓住了当代 SSA 的特征,"新自由主义"这一术语在此处还是被用来描述美国的当代 SSA。本章的焦点是美国——它向新自由主义转化的幅度是发达资本主义国家中最大的。本章不打算探讨其他的资本主义国家,无论它们是发达国家还是发展中国家。

雇主的策略和政府的政策紧密地相互配合，并致力于通过消减劳动力市场的"刚性"来增进劳动力市场的"灵活性"。政府放松管制的政策削弱了已实施的最低限度的社会保护措施，也降低了以前受管制行业中劳工的地位。政府政策和管理层激发的"去工会化"行为削弱了工会的力量，导致贸易工会数量的急剧下降。尽管在战后的SSA中，资方对劳工做出了一定程度上的妥协，但在当今"新自由主义的"SSA下，资方取得了更高的支配地位。其结果是，在整个20世纪80年代，劳动标准降低，工资结构下调，工资不平等和低薪工作的数量增加。工作不安全感变得更加普遍。美国将其在世界经济中的相对衰落的重担转嫁给了在市场上议价能力较弱的工人和穷人们，无论这些人是有组织的还是无组织的。

20世纪90年代，在"新自由主义"SSA的基础上，经济实现了持续的扩张。"去工会化运动"的迅速发展使得雇主在设定工资标准和制定人事制度方面有了更大的自由。工资所得仍然落后于生产率的增长。临时性雇佣关系的不断涌现助长了工作的不安全感，其中，追求效益的公司的小型化改造也起到推波助澜的作用。生产率的提高受益于信息技术领域的投资和工作强度的增加，而工作强度的增加正是建立在工人不安全感的基础上。

只有在20世纪90年代的后半期，工资上的不平等才得以减少，工资结构水平才有所提升，当时失业率较低，而且政府也上调了联邦最低工资标准。随后，由于2001年出现了一个较短的、轻微的经济衰退，工资和收入的不平等又再次加剧。20世纪80年代新自由主义的经济重构仍在发挥作用。保守的"自由市场"经济重构，企业的支配地位，私营部门的去工会化运动，连同一切不平等和不安全感的增加都指向了以下问题：劳工在当代SSA中扮演了什么样的角色？

本章分为四个主要部分。第一部分，阐述了劳资关系和战后SSA中的劳动力市场分割的性质，并以此为历史背景分析当代"新自由主义"SSA中的劳工。第二部分，讨论了20世纪80年代的政治经济环境，当代"新自由主义的"SSA就产生于那个时期。第三部分，分析了20世纪80年代的"雇主的进攻"和去工会化运动。第四部分，论述了原有新自由主义框架的遗留影响。①

---

① 罗森博格（2003）对本章的分析做了更详尽的阐述。

二战后积累的社会结构中的
劳资关系:稳定中的冲突

在运用 SSA 的框架进行的研究中,二战后的 SSA 包括两个核心要素:一是以"劳资协议"为特征的,和平的集体谈判;二是劳工的分割(Gordon, Edwards and Reich, 1982)。然而,实际的劳资关系却比"协议"或"合议"中所展现的更具冲突性。虽然工会与许多大企业都接受了集体谈判的法律界限,这些界限是由 1935 年的国家劳动关系法、1947 年的塔夫脱—哈特利法案,以及国家劳动关系委员会(NLRB)和法院的裁定等所设定的,但他们之间的激烈冲突并未消失。

雇主选择了在工会存在的地方接受它们的存在。大量的非农业劳动者并未加入工会。1954 年,34.7% 的非农业劳动者是工会成员(Blum,1968:45)。超过 60% 的制造业工人参加了工会。主要制造行业所签署的集体谈判合同影响了整个经济体的工资设定。1948 年,通用汽车(GM)和全美汽车工人联合会(UAW)达成协议,该协议包含了在工资支付方面的重要创新——两年期合同中的工资自动调节机制。工资依据以下指标进行调节:一是年增长系数(AIF),它反映了在预期生产率增长中的劳动力份额,二是生活调整成本(COLA),它的目的是在通货膨胀中保护工人的实际工资收入。

在 20 世纪 50 年代末,工资自动调节机制连同通用汽车和全美汽车工人联合会达成的协议(UAW - GM agreement),成为了劳动合同的最普遍的模式。模式化的谈判使工资协议在各行业中流传开来。"威胁效应"迫使那些没有工会的雇主,像有工会的经过谈判的雇主那样,承担一系列的补偿协议,否则该雇主就会面临工人组织工会的威胁。行业间的工资结构相对稳定,各行业的工资变化的差别很小(Piore, Sable,1984:83)。此外,工人的工资随着生产力发展而上涨,以保持对商品和服务的适度需求,从而促进资本的积累。

劳动力市场被分割为初级市场和次级市场两个部分。初级市场工作的显著特征是:较高的工资、较好的工作条件、工作稳定和拥有较多的发展机会。次级市场的工作一般只得到较低的工资、较差的工作条件、最少的工作保障和很少的发展机会。相比于次级市场,竞争力量对初级市场工资设定的影响更小。

围绕劳动力市场分割的进程发展出了许多理论解释。SSA 的研究着重分析了经济结构内部的二元性以及雇主和工会双方的策略。初级市场的工作多处于经济体的垄断性的"核心"部门，而次级市场的工作则主要存在于竞争性的"边缘化"部门。而且，雇主对二级市场产生"简单控制"推动力量，而针对独立的初级市场岗位则实行"官僚控制"。"技术控制"及其所带来的次要的初级工作，因为其产品的市场力量而超出了大公司和工会谈判的范围。雇主及其管理代表将保持对公司基本运作的控制，同时工人将得到包括更高生活水平和改善的工作保障在内的初级工作的权利（Edwards, 1979）。在一定程度上，劳动力市场分割的界限在于：一些工人能够受益于集体谈判和另一些人无法从中受益。这一劳资双方的谈判构成了双方的"协议"或"合议"。

但"协议"或"合议"这些词语，在字面上反映的和平关系与现实中的劳资关系并不一致。尽管维持集体谈判关系的稳定性有一定意义，因为这种稳定性有助于生产率增长和资本积累，但是严重的冲突并未消失。毫不奇怪，没有工会的公司仍然为处于无工会状态而努力。"协议"或"合议"这些概念的重要性日增，导致大量的（尽管不是所有）未建立工会的公司不得不经常抗议新建工厂内的工会组织运动。这些新建工厂多位于原先没有工会的地区。这种经济活动的重新布局最早出现在 20 世纪 40 年代后期，到 20 世纪 50 和 60 年代成为普遍趋势。例如，很多位于北部州拥有工会的纺织业和服装制造业公司，在南方开设新厂时努力保持它们无工会的状态。同样的情况发生在电气设备制造业的公司，1946 年的罢工使该行业的管理层确信：东北部和中西部大量集中的制造业工厂已经变成了劳工武装的温床。工会更难将上述行业的新的制造工人组织起来，特别是在南方地区。经济活动的分散化虽然不能确保工会消失，但使得把工人组织起来更加困难。参加工会的工人在全国工人中所占的比例在 1954 年达到顶峰，之后开始稳步下降。

二战后开始后商业活动的严重下降，一直持续到了 1957 年年底。边际利润受到挤压，来自国外的竞争日趋强劲。管理层倾向于减缓工资增长和加强对工作过程的控制，它们对工人采取了"强硬措施"。在 1958 年和 1959 年，超过 30% 的制造业工人，上千个甚至更多的订立协议的单位中的合同期满的工人，参加了罢工。这一数字后来再未被打破

(Kaufman，1978：423)。只有少数公司在罢工期间仍然维持了工厂的运转，这些公司包括美国石油公司、印第安纳标准石油公司、美国飞机公司（1960）和通用电气（1960）。

批量生产行业的工会领导人深信管理层"至少会大力削减工会力量，并很可能挑战工会的存在"（Barbach，1961：25）。回顾过去，尽管雇主没有挑战工会的存在，但他们曾尝试过削弱工会力量。因此，即使在"劳资协定"被描述成最稳固的，集体谈判关系被描述成相对和平的时候，工会领导人在与管理层打交道时仍然缺乏安全感。

20世纪60年代后半期和20世纪70年代前半期是一个劳工运动和工会具有很强的谈判能力的时代。但是，尽管劳工在谈判桌上更为强势，管理层对新工会主义的抵制也增强了。私营部门参加工会的劳动力所占的比重仍然持续萎缩。虽然在最高度组织化的行业里，工会的谈判能力使他们受到保护并免于非工会模式的影响，但非工会模式仍然得以生根发芽。一直到20世纪80年代，这一模式都处于主导地位，之后一个新的"新自由主义"SSA产生了。

20世纪80年代放松管制的政策体制：当代"新自由主义"积累的社会结构的构成要件

为了扭转20世纪70年代的经济衰退——这一衰退代表了战后SSA的危机，为了提高平均利润率，为了提高整个经济体的生产效率，里根政府打着提高劳动力市场弹性以增进劳动力市场效率的旗号，开始执行放松管制的政策。上述政策一步步损害了最低社会保护政策所庇护的工人的利益，尤其是穷人的利益。劳动力市场政策变革的两大推动力开始浮现出来：一是在给定的失业率的基础上，通过降低工资和实际最低工资来加剧劳动力市场的竞争；二是通过提高失业率的整体水平，加剧劳动力市场的竞争，用有利于资方的方式重新解释现有的产业关系立法，并通过放松对交通运输业和通信业的管制等方式来削弱工会的力量。

虽然里根政府的政策体现了更保守的倾向，但还是延续了卡特（Carter）政府时期的一些措施。沿着卡特政府后期的政策轨迹，在货币主义伪装下的联邦储备系统，借助提高失业率和侵蚀劳工力量来执行紧缩的财政政策，其目的是降低通货膨胀率。从紧的货币政策连同全球食物和能源价格下跌，使得通胀率从 1980 年的 13.5% 下降到 1983 年的 3.2%。但是失业率却上升到 1982 年的 9.7% 和 1983 年的 9.6% 的高水平，这是 20 世纪 30 年代的大萧条之后从未出现过的高失业率。整个经济中的失业人数都在上升，采矿业、建筑业和制造业表现得尤其明显，而这些领域是传统上工会势力最强的行业。

失业人口数量的增长和失业人口本身加剧了劳动力市场的竞争。联邦最低工资实际价值的降低也对低工资工人产生了消极影响。整个里根政府执政的 8 年时间里，以 1981 年的价值计算，最低工资始终保持在每小时 3.35 美元。自 1938 年通过了《公平劳动标准法》，并颁布了全国统一的最低工资标准之后，这一时期是最低工资标准没有上涨的最长时期。20 世纪 50 年代，私人非农产业的最低工资标准在小时平均工资的 50% 附近徘徊，20 世纪 70 年代最低工资标准是小时平均工资的 45%。到 1985 年，最低工资标准则进一步下降到小时平均工资的 39% (Mishel, Bernstein, Allegretto, 2007: 190-92)。

同一时期，由于失业人口数量上升，联邦政府还削减了失业保险 (IU)。失业保险系统的削弱是从卡特政府时期对失业救济金征税开始的。里根政府延续了这一政策，提高了失业保险的实际税率，并缩短了失业保险金的实际受益期。在联邦最低工资标准要求下，各州设定了失业保险待遇和失业保险受益期的资质要求。州层次的政策变化使得失业保险的受益门槛提高。整个 20 世纪 80 年代，失业者中参加失业保险的比例都在下降。1975 年的失业率是 8.5%，76% 的失业者受益于失业保险。1982 年，失业率比 1975 年更高，但只有 45% 的失业者领到了失业保险金 (Levitan, Carlson, Shapiro, 1986: 165)。之后的 1987 年和 1988 年，只有大约 32% 的失业者从失业保险中受益。而与此相似的 20 世纪 60 年代和 70 年代，则有 40% 到 45% 的失业者获得了好处 (Baldwin, McHugh, 1992: 2)。

削减失业保险的初衷是激励失业者接受新介绍的工作，虽然这些工作的初始薪酬低于失业者失业前的收入。类似的政策的改变还包括《对有子女家庭的补助计划 (AFDC)》，该计划原本旨在激励接受者寻求和接受低薪的职位。最初，卡特政府尝试扩大福利计划，但他们没有成功。在卡特政府任期快结束时，开始要求削减"对有子女家庭的补助计划"的支出。这一巨大的转变成为里根政府削减福利计划的前兆。有计划的改变限制了可能接受政府援助的人数以及受助者所领取的金额。领取福利金的人数下降，很多仍受益于"对有子女家庭的补助计划"的家庭收入也在下降。

大量的失业人口、最低工资和社会工资的降低对工会造成了损害。限制工会的政府政策也起到了推波助澜的作用。1981年，里根政府上台的第一年就解雇了参与罢工的空中交通管制员，并取缔了"职业空中交通管制员组织"。政府之所以能这样做，是因为法律禁止联邦雇员参与罢工。这一行动给雇主传达了明确的信息：他们可以没有顾虑地捣毁工会。

里根政府任命"国家劳动关系委员会（NLRB）"的目的是制造多数派，从而剥夺劳工运动的多数成果。有评估指出，20世纪70年代以来，到1984年6月为止，因为保守派的反对，国家劳动关系委员会重做了40%的决策（*Business Week*，1984：122）。国家劳动关系委员会的去工会化态度使得工会在进行组织活动和与雇主谈判时困难重重。雇主现在能更容易地通过一些不公平的安排，在代表选举过程中阻止工会的胜利，而不必承担这样做的消极后果。此外，雇主在工会组建过程中的权利也得以扩张。雇主能够轻松地将工会控制的工作职位迁移到没有工会的地区。工会要进行一次成功的罢工变得难上加难。

卡特政府和里根政府对运输业和通信业等工会势力强大的行业放松了管制。1978年，卡特政府执政期间，美国国会通过了《航空公司放松管制法》。1984年，里根政府司法部对美国电话电报公司（AT&T）的拆分导致了对通信业管制的放松规制。卡车运输和铁路运输业在此时期也放松了管制。随着更激烈的竞争被引入上述行业，工会面临一个更不利的谈判环境。

雇主的统治地位和20世纪80年代的去工会化：当代"新自由主义"积累的社会结构的构成要件

削弱工人力量的政府政策，无论这些工人有没有加入工会，都是雇主们所盼望的。由于更高的工会工人的保险费率、更激烈的国际国内竞争和利益的驱动，雇主试图寻求增加"弹性"的方式来降低劳动成本。雇主还通过提高劳动生产率来使工人更多地承担经济不确定性所带来的成本。像政府一样，雇主也希望减少具有权力的工人对市场竞争力量的隔离（译者注：即让一些有市场力量的工人，失去市场力量，面对市场的竞争）。整个20世纪80年代前5年，大量的（尽管不是全部）公司，无论是否盈利，都通过"低成本之路"来提高利润。它们受益于反劳工的政府政策所创造的良好环境、越来越无力的工会以及总体上过剩的劳动力供给。

20世纪80年代是美国去工会化的一个时期，工会参与率的下降是工会劳工谈判能力削弱的一个标志。1980年，23%的劳工没有参加工会，其中包括22%的私营部门工人。到1989年，工会参与率下降到16%；而私营部门则只有12%的工人加入了工会。在传统工会势力强大的行业，例如制造业、采矿业、建筑业和运输业，工会的覆盖率也在缩小（Freema, 1988）。雇主激进的反工会行为是工会衰落的背后因素。而且工人也越来越无法依靠罢工来实现自己的目标。整个20世纪80年代，每年大约只有1250起罢工发生，而20世纪70年代这个数字则是每年2660起（U. S. General Accounting Office, 1991：3）。此外，很多雇主领会了里根总统在处理空中交通管制员争议案时所传达出来的信息。一项美国审计总署的调查发现，很多工会代表和雇主都相信雇主越来越倾向于雇用"安分"的工人来替代参与罢工的工人。雇主的这一策略转变抑制了工人的罢工意愿。

劳动力市场体制的变化，推动工资设定朝着"市场导向"的方向发展。许多公司从工人在工资和福利方面的让步中获利。工资设定降低，就像演出费用的支付一样双重工资安排变得普遍，原有工资谈判模式被侵蚀，工资设定日益局限于公司和工厂内部。20世纪80年代之前，劳资谈判的核心特征表现为包含年增长系数（AIF）和生活调整成本（COLA）的条款，这些特征最初出现在1948年通用汽车和全美汽车工人联合会的谈判中。20世纪80年代，这些条款的重要性下降了，公司以前与工会化的工人力量所达成的其他共识也开始受到质疑。20世纪80年代上半期，史无前例的庞大数量的工会成员的工资只有些许上涨或没有上涨，甚至有的工资还降低了。约1/3到1/2签署了集体谈判协议的工人，他们经历了减薪或工资冻结。最初，在1981年至1982年，工资和收益的下降只出现在面临经济困难的公司。到1984年至1985年，形势发生了变化，工资和收益的下降在所有存在参加工会劳动力的行业出现。这种下降在当时放松管制的行业尤为明显。即使是赢利的企业也加入这个大潮并迫使它们的工人做出让步（Mitcheel，1985，1994）。20 世纪 80 年代下半期，由于经济增长和失业人数减少，尽管减薪或工资冻结的程度有所缓解，但工会却已经无力在谈判中争得工资状况的实际改善。

在工会化的部门内，制胎业、卡车运输业、肉类加工业、航空业和汽车业的行业工资标准像其他行业一样低。钢铁行业的多雇主谈判终止了，卡车运输业和地下采矿业的一些公司退出了多种形式的劳资协议。非工会化的雇主也更多地根据当地劳动力市场的情况来设定报酬。局限于公司内部的劳资协议成为一种趋势，作为这种趋势的一部分，包含生活调整成本（COLA）的条款被从用工合同中去除了。在 20 世纪 70 年代的下半期，大约 60% 的工人签订的劳动合同中包含生活调整成本（COLA）条款，而在 20 世纪 80 年代晚期则只有约 40% 的劳动合同包含该条款，到 1992 年则进一步下降到 20%。总之，贯穿 20 世纪 80 年代，各公司和工厂间的工资差异在增长，至少在制造业内是如此。这种公司和工厂间的工资差异的增长是收入差距的重要根源。

公司劳动时间的政策也朝着降低用工成本的方向修改。面对更艰难的经济环境，很多雇主的应对措施是延长每周或每年工作时间——却不提供与此相应的工资增长，或在安排工作时没有增强灵活性。20 世纪 80 年代，全职工人的每周或每年工作时间都在增加。工人的假日和假期也在缩短。在 20 世纪 80 年代早期，诸如汽车业、钢铁业、橡胶业和零售食品商店等行业的带薪假日和带薪假期都在减少。航空公司飞行员对航空公司做出了工作时间上的多种让步，这增加了飞行时间占计酬时间的比重。卡车司机同意依照实际驾驶时间记取薪酬而不是为每次货运旅途的指定时间付薪水。就工作日程来说，工人的加班工资减少了，周六、周日工作的奖金也减少了，工作日程也变得更加不方便。这些变化发生在制胎业、制铝业、零售食品商店、钢铁业、卡车运输业、纺织业、造纸业和采矿业等行业（Rosenberg，1994）。

除了对全职工人推行更长和更弹性化的工作时间之外，一些美国公司还尝试增加"应急性"廉价劳动力的使用。由于缺乏一致的纵向数据资源，很难测量长期内隐性的和非标准的工作的趋势。但是在 20 世纪 80 年代，隐性的和非标准的工作确实增加了（Rosenberg，Lapidus，

1999)。此外,临时性工作的增长快于总的就业人数的增长。临时性就业领域就业人数的增长,对工业的帮助体现在直接降低了工会阻挠临时用工增长的努力(Gordon and Appelbaum, 1992)。在 20 世纪 80 年代,尽管就业者中从事兼职工作的比例增长缓慢,但增长主要是非自愿从事兼职工作的人数的增长(Mishel, Bernstein, Schmitt, 2001: 251)。兼职工作本身不一定是坏事,但这些扩张的兼职就业却往往是一些"坏的"次级劳动力市场的兼职工作(Tilly, 1992)。

总之,低薪就业人数在快速增长,工资与收入的不平等也在加剧,这可以部分归结为"增强(劳动力市场)灵活性(Harrison, Bluestone, 1990)"的结果。① 在蓝领工人、附属性工作的劳动者、初级和次级劳动力市场中,工作岗位质量在下降。工作岗位的质量是由实际收入、雇主提供的健康保险福利、工会覆盖率和非自愿兼职就业人数等方面来衡量的(Gittleman, Howell, 1995)。

应急性新自由主义结构框架的遗产

按照一些衡量标准,里根政府的经济刺激政策连同雇主的激进的去工会化行为并没有创造出一个功能更优、更富效率的经济体。20 世纪 80 年代,经济增长率没有加速,投资热潮也没有变成现实。保守的经济计划实际上却导致了经济不平等的增加。约有 40% 的经济不平等的增加可以归因于联邦政府税制和转移支付计划的改变,剩下的经济不平等的增加则可归结为市场性收入的不平等的增加(Gramlich, Kasten, Sammartino et al. , 1993)。尽管如此,应急性的新自由主义框架仍然为未来的经济增长奠定了基础。除 2001 年的轻微衰退外,经济增长从 20 世纪 90 年代早期一直持续到 2007 年。2007 年之后开始出现深度的衰退。②

里根政府的遗产强有力地影响了克林顿政府的政策计划以及 20 世纪 90 年代经济扩张的属性。克林顿政府的宏观经济和社会政策是限制性的,也许由于过于强烈,它带来比先前更庞大的联邦预算赤字。克林

---

① 参见国会预算办公室(2006)关于 20 世纪 80 年代工资分布的总和扩展数据。
② 本章完成于 2009 年 5 月。

顿政府使里根政府减少福利待遇的做法画上了句号。在战后民主党政府执政的时期中,克林顿政府的劳工政策是最不利于工会的,它反映了劳工的经济和政治力量的削弱,这正是里根时代的遗产。集体谈判关系中仍然充满火药味,即使在长期集体谈判中工会也往往处于劣势。

里根和老布什政府时期政府政策的错误导向,导致平均工资增长的停滞和自二战之前以来最大的不平等,这引起了极大争议。有鉴于此,克林顿政府的政策在一定程度上,致力于提高总体工资结构的底线、缩小工资不平等和税后收入不平等。在老布什政府执政的1991年,最低工资上涨到每小时4.25美元。1997年,克林顿政府促使国会立法使最低工资上涨到每小时5.15美元。尽管有所上涨,1999年私人非农产业的最低工资仍然只有全国每小时平均工资的39%,这也只是里根政府执政中期的1985年的水平(Economic Report of the President, 2001: 330)。劳动所得税抵免(EITC)是对有工作贫困人口的工资补贴。克林顿政府通过扩大受益家庭的数目和提高受益者的支付来提高劳动所得税减免(EITC)。在收入金字塔的塔顶,克林顿政府提高了针对最高收入者的所得税率。

克林顿政府执政期间,失业保险制度的改变潜在地提高了失业者的福利。政策创新主要发生在各州的层面,但克林顿政府为这些改变创造了适宜的环境。很多州轻松地达到了(联邦的)要求并且同时提高了最高受益待遇和平均受益水平。尽管如此,在1999年也只有不到38%的失业工人享受了失业保险待遇,这和1990年的水平持平(Wenger, 2001: 12)。但1999年的失业率是4.2%,低于1990年5.6%的水平。

尽管克林顿政府在最低工资、劳动所得税额(EITC)和失业保险等方面的政策与里根政府时期相反,克林顿政府最终废止了里根政府攻击的《对有子女家庭的补助计划(AFDC)》。1996年,《个人责任与工作机会法》通过,使得享受福利的"权利资格"终止了,人们被要求更多地参加工作。没有参与"工作活动"的过去的福利受益者将不能再从政府援助计划中受益。在多数情况下,人们一生中接受福利待遇的时间不能超过5年。

克林顿政府在福利改革上对国会保守势力的妥协,代表了自由的(按照20世纪美国人对这个词的定义)民主党人和他们的支持者的巨大失败,这当然也是劳工运动的失败。尽管克林顿总统任命了一批同情劳工运动的人到国家劳动关系委员会（NLRB）工作，但该委员会的大部分立法议程对劳工运动还是不利的。《北美自由贸易协定》得以通过。包含禁止在罢工期间雇用替代性劳工的内容的《工作场所公平法》只得到了克林顿政府不冷不热的支持，它自然也没有得到国会的通过。

得益于投资增长，尤其是对信息技术投资的增长，以及由于股市大繁荣带来家庭财富的增长，带来了人们消费支出的增长。20世纪90年代出现了美国历史上历时最长的经济扩张——尽管它不是最强劲的。20世纪90年代下半期劳动生产率的增长比之前20年的增长都快。1973年到1995年间，非农产业的劳动生产率的年均增长率是1.4%。而在1996年到1999年间，劳动生产率的年均增长率是2.7%（Economic Report of the President, 2001：333）。经济扩张时期，更多的人实现了就业，失业率降至20世纪60年代末以来的最低水平。失业率从1992年的7.5%稳步下降到1999年的4.2%，同时劳动参与率上升到了1997年到1999年间的67.1%，这是二战之后的最高水平（Economic Report of the President, 2001：321，325）。

尽管劳动力参与率很高，失业率也在稳步下降，表面上看来工人的谈判能力会得到增强，但事实上很多工人尤其是制造业和非监管行业的工人，无论他们是否加入工会，他们工资的增长幅度都不大。工会依然处于弱势地位，加入工会的工人比率仍在下降。1999年，只有13.9%领薪水的工人加入了工会。在私营部门，这个数字则降到9.4%。很多加入工会的工人也很不愿意通过罢工来达成他们的目的。大规模罢工——有1000名或更多的工人参与——已经很少见，1999年只发生了17起，是二战后数目最少的年份（美国人口普查局，2000：444-45）。毫不奇怪，未加入工会的工人也不太愿意为提高工资而斗争。由于直接面对更多的（尽管还不是全部的）市场变迁，很多工人感觉不安全感增加了。综合社会调查的数据证实，20世纪90年代是一个对工作安全感持相对悲观态度的时期（Schmitt, 2000）。

对工人不安全感的关注，使得人们开始质疑作为劳动力市场分割理论核心概念的内部劳动力市场是否还在有效运转。认为内部劳动力市场完全消失的观点似乎言过其实，但内部劳动力市场的重要性很可能在下降。尽管新增的工作中有一半会在第一年终止（Farber, 2005），长期的雇佣关系仍然存在。2006年，30.0%的25岁及以上的工人拥有10

年以上的任职期，这仅仅比1983年31.9%的水平低一点点。但是，拥有这样长任职期的男性的数量从37.7%下降到了31.1%，与此同时这样的女性的数量则从24.9%上升到28.8%。事实上，在20世纪六七十年代或更早的时候，年纪大的男性更可能受到内部劳动力市场的保护。但现在他们却要面对就业岗位任期中位数的降低。从1983年到2006年，45—54岁年龄组男性的就业岗位任期中位数从12.8年降到8.1年，55—64岁年龄组男性的平均任职期从15.3年降到9.5年（U. S. Bureau of Labor Statistics, 2000, 2006）。

尽管在20世纪90年代后半期失业率降到了低水平，广泛存在的劳动力短缺的瓶颈仍未出现。第一，现有的工人有足够的额外劳动力供给，可以满足大多数雇主的需要。工作不安全感的增加导致了在工人们面临失业威胁的时候，他们愿意尽可能长时间地工作。第二，妇女稳步地进入劳动力市场。妇女的就业率从1979年的47.5%上升到2000年的57.5%，而同期的男性就业率则从73.8%小幅度下降到71.9%（Economic Report of the President, 2005：257）。第三，作为福利计划改革的结果，许多先前接受《对有子女家庭的补助计划（AFDC）》的妇女进入了劳动力市场。接受公共援助的家庭的数目从1995年的4791000户下降到1999年的2582000户（美国人口普查局，2000：391）。有孩子的单身女性的劳动力参与率从1995年的57.5%上升到2000年的73.9%（美国人口普查局，2009：376）。第四，大量合法与非法的移民涌入。1994年第一年可以得到这方面的数据，从那年算起到2002年，海外出生的工人占了整个劳动力增长量的一半以上（Congressional Budget office, 2005：3）。

低失业率出现的几年之后，实际工资水平就开始上涨。但由于增长率很低，直到1998年实际平均周薪才超过1989年的水平。这是上一轮经济扩张结束的年份（Economic Report of the President, 2001：330）。尽管实际平均工资没有超过1989年的水平，但20世纪90年代下半期的低失业率和联邦最低工资的上涨还是使得低收入的工人受益了。从1995年到2000年，在工资分布结构中处于最底层的1/5的工人的实际小时工资上涨了11%，上涨速度比其余4/5的工人更快（Mishel, Bernstein, Allegretto, 2007：121）。20世纪90年代后半期，在低收入工人实际小时工资上涨的同时，他们的工作时间也延长了。

然而，工资不平等的减缓只是暂时的，因为2001年短暂而又表面的复苏与许多人并没有关系。总体上说，2001年到2005年间的平均工资增速比1997年到2001年间更慢（Beck, Gordon, 2005: 79）。收入最高者的实际工资增长最快，收入最低者的实际工资增长最慢（国会预算办公室，2006: 5）。联邦最低工资标准19年没有上涨，这是自1938年5月联邦最低工资标准产生以来，此项标准没有上涨的最长时期。①事实上，在2005年，最低工资仍只占小时平均工资的32%，这是40年以来的最低水平（Mishel, Bernstein, Allegretto, 2007: 190）。去工会化仍在继续，2006年总体的工会参与率下跌到12%，在私人部门则只有7.4%（U. S. Bureau of Labor Statistics, 2007）。

有了如此弱势的劳工，21世纪头几年生产率的快速增长主要可以归结于受到强迫的劳动力的贡献。通常情况下，就业人数下降常常伴随着缓慢的生产率增长。但是，在2001年到2003年间情况却不是这样：面临激烈的竞争和利润压力的公司进行了重组。它们降低了成本，包括减少劳动力成本，减少就业人数，并将投资支出控制在低水平。事实上，尽管2001年末还出现了新的经济扩张，但从1997年至1999年开始，一直持续到2001年至2003年，失业率激增（Farber, 2005）。同时，公司在就业工人的基础上提高了产出和劳动生产率（Oliner, Sichel, Stiroh, 2007）。

像里根政府20年前做的那样，小布什政府又开始攻击劳工。小布什政府的国家劳动关系委员会（NLRB）经常通过支持雇主的议案并推翻克林顿政府的国家劳动关系委员会通过的法令。小布什政府的国家劳动关系委员会的法令使得工人更难通过卡检验协议（card check agreement）（译者注：卡检验是美国雇员组建工会的一种办法，在集体谈判中，大部分雇员以签署授权的形式，或者说"卡"的形式，声明他们愿意被工会所代表）。组建工会，更难为因参与工会活动而被非法解雇的工人讨回薪水，而雇主则可以轻易地拒绝雇用一个工会支持者。此外，他们将大量的工人重新归入受监控名单，以此来阻止这些工人加入工会。美国劳工部发布的条例则重新界定了获得加班工资的资格条件，结果是只有更少的人能够获得加班工资。

---

① 2007年，联邦最低工资标准从5.15美元每小时上升到5.85美元每小时。

结 论

美国在世界经济中霸权的相对衰落导致了 20 世纪 70 年代的经济政治僵局，当代"新自由主义"SSA 则是对此僵局的应对之策。这一经济政治僵局体现了战后 SSA 的危机。从 20 世纪 80 年代早期的卡特政府开始，经由里根政府推动，连同企业的参与，促使解决此僵局的策略和政策都朝着有利于企业的方向发展。放松管制、去工会化和劳动弹性化是当代"新自由主义"SSA 的几大要素。经济不平等的增加和工人工资、福利的停滞是这一结构的后果。

资本所有者和高收入的专业人员和经理人是主要受益者。2000 年，最富有的 1% 的美国家庭占有了全美所有家庭收入的 21.5%，如此高的比例是 20 世纪 20 年代以来从未出现过的。尽管 2000 年股票市场泡沫破灭使得这些家庭的收入有所下降，但这之后他们的收入又开始增长。这些家庭在资本所得和劳动所得中都提高了他们所占的份额。总之，在 2005 年，最富有的 1/5 的家庭收入占总收入额的 48.1%，而在 1979 年，这一数字是 41.4%。另外，最富的 1/5 的家庭收入的增长又几乎全是由于最富有的 5% 的家庭收入增长引起的（Mishel, Bernstein, Allegretto, 2007: 59, 62）。

另一方面，制造业工人和非管理层工人的小时平均工资从 1979 年开始就停止了实质性的增长，而同期的劳动生产率则在上升（Dew-Becker, Gordon, 2005: 79）。此外，与 1979 年相比，2001 年私营部门工人整体上更难得到由雇主提供的健康福利和养老金（Mishel, Bernstein, Allegretto, 2007: 135, 138）。

过量的消费者债务和资产泡沫在当前的衰退之前就出现了，当前的衰退则是二战以来最严重的一次。债务和资产泡沫是"新自由主义"SSA 的直接后果。由于实际收入增长的停滞和雇主提供的健康福利的减少，很多家庭不得不通过过度举债来维持他们中意的生活标准或是去支付不可预计的医疗费用。相对于停滞的工资来说，资本的利润日益增长，财富日益在少数高收入群体的聚集，引起大量快速增加的基金四处寻找投资机会——无论是生产性的还是投机性的。由于这些基金缺少可用的投资机会，有利于房地产和有价证券投资泡沫产生的环境条件形成了。正是这些资产泡沫的破灭导致了当前的衰退。

经济危机至少构成了当代"新自由主义"SSA严重的紧张状况的一个方面。这是否会导致新型战后SSA取代当代"新自由主义"SSA还有待观察。奥巴马政府至少在一定程度上愿意纠正劳资双方力量的不平衡状况,提高社会工资,动用政府行动来重建经济,并重构危机中的公司和产业。但奥巴马政府是否会执行激进的劳工政策或限制资本所有者的行动,这一点目前尚不明确。此外,顽强的资本所有者并不愿向劳工妥协,同时劳工也没有足够的力量迫使资方做出这种妥协。很可能会产生一种新的SSA,一种介于"新自由主义"SSA和战后SSA之间的混合体。

参考文献

Baldwin, Mark and Richard McHugh 1992. *Unprepared for Recession: The Erosion of State Unemployment Insurance Coverage Fostered by Public Policy in the 1980s.* Washington DC: Economic Policy Institute.

Barbash, Jack 1961. "Union Response to the Hard Line". *Industrial Relations* 1, 1: 25 – 38.

Blum, Albert A. 1968. "Why Unions Grow". *Labor History* 9, 1: 39 – 72.

Business Week 1984. "NLRB Rulings that are Inflaming Labor Relations". June 11: 122 – 130.

Congressional Budget Office 2005. "The Role of Immigrants in the U. S. Labor Market". November.

 2006. "Changes in Low – Wage Labor Markets between 1979 and 2005".

Dew – Becker, Ian and Robert J. Gordon 2005. "Where did the Productivity Growth Go? Inflation Dynamics and the Distribution of Income". *Brooking Papers on Economic Activity* 2: 67 – 127.

Economic Report of the President 2001. Washington DC: U. S. Government Printing Office.

2005. Washington DC: U. S. Government Printing Office.

Edwards, Richard C. 1979. *Contested Terrain: The Transformation of the Workplace in the Twentieth Century.* New York: Basic Books.

Farber, Henry S. 2005, "What Do We Know About Job Loss in the United States? Evidence from the Displaced Workers Survey, 1984 – 2004". *Economic Perspectives* 2Q: 13 – 28.

Freeman, Richard B. 1988. "Contraction and Expansion: The Divergence of Private Sector and Public Sector Unionism in the United States". *Journal of Economic Perspectives* 2,

2:63-88.

Gittleman, Maury B. and David R. Howell 1995. "Changes in the Structure and Quality of Jobs in the United States: Effects by Race and Gender, 1973-1990". *Industrial and Labor Relations Review* 48,3:420-440.

Golden, Lonnie and Eileen Appelbaum 1992. "What was Driving the 1982-88 Boom in Temporary Employment? Preferences of Workers or Decisions and Power of Employers". *American Journal of Economics and Sociology* 51,4:473-93.

Gordon, David M., Richard Edwards and Michael Reich 1982. *Segmented Work, Divided Workers: The Historical Transformation of Labor in the United States*. New York: Cambridge University Press.

Gramfich, Edward M., Richard Kasten and Frank Sammartino 1993. "Growing Inequality in the 1980s: The Role of Federal Taxes and Cash Transfers" pp. 225-49 in Sheldon Danziger and Peter Gottschalk eds. *Uneven Tides: Rising Inequality in America*. New York: Russell Sage Press.

Harrison, Bennett and Barry Bluestone 1990. "Wage Polarization in the US and the 'Flexibility' Debate", *Cambridge Journal of Economics* 14,3; 351-73.

Kaufman, Bruce E. 1978. "The Propensity to Strike in American Manufacturing". *Proceedings of the Thirtieth Annual Meeting of the Industrial Relations Research Association*, Madison, WI: Industrial Relations Research Association:419-26.

Levitan, Sar A., Peter E. Carlson and Isaac Shapiro 1986. *Protecting American Workers: An Assessment of Government Programs*. Washington DC; Bureau of National Affairs.

Mishel, Lawrence, Jared Bernstein and John Schmitt 2001. *The State of Working America: 2000/2001*. Ithaca, NY; Cornell University Press.

Mishel, Lawrence, Jared Bernstein and Sylvia Allegretto 2007. *The State of Working America 2006/2007*. Ithaca, NY: Cornell University Press.

Mitchell, DanielJ. B. 1985," Shifting Wage Norms in Wage Determination". *Brookings Papers on Economic Activity* 2:575-99.

1994. "A Decade of Concession Bargaining". pp. 435-74 in Clark Kerr and Paul D. Staudohar eds. *Labor Economics and Labor Relations: Markets and Institutions*. Cambridge MA: Harvard University Press,

Oliner, Steven D., Daniel E. Sichel and Kevin J. Stiroh 2007. "Explaining a Productive Decade". *Brookings Papers on Economic Activity* 1:81-137.

Piore, Michael J, and Charles F. Sabel 1984. *The Second Industrial Divide: Possibilities for Prosperity*. New York; Basic Books.

Rosenberg, Sam 1994," The More Decentralized Mode of Labor Market Regulation in the United States". *Economies et Societes* 18,8:35 – 58.

2003. *American Economic Development Since 1945: Growth, Decline and Rejuvenation*, Basingstoke: Macmillan Press.

Rosenberg, Sam and June Lapidus 1999. "Contingent and Non – Standard Work in the United States: Towards a More Poorly Compensated, Insecure Workforce". pp. 62 – 83 in A, Feistead and N. Jewson eds. *Global Trends in Flexible Labor*. Basingstoke: Macmillan Press.

Schmidt, Stefanie R. 2000. "Job Security Beliefs in the General Social Survey: Evidence on Long – Run Trends and Comparability with Other Surveys". pp. 300 – 301 in David Neumark ed. *On the Job: Is Long Term Employment a Thing of the Past?* New York: Russell Sage Press.

Tilly, Christopher 1992. "Dualism in Part – Time Employment". *Industrial Relations* 31,2: 330 – 47.

U. S. Bureau of the Census 2000. *Statistical Abstract of the United States:*2000. Washington, DC, U. S. Government Printing Office.

2009. *Statistical Abstract of the United States:*2009. Washington, DC, U. S. Government Printing Office.

U. S. Bureau of Labour Statistics 2000. "Employee Tenure in 2000". News Release, August 29.

2006. "Employee Tenure in 2006". News Release, September 8.

2007. "Union Members in 2006". News Release, January 25.

U. S. General Accounting Office 1991. "Strikes and the Use of Permanent Strike Replacements in the 1970s and 1980s". January.

Wenger, John B. 2001. "*Divided We Fall: Deserving Workers Slip through America's Patchwork Unemployment Insurance System*". Washington DC: Economic Policy Institute.

塞缪尔·罗森博格　罗斯福大学经济系

第 九 章

首席执行官(CEO)报酬增长和美国当代积累的社会结构

引 言

积累的社会结构(SSA)理论丰富了我们对当代资本主义经济的认识。它指出了起源于二战后的黄金时期(鲍尔斯,戈登和魏斯科普夫,1983)基本的社会关系和经济机制,并在随后侦测出了当时体制下显现的危机:原有机制不能克服20世纪70年代不可再生的经济周期。该研究的第一次浪潮揭示了工作和劳资关系的转型在业已出现的战后SSA中的核心作用(Gordon,Edwards,Reich,1982)。该研究的第二次浪潮则研究了保守策略在克服结构性危机时所产生的作用以及原有SSA体制中选择的缺乏(Gordon,Weisskopf,Bowles,1989)。这显然是对当代资本主义政治经济学的理论贡献(Kotz,McDonough,Reich,1994)。

管制理论遵循一种平行的策略。首先,它创造了一个"福特主义的积累体制"的概念,以解释二战后美、法等国的快速和稳定的增长(Aglietta,1982;Boyer,Saillard,2002)。其次,它探讨了建立在前所未有的劳资妥协基础上的这一体制在20世纪70年代所陷入的结构性危机(Boyer,Juillard,2002)。此后,劳资双方努力根据各自利益重新定义了基本的制度模式。许多现有的制度结构倾向于支持一种新型的积累体制,即选择福特主义,其主要内容是竞争导向的、由服务推动的或以信息和通信技术为导向的。

另一个假说在近20年也得到了发展,该假说关注金融支持下的资本积累的重构(Aglietta,1998)。显然,世界经济当中所注入的金融资金流已经成为劳资关系重构、竞争和经济政策的主导力量。尽管如此,金融主导型体制的生存能力仍长期为管制主义者所争论：一些人认识到金融化的过程已经是不可逆的和十分普遍的（Aglietta，1998），而另一些人则认为这种原有的积累体制只针对于美国和英国，并最终会导致一场大规模危机（Boyer，2000a），而现在，历史已经告诉了我们它的评判，所有人都同意随着互联网和房地产业泡沫的相继破灭，原有的积累体制显示了它的脆弱性（Aglietta，Rebérioux，2004）。

本章的创新之处在于开始用更微观的视角来分析经理人的角色、酬劳的变化和一部分工薪阶层向金融家集团的转变，并研究使这一结构性转变成为可能的社会和政治过程。本章还探讨了公司组织的政治途径和股票期权的意义和作用，因为类型化的事实不断挑战传统的经济理论，特别是詹森（Jensen）和麦克林（Meckling）（1976）的经典论文及其后的修改（Jensen，Murphy，1990）中所揭示的结论。

本章结构如下：公司前所未有的良好业绩能使经营这些公司的 CEO 酬劳的骤涨合理化吗？经验研究表明美国 CEO 薪资的暴涨与公司资产回报率的增长关系的相关性不大。本章的主要部分致力于说明高层经理人固有权力的差异，以及在金融化时代，权力向财富的转化（见"公司治理和股东价值"一节）。本章接下来提供了一份经验证据的简短调查，这一调查是从大量关于经理人报酬的文献中得出的。大量类似的统计分析证实，处于公司层的经理人拥有相当大的自治权和实权（见"公司层的经理人权力"一节）。20 世纪 90 年代特有的社会和宏观经济环境给予了经理人在政治领域新的权力。很多关于劳工、竞争和金融的政策依据公司、机构投资者和工薪阶层之间新的权力分布被重新设计（见"经理人的权力"一节）。制度化妥协的重大变化导致了积累体制转型的开始，转型的方向是典型的金融导向型的构造：高层经理人在"保卫股东利益"的口号下与金融家结成事实上的联盟。其结果是，CEO 酬劳的暴涨成为这一结构性变化的外显因素（见"一种象征性的新型积累体制"一节）。这样一种 SSA 可能在特定情形下盛行，美国正好符合这些条件。但它会培育出破坏稳定的力量并增加结构性危机的可能性。虽然抽象，我们还是可以用一个简单的模型来透视次贷危机（见"进入 2007 年的结构性危机的美国专属模型"一节）。最后，简短的结论总结了主要的研究成果并告诉我们金融化的黄金时代已经过去了（见"结论"一节）。

公司治理和股东价值:传统观点与观察资料的不一致

经理人和股东的利益调和:20世纪90年代的格言

在价值创造时期和其后的股东价值时期,经理人和所有者的利益分歧问题凸显成为关键问题。那么,为什么不尝试着调整高层经理人的策略以使资本市场价值最大化的目标符合股东的利益呢?无论是处于成熟产业的传统公司,还是信息和通信技术产业的新兴公司,股票期权都得以广泛运用(见图9—1)。

在传统产业,股票期权的初衷如下:激励更好的管理工作,改变CEO的策略——使他们专注于核心工作而非从事极端多样化的工作,此外还有节约资金。在新兴产业,很大一部分员工只拿中等工资,但拥有大量的股票期权,这些股票的价值在公司达到期望的利润时是可变现的。20世纪90年代,美国的会计原则不要求将股票期权计入成本,这就降低了生产成本并提高了利润。对基本创新的追求和将股票期权作为一种报酬形式与"新经济"的观点密切相关。股票期权因此成为20世纪90年代美国公司的核心:人们期望股票期权能够掌控成熟公司的经理人并且奖励业绩良好部门的专业人员和经理人。

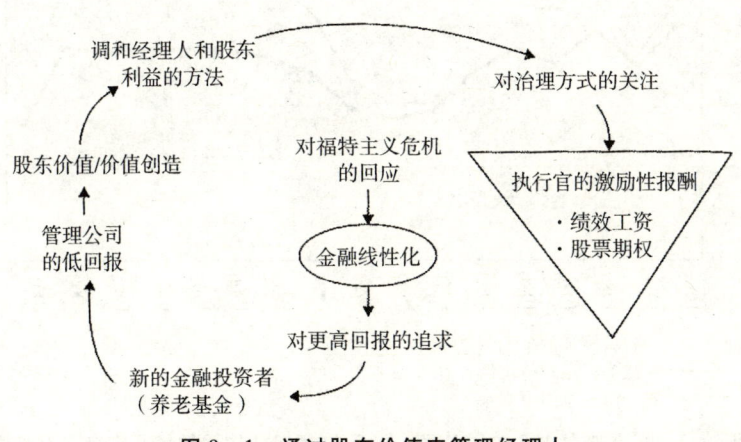

图9—1 通过股东价值来管理经理人

20 世纪 90 年代的股份公司：良好的财务表现和经济效率改进

20 世纪 90 年代美国股票市场（纽约证券交易所和纳斯达克）的大繁荣最开始被认为是前所未有的高生产率的体现，尤其是信息和通信技术产业的高生产率的体现。但回顾过去，国家核算账户的资料却并不支持美国公司的 CEO 和首席财务官（CFO）提交的财务结果的结论（见图 9—2）。一方面，标准普尔 100 的大公司的平均回报率实际上从 10% 增长到将近 17%。但仔细观察就会发现，大繁荣源自公司债务支付的利息率下降和建立在利息率和全部资产回报率差异基础上的杠杆作用。另一方面，当根据国民经济核算方法来计算经济回报率时，大公司赢利的复苏并没有那么显著：1985—1992 年的缓慢衰退终止了，1993—2000 年间的经济回报率只有 3% 的增长，这之后就是互联网泡沫破灭带来的衰退时期。回顾过去，人们认为美国公司的繁荣应归因于信息和通信技术的影响和新的管理方式，新的管理方式主要得益于联邦储备委员决策的质量和各公司对信贷和债券的聪明管理。

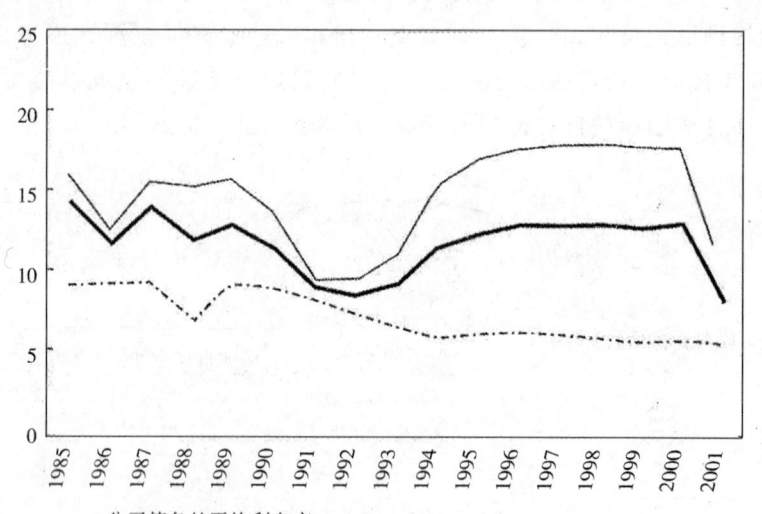

------- 公司债务的平均利息率
—— 经济回报率（税后收益/总资本）
—— 公司资本回报率

图 9—2　标准普尔 100 美国公司：源于债务杠杆作用的较高财务盈利能力
资料来源：plihon 2002：90。

第九章 首席执行官(CEO)报酬增长和美国当代积累的社会结构

高层执行官报酬增长,遥遥领先于绩效的改进和平均工资的增长

这样一来,经理人对上述美国公司中财务状况改善的贡献可能是很小的。他们的报酬应该是与此相应的小幅度的提升。但实际情况是,他们从前所未有的报酬增长中获得了大量收益(见图9—3)。在20世纪70年代早期,收入前十位的CEO的平均薪酬是130万美元(按1999年美元价值计算),而平均工资约4万美元。1975年以来,这两个变量出现了不同的发展趋势:收入前100名的CEO的平均工资增长接近停滞,而他们的平均薪酬则快速而接近连续地增长,并在1999年达到4000万美元。1995年后他们的全部薪酬的增长再次加速,这一年也正好是美国互联网金融泡沫的开始。

这些数字看来证实了本章的核心假设:由于外国公司的竞争性威胁和金融化的公司治理方式的结果,美国的CEO们不再将自己视为永久性工薪阶层中的精英分子。而在德国或者日本,CEO们仍将自己视作工薪阶层的上层部分。美国的CEO们已经与金融家结成了隐蔽的联盟。

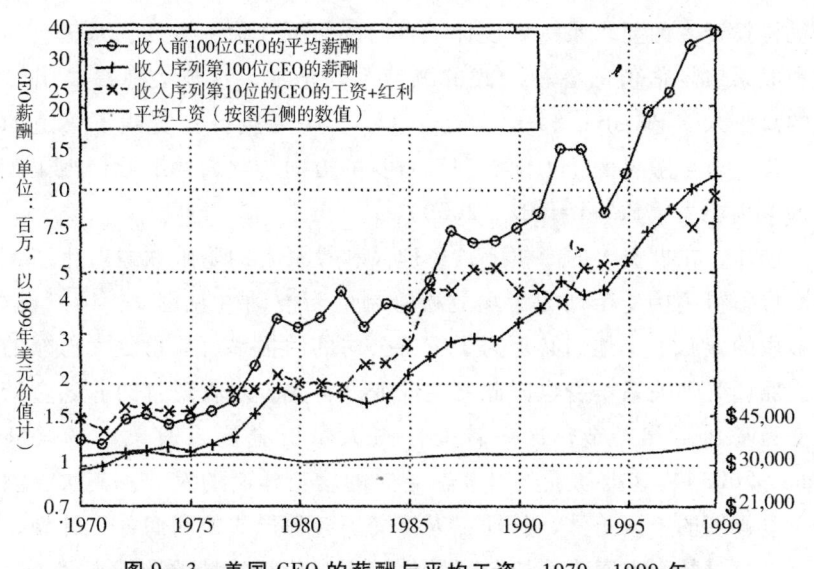

图9—3 美国CEO的薪酬与平均工资,1970—1999年

资料来源:匹克提(Piketty)和赛斯(Saez)2003:33,图11。

在股东价值支持下，经理人和金融家的隐蔽联盟

20世纪80年代中期以来，金融自由化、金融创新的多样化，以及它们从美国向全球的扩散极大地改变了公司治理的概念和经济政策的实施。传统理论认为，在制造业和服务业的股份公司已经屈从于机构投资者的强烈要求。行动者新的力量源自放松的金融管制和资本的高度流动性，这使得他们有资格去要求建立新的游戏规则：投资资本的更高回报率，与先前预测实际利润与财务分析师期望的一致性，以及公司产生的利润资金流的稳定性。在美国和英国的小部分地区，金融导向的增长体制取代了福特主义的体制。相关模型在德国、日本等国家则不适用（Boyer, 2000a）。尽管国家增长体制不同，股东价值的理念已经在全球开始扩散。

但是，一项更精确的调查揭示了评估中的细微差别。由于关注股票期权的金融投资者的推动和公司金融界众多专家的支持，股东和经理人利益结盟的目标已经得到推广，从美国开始一直蔓延到其他经济合作与发展组织（OECD）成员国。尽管没有公开承认，经理人还是聪明地运用机构投资者的要求来重新设计了自己的薪酬。除工资外，基于公司利润和股票市场估值的各种形式的酬劳不断增加，这极大地提高了CEO们的总收入（Piketty, Saez, 2003：16）。高层执行官实践了柔道的艺术：将来自金融界的压力向有利于自身的方向转化，并继续侵蚀工薪阶层的谈判能力（Froud et al., 2000）。

这样，在投资人的专权下，经理人和投资者的隐蔽联盟产生了，工薪阶层不得不接受劳动力市场放松管制的新波动（见图9—4）。例如，在解雇的威胁下，他们必须为了维持公司的回报率而承担更大份额的风险。雇佣劳动关系本身也因此发生改变。首先，现收现付的养老金计划转变为基金制养老金，这一转变使得大量资金流入股票市场（Montagne, 2003），这推动了美国金融导向的增长体制的发展。其次，为了补偿微幅度的工资上涨，长期工人接受了各种形式的利润分享计划，甚至可以通过特别方案来获取公司股份。宏观经济领域的监管方式——收入不均规则和公平的经济政策、规则相互作用的结果，正是经理人用来调整合作联盟的依据。

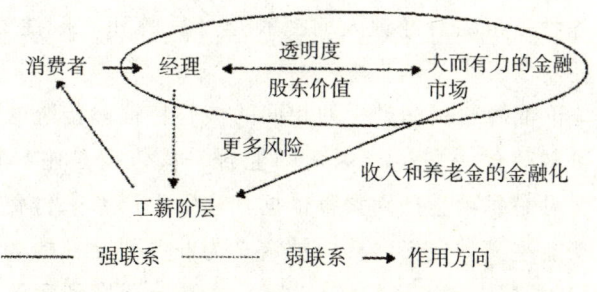

图 9—4　20 世纪 90 年代：投资者和经理人的联盟

有利于执行官的权力和信息的不对称

如何理解经理人的关键作用？一种政治经济学方法给出了解释：由于他们在公司的职务，因此在结构上，经理人能够在经济领域运用权力。权力关系不只局限于政治领域，它们也以别的形式在经济领域存在着（Lordon，2002）。很多因素可以解释关于劳工和金融的明显的不对称。

首先是日常观察的结论：执行官就日常事务做出决策并且可以直接影响公司战略。相比之下，董事会的控制是低频率的，财务分析师的控制是间接的，在多数经济合作与发展组织（OECD）成员国，工薪阶层对所在公司的管理没有任何话语权。

因此，经理人获得了特殊的知识和能力，这些知识和能力是金融市场、竞争者和劳工代表所未知的。外部的财务分析师可以收集关于公司和竞争对手的信息，但盈利能力的真实信息来源仍披着神秘面纱，因为外人缺乏对某一公司成功所依赖的内部复杂事物的了解。

从定义上看，所有的内部信息都是外部不可得的，因为这些信息都有可能是额外利润的来源。这就明显刺激人们有计划地和投机地使用这些信息。当然，股票市场的内部交易是非法的，不过日常性地使用内部信息和知识却是合法的。

在高级经理人和公司的各种董事会和委员会之间存在着明显的权力和信息的不对称。董事会和委员会的成员是执行官任命的，他们所得到的信息是公司的员工精心编排的，而且董事会成员最终也属于同一社会网络。这样，CEO 提出的议程和提议通过的可能性就非常高了。类似的，股东大会中的少数派也没有资源提出替代性的人事提名或者提议（Bebchuk，2004）。因此，当财务状况出现戏剧性变化时，审计员、财务分析师、各股东组织对经理人的控制是事后的和一般性的。事实上，对经理人的控制已经十分困难。

所有的争论都源于利润产生的相同的核心特征。传统的公司概念假定利润来自可替代的一般生产因素的混合，其依据是主导性的价格体系。其基本假设是每项生产因素都依据其边际生产率来付费。这一模型很快打破了功能主义的定义：公司被定义为一系列互补的能力，这些能力是难以替代的（Biondi et al.，2009）。这是公司净利润的起源，资本一旦投入就会一直计付利息。因此，执行官牢固的权力是公司生产利润能力的写照（Bebchuk，Fried，2003；Bebchuk，2004）。认为金融市场上的交易者比经理人更清楚特定公司的渊源和成功缘由的想法是虚幻的。他们的信息优势来自对宏观和部门因素的统计分析，而这些因素是在同行业公司的抽样调查基础上得出的。

公司层经理人的权力：与经验证据趋于一致

在原先的结构中，高级经理人占据了核心地位，因为他们与其他社会团体结成同盟。这些同盟则随着体制的、政治的和经济的环境而变化。先前关于经理人内在权力的假设，无论是宏观层次和微观层次的，都难以完全而直接地验证，但一些分散的证据表明了这种权力的存在及其持久性。

经理人从股票期权中获取的显著高额利益

在美国，股票期权的大量使用促进了CEO策略与股东利益的调和。有人明确指出，在微观层面，这样的利益调和是不可能完美的。将公司植入宏观经济环境进行考察时，新的差异出现了（见图9—5）。

首先，由于在投资（其中很多还是研发经费）和投资对公司业绩产生影响之间存在着巨大的时间差，公司现今的财务业绩很大程度上是受前任首席执行官的决策所影响的。事实上，股票市场的金融价值化的时间远比创新和生产投资成熟的时间短。汽车产业和生物技术行业就是这种大时间差的例子，它们的时间差有可能达到十到二十年。

其次，在股票期权和CEO的实际功劳之间也存在着差异。20世纪90年代后半期，快速稳定而几乎没有通货膨胀的增长使超低的利率成

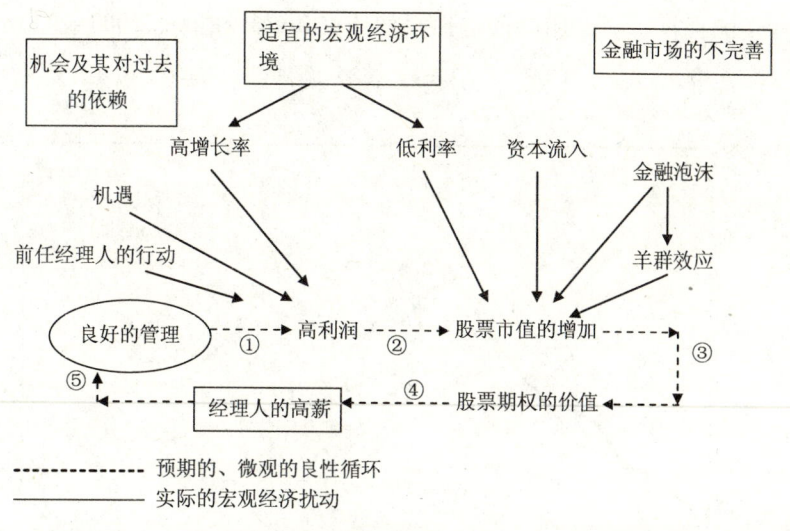

第九章 首席执行官(CEO)报酬增长和美国当代积累的社会结构

```
[机会及其对过去    [适宜的宏观经济           [金融市场的不完善]
 的依赖]           环境]

                高增长率    低利率    资本流入    金融泡沫
   机遇                                          
                                                 羊群效应
   前任经理人的行动
                                                 
      ↓              ①          ②                  ③
   (良好的管理)----→ 高利润 ----→ 股票市值的增加 ----↓
      ↑⑤                ④
      ←------ 经理人的高薪 ←------ 股票期权的价值 ←---

   --------- 预期的、微观的良性循环
   ———————— 实际的宏观经济扰动
```

图 9—5 为什么股票期权不能区分经理人对公司业绩的贡献

为可能,这就产生并推广了投机的泡沫。这些泡沫与管理的质量并没有直接联系(Boyer,2004)。坏的和好的经理人都从一种普遍的信念中平等地获益,这种信念认为一项新的增长体制产生了,利润只会增长并支撑起前所未有的投资资本的高回报率。

最后,股票期权的局限性还来自这一事实,即金融市场通常在微观上是有效的(在对股票的相对价格进行估值时)而宏观上是无效的,因为它们不得不受资本不良跨期分配的影响:过度自信和自负的行为对高流动性金融市场特有的不确定性的回应,这催生了投机泡沫(Orléan,1999)。在这样一个投机的时代,CEO 的薪酬不再与他们对所在公司业绩的贡献有任何关系。

这三大机制(路径依赖与机会、宏观经济环境的影响和金融市场的不完善性)完全扭曲了股票期权支持者所设想的关键的良性循环(见图 9—6)。

微观层面股票期权的激励机制和宏观因素之间的差异,成为了 1995—2000 年间 CEO 薪酬暴涨的主要影响因素(见表 9—1)。如果金融市场是完美的,股息派发将成为相关绩效的唯一指标并成为股东和 CEO 从股权获得报酬的源泉。实际上,自 20 世纪 80 年代早期起,股份价格的上涨就占了股东全部回报的 2/3 到 3/4。这为同期过高估价的

CEO薪酬提供了一个粗略的对比性估计（Erturk et al., 2004: 25）。

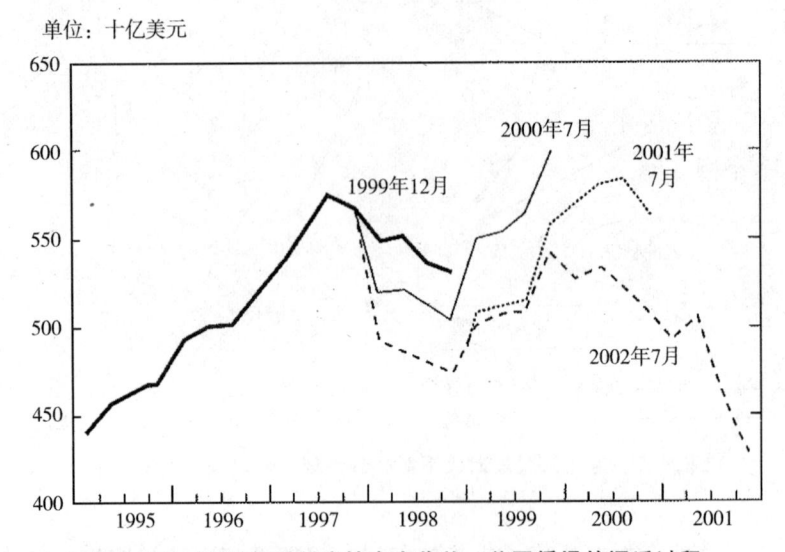

单位：十亿美元

图9—6 1997年后制度性夸大收益：美国缓慢的调适过程

资料来源：希默尔贝格（Himmelberg）和马奥尼（Mahoney），2004: 10。

表9—1 股票期权对美国公司利润影响的两项评估

a. 股票期权作为公司利润的百分比执行				
	1997	1998	1999	2000
1. 执行的股票期权	68.61	100.08	139.29	197.37
2. 经济分析局估计的利润	552.1	470.0	517.2	508.2
执行的股票期权相较于利润	12.4%	21.3%	26.9%	38.8%

资料来源：希默尔贝格（Himmelberg）和马奥尼（Mahoney），2004: 10。

b. 股票期权费用占标普公司净所得的百分比				
	1996	1998	2000	2002
	2%	5%	8%	23%

资料来源：分析师会计观察，《商业周刊》，7月20日，2003: 38。

1997年以来大受欢迎的公司策略：歪曲利润报表

高级执行官的相对自治权力也能影响提供给资本市场的信息。在这方面，在理解一般公认会计原则（GAAP）时，美国的一项制度赋予人

第九章 首席执行官(CEO)报酬增长和美国当代积累的社会结构

们巨大的自由。在互联网泡沫时期，很多公司运用甚至滥用了这一权力（Himmelberg, Mahoney, 2004）。回顾起来，对公司利润的夸大十分严重，以致后来的精确数据显示公司利润在 1997 年后出现了下降，这种情况一直持续到 2001 年 7 月。公司总是公布上调了的利润数据（见图 9—6）。

在实时的私人信息和事后美国国民经济核算得出的公共评估之间存在巨大差异可能有多种原因。第一，公司与国家的会计规则可能不同。但这也不能解释图 9—6 显示的差异，图中的数据是经济分析局依据不变的规则进行测算而得出的。第二，同样重要的原因是员工股票期权在 20 世纪 90 年代后半期意外地出现了。那一时期，股票期权不计入公司成本。这一情况有助于股票市场的发展：员工薪酬从基本工资到股票期权的转变增加了公司的利润，这又引起了公司股份价值提高，最终激励公司给予更广范围的员工以股票期权。当然，CEO 和 CFO 是这一趋势的主要受益者。

两项独立的调查显示，从 20 世纪 90 年代中期到 21 世纪头几年，股票期权的份额占公司总利润的比重在稳步上升。经济分析局指出，股票期权占公司利润的比重从 1997 年的 12.4% 持续上升到 21 世纪前 10 年的约 39%。《商业周刊》(2003：38) 指出，股票期权在标准普尔公司的净所得中的比重在 1996 年只有 2%，2000 年是 8%，2003 年则达到了 23%（见表 9—1）。

第三，一项更有疑问的策略被用来分析图 9—6 所显示的差异：公开上市的公司主要是通过利用一般公认会计原则（GAAP）的弹性来篡改账目，有意夸大它们的利润报表。在一些极端的例子中，公司通过谎言来维持它们股份的上涨（例如安然、世通、阿霍德）。这是股东价值和 15% 的净资产收益率（ROE）的惯例相结合所产生的意外结果。这样的目标在大多数公司和部门是无法长期实现的。因此，人们也就不会对下列现象感到奇怪：在 20 世纪 90 年代，篡改账目成为知名商学院中受欢迎的课程并被 CFO 们在实践中反复运用。其结果是，在股票市场暴跌前，CEO、CFO 和其他高层执行官可以抓住潜在的或已产生的机会，运用手中的股票期权使自己变得富有。这为高层管理人员在现代公司中获益的自由决定权力又提供了一个证据。

经理人的权力：从公司到政治领域

现在是时候走出大公司内部的微观结构和职能了。这些结构和职能为高级执行官提供了重要的自治权，并探索20世纪80年代中期以来大型上市公司进入社会和政治系统是如何变化的（Fligstein，1990；Fligstein，Shin，2004）。CEO薪酬的上涨特别是其中股票期权的上涨也许能在宏观层面得到一系列的相关解释。

金融自由化是CEO薪酬暴涨的先决条件

大公司内部结构等级的变化与美国增长体制的转变密切相关。显然，CEO薪酬暴涨和CFO地位的上升是不可能在福特主义体制下出现的，因为在福特主义体制内金融受到严格监管，主要问题则是在主导性的凯恩斯式货币和预算政策要求下，实现生产和（主要是国内的）需求的相互调整。但20世纪60年代晚期福特主义的危机开启了一个大规模结构变迁的时代：基本上，这是一个进口商品渗透、劳动力市场放松管制和金融创新和自由化的时期。工薪阶层的谈判能力受到侵蚀，相对应的，经理人更多地考虑金融市场的需求而不是劳工的需求。

养老金改革发挥了关键作用，因为它与雇佣劳动关系的变化和金融体制的变化密切相关（Montagne，2003）。一方面，养老金基金注入股票市场增强了市场的流动性，也使得市场更易产生金融泡沫。另一方面，金融中介和机构上市公司都认为股东价值应该得到上市公司的普遍性关注。金融化（Palley，2007）和CEO薪酬暴涨是上述两项因素相互作用的逻辑后果（见图9—7）。

当经济权力转化为政治权力

一种政治经济学的解释是对一项公司内部经理人权力微观的有效补充（Roe，1994）。这一理论探讨了经理人怎样将他们的经济权力转化为制定有利于经理人利益的经济政策的能力。在过去的20年中，大公司运用退出和呼吁来影响政治领域。首先，随着国家经济的大开发和资本的自由运动，跨国公司的经理人能够依据他们本国生产率的竞争力要求来重新制定国内的劳动合同。其次，他们要求降低公司利润税，以使他们从海外优惠待遇中获利。这样，经理人能够综合运用移位（即退出）和游说立法者（即呼吁）来实现自己的目的。

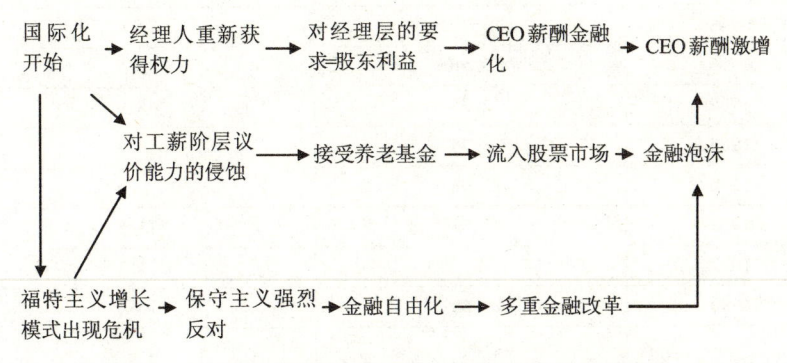

```
国际化        经理人重新获      对经理层的要      CEO薪酬金融      CEO薪酬激增
开始    →    得权力       →   求=股东利益   →   化          →
         ↓
       对工薪阶层议     接受养老基金  →  流入股票市场  →  金融泡沫
       价能力的侵蚀  →                                      ↑
         ↑
福特主义增长    保守主义强烈    金融自由化   →   多重金融改革 ─┘
模式出现危机 →  反对        →
```

图 9—7　行政高管薪酬金融化的主要过程和影响因素

工商界和财经界不断向政治人物表达它们的要求，它们也在一定程度上达到了目的：政府采取了有利公司的政策：它们放松了对劳动力市场的管制，缩减了政府的福利开支，它们降低了高额所得税，并且采纳了可变通的公平竞争观念。此外，游说团体还明确要求废除对新型金融衍生品的管制，这些衍生品的范围包括安然公司的能源衍生品和次贷衍生品。上述行为是美国持续不断的金融危机的重要原因。

从有利于最富有者的税收系统重建中获益

高级经理人和金融家进一步地从美国税收系统的长期变革中获益。因为富人比穷人更多地参与政治进程，他们成功地降低了高收入的边际税率。在20世纪60年代的大幅度上涨后，美国中产家庭的实际联邦税率自20世纪80年代后基本没有改变。但对百万富翁和最富有的1%的家庭来说，却是沿着另一方向改变（见表9—2）。同样地，尽管工资税和福利费用从1950年的6.9%上升到2000年的31%（见表9—3），公司税却降到了一个很低的水平（10%）。

这样，在全社会范围，企业主收入上涨（Piketty，Saez，2003）、社会公平观念的转型（市场分配是公平的）、所得税的改变和国民总收入公司份额的减少都证实了这一假设：大公司特别是其高层执行官拥有了新的政治权力。

表 9—2　对中产阶级和富有家庭的税率的反向变化

	实际联邦税率（百分比）	
	中产家庭	百万富翁或最富有的1%的家庭
1948	5.30	76.9
1955	9.60	85.5
1960	12.35	66.9
1965	11.35	68.6
1970	16.06	
1975	20.03	35.5
1977		31.7
1980	23.68	
1981	25.09	
1982	24.46	
1983	23.76	
1984	24.25	
1985	24.44	24.9
1986	24.77	
1987	23.21	
1988	24.30	26.9
1989	24.37	26.7
1990	24.63	

资料来源：菲利普斯（Phillips），2002：96。

表 9—3　公司所承担的联邦税负的下降和工资税额的上升

	占总收入的比例（百分比）	
	公司税	公司税*
1950	26.5	6.9
1960	23.2	11.8
1970	17.0	18.2
1980	12.5	24.5
1990	9.1	35.5
2000	10.2	31.1

资料来源：菲利普斯（phillips），2002：149。

* 社会保障和医疗保健。

一种象征性的新型积累制度

很明显,美国 CEO 薪酬的暴涨不仅仅是一时一地的稀罕事,而是当代资本主义结构性转型的表征。

金融导向型积累制度的核心:经理人和金融家的新联盟

事实上,在实际的社会妥协的庇护下,制度模式被全面地重新设计:高级经理人接受了股东价值的原则,金融家则承认了经理人的权力。这一安排中排除了工薪阶层,除非它们同意将自己的大部分薪酬与所在公司的财务业绩挂钩,如果工薪阶层加入养老金基金就有可能从股票市场的繁荣中获利。这一联盟将金融系统作为主导的制度模式,因为它的庞大的职能会明显地引起其他制度的变化(见图9—8)。

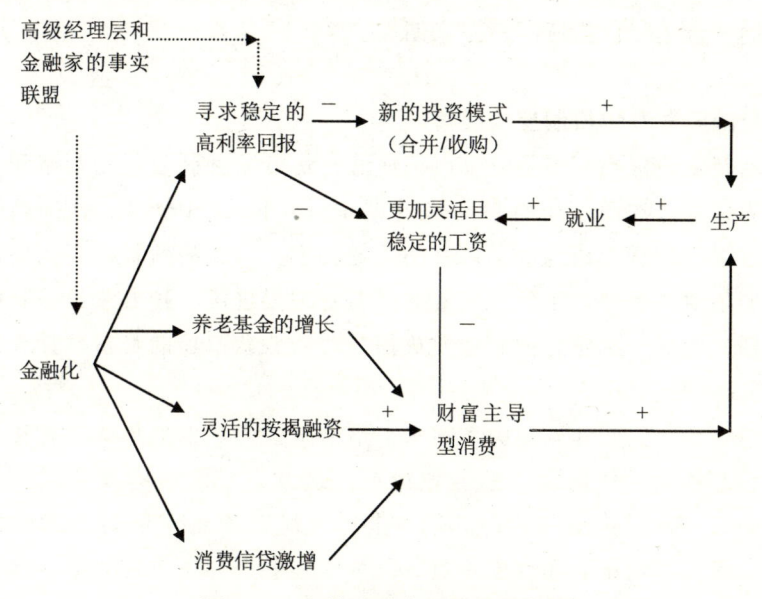

图9—8 新的金融主导型积累体制

为了满足股东的要求上市公司追求高的稳定的回报率。这样,一种新型投资方式产生了。生产投资更多地取决于利润而不是预期的需求,股票市场的高流动性使得合并、兼并和借贷融资收购(LBO)更为容易。

金融系统的新构造也对雇佣劳动关系的变化产生了明显影响。在黄金时代,由于工薪阶层薪酬不受市场经济不确定性的直接影响,公司为他们提供相应的保险。随着股东价值的上涨,这类不确定性部分被转嫁给了劳动者承担,主要是通过快速的雇佣关系调整,弹性工资,以及更少的福利收益来承担。结果,宏观经济震荡日益反映在工资单上,这对家庭消费造成了负面影响。

金融化部分或全部地补偿了这一不利趋势,因为金融化能够暂时缓解家庭预算的压力。从现收现付制养老金转向基金制养老金改变了工薪阶层的财富,金融资产成为消费的决定因素。同时,尽管公司对劳动力弹性的追求引起了工资下降,但在利率下降时,经理人修改抵押贷款的能力能打开融资的新途径,并且能轻易得到信贷,保证消费。

这一新型联盟为制度等级结构带来了改变(Boyer, 2000b),至少潜在地带来了一个真实的积累制度,它隐含地建立在经理人和核心工薪阶层的联合上,以抵制福特主义制度。

金融导向型积累制度的要素

该制度的核心变量是股票市场估值,是市场管制公司的策略和个人的行为,并且沟通了所有参与者的期望(Orléan, 1999)。直接融资快要超过银行信贷而成为金融体系的关键要素:大量的信贷机会则要以股票市场估值为条件。生产型投资的谨慎管理促进了一种宏观经济新格局的出现。同时,在银行向家庭发放信贷时,股票市场的财富被计入账户(见图9—9)。

结果是,生产和雇佣关系的水平不再是生产和消费形式互相作用的结果,它独立于任何缘由的金融市场,这就是二战后的黄金时代体制(Aglietta, Rebérioux, 2004)。基本上,当所有市场上的行动者作出决策时,股票市场都是关注的焦点,因为它能够调和各方的预期。增长正是受这些预期的规制。

这个体制是可行的,但需要特定的条件

早先的研究运用这些假设提出了一项关于金融主导型增长的简单模型。尽管这一模型建立在有远见的和冒险的行为上(家庭今天会消费,

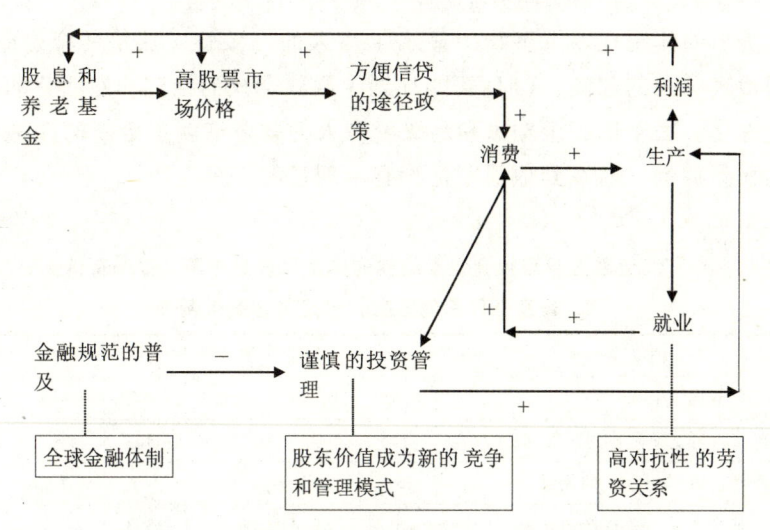

第九章 首席执行官(CEO)报酬增长和美国当代积累的社会结构

图 9—9 金融主导型积累体制的主要宏观经济关系

因为股票市场告诉他们明天会变富有的),从结构上看它还是不可行的,它需要一种动态的平衡。该体制的运行要求人们精确地构建投资和消费函数的各项参数。股份中的财富/可支配收入的比例越高,财富对消费的影响就越重要,由积累效应的利润带来的投资倾向也就越高。

进入2007年的结构性危机的美国专属模型

该简单模型导致了两项有趣的结论:它们分别关注金融主导型社会积累结构的普遍性和长期稳定性。

这一模型难以向全球推广

该模型在经济合作与发展组织(OECD)成员国的粗略运用得出了第一个有趣的结论(见表9—4):美国经济是该金融主导型增长体制唯一明确的参与人,英国紧随其后。相比之下,如果引入股东价值原则,其他经济体则不会有如此出色的表现。这一现象的原因再简单不过:当工资是收入的主要来源,金融投资组合会很小,投资主要依据需求而非利润,这时金融化是有害的,因为它会导致生产、利润和就业的减少。此外,在那些国家,金融家、实业家和工薪阶层之间或明或暗的联盟与美国的情况相比是十分不同的。

美国的体制在以下事物中显示了惊人的一致性：放松的金融管制、公司治理结构的改变、CEO 薪酬计划中股票期权的推广和雇佣劳动关系的金融化。在美国，金融家和高级经理人的联盟造就了全新的金融导向型的积累体制，这在其他国家是没有出现过的。

表 9—4　金融主导型社会积累结构的典型代表是美国，很少有机会普及世界其他国家，但是英国是个例外

国家参数	美国	英国	加拿大	日本	德国	法国
平均消费倾向（1996 年）	0.950	0.926	0.956	0.869	0.884	0.908
股票财富占可支配收入的比重（1997 年）	145	75	95	30	25	20
资本收益占可支配收入的比重	35.5	15	11	-7	7	5
股票和基金占家庭总资产的比重	28.4	52.4	n. a.	25.3	21.3	14.5
利息率	5.34	7.38	5.20	0.32	3.50	3.46
基金回报率	6.51	5.59	7.30	1.06	3.97	4.23
参考收益率（%）	12-16	12-16	12-16	5	6-7	9

资料来源：第一行：日本 1998 年，Keizen Koho 中心，《一个国际比较》，97 页。
第 2、3、4 行：《经济学家》，1998 年 9 月 19—25 日，129 页。
第 5、6 行：《日本年鉴》，Asahi Shimbun，1998rh，26 页。
第 7 行：《经济学家》，1998 年 9 月 19—25 日，129 页。

这一体制的成功及其所导致的金融脆弱性和结构性次贷危机

但即使初始阶段有很稳定的金融导向型的社会积累结构，经济体的稳定运行也有可能被三种变化破坏。首先，净资产收益率（ROE）的目标是有限制的：如果它太高，平衡就会被打破。这样，推高净资产收益率（ROE）的动力也就不存在了。其次，如果由于工薪阶层的谈判能力不断受侵蚀而导致工资的过度弹性化，平衡也不会持续。最后，金融化的巨大成功，即金融财务的持续增长快于劳动所得的增长时，会引起稳定的体制向不稳定体制的急剧转变。因此，就算该模型中没有考虑的金融泡沫不出现，金融化过程也包含有一些内在的阻碍。

这解释了美国和英国部分地区的经济受 2007—2008 年度的危机冲击最大的原因。由于现实情况展现了结构性危机的大多数特征，对美英而言，事情就不是一般性繁荣和衰退的调节这么简单了（Guttman，2008；Crotty，Epstein，2008）。持续的金融创新为股票和信贷的累积上

涨打开了方便之门，而这些股票和信贷都是与美国家庭的可支配收入息息相关的。这一上升一开始是支持经济增长的，但现在它却是消费复苏的阻碍。在宏观经济的限制之外，价格机制场外交易的衍生品也不再起作用，这对衍生品金字塔的存续性提出了系统的挑战。最终，为了防止美国经济总崩溃和出现1929年式的积累性衰退，联邦储备系统的紧急干预和政府公共预算就成为不可或缺的了（Boyer, 2008）。

结　　论

本章的主要目标有三：

第一，提出美国CEO薪酬暴涨和这种保障与公司实际绩效高度不相关的政治经济学解释。无论金融界看上去多么强大，CEO都可以凭借他们的职务，拥有内在的难以被外界监督的权力。

第二，这一内在的经济权力通过政治游说而扩张，并转化成一种影响资金拨款的能力。具有讽刺意义的是，旨在调和经理人和股东利益的股东价值运动却在客观上帮助CEO实现其策略。

第三，所有上述转变都汇成了一种新的金融导向型的积累体制。该体制首先在美国的宏观经济领域得到成功的运用，但在21世纪前10年它却遭遇了金融脆弱性的困境，并最终经历了次贷金融衍生品市场的崩溃所带来的结构性危机。因此，2007年危机的根源来自最精巧的金融系统，美国成为其中的典型，而有的新兴国家则幸免于难，这与1997年的金融危机是不同的。

史无前例的，金融自由化的合法性受到了美国公民的挑战，而高级经理人的薪酬也受到严格审查和监控。一个不确定的新的"新政"时代即将拉开帷幕。

参考文献

Aglietta, Michel 1982. *Regulation and Crisis of Capitalism*. New York: Monthly Review Press.

Aglietta, Michel 1998. "Le capitalisme de demain", *Note de lafondation Saint - Simon*, no. 101, Novembre.

Aglietta, Michel and Antoine Reberioux 2004, *Derives du capitalisme financier*, Paris: Albin Michel.

Bebchuk, Lucian Arye 2004. "The Case for Shareholder Access: A Response to the Business Roundtable". SEC Roundtable, March 10.

Bebchuk, Lucian Arye and Jesse M. Fried 2003. " Executive Compensation as an Agency Problem". *The Journal of Economic Perspectives* 17, 3: 71 – 92.

Biondi, Yuri, Vincent Bignon and Xavier Ragot 2009. " Une analyse économique de lévolution des normes comptables européennes: le principe de 'juste valeur' ". Paris: Prisme, Centre Cournot, Updated from 2004 draft.

Bowles, Samuel, David Gordon and Thomas Weisskopf 1983. *Beyond the Waste Land: a Democratic Alternative to Economic Decline.* New York: Anchor Press.

Boyer Robert 2000a. "Is a finance – led growth regime a viable alternative to Fordism? A preliminary analysis". *Economy and Society* 29, 1: 111 – 45.

2000b. " The political in the era of globalization and finance; focus on some Regulation School Research". *International Journal of Urban and Regional Research.* 24, 2: 274 – 322.

2004. *The Future of Economic Growth. As New Becomes Old.* Cherltenham UK: Edward Elgar.

2008. *History Repeating for Economists. An anticipated Financial Crisis*, Prisme no. 13, November, Cournot Centre for Economic Research, Paris, http:// www. centrecournot, org/pr ismepdf/Prisme_13_EN. pdf.

Boyer Robert and Michel Juillard 2002, " The United – Stales; Goodbye, Fordism!" pp. 238 – 256 in Robert Boyer and Yves Saillard eds. *Regulation Theory: The State of Art.* London: Routledge.

Boyer, Robert and Yves Saillard eds, 2002. *Regulation Theory: The State of Art* London: Routledge.

Crotty James and Gerald Epstein 2008. "The costs and contradictions of the lender – of – last resort function in contemporary capitalism; the sub – prime crisis of 2007 – 2008", WP Political Economy Research Institute (PERI) University of Massachusetts, Amherst, May 2 – 3.

Erturk, Ismail, Julie Fraud, Johal Sukhdev and Karei Williams 2004, "Pay for corporate performance or pay as social division: re – thinking the problem of top management pay in giant corporations". *Working Paper.* Manchester University.

Fligstein, Neil 1990. *The Transformation of Corporate Control* Cambridge, MA: Harvard University Press.

Fligstein, Neil and Taekjin Shin 2004. "Shareholder Value and the Transformation of the American Economy, 1984 – 2001" IRLE Working Paper. University of California, Berkeley.

Gordon, David, Richard Edwards and Michael Reich 1982, *Segmented Work, Divided Workers*. New York: Cambridge University Press.

1989. "Business Ascendancy and Economic Impasse: A Structural Perspective on Conservative Economics, 1979 – 1987". *Journal of Economic Perspectives* 3, 1:107 – 34.

Guttmann, Robert 2008. A Primer on Finance – Led Capitalism and Its Crisis *Revue dela Regulation*, 2nd semester. http://reguiation. revues. org. index5843. html.

Himmelberg, Charles P. and James ML Mahoney (2004)," Recent revisions to corporate profits: What we know and when we knew it". Federal Reserve Bank of New York.

Jensen, Michael and William Meckling 1976. "Theory of the Firm: Managerial Behaviour, Agency Costs and Ownership Structure". *Journal of Financial Economics* 3:305 – 60.

Jensen, Michael and Kevin Murphy 1990. "Performance Pay and Top – Management Incentives". *Journal of Political Economy* 98, 2:225 – 64.

Lordon, Frédéric 2002. *La politique du capital*, Paris: Editions Odile Jacob.

Kotz, David, Terrence McDonough and Michael Reich eds. 1994. *Social Structures of Accumulation: The Political Economy of Growth and Crisis*, New York: Cambridge University Press.

Montagne, Sabine 2003. *Les metamorphoses du trust: les fonds de pension américains entre protection et spéculation*. Thèse University Paris 10 – Nantevre.

Orléan, André 1999. *Le pouvoir de la finance*, Paris: Odile Jajeob.

Palley, Thomas I. 2007. "FinanciaHzation: What it is and Why it Matters". *Working Paper* 525. Washington DC: The Levy Economics Institute.

Phillips, Kevin 2002. *Wealth and Democracy*. New York; Broadway Books.

Piketty, Thomas and Emmanuel Saez 2003. "Income inequality in the United – States, 1913 – 1998". *Quarterly Journal of Economics*: 1 – 39.

Roe, Mark 1994. *Strong Managers, Weak Owners: the Political Roots of American Corporate Finance*. Princeton NJ: Princeton University Press.

罗伯特·博耶 法国经济研究及其应用中心（CEPREMAP）

第十章
积累的社会结构和刑事司法制度

引言

积累的社会结构（SSA）理论指出，在特殊的历史时刻，唯一的一组经济、政治和社会制度汇聚到一起，为一段持续不变的、有力的资本积累时期提供了必要的条件，尤其是通过调节以解决阶级冲突和竞争（Kotz，1987）。戈登、爱德华和里奇（1982：25）进一步提出"……不同的积累的社会结构也许组成（或排斥）不同类别的制度"，同时也可能伴随着越来越多的制度整合的趋势。

到目前为止，二战后美国 SSA 的分析已经局限于组成 SSA 的四个主要部分——有限的劳资相符，资本—公民一致，美国强权下的世界安定和平，内部资本主义敌对状态的牵制政策（Bowles，Gordon and Weisskopf，1990）——或者那些直接作用于积累过程的"核心制度"（Kotz，1987；McDonough，1994）。对于在资本积累过程中给予其他起到重要支撑作用的制度，却关注不足。

本章提出了对这种机构的分析——罪犯司法体系——跨越整个第二次世界大战战后美国 SSA 阶段。[①] 一些 SSA 作者已经讨论了监狱和新的"警备状态"（Bowles，Gordon and Weisskopf，1990；Gordon，1996），增加了刑事司法系统的支出（lippit，1997）和毒品战争，这是第二次世界大战战后 SSA 理论最近的特点（Houston，1992），但是在资本积累进程中还没有人研究过刑事司法制度的作用。在此我们对这一方面进行

[①] 美国的"刑事司法系统"由 51 个不同系统组成——联邦政府级别一个，其余 50 个国家中各一个。每一个都有其自身的犯罪法律体系和法律实施、判刑以及惩教部分。美国宪法限制了联邦政府体系对跨国犯罪的审判权。

分析。

本章的两位作者所做的研究，论证了第二次世界大战后美国 SSA 和犯罪及其控制下的改革之间的关系。卡尔森和米哈洛夫斯基（1997）首先验证了整个 SSA 理论阶段官方失业率和犯罪率之间的关系。与基于 SSA 理论基础上的预期一致，我们发现了不同的 SSA 阶段失业人数和犯罪之间的关系。这种关系在整个衰退时期对于所有的犯罪是显著的、正相关的，而且在统计上是有重大意义的（1966—1979），尽管在接下来的衰退/探索阶段（1980—1992）是负相关的且不具重要意义的。我们解释这些结论，并指出了失业人数和犯罪之间的线性关系对于 SSA 阶段社会失业动乱是敏感的，由于失业变得越来越结构化，官方手段渐渐不能抓住经济边缘的过剩人口。这样，由于部分过剩人口转向与地下经济（尤其指毒品）有关的犯罪，犯罪率趋于上升，但是实际上官方统计的失业人数却趋于下降。

在第二项研究中，结合 SSA 理论和鲁舍（Rusche）（1978［1933］）、鲁舍和基希海默尔（Kirchheimer）（1967［1939］）以及米哈洛夫斯基和卡尔森（1999）的著作验证了 SSA 阶段失业—监禁（U - I）关系中的历史偶然性。与理论预期相一致，官方的失业率和新的法院监禁率之间正面的、重要的关系在最初的探索、巩固和衰退阶段逐渐发展壮大。然而，在衰退阶段的后半期达到高峰之后（1967—1979），U - I 关系变得十分强大，并具有重要意义，但在最近的衰退/探索阶段却呈现出负相关（1980—1992）。我们也认为，后期强大、负相关的 U - I 关系反映了急剧增加的监禁率与由于措施不当导致的不断增加的失业率之间的交叉，并且不断增加的失业掩盖了生活在经济边缘的人们的增长。

总而言之，这些研究表明了犯罪、刑事司法制度以及第二次世界大战战后 SSA 的历史转变之间的关系。然而，刑事司法制度作为一种政治制度与资本积累进程之间的关系的真正特性没有得到理论上的分析。

SSA 理论、资本积累和刑事司法制度

戈登、爱德华和里奇（1982：19）把国家看作资本积累执行"一些关键的支持性职能"的体系。杰姆斯·奥康纳（James O'Connor）（1973）关于资本主义国家的理论与这一观点一致（例如，参见 Kotz，

1987：25－6）。他认为，资本主义国家内部机构通常表现两种矛盾的职能——积累和合法化。也就是（O'Connor，1973：6）"国家必须设法提供条件，使盈利的资本积累成为可能。然而，国家也必须设法为社会和谐维持或创造条件"。这就提出了问题，刑事司法制度怎样促进（或阻碍）国家的积累和合法化职能。

即便是最狂热的自由市场支持者也把维护法律和秩序看作国家的一项必要的和合法的职能（如 Friedman，1962）。这包括资本积累的两种重要的方式——控制犯罪和动乱。通过定义和控制财产犯罪，刑事司法制度构建了一个法律和安全框架，强调私有财产神圣不可侵犯。通过减少暴力犯罪和社会动乱，刑事司法制度也为资本积累的核心要求，即制度合法性和投资者信心，创造了必要的社会和谐。

刑事司法制度在资本积累过程"三部曲"中的两部中也起着潜在的作用。第一，在资本积累过程的第一部（如生产和劳动力投资），刑事司法的刑事政策可以为资本主义投资者提供利用劳动力的机会，这或者是通过直接订立合同，或者是通过租赁系统提供免费的犯人劳动力或低于市场工资的劳动力，或间接提供就业培训和灵活判刑，并且当劳工市场紧张时，允许打开监狱大门。

第二，在资本积累过程的利润实现阶段，刑事司法系统及其雇员为私有部门生产商品和服务提供了市场。作为实施法律的最新技术和武器装备、监狱建造的建筑供应、维持监狱人口日常的商品和服务的采购者以及私有惩教和安全服务，刑事司法系统成为一个实现利润的获利市场。同样，刑事司法系统雇员构成了一个重要的消费耐用品和非耐用品以及服务的市场。

我们提出这一观点，刑事司法制度促进国家积累和合法化职能的特殊方式将随历史变化，这取决于两个因素：（1）过剩人口的规模、内涵和理解或真正的威胁，而这又取决于（2）劳动力市场状况。具体来说，由于巩固时期增加资本的工资法案使得劳动力市场威胁到了积累，我们坚决主张刑事司法系统作为回应，应当使一些罪犯合法化，以降低对他人的惩罚，并制定一些惩罚策略——在相对较短的时间内，除了最危险的罪犯将其他全部犯人返回劳动力市场的惩处策略。相反，随着衰退和探索时期过剩人口和伴随的犯罪的增加，刑事司法系统策略将设法通过增加严厉惩处的方式恢复系统的合法性，将暂时不需要的过剩人口关在铁窗之内。

第二次世界大战战后美国 SSA 阶段的刑事司法制度

根据鲍尔斯及其同事所述（1990 年），二战后 SSA 包括从大约 1948 年到 1966 年间的巩固时期，1966 年到 1979 年间的衰退阶段，接下来是为了制度选择在衰退和初步探索阶段之间的过渡期，这一衰退阶段从大约 1979 年到 20 世纪 90 年代初期，其主要的特点是"商业优势"。由于两次世界大战塑造了战后 SSA 理论，因而我们对刑事司法系统变革的历史分析开始于这两次世界大战之间的衰退/探索阶段（Gordon et al. , 1982：12）。接下来我们讨论二战后 SSA 的各个阶段，并以开始于 1992 年左右的最近阶段结束我们的分析。这已成为制度探索和改革的关键时期，形成了如科茨（2003）所述的"自由制度结构"，尚达不到成为一个新的 SSA。

在世界大战之间的衰退/探索阶段

在两次世界大战之间的这几年，一项新的刑法理念和一套实践做法得到了发展，在 20 世纪 40 年代中后期，并最终和一个专业的警备模式合并为修正的"处理模式"，以及一个专业的警务模式。一战之前，惩罚的目的是威慑和报复。惩罚是通过辛勤劳作，以合同形式或者在国家账户监狱工业系统，在这里，囚犯们生产非耐用消费品，在自由市场进行销售（尽管几乎不支付给囚犯任何薪金，但从有益于劳动合同双方和/或国家中获得利润），在公共单位（例如，在南方的连锁集团）或者在监狱维护和运行该设施（Barnes, 1921；Weyand, 1926；Gill, 1931；McKetvey, 1934 - 1935）。确定判刑是犯罪分子入狱达一定年限并且没有可能提早释放的标准。

二战后，惩罚的目的转变为加强社会保障，主要方式为剥夺危险罪犯的权利，恢复那些对社会不构成危险的罪犯的名誉，让他们返还为生产工人和社区守法公民（Barnes, 1922：256）。这种新的修正"处理"模式，强调了"改革"和"改造"——被定罪的重罪犯改造方式有无期徒刑、假释以及缓刑。由于提前释放的可能性，人们将无期徒刑设计为为罪犯提供个性化治疗，并为罪犯提供激励——因其"良好行为"得以提前释放，这是因为在监狱外面作为一名生产工人和守法公民生活需要良好的态度和行为方式。无期徒刑同样给予假释委员会权力，使得那些"不可救药"的囚犯服满最高刑期。作为监禁的一种可选择的方式，缓刑的使用也变得越来越广泛（McKetvey，1977：310-15）。另一个修正处理模式的特点是通过私营部门的劳动合同或者国家的分配制度结束对监狱劳工的直接剥削。相反，囚犯接受基础教育和职业培训，随时准备再成为劳动力（MacCormick，1931）。

在这个 SSA 阶段，开发了一套更专业的警务模式，并通过部门重组、国家和区域警察机构的发展、犯罪侦查的科学使用、执法人员的正规培训以及预防犯罪来提高效率（Tibbitts，1933：899-901）。另外，联邦调查局被定义为国内治安机构，通过其国家学院为当地执法人员提供培训（2007 年联邦调查局）。警务人员是和平工作者，其作用是保护和服务公众，而不是打击犯罪。

巩固阶段

从 20 世纪 40 年代后期开始直至 20 世纪 60 年代中后期，虽然在经济周期中存在短期波动，但在失业率直线下滑时经济产出和实际工资呈稳步上升趋势（Bowles et al.，1990：35-46）。在这种蓬勃发展的经济状态下，失业率下降和马克思（1967 [1867]）称作"浮动形式"的过剩人口超出比例，随之而来的是商业周期波动，而这并不构成对资本主义秩序的威胁。对于在刑事司法系统控制下出现的少数人，在之前阶段设置的机构安排——恢复理念、缓刑、无期徒刑，结合有关假释、放宽工作计划、职业培训和教育的提前释放——通过在监狱铁窗内提供源源不断的训练有素的劳动力促进资本积累。正如索斯藤·A. 塞林（Thorsten Sellin，1965：251）当时所述：

> 一战以来，尤其是最后一次，在修正实践中发生了巨大的变化。今天，我们最好的监狱系统正在努力改造罪犯，并切实为这样做寻找最有效的方法。在这方面，罪犯劳动起了作用，但不是仅仅为了利益剥削他们；培训他们的目的是为了在他们释放后可以获得工作。

劳工供应紧张,而且往往是高薪聘请;低技能的工作很多。罪犯重返社会能够找到有报酬的、合法的工作。资本主义雇主不仅渴望雇用这些工人,而且希望通过增加劳工供应降低工资增长。正如美国监狱部助理署长莫勒(Moeller)(1969:83)所观察到的:

> 缓刑犯和假释犯在私营企业工作的机会越来越多。美国国家制造商协会已公布了工作释放计划的重要性。企业已经与惩教机构合作,引进机构培训计划尤其专门为罪犯提供劳动力市场上稀缺的技能。

尽管这种情况发生在巩固阶段,但在衰退阶段的最初几年之后将不会再持续。

总之,第二次世界大战战后美国 SSA 巩固阶段是一个由专业警务模式和为企业提供训练有素的劳动力的刑罚制度推动的经济繁荣时期。由于过剩人口不多,且几乎未构成任何威胁,因此释放囚犯并没有威胁社会秩序或国家的合法性。犯罪率和监禁率都很低。① 然而,刑事司法系统促进积累和合法化的能力在经济衰退期后开始削弱,因此有必要改变,这种改变首先体现在法律执行上,其次是法律修正。

衰退:到 1966 年为止,之前的 20 年整顿期增长的引擎逐渐失去动力。第二次世界大战摧毁了之前重现的国家强大工业经济,结合来自劳动力和其他社会索赔的利润损失压力,以及越南战争引起的赤字升级,这都减缓了美国经济的增长。随着好工作从经济中迅速消失的速度超过了新产生的工作,失业问题变得越来越结构化,并且在 1966—1979 年的衰退阶段美国制造业就业所占的比例降至 22.1% (Executive office of the president, 1995:324)。在这种情况下,犯罪率迅速上升,各种形式的公共秩序混乱:公民权利的示威游行、贫民窟起义以及反越战抗议,这都标志着社会和谐的显著下降。巩固阶段的刑事司法政策不再为促进积累和合法化服务。

---

① 在整个巩固阶段,美国官方平均杀人率/误杀率,严重殴打、抢劫和盗窃的比例分别是十万分之 5.0、83.9、56.7 和 442.0,而联邦和州监狱的平均监禁人口比例是十万分之 111.9。见 Carlson 和 Michalowski (1997) 和 Michalowski 和 Carlson (1999) 数据源。正如我们所见到的,犯罪率从来没有回到这些历史最低水平,而且监禁率已经增加了将近 5 倍。

鲍尔斯及其同事认为，二战后 SSA 的社会制度的衰退在 1966—1979 年的整个时期并不统一。相反，衰退发生在两个可识别的分阶段，1966—1973 年和 1973—1979 年。我们认为，每一个分阶段都导致刑事司法系统内部做出相应的调整。

第一个衰退阶段的特点是失业率很低然后上升，通货膨胀和利润率下降（Bowles et al.，1990：96），而且最重要的是，在城市贫民窟的街头和大学校园里的大规模起义。在专业警务模式下，地方和国家警察的宗旨是保护和服务公民，但他们没有能力恢复社会秩序。因而在某些情况下，政府不得不调用国民警卫队来平息这些干扰。

20 世纪 60 年代中后期，日益增加的犯罪率和大规模群众抗议威胁了国家的合法性，形成了一个公共不安全和社会不和谐的形象。当旧的 SSA 渐渐难以扩大利润空间的时候，就会通过进一步削弱投资者信心对积累构成威胁。为了重振合法性和积累，1968 年美国国会通过了综合犯罪控制和街道安全法（P. L. 90 - 351），在美国司法部下设司法援助管理局（LEAA）。借助司法援助管理局，当地执法机构可以接受联邦基金，改善打击街头犯罪和平息内乱的能力。这些钱大部分用在当地警察的武器装备、侦查和通信领域的最新科技武装等"硬性方面"，并制定关于美国军事的最新警务工作方法（Kraska, Kappeler, 1997），而警察教育和改善警民关系等"软性方面"受到较少的资助（Michalowski, 1985：181 - 2）。在第一衰退阶段，打乱维持的秩序，伴随大规模动乱导致的区域生产性资本损失，以及为恢复秩序不断增加的成本有可能已对资本积累产生了抑制效应。

第二个衰退阶段，大约从 1973 年一直持续到 1979 年，见证了失业率的上升，无法控制的通货膨胀以及持续的低利率（Bowles et al.，1990：96）。虽然犯罪率持续攀升，并在巩固阶段达到了平均水平的两到三倍，但平均监禁率仅增加了 7%。①

加强执法能力和仍占主导地位的修正"处理模式"的结合不再适合控制越来越多的过剩人口。惩教方案的成功取决于是否能得到支付工资

---

① 在第二个衰退阶段，美国官方平均杀人率/误杀率，严重殴打、抢劫和盗窃的比例分别是十万分之 9.3，238.8，202.1 和 1428.7，而联邦和州监狱的平均监禁率是十万分之 120.0（见数据源中的注 2）。

的工作，一份工作是经济上可行的能替代犯罪的一种生活方式。正如格林伯格（Greenberg）和汉弗莱斯（Humphries）（1980：218）所观察到的：

> 在1940年之后的30年，处理模式具有一定的意义。失业率始终较低，因此对于那些在经济中想要实现它的人来说似乎占有一席之地……20世纪70年代经济的恶化，伴随顽固的高水平通货膨胀和失业率已经摧毁了适宜改过自新的理想物质基础……希望所有想要一份工作的人都能找到一份……不再相信甚至永远不可信。

20世纪70年代，在失业率上升的情况下，只要监狱根据处理模式运营，增加当地执法力度就不足以控制潜在犯罪人口超过工作人员。到20世纪70年代末，许多州已经开始取代改过迁善作为主要目标，并采取策略以最大限度地发挥丧失民事行为的能力并主要增加威慑。美国州政府通过长期监禁定罪犯人，不断增加颁布量刑数量、惯犯法规、重罪枪支法以及其他镇压措施减少犯罪。例如，在1976年，密歇根州立法机关颁布了一项重罪枪支法（MCL§750.227b），规定一个持有枪支犯下重罪的人首先要经历一个强制性的两年刑期，而对于接连触犯该法令的将会重判（Loftin, McDowall, 1981; Loftin, Heumann, McDowall, 1983）。接着，在1978年，密歇根州立法机关在全国通过了最严厉的禁毒法（MCL§333.7401），俗称"650—托付终身法"，因为它规定对于藏有、意图提供藏有、制造或运送650克（22.9盎司）可卡因和/或附表I或II中的毒品的将被判终身监禁且没有假释的可能。密歇根州禁毒法的规定比"洛克菲勒禁毒法"更苛刻，其中大部分内容是作为1973年制定的纽约财产控制法颁布的（Tinto, 2001：906）。由于这些变化，特别是对于毒品犯罪的强制判刑，监禁率在SSA衰退期的第二个阶段开始上升，但在探索阶段，随着各州和联邦政府遵循此法监禁率会发生大幅度跳跃。

谈到促进资本积累，在第二个衰退阶段刑事司法系统不大可能起到很大作用。惩教系统继续释放罪犯到那些他们不太可能找到工作的社区。与犯罪相关的成本增加，累犯增加，犯罪率上升。另外，刑事司法系统没有扩大对私营部门生产更多产品和服务的直接需求，也没有通过增加雇佣执法、惩教和其他工作人员间接增加需求。

进一步衰退和替代品的初步探索

SSA 理论学家认为由于旧的 SSA 持续衰退，在经济危机的背景下开始进行新的制度安排的探索（戈登 et al.，1982）。这一阶段，我们将其标记为衰退和探索阶段，包括里根和布什的第一任期。开始几年的特征是"滞胀"，即空前未有的官方高失业率和两位数的通货膨胀。利润受损，不幸增加。在贫困的内城区，过剩人口增加，地下经济也同样增加，尤其是可卡因市场，以较低成本为失业男女提供就业机会，以及必要的产品和服务（Wilson，1987；Anderson，1990-1999；Bourgois，1995）。随着地下经济的扩大，暴力犯罪急剧增加，特别是非法毒品贸易，它们用枪支来巩固销售地盘，保持工人正常工作，以及在犯罪协会用金钱购买毒品（Taylor，1990；Currie，1993）。

在这一阶段，个别国家效仿纽约和密歇根州，对毒品犯罪和严重暴力犯罪采取严厉惩罚，而联邦政府则发动了一场关于毒品的战争。联邦立法的四部分包括控制内城区的穷人的镇压政策，并反映了废弃的惩罚处理模式，百分之百支持武力震慑和剥夺权力。

1984 年的综合犯罪控制法（P. L. 98-473）以联邦标准废除了修正的基础—假释制度，还建立了一个委员会，制定判刑指南来限制联邦法院法官的酌情权，彻底改善了联邦保释制度，在联邦制度中通过了审前拘留"危险"被告的法案。该法增加了对贩运毒品的惩罚，并修正了没收与毒品有关的财产的程序和敲诈勒索案件。总而言之，这些规定增加了联邦监狱囚犯的刑期，并更有可能审前羁押。

1986 年的反毒品滥用法（P. L. 99-570）增加了与毒品有关的犯罪的罚款和刑期，拨出资金兴建更多的联邦监狱，下令军方确定可以用作联邦监狱的未使用的设备，并为联邦、州和地方与毒品有关的执法工作增加支出。镇压和抚慰政策之间的相对拨款比例显示了这项法律的严厉性——17 亿美元中，近 65% 用于法律实施和惩教，而大约 12% 和 22% 分别用于预防教育和戒毒。此外，1986 年法律的其中一项规定明确指明针对的目标：内城区的过剩人口。这项法律规定销售 5 克可卡因处最低 5 年的强制性刑期（邻近的内城区选择的毒品），而销售 500 克可卡因粉（中上阶层流行的毒品）才能获得 5 年的判刑。

1988年的反毒品滥用法（P. L. 100 – 690）包括协调国家努力打击毒品和加大力度抑制国家边境和国际间的毒品犯罪的规定，两项规定都是针对过剩人口的。第一，证明只是简单的藏有5克可卡因而没有试图销售判处5年强制监禁。第二，该法创建了"一令驱逐"条例，只要公共房屋租赁者或在他们控制下的人员，在经营场所或附近参与犯罪活动就将被驱逐。

最后，1990年的犯罪控制法（P. L. 101 – 647）提出了涉及未成年或在学校周围从事与毒品有关的犯罪的强制性最低刑期。它还建立了补助金方案，帮助国家出台新的监禁法案，如青少年罪犯的训练营。这些方案倾向于扩大监禁系统，因为它们主要定位于青少年、初犯，那些将在安全监护的处理模式下接受缓刑的人（MacKenzie et al.，1995）。

总的来看，这一国家和联邦各级转变的镇压刑事策略以两种间接方式和一种直接方式促进了资本积累。首先，到1992年，诸如长期强制性最低刑期策略，戏剧性地使得监禁率达到历史新高，1992年每10万人中有332.2人监禁在联邦和州惩教机构里。铁窗之内过剩人口比例的增加从两个方面有助于利润实现。第一，它扩大了刑事司法系统的就业率，特别是在法院和惩教系统。在1982年至1992年间，该系统司法/法律部门中就业人数增加了50.8%（U. S. Bureau of Justice Statistics 2007a），到衰退/探索阶段末期每100万人中就业人数超过1/3。与此相似，1980年至1992年间惩教系统就业人数超过了两倍，在这阶段末就业人数达到了50万多。在这些领域就业率的上升，增加了购买耐用和非耐用商品和服务的消费者数量，并实现了利润。

第二，由于监禁人口的增加，州和联邦监狱系统逐渐成为私营公司生产商品和提供服务的市场，盈利不断增加。从用于建造更多监狱的建筑材料供应到像AT&T公司提供的监狱电话服务，到医疗保健，再到高科技监视设备，惩教系统成为了一个重要的开发市场。在1980—1992年，除薪金之外，用于整个惩教支出花费的比例从38.4%增加到47.4%（U. S. Bureau of Justice Statistics，见附录）。随着非薪金警务支出比例由1980年的21.5%增加到1992年的30.4%，而在司法/法律领域的支出由1982年的36.2%增加到1992年的42.1%，刑事司法系统的其他部门同样也经历了一个不断扩大的市场运作。

第三，刑事司法系统严谨性不断增加，这表现为创建了回归社会和谐的典型，并促进了资本积累。反过来说，这又有助于恢复那些在衰退阶段已经被社会和经济的混乱侵蚀的投资者的信心。为了重申法律和秩序的首要性，刑事司法系统通过增加国家合法性的动力促进了资本积累。另外，适龄工人的高监禁率降低了官方失业率，造成一种错觉，即经济在提供就业机会上比实际更健全，这样就进一步增强了投资者的信心和体系的合法性。例如，韦斯顿和贝克特（Beckett）（1999：1043，Table 5）指出，如果将监禁人数算作失业人数，1985—1989年官方平均失业率将增加1.1个百分点，从5.5%增加到6.6%，而非洲裔美国人的平均比率将增加5.3%，从11.6%到16.9%。

总之，第二次世界大战战后SSA的衰退/探索阶段见证了刑事司法策略的主要变革，造成监狱人口的急剧增加。相反，刑事司法系统在资本积累中的角色从为企业提供训练有素的劳动力转变为利润实现中一个更重要的角色。在最近的探索阶段，这种趋势在继续，且刑事司法系统在利润实现中的作用日益巩固。

探索

1994年9月13日签署暴力犯罪控制和执法法案（P.L. 103-322）的时候，总统声明，"那些犯法应该被逮捕、被定罪惩处的人们"和"'三振出局'将是法律的基础"（Clinton，1994：t540）。这总结了新的刑法镇压制度的关键因素是部分新兴的自由主义制度结构（Kotz，2003）。该法案惩罪主义的平衡体现在资金的相对分配上。法律执行得到302亿美元中最大的比例44.4%，并主要用于国家和地方机构雇用额外10万人员上街巡逻，以及其他措施。最明显的是，将97亿美元分配给四项补助计划，用于建造州监狱的10万额外床位。其中每项补助计划都为国家提供了财政刺激，并在更长的时期内关押更多的暴力罪犯。

1994年法律同样增加了联邦政府罪犯的数量，应该判处死刑的达60个，三种涉及暴力犯罪或贩毒罪的人员判处无期徒刑，没有缓刑的可能。该法案为惩治犯罪团伙成员进行的暴力和贩毒罪提供了新的、更严厉的惩罚，并授权13岁及以上的青少年对于严重的暴力犯罪检举的权利。它还要求各州成立性犯罪者登记册，并建立通报制度。对于驾车枪击事件、性犯罪、对老年人犯罪、盗窃和走私枪支、枪械走私、使用半自动枪支、州际家庭暴力，以及复仇犯罪，也设定了新的罪行或加强刑罚。

最后在1994年，法律禁止授予罪犯用于高等教育的佩尔助学金，在1982年至1994年间每年基础上已经提出了一项规定（Ubah，2004：76）。由于这些补助金已经为监狱的高等教育计划提供了大量的资金，这一规定有效地剥夺了铁窗内的人们争取上大学的机会，一个曾经作为成功改过迁善的重要资源的机会（McCollum，1994；Ubah，2004）。

总体来看，该立法的最大成就和包括相似规定的国家法律保障了监狱人口持续增长（尽管犯罪率下降），使得该系统的就业将增加，刑事司法系统在实现资本循环阶段将继续促进国家的积累功能。到2004年为止，监狱人口比率已经达到了空前新高——每10万人中有488.2人，共有143万人关押在州和联邦监狱中（Harrison，Beck，2005）。

这一阶段前所未有的监禁率对官方男性失业率造成了更强大的冲击。Western和贝克特（1999：1043，Table 5）估计，如果那些被监禁的人计算在失业率当中，那么全部男性的失业率将增加高达1.7%（7.6%与5.9%相比），而与官方数字的11.3%相比，非洲裔美国男性的比率将达18.8%，7.5%的差距。这也造成一种错觉，即经济状况要比实际表现的好得多，这同时增加了投资者的信心和该系统的合法性。

刑事司法系统中的就业仍在增加。在1992年至2004年间，在警务系统的就业人数增加了30.6%，在该系统的司法/法律部门增加了33.2%，以及惩教体制的32.2%，总共有237万人在刑事司法系统就业。该系统就业率的增长再一次超越之前SSA阶段，扩大了消费品和服务市场的规模，实现了利润。

在这一SSA阶段，非薪金刑事司法支出比例的增加，表明更多的利润流入企业金库。在1992年至2004年间，警方预算经历了非薪金支出的最大增幅，从30.4%增加到37.5%。该系统的司法/法律和惩教部门透露，1992年至2004年间，包含薪金在内的预算稳步增长，司法/法律部门从42.1%增加到43.3%，惩教部门从47.4%到50.1%。

最近SSA阶段的特点是通过最终立法过程，使得惩罚性的刑罚程序达到联邦政府水平，并在二战后SSA的第二衰退阶段逐渐发展到国家水平并成为法律基础。这些程序也改变了刑事司法系统在积累过程中的作用，使得该系统及其雇员逐渐成为一个实现利润的有利可图的市场。罪犯劳动力不再被作为一种有价值的商品来进行培训、改造，并恢复劳动力市场。相反，通过增加监狱人口，以结束利润实现阶段。

历史偶然性经验证据
——美国资本积累和刑事司法系统的关系

我们已经讨论了第二次世界大战美国战后 SSA 积累过程中的刑事司法制度的作用，最初强调再训练、再改造，在巩固阶段紧张的劳动力市场条件下，恢复罪犯在工业劳动市场的工作，然后转变为刑事司法系统及其雇员在积累过程中的利润实现阶段所起的重要作用。我们还提出，刑事司法制度的有效性在二战后 SSA 的衰退阶段将受到损害。这是因为处理模式出现了问题，而新的刑事司法机构安排尚未到位。

如果这些参数是可行的，我们希望在巩固、衰退/探索和第二次探索阶段在刑事司法支出和资本积累之间找到一种正向关系。在衰退阶段，由于处理模式失去了推动资本积累的能力，应该存在一个负面关联。最终，当新的刑事司法惩罚模型开始发展为国家水平时，这种关系应该逐渐减弱并在第二个衰退阶段消失。

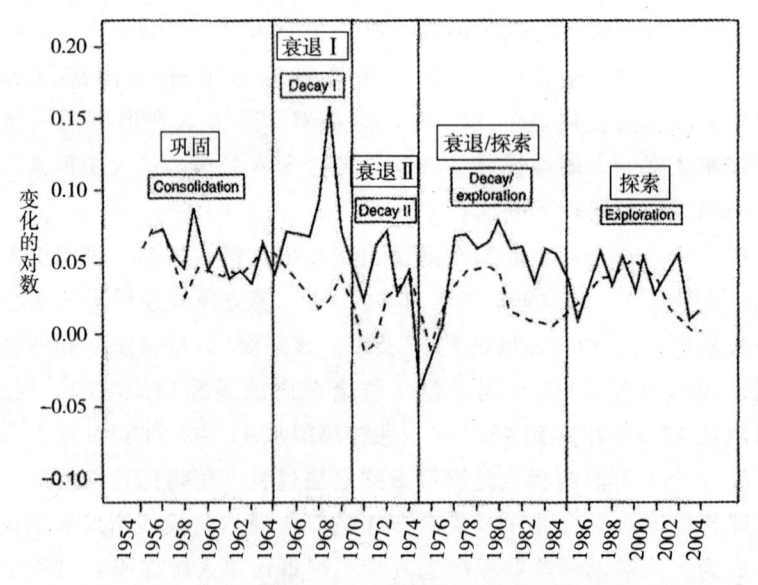

图 10—1 第二次世界大战战后 1954—2004 年 SSA 阶段
刑事司法支出和固定资本储蓄的变化

图 10—1 显示了在非金融、公司业务部门私人非住宅净固定储蓄变化的对数与总的直接刑事司法支出变化的对数之间的关系（见附录数据源）。与我们的制度分析相一致，这两个序列在第二次世界大战战后 SSA 稳固阶段一起变化。接下来如预期所料，在衰退阶段这两个序列发生分歧，由于恢复秩序成本刑事司法支出消耗逐步上升，而资本积累直线下降暗示了生产性财产损失，以及为抑制资本积累危机成本的增加。到了第二个衰退阶段的最后，这两个序列变化趋势再次同时开始趋同，当刑事司法系统中新的机构安排就位时，这一趋同在最后的两个阶段最为突出。

表 10—1 表现了资本积累和整个刑事司法系统中的刑事司法支出序列及其各个部分之间的零阶相关。对于整个刑事司法系统的结果模式与我们基于制度分析上的预期相一致，也与我们在图 10—1 中观察到的一致——在整个稳固阶段资本积累和刑事司法支出之间比较中度的正相关，在第一次衰退阶段由中度到强烈的负相关，在第二次衰退阶段比较弱的正相关，以及在最近的两个阶段由中度到强烈的正相关。① 除了两个明显的例外，表 10—1 的结果都符合我们的预期。

表 10—1　固定资本储蓄变化对数率和刑事司法支出变化对数率之间的二元相关性

	巩固阶段 1854—1966 年*	衰退阶段 I 1966—1773 年	衰退阶段 II 1973—1979 年	衰退/探索阶段 1979—1992 年	探索阶段 1992—2004 年
总的刑事司法支出的变化	0.468	−0.516	0.099	0.569*	0.440*
警察支出的变化	0.561	−0.448	0.093	0.576	0.110
惩教支出的变化	0.239	−0.491	−0.172	0.574	0.409
司法法律支出的变化	0.077	−0.171	0.369	0.459	0.399
(N)	(12)	(8)	(7)	(14)	(13)

＊由于刑事司法支出的数据存在限制，这里仅截取 1954—1966 年间的数据
相关性置信度在 $p<0.10$ 水平（单侧检验）。

---

① 在这我们注意的是效应大小，而不是统计的重要性。原因有两个，一是序列只包括了一小部分时间点，二是时间点上人口两序列的关系强度的相关性并不具有典型性。

在巩固阶段，惩教支出和资本积累呈正相关，但这一关系相对较弱。这也许是由惩教支出衡量的是惩教体系及其雇员的市场潜能，而并非是针对罪犯进入劳动力市场的测度。在资本积累过程中需要进一步检验的是惩教体系所发挥的作用，这在整个巩固阶段具有首要意义。此外，在整个巩固阶段恢复和使囚犯重返劳动力市场，要比近阶段扩大监狱人口并提供市场的花费低得多，因此，就解释了在巩固阶段惩教支出和资本积累之间较弱的相关性。

第二个发现多少有点出人意料，当警察支出和资本积累的关系对于整个体系和其他部分体系来说，最近的探索阶段这种关系是微弱的正相关。对这两个序列图表的检验显示，这种微弱的关系是由于警察开支在2002年经历了单峰。这可能表明，在2001年恐怖袭击之后，用于法律执行的开支并未有利于资本积累。

尽管这些实证结果不是决定性的，但确实表明我们在制度分析上所做的假设似乎是可信的。现在我们回到对SSA理论分析的意义和未来研究方向的讨论。

结　　论

在这一章中，我们提出了一个在资本积累过程中的刑事司法系统的角色转变的历史制度分析。在19世纪和20世纪初，刑事司法系统通过给资本主义非耐用品制造商直接提供低成本的罪犯劳动力推动了资本积累。日益强大的劳工运动质疑了这一做法，取而代之的是一个旨在减少监禁开支的国家核算体系。在后二战时期的SSA，随着劳动力市场处于紧张状态，监狱通过训练犯人的技能和工作习惯促进了资本积累，并且将其作为资本主义企业的潜在员工而释放。最后，在最近阶段，一场"监禁狂欢"促进了资本积累，这种促进主要是通过两种方式，一是间接抑制造成公共犯罪问题的大部分过剩人口，二是直接作为私人利润实现的载体服务。

2008—2009年的最新政策发展降低了监禁人口数量，减小了劳动力市场的改善规模，这可以解释为减小刑事司法系统在利润实现上的作用。首先，一些国家已经取消了对于低级别毒品犯罪的强制性最低判处，恢复判处毒品罪犯的司法酌处权，包括对初犯者的非暴力判处而非

| 第 十 章 | 积累的社会结构和刑事司法制度

监禁。最近，纽约以这种方式废除了众所周知的洛克菲勒毒品法律，使那些有可能被判入狱的毒品罪犯的45%—55%可以申请重新判刑，尽管不能保证减刑（NY L2009, ch. 56; Correctional Association of New York, 2009）。其次，在一些州，尤其是密歇根州和堪萨斯州以及联邦政府已经通过第二次机会法案（P. L. 110 - 199）制定了监狱囚犯重返社会和居住社区方案，包括药物滥用治疗、指导、培训和就业（Federal Senfencing Reporter, 2008; Scott - Hayward, 2009）。这些项目如果成功的话，可能会恢复到一个改过自新的理想社会。第三，最近的一份报告显示，在接受调查的37个州中有26个在应对当前的财政危机时削减了2010年的修正预算，并且这些州中有7个削减预算超过10%（Scott - Hayward, 2009）。监狱关闭，裁员和最近成立的囚犯再入方案的取消，削减薪金和福利，职员减少都起因于这些预算削减。

这些政策的发展应减少监狱人口、监狱的数量以及惩教雇员人数，从而降低刑事司法系统在资本循环利润实现阶段的作用。然而，证据表明这些政策变化最终不会产生预期的结果。首先，禁毒法的改革也有许多例外，包括加重对"毒枭"的惩罚，这有可能减缓监狱人口的增长，但不会减少监狱人口（Correctional Association of New York, 2009）。例如，尽管自2001年以来，许多国家已经颁布了药品改革法令，但直至2007年年底，联邦和州监狱人口仍在持续增长，虽然比20世纪90年代的增长速度要慢得多。1990—1999年监狱人口平均每年增长6.6%，2000—2006年增长2.14%，2006—2007年增长1.8%，截至2008年6月30日的六个月间增长了0.77%（Bureau of Justice Statistics, 2009; West, Sabol, 2009）。其次，如前所述，罪犯戒毒成功需要一个不存在经济衰退的强劲的就业市场，这样生还于预算削减的囚犯再入方案，不可能因违反假释和累犯而降低重新接纳率。最后，国家迅速采取行动，运用联邦刺激美元政策抵消惩教预算削减。例如，堪萨斯州用刺激美元将惩教预算从23.0%削减到7.3%，尽管南达科他州和内布拉斯加州使用刺激资金将大幅度削减转化为预算增加（Scott - Hayward, 2009: 5）。

这些行动表明，一旦经济好转，国家将恢复和/或增加惩教预算，自2001年至2002年的大萧条之后已经发生了这样的事（Wilhelm, Turner, 2002）。此外，惩教工人工会和农村社区强烈抵制关闭监狱，在20世纪八九十年代监狱是最大的雇主（Huling, 2003; Gramlich,

2009a），其显著特点是公开反对释放囚犯（Gramlich，2009b）。这样它们采取行动减少监狱人口和控制惩教成本，州立法者可能将面临合法性危机，几乎没有人希望出现"软犯罪"。

总之，对于 SSA 理论，我们认为我们的分析表明，分析其他除这一特定 SSA 的核心制度之外的社会制度，同样具有其重要性，虽然 SSA 不包括"社会其他"所有的因素（Gordon et al.，1982：25），但发挥重要作用的社会制度确实存在这一 SSA 中。刑事司法制度是一种这样的制度，既在资本积累中起作用，也在通过社会控制过剩人口合法化方面起作用。诸如家庭、军事和教育的其他制度也同样应该进行分析。

对于社会学家和其他进行制度分析的社会科学家来说，我们的分析表明，在解释社会制度在经历漫长的历史变革过程中 SSA 框架的作用。从 SSA 的角度，为分析这种变革提供了统一的方法，并考虑了在导致制度改革及其经验影响过程中的历史偶然性。

刑事司法制度在资本积累中的作用还须进一步分析。特别是，尽管我们的经验证据在此为我们的虚拟场景提供了尝试性的支持，但有必要为进一步经济计量分析提供更明确的支持。另外，本章较少关注二战之前 SSA 中的刑事司法制度的作用。为了完整起见，这种分析应该进行扩展，以包括美国整个资本主义时代。最后，我们建议在其他国家也应进行这样的分析。伴随工业国家中的最高监禁率，资本积累过程中的美国也许更期待刑事司法制度的作用而不是国际规则。

附录数据源

刑事司法支出，就业和薪金

1954 年至 1996 年刑事司法系统、警察，以及所有政府支出的年度数据源自卡特等人（2006 年，分别为 Ec1159，Ec1160 和 Ec1163 序列）。更多最近期的支出数据来自美国司法部 1997—1999 年的统计（2007a，表 6）和 2000—2004 年的统计（2007b；cjee0001.wkl，jeeu0t01.wkl，cjee0201.csv，cjee0301.csv，cjee0401.csv）。由于只能获取 1954—1968 年间的司法支出数据（Carter，2006，Ec1162 序列），因此，我们计算了 1969 年用于法庭审判的司法和法律支出，并将这部分支出用于估算 1954 年至 1968 年的司法和法律支出。1969—1996 年的司法和法律序列取自卡特等人（2006，Ec1161，序列）、美国司法部 1997—1999 年的统计（2007a，表 6）和 2000—2004 年的统计（2007b；cjee0001.wkl, jeeu0t01.wkl, cjee0201.csv, cjee0301.csv, cjee0401.csv）。所有支出序列转换为来自明尼阿波利斯联邦储备银行（2007）居民消费价格指数的恒定几十亿美元（1982—1984 = 100）。我们将这些序列中的每个序列的自然对数一阶差分，以获得用于图 10—1 中的支出变动对数率和表 10—1 中的相关性。

我们从美国司法部的统计（2007a；eetrnd07.wkl）中获得 1980 年（1982 年司法/法律和总雇佣人数）和 1992 年关于刑事司法系统活动的雇员人数的数据。2004 年的数据源自美国司法部的统计（2007b；cjee0402.csv）。

1980 年（1982 年司法/法律和总雇佣人数）和 1992 年刑事司法系统活动有关每月薪金支出的数据来自美国司法部统计（2007a；eetrnd08.wkl），2004 年的相关数据来自美国司法部统计（2007b；cjee0402.csv）。我们用 12 乘以一个月的数字获得每部分的年度薪金支出和整个系统的估算额。然后，我们从它们各自的总支出（见上）中扣除年度估算额以获得非薪金支出，这是除劳动力之外有关商品和服务的支出预算，这样代理刑事司法系统参与利润实现过程。

资本积累措施

对于我们的资本积累措施，我们使用了一项符合但有别于鲍尔斯等人采取的措施（1989—1990 年）。从国民收入和产品账户表 4—3、第 28 行中我们得到非金融公司商业部门非住宅私人资本目前数十亿美元的历史成本存量。该序列被转换为明尼阿波利斯联邦储备银行（2007）用作居民消费价格指数的稳定的数十亿美金（1982—1984 = 100）。对于资本积累的措施，我们取这一序列的自然对数的一阶差分，以获得固定资本存量的变化对数率。

参考文献

Affholter, Patrick and Bethany Wicksall 2002. "Eliminating Michigan's Mandatory Minimum Sentences for Drug Offenses". Michigan Senate Fiscal Agency.

Anderson, Elijah 1999. *Code of the Street: Decency, Violence, and the Moral Life of the Inner City*. New York: W. W. Norton.

——1990. *Street Wise: Race, Class, and Change in an Urban Community*. Chicago: University of Chicago Press.

Barnes, Harry Elmer 1921. "The Economics of American Penology as Illustrated by the Experience of the State of Pennsylvania". *Journal of Political Economy* 29, 8:617 – 42.

——1922. "Some Leading Phases of the Evolution of Modern Penology". *Political Science Quarterly* 37, 2:251 – 80.

Bourgois, Phillipe 1995. *In Search of Respect: Selling Crack in El Barrio*. New York: Cambridge University Press.

Bowles, Samuel, David M. Gordon and Thomas E. Weisskopf 1989. "Business ascendency and economic impasse: A structural retrospective on conservative economics, 1979 – 87". *Journal of Economic Perspectives* 3, 1:107 – 34.

——1990. *After the Waste Land: A Democratic Economics for the Year 2000*. Armonk, NY: M. E, Sharpe.

Bureau of Justice Statistics 2009. "Adults on Probation, in Jail or Prison, and on Parole". *Sourcebook of Criminal Justice Statistics Online* http://www.albany.edu/sourcebook/csv/t612006csv.

Carlson, Susan M. and Raymond J. Michalowski 1997. "Crime, Unemployment, and Social Structures of Accumulation: An Inquiry into Historical Contingency." *Justice Quarterly* 14, 2:101 – 33.

Carter, Susan B. et al. 2006. *Historical Statistics of the United States Millennial Edition Online*. New York: Cambridge University Press.

Clinton, William J. 1994. "Administration of William J. Clinton, 1994. " GPO Access.

Correctional Association of New York 2009. "Analysis of Rockefeller Drug Law Reform Bill. " Correctional Association of New York. http://droptherock.ipower.com/wp-content/uploads/2009/03/analysis-of-rockefeller-reform-bill.pdf.

Currie, Elliot 1993. *Reckoning: Drugs, the Cities, and the American Future*. New York: Hill and Wang.

Executive Office of the President 1995. *Economic Report of the President*. GPO.

Federal Bureau of Investigation 2007. "FBI History: Timeline of FBI History. " Federal Bureau Investigation.

Federal Reserve Bank of Minneapolis 2007. "Consumer Price Index, 1913 – " Federal Reserve Bank of Minneapolis.

Federal Sentencing Reporter 2008. "Summary of Provisions of the Second Chance Act. "

Federal Sentencing Reporter 20,4:279 – 80.

Friedman, Milton 1962. *Capitalism and Freedom.* Chicago: University of Chicago Press.

Gill, Howard B. 1931. "The Prison Labor Problem. " *Annals of the American Academy of Political and Social Science* 157:83 – 101.

Gordon, David M. 1996. *Fat and Mean: The Corporate Squeeze of Working Americans and the Myth of Managerial Downsizing.* New York: The Free Press.

Gordon, David M., Richard Edwards, and Michael Reich 1982. *Segmented Work, Divided Workers: The Historical Transformation of Labor in the United States.* New York: Cambridge University Press.

Gramiich, John 2009a. "Tracking the Recession: Prison Economics. " http://www.stateline.org/Hve/details/ story? contentld = 403563.

——2009b. " Strapped States Eye Prison Savings. " http://www.stateline.org/live/ details/ story? contentId = 365279.

Greenberg, David F. and Drew Humphries 1980. " The Cooptation of Fixed Sentencing Reform. " *Crime and Delinquency* 26,2:206 – 26.

Harrison, Paige M. and Allen J. Beck 2005. "Prisoners in 2004. " *Bureau of Justice Statistics Bulletin*, NCJ 210677.

Houston, David 1992. " Is there a New Social Structure of Accumulation?" *Review of Radical Political Economics* 24,2:60 – 67.

Huling, Tracy 2003. "Building a Prison Economy in Rural America" pp. 197 – 213. In Marc Mauer and Meda Chesney – Lind eds. *Invisible Punishment: The Collateral Consequences of Mass Imprisonment.* New York: New Press.

Kotz, David M. 1987. " Long Waves and Social Structures of Accumulation: A Critique and Reinterpretation. " *Review of Radical Political Economics* 19,4:16 – 38.

——2003. " Neoliberalism and the Social Structure of Accumulation Theory of Long – Run Capital Accumulation. " *Review of Radical Political Economics* 35,3:263 – 70.

Kraska, Peter B. and Victor E. Kappeler 1997. " Militarizing American Police: The Rise and Normalization of Paramilitary Units. " *Social Problems.* 44,1:1 – 18.

Lippit, Victor D. 1997. " The Reconstruction of a Social Structure of Accumulation in the United States. " *Review of Radical Political Economics* 29,3:11 – 21.

Loftin, Colin, Miiton Heumann, and David McDowau. 1983. " Mandatory Sentencing and Firearms Violence: Evaluating an Alternative to Gun Control. " *Law & Society Review* 17,2:287 – 318.

Loftin, Colin, and David McDowall 1981. "One with a Gun Gets You Two": Mandatory Sentencing and Firearms Violence in Detroit," *Annals of the American Academy of Political and Social Sciences* 455,1:150 – 67.

MacCormick, Austin R 1931. "Education in the Prisons of Tomorrow. " *Annals of the American Academy of Political and Social Science* 157:72 – 7.

MacKenzie, Doris Layton, Robert Brame, David McDowall, and Claire Souryal 1995. " Boot Camp Prisons and Recidivism in Eight States. " *Criminology* 33,3:327 – 57.

Marx, Karl 1967, *Capital: A Critique of Political Economy*. New York: International Publishers.

McCollum, Sylvia G. 1994. "Prison College Programs. " *The Prison Journal* 73.1:51 – 61.

McDonough, Terrence 1994. " The Construction of Social Structures of Accumulation in US History" pp. 101 – 32. In David M. Kotz, Terrence McDonough and Michael Reich eds. *Social Structures of Accumulation: The Political Economy of Growth and Crisis*, New York: Cambridge University Press.

McKelvey, Blake 1934. " A Half Century of Southern Penal Exploitation. " *Social Forces* 13, 1:112 – 23.

———1935, " Penal Slavery and Southern Reconstruction. " *The Journal of Negro History* 20,2: 153 – 79.

———1977. *American Prisons: A History of Good Intentions*. Montclair, NJ: Patterson Smith.

Michalowski, Raymond J. 1985. *Order, Law, and Crime*. New York: Random House.

Michalowski, Raymond J. and Susan M. Carlson 1999. " Unemployment, Imprisonment, and Social Structures of Accumulation: Historical Contingency in the Rusche – Kirchheimer Hypothesis. " *Criminology* 37,2:217 – 49.

Moeller, H. G. 1969. " The Continuum of Corrections. " *Annals of the American Academy of Political and Social Science* 381:81 – 8.

O'Connor, James 1973. *The Fiscal Crisis of the State*. New York: St. Martin's Press.

Rusche, Georg 1978. " Labor Market and Penal Sanction: Thoughts on the Sociology of Criminal Justice. " *Crime and SocialJusiice* Fall – Winter:2 – 8.

Rusche, Georg and Otto Kirchheimer 1967. *Punishment and Social Structure*. New York: Russell and Russell.

Scott – Hayward, Christine S. 2009, *The Fiscal Crisis in Corrections: Rethinking Policies and Practices*, Vera Institute of Justice.

Sellin, Thorsten 1965. " Penal Servitude: Origin and Survival. " *Proceedings of the American Philosophical Society* 109,5:277 – 81

Taylor, Carl 1990. *Dangerous Society*, East Lansing: Michigan State University Press.

Tibbitts, Clark 1933, " Penology and Crime. " *The American Journal of Sociology* 38,6: 896 – 904.

Tinto, Eda Katharine 2001. "The Role of Gender and Relationship in Reforming the Rockefeller Drug Laws." *New York University Law Review* 76:906-44.

Ubah, Charles A. 2004. "Abolition of Pell Grants for Higher Education of Prisoners: Examining Antecedents and Consequences." *Journal of Offender Rehabilitation* 39,2:73-85.

U. S. Bureau of Justice Statistics 2007a. "Selected Statistics; Trends in Justice Expenditure and Employment/'U. S. Bureau of Justice Statistics.

2007b. "Selected Statistics: Justice Expendilure and Employment Extracts." U. S. Bureau of Justice Statistics.

West, Heather C and William J. Sabol 2009. *Prison Inmates at Midyear* 2008. U. S. Bureau of Justice Statistics.

Western, Bruce and Katherine Beckett 1999. "How Unregulated is the U. S. Labor Market? The Penal System as a Labor Market Institution." *American Journal of Sociology* 104:1030-60.

Weyand, L. D, 1926. "Wage Systems in *Prisons.*" Annals of the American Academy of Political and Social Science 125:251-60.

Wilhelm, Daniel F. and Nicholas R. Turner 2002. *Is the Budget Crisis Changing the Way We Look at Sentencing and Incarceration?* Vera Institute of Justice.

Wilson, William J. 1987. *The Truly Disadvantaged:The Inner City, the Underclass and Public Policy.* Chicago: University of Chicago Press.

苏珊·卡尔森　西密西根大学社会学系；
迈克尔·吉莱斯皮　西密西根大学社会系；
雷蒙德·米哈洛夫斯基　北亚利桑那州大学犯罪和刑事司法系

第四篇

积累的社会结构理论和资本主义边缘的转型

第十一章

南非积累的社会结构

　　积累的社会结构（SSA）框架曾用于解释种族隔离政策下南非经济的动态性。具体来讲，SSA 分析了自 1948 年建立种族隔离国家，而后数十年迅速的资本积累以后，南非经济自 20 世纪 70 年代中期开始进入了经济危机阶段的原因（如 Gelb, 1987）。SSA 方法为危机时期的自由解释提供了不同的方法。其将种族隔离和资本主义视为对抗性制度，而根据传统的马克思主义分析，种族隔离和资本主义却是相互加强的。虽然这一方法已经在南非得以应用，但是 SSA 的分析方法也因其缺少实证严谨性以及存在趋向功能主义的争论，而受到批评（Nattrass, 1994）。本章将重新检验这一批评，并以其在分析种族隔离的南非中的运用为 SSA 框架提供实践基础。如果 SSA 分析与理解种族隔离的资本主义相关，那么，能不能把同样的方法用于解释在实施种族隔离政策后，南非发生的经济过渡？民主选举有助于恢复动乱以后社会的稳定，但在过渡时期，作为种族隔离遗留之物的广泛剥削依然存在。这便为资本制造了难题：一方面需要恢复政治稳定性；另一方面，恢复政治稳定性可能会释放不利于商业利益再分配的压力。本章第二部分，我们将探讨后种族隔离的南非，这一新的民主国家如何试着通过经济自由化战略来解决这一问题，并借此允许通过市场来裁定分配中的主要冲突。我们还将研究这套后种族隔离政策和制度，是否能够构成一种新型 SSA，这种新型 SSA 将为今后的增长和积累奠定基础。

积累的社会结构和种族隔离的南非

　　如上所述，SSA 方法曾被用于解释南非始于 20 世纪 70 年代的种族经济的下滑，至80年代中期，这一下滑加剧，演变为危机的全面爆发（Gelb, 1987）。这一经济危机形成了政治压力，最终使得种族隔离瓦解，并于1994年建立了自由民主国家。在此经济下滑之前，种族隔离制度下的南非，资本积累率增长很快并且相对稳定。图11—1显示了1950年到2006年间，以固定资本存量增长率衡量的积累率。该图中的表格还显示了通过平滑年度序列而获得的对积累率的长远趋势的估测[1]。从这一图形，我们可以看到，在种族隔离前25年，积累率相对较快，到20世纪70年代初期至中期，达到高积累率，随之快速下降，到80年代开始暴跌，到后种族隔离时期，又开始缓慢复苏[2]。

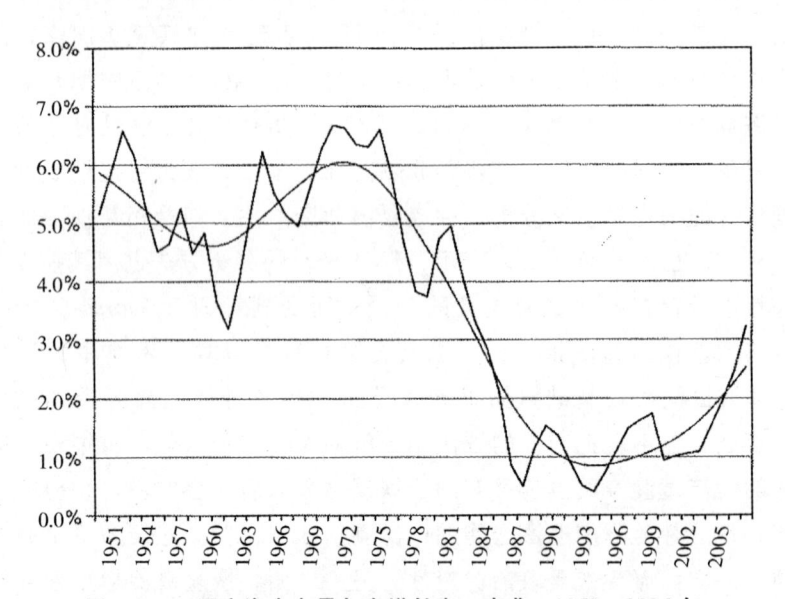

图11—1　固定资本存量年净增长率，南非，1951—2006年

注：由南非储备银行进行作为实际固定资本存量的变化核算（expressed in coofant 2000 prices）。

资料来源：南非储备银行（2007）。

种族隔离与资本主义发展的关系理论，在传统上可分为两大思想派

---

[1] 长期趋势是把赫德瑞科·普雷斯科特（Hodrick Prescott）滤波应用于原始数据系列而得到的。

[2] 这一种类型中有几个偏差在图11—1中显而易见，包括沙佩维尔大屠杀（Sharpeville Massacre）之后的衰退和20世纪80年代早期与黄金价格急剧投机性的增加有关的短暂复苏。

别：自由解释和马克思—修正主义方法。自由派观点虽不统一，但一般强调种族隔离制度和资本主义发展的不兼容性，以及种族隔离在这些矛盾的重压下最终将瓦解（参见，例如 Horwitz，1967；Lipton，1985）。种族隔离被描述为具有种族主义思想意识和政治起源，并独立于经济利益的制度政策。因此，种族隔离制度，如工作保留政策或对地域流动性的控制，成为一套外加给自由市场经济的规则。种族隔离政策产生了效率成本，限制了资本主义发展。这种冲突意味着，资本主义发展必将侵蚀种族隔离制度，或者说维持种族隔离最终将阻止未来经济的扩张。根据自由派的观点，20 世纪 80 年代期间，进步的资本主义发展和落后的种族隔离制度的固有矛盾，已经发展到了关键点，即种族扭曲的代价巨大无比。

自由派面临一种重要的挑战：它并没有充分解释 20 世纪五六十年代——种族隔离制度相对稳定的时期，固定资本积累率比其后几年要高很多的原因。相比之下，马克思—修正主义派解释了种族隔离前几十年经济的强势表现。激进的观点认为种族隔离制度对资本主义的发展是行之有效的，能维护统治阶级的利益和必要的积累（Wolpe，1972）。支持积累的主要手段是通过低薪的黑人劳动力的创造和再生产，从而有助于维持高水平的盈利。

种族隔离时期的资本主义危机，对那些认为种族隔离制度是为维持快速的资本积累而构造的激进思想家们提出了质疑。SSA 框架解释了这一危机。1948 年选举之后掌权的种族隔离制度，建立了一套支持南非资本主义经济增长和积累的制度。种族隔离时代，SSA 进行顺利，直到 20 世纪 70 年代，这个年代出现了削弱这一套特殊制度影响力的矛盾（Gelb，1987）。随着包括 SSA 制度的瓦解，种族隔离经济危机成为一场结构性危机。

基于马克思—修正主义派学者的工作，我们可以确认种族隔离 SSA 的四大要点：

（1）种族隔离的劳动力市场政策和劳动关系 这些制度使黑工阶级工资低而劳动要求高。有色禁令（以种族为基础的工作保留体制）和通行法（管辖居住权）限制了黑工的劳动力市场机会。远离家乡使得黑人退却的机会大大减少（Seekings，Nattrass，2006）。有限的劳动力市场机会和微弱的退却机会这两种因素共同作用，使得工资水平保持在低于没有这种制度时的一般水平（Windrope，1998；Wood，2000）。同时，劳资和谐在相对熟练的白人工人，使其享有几乎充分就业的南非资本以及与其就业地位相连的社会保护之间得以建立。

（2）提供基础设施建设和经济服务　实施种族隔离的国家，追求高水平的公共投资，以补充私有资本部门的生产活动。许多情况下，这些公共投资由半国营企业或公共企业来提供。公共企业支配着交通服务和通信服务，可能最重要的是，支配着电力和其他形式能源的提供。这些经济服务是对私有部门生产的补充投入，尤其是对关键的采矿业和矿产部门。

（3）金融—工业的链接　种族隔离体制培育了新的金融机构，常常与民族主义的阿菲利卡利益相联系，这使得白种人口的积蓄流动起来，为工业提供金融资源，因此支持了物质资本的快速积累（O'Meara，1983；Fine，Lustomjee，1996）。某些情况下，这些关系明显在欧洲大陆建立了金融—工业链接之后被模型化了（沃霍夫 [Verhoef]，1992a，1992b）。这些金融机构包括银行（沃克史卡斯，莱利银行和托拉斯银行）和保险公司（塞拉姆），这些机构为工业发展提供了中—长期贷款。这标志着与过去相背离。在建立种族隔离政体之前，金融行业受两大英国银行（标准银行和那时期的巴克莱银行）提供的短期信贷所支配。

（4）宏观经济的稳定性　20世纪五六十年代的特点是宏观经济稳定，并进入快速积累时期。因此，维持这一稳定的经济管理制度构成了种族隔离SSA中的一个重要部分。财政政策总体上管理井然，通货膨胀从未过度，货币政策对保持低实际利率实施直接控制（积极的），并且汇率保持在稳定水平。这一资本控制体系决定了，非预期的资本流并没有带来显著的波动。由于南非采矿部门的出口收入高，因此，即使不考虑它的进口依赖，它也能够实现外部均衡（Gelb，1987）。这种良好的宏观经济环境有助于维持种族隔离时期SSA的其他制度。

这四套制度合在一起，可用于解释种族隔离政策前几十年，南非强大的经济表现。在危机期间，这些制度不能再起到曾经的作用。黑人工会的再次出现，导致广泛的劳动力动乱和提升黑人工资的要求。可能因为控制国家及其资产的长期远景的不确定性日益增加，公共投资猛然下跌。金融部门为国内资本积累提供资金的作用降低了。最后，面临低增长和国际制裁的情况，维持宏观经济的稳定性日趋艰难①。

然而，仅仅确定一套能从理论上构成种族隔离 SSA 的制度，本身并不能表明南非存在这样一种 SSA。正如纳特拉斯（Nattrass）（1994）令人信服的观点认为，当提出一种特殊的理论论据而不会陷入接受纯粹功能主义立场危险时，不能为了方便而不考虑实证性记录。这仅仅表明在资本积累很高时，存在一套制度，不一定表示这套制度能够解释经济的迅速增长。

纳特拉斯（1994）基于种族隔离时期的利润率行为，提出了对 SSA 方法的批评。她认为，利润率是体现 SSA 理论有效性的一个关键指示器。纳特拉斯提供的计算结果表明，在资本积累迅速的 20 世纪五六十年代和 70 年代早期，制造业的盈利能力的变化率总体来看呈负走向。尽管她承认，南非的利润率在这段时期之初非常高，但她认为利润率的下降显示出，种族隔离制度并不能维持有效的 SSA。

把资本积累的制度分析应用于南非的努力，必须考虑纳特拉斯的批评。虽然这些批评存在一些问题。第一，它依赖制造业的盈利趋向。当同时考虑采矿业和制造业时，所考察的整个时期即 1948—1989 年中的 1964—1970 年间的利润额的平均增长率只对这一商业周期来说是负趋势。根据纳特拉斯的计算，利润率的变化在整个行业中更加显示了其负走向，但最大的下降与危机年份相对应。第二，没有做出任何尝试来估测积累率与关键变量，如利润率，资本成本和产品的消费增长之间的关系。第三，这一批评太过狭隘。只关注盈利性，因此忽略了其他动态因素。

利润率的总体度量——不局限于采矿业和制造业——显示了一种不同的趋势。图 11—2 呈现了基于南非储备银行提供的数据，对 1960—2006 年非金融行业的利润率的估测②。

---

① 这些发展已得到广泛的讨论，由于篇幅有限，我们无法在此详述。劳工战斗状态的产生和黑人工会的再起已被广泛地记录（如，定量分析罢工活动作为政治不稳定性的组成部分，见海因茨［Heintz］，2002，2001a）。对南非储备银行的估测表明这一时期公共投资水平下降，包括南非半国营企业（将在图 11—3 中阐述）提供的投资。梵恩和鲁斯托姆斯（1996）认为，金融机构为投机活动提供了资源，并参与了资本外逃，而不是支持国内投资，同时他们认为，国家主导发展的金融机构，如工业发展公司（IDC）的作用大大降低。最后，日益增加的债务负担和因制裁而下降的国际借贷能力，增加了这一时期对宏观经济管理的限制。

② 非金融注册企业的总收入估测等同于这一行业产生的营运盈余加上财产净收入。然后，减去直接税负而得到税后收入。用总股本扣除金融企业及一般政府的股本来估计股本相对数额。图 11—2 中的利润率显示了非金融企业税后收入估计值除以总股本的结果。

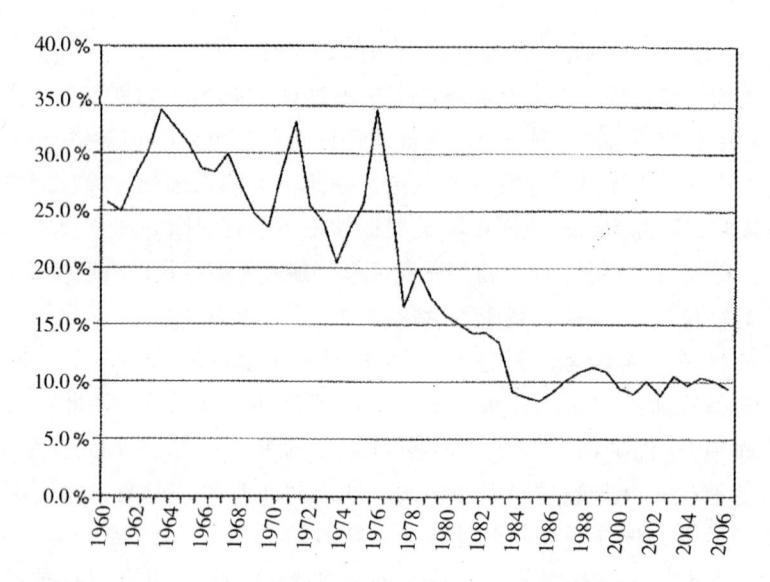

图 11—2　估测的利润率，南非，1960—2006 年

注：非金融公司的税后利润率。参见正文注释 4 中对这里所采用的利润率的完整定义。
资料来源：南非储备银行（2007）。

这一利润率的估测紧密地按照与资本积累率有关的模式来进行。也就是说，20 世纪六七十年代的平均利润率很高。在 80 年代的多数时间里利润率处于急剧下降过程，到 90 年代，利润率到达极低水平并逐渐稳定。研究显示了利润率与南非多元的行业投资函数中的净投资之间具有正向关系（Heinz，2001a，2002）。因此，盈利的趋势与它和资本积累的关系便取决于如何测定盈利性，包括各种部门以及如何分析盈利性与资本积累的关系。

更重要的是，对盈利的聚焦忽略了早期种族隔离经济制度环境中的一个关键因素：维持政治、经济和社会稳定。分配结果，尤其是盈利的决定因素，应该直接影响积累过程。然而，对决定分配结果过程的冲突，可能影响对立于实际盈利水平的投资率。SSA 框架在理解资本积累的动态性时，强调制度和社会关系的稳定性，而不仅仅是分配结果（Kotz，1990）。破坏一套社会关系一体性的分裂活动，可能会损害积累体制。

如果对经济资源的特定分配方式违反了公正的原则，社会紧张局势便会作为一种对抗方式产生。以此，不平等的加剧可能产生政治不稳定，从而导致预期利润下降以及对财产权不安全感的增强。全国的经验证据支持了这一不平等与政治冲突之间的关系（Schock，1996）。诱使社会和政治动乱的不平等不必仅限于收入、财产和财富分配。政治权利、获得基本服务（例如健康或教育）或社会机会的不平等分配可能也会对产生这一冲突带来压力。

米哈尔·卡莱茨基（Michal Kalecki）在讨论充分就业政策时做了这种类型的区分。随着经济接近充分就业，劳工的议价能力和工资便提高了。然而，卡莱茨基认为，重要的是劳资冲突，而不仅仅是利润压力。威胁资本所有者经济地位的制度变化的预期能够导致投资降低。正如卡莱茨基所写，"'工厂的纪律'和'社会稳定'比利润更容易得到商务经理的赏识"（Kalecki，1971：141）。对于一种可持续的分配制度的期待比分配结果本身更重要。当经济精英的社会地位受到威胁（或阶级地位、种族等级或两者都涉及）时，资本积累便妥协了。

南非黑人社会运动和工会的政治压力，对资源分配保持着紧张状态。为维持政治支持，以种族为基础的福利国家发展高质量的公共服务，保持接近充分就业的失业率，并为白人提供好工作。此外，罗的西亚、纳米比亚、莫桑比克和安哥拉的少数白人政权，有助于为南非基于种族的分配制度的政治"合法性"进行辩护。然而，20世纪70年代中期开始的反对种族隔离的群众动员，增加了整个南非的易变性。这种抵制的再起，可能与1976年索韦托起义密切相关。政治不稳定达到如此程度，以致1985年P. W. 博塔（Botha）总统宣布到达一种紧急状态。而且，黑人工会组织的能力在增长，它们对工资分配的影响力也在增加。提高的黑人工资扰乱了前几十年的种族收入分配的稳定性，但社会动乱而非变动的收入分配，对资本积累已经产生了更大的影响。

对南非投资的研究表明，社会动荡和政治不稳定的标记对资本积累产生了独立的影响，因其掌握着其他更纯粹的"经济"的决定性常量（Heinz，2001a，2002；Fedderke, de Kadt, Luiz，2001）。此外，政治动乱指数的变化比利润率的变化更多地解释了危机年间平均积累率的下降，尽管利润率的贡献并非微不足道。

总之，有经验证据能够支持南非的资本积累受到种族隔离SSA支配的论点。对南非SSA框架进行全面的经验主义辩护，则不属于本章范围。然而，纳特拉斯对SSA方法的经验主义批评——盈利趋势与SSA理论家的争论不一致——并未被证实。已有研究表明，盈利性是南非投资的决定因素，并控制了其他的解释变量。此外，利润率的变化对包括什么行业及如何评测盈利性十分敏感。或许最重要的是，致力于通过测定社会和政治动乱来评价制度稳定性的研究者曾表示，这种不稳定性在种族隔离的最后20年对资本积累具有相当大的负面影响。

以上讨论提出了一个明显的问题：如果种族隔离的SSA存在，如果SSA的瓦解引起了20世纪80年代的经济危机，并以此促使种族隔离体制的最终崩溃，那么，我们如何总结后种族隔离时期的特点？根据SSA理论，支持资本主义积累的一套制度的瓦解，紧接其后的便是重振资本主义经济的一套新制度的建立，即一种新SSA将最终追随原来的SSA而出现。南非曾建立过一种新的SSA吗？如果建立过，又该如何归结其特点呢？

后种族隔离的积累的社会结构

在解决种族隔离最后几十年的积累危机时，南非面临恢复政治稳定和采取振兴投资的经济政策的双重挑战。向真正的民主选举的过渡，将有助于恢复政治稳定，改善南非的国际声誉。然而，正如前几章有关投资决定因素的讨论所显示的那样，南非的积累有赖于盈利性，同时也依赖于社会稳定。这就为南非的资本家制造了困境：需要恢复政治稳定，但是可能产生不利于资本再分配的压力。再分配机制可以轻易地扩展到税收—支付的财政战略之外。例如，1994年大选后开始掌权的南非国民大会（ANC）与南非工会大会（COSATU）结成了政治联盟，劳工—政府合作的可能性能够将未来政策环境转向对工人有利的方向。

解决这一紧张局势的一种方法——南非最终采取的方法——是允许相对自由化的市场来裁定分配冲突。实际上，这一策略在经济领域依靠由市场决定的结果的同时，将把自由民主权扩展到政治领域的所有人。经济自由化将限制影响资本积累激励的南非经济资源的竞争程度。以实际工资为例，通过使劳工市场自由化和保持高度的"灵活性"，工资需求和改善标准的努力可能受到日益增长的失业幽灵的遏制。同样，通过剧烈地减少对贸易和资本流动的约束，再分配政策在没有对国家竞争力进行妥协或不冒资本外流之险的情况下，很难求得。

认为宏观经济政策对国家控制再分配压力的努力是内生的观点，已被应用于其他背景中（如 Boddy, Grotty, 1975）。在南非，这种经济政策在 1996 年 6 月财务部（今天的财政部）推出的宏观经济框架——增长、就业和再分配（GEAR）中，最初是以一体化形式呈现的。这一策略提出了一套使南非经济自由化的中期政策。这些政策包括放松外汇管制、贸易自由化、劳工市场中"规范"的灵活性、赤字削减目标和旨在通过市场利率来稳定兰特的货币政策。该策略的另一组成部分，即国有资产的私有化，将通过政府与劳工之间被称为国民框架协议的这项协议进行商讨。

这种宏观经济管理方法背后论证的是这些政策将稳定南非的经济环境，并为投资创造有利的氛围。这一框架采用以利润为导向的增长论据，强调生产力的增长必须超过实际工资收益，以促进投资（即分配中对劳工份额的转移是不明显的）。

宏观经济引入的自由市场方法应该放置在历史的背景中进行观察。GEAR 并没有像它已开始呈现的连续变化那样呈现政策的转变。种族隔离的民主改革常常与自由，更加以市场为导向的经济政策相一致。例如，20 世纪 70 年代晚期和 80 年代，当时的总统 P. W. 博塔追求一系列改革，如黑人工会合法化，印度和有色人口议会结构的建立，取消对异族通婚的禁止，以及公共社会生活某些方面的非种族化（Morris, Padayachee, 1988）。这些改革可以看作有限地接受更加民主化的实践，尽管仍受制于较大的种族隔离制度。这些变化伴有更加以市场为导向的经济政策——货币政策改革，以包含由市场决定的利率、短时取消的外汇管制（1983—1985）以及消除流入控制和保留工作的劳工市场自由化。此外，在德克勒克总统（1989—1994）领导下，向民主协商的过渡期间，还追求了其他的经济自由化政策。

而且，GEAR 文献并不包括后种族隔离时期所采取的所有宏观经济改革。可能最重要的是，GEAR 策略没有预料到的是，南非储备银行引入了一项正式的以通货膨胀为目标的货币政策。然而，GEAR 文献呈现了一种重要且讲述连贯并合理的方法，来重振南非资本主义经济积累。

在这一背景下，重要的是要确认从种族隔离中过渡的协商性本质，尤其是当它涉及国家商业利益时。20 世纪 80 年代晚期，南非商业日益支持终结种族隔离体制的谈判。南非大企业的优势在过渡时期影响着权力平衡，并意味着再分配政策将会是增加的，以市场为焦点，不会对既定财产权造成威胁（Gelb，2004）。具有讽刺意义的是，一些支持结束种族隔离政策的联合大企业，出自最初受益于种族隔离政府政策支持的工业资本积累，尤其是阿菲利卡资本。商业利益的变化来自从国家权力到资本权力平衡的根本转变。

对种族隔离制度的国际谴责意味着，南非资本的全球势力范围在获得可接受的政治结果之前是受到限制的。商业不得不为缺少国际开放性而放弃盈利机会（Gelb，2004）。这种约束因种族隔离制度后几年国内投资的低盈利而加重。因此，全球重新一体化成了从种族隔离过渡的关键商业目标。自民主过渡以来，南非商业迅速国际化，包括对其他非洲国家的重要投资、资金转向非南非资本市场（如伦敦证券交易所中英美公司的上市）以及收购外国公司（如南非酒厂收购外国公司包括美国米勒酿酒公司）。

ANC领导的政府在经济自由化大框架内追求再分配政策。可能这些政策中最重要的是现金调动方案：养老金，儿童生活补助，伤残补助金。这些现金调动方案在必要时、非种族化的后种族隔离时期被推广。这些现金调动曾对低收入家庭的生活水平产生重要的影响（Case，Deaton，1998；Barrientos，DeJong，2006）。同样，把这些补助金方案置于历史背景之下是很重要的。现金调动体系并没有为作为民主过渡一部分的再分配提供一种新的方法，相反，它反映曾被种族隔离体制发展并执行了的政策的延伸和修改（Seekings，Nattrass，2006）。

自1994年，还寻求了其他再分配政策。土地归还政策归还了由种族隔离政府掌握的财产。住房方案提供补助金，以帮助购买新住房。对社区的基础设施投资——如安装水龙头——改善了人们的生活。但是，在许多实例中，这些在分配成就的主要组成部分仍旧是以市场为主并包括公私伙伴关系。然而，所采取的许多再分配政策倾向于在某种程度上由市场力量进行调节，这与以市场为基础来决定较大经济体的分配结果的方法相一致。

这一战略有效吗？

后种族隔离时期采取的制度和政策变化，为民主的南非的新型SSA

框架奠定基础了吗？这一问题的简短回答是：回答这个问题为时尚早。正如图11—1所示，至少与种族隔离最后几年极端糟糕的经济表现相比，自1994年大选之后，积累率得到了改善。然而，这种改善从历史的角度——即与20世纪五六十年代迅速的积累相比——来看，并不大。国内生产总值（GDP）增长率最近几年也得到提高，2005—2007年每年提高5%，但这种提高可能并不代表长远趋势。至2008年，年增长率降至3.1%。相对迅速而稳定的增长率和投资将表明，一种新型的SSA在南非得以建立。沃夫索（Wofso）和科茨（第三章）认为，一种SSA可以以一种稳定阶级冲突的制度安排为特征，即使经济增长不是特别快。尽管经济表现在一般意义上得到了改善，分配冲突也得到很大程度的处理，但后种族隔离的制度结构下长期政治经济的可持续性在这一阶段还难以评价。

南非后种族隔离时期在重构一种充满活力的积累体制时，面临许多挑战。我们此处强调三种挑战：公共投资的下降、南非资本的全球利益和显著的经济易变性。后种族隔离SSA的建立并不以阐述任一挑战来转移需要。然而，这些问题可能会阻碍新制度背景下的资本积累和增长的过程。

公共投资　如前所述，种族隔离SSA的其中一个要点是对基础设施的公共投资和由国家领导的对核心经济服务的提供。这些公共投资是对私有部门活动的补充，在维持盈利性和工业发展中具有重要作用。在危机年间，公共投资率降到了历史的低水平，且一直没有恢复。图11—3显示了1970—2006年由政府和公共企业提供，并作为GDP一部分的公共投资总额。考虑到这些投资的公共货物性质及规模经济的存在，市场不大可能提供接近的替代品，或当替代品存在时，市场将无法充足地提供补充物资和服务。除非公共投资得到复兴，或发展一种协调这一投资的替换性制度安排，否则，后种族隔离时期的资本主义积累从长远来看，将可能受其连累。

南非资本的全球利益　正如上文所强调的，南非的商业利益对通过协商结束种族隔离，以获得进入国际市场和投资机会感兴趣。自1994年，南非资本便以许多方式扩展其全球势力范围。这增加了资本的经济利益日益独立于国内积累体制的可能性。换言之，鼓励源自南非的资本增长和扩张的制度设置，可能会随着时间的变化，与鼓励南非经济的增

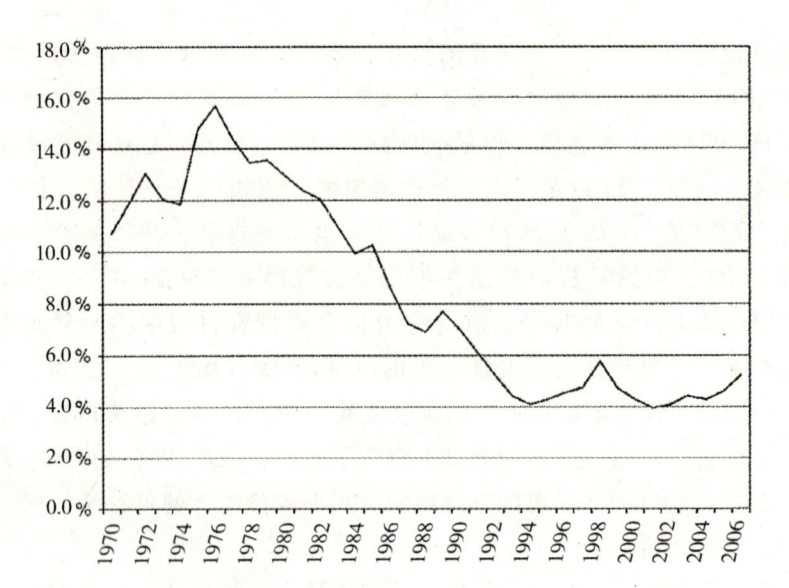

图 11—3　总的公共投资占 GDP 的百分比，南非，1970—2006 年

资料来源：南非储备银行。

长与扩展的制度设置发生分歧。

只要商业利益在其运行的基础上，具有一套关于财产权、法律保护和税收政策的稳定并可接受的制度，那么，其他将在南非产生更迅速的国内积累的支持性政策的重要性，本身可能会随着时间而降低。例如，对外直接投资允许资本在本国没有维持充分盈利的时候，在其他地方寻求可获利的投资。同样，国内资本市场与更深层次进入国外金融市场的企业集团相比，其重要性次之。大企业施加的政治压力可能因此支持了保证它们全球利益的制度，但这些政治压力本身将不能重振南非经济的资本积累。

经济易变性　南非经济自由化增加了易变性，这种易变性可能破坏长期投资和后种族隔离 SSA 的稳定性。后种族隔离时期，增强的易变性在短期资本流动和汇率方面表现最明显。这个国家经历了自 1994 年第一次民主选举以来短期资本流入的增长。然而，这些流入却遭到了急剧逆转。2001—2002 年，由于短期组合资本流入的逆转，兰特经历一次迅速的名义上的贬值。尽管汇率管制继续存在，这种逆转还是发生了。汇率管制作为自由战略的一部分得到放松，其加强也往往不均衡。兰特曾稳定过，但短期资本流的建立也曾恢复过。2006 年，证券投资组合的净流入量总计 200 亿美元，达到种族隔离结束以来所记录的最高水平，但这些净流入在 2007 年和 2008 年并没有得以维持。[①]

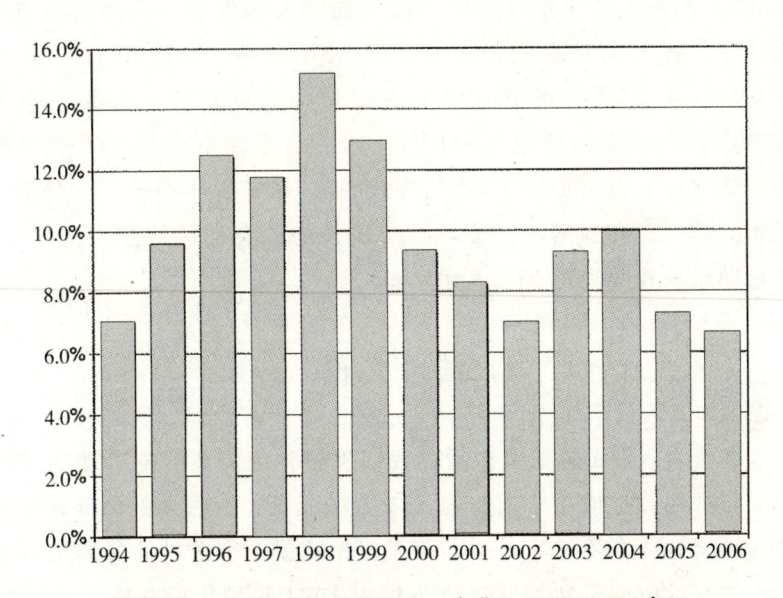

图 11—4　实际主要基准利率，南非，1994—2006 年
注：这一实际基准利率是通过在名义基准利率中减去消费者价格指数的变化率得到的。
资料来源：IMF（2007）。

鉴于低通货膨胀率目标和 2000 年采用的正式的通货膨胀目标的货币政策，1994 年起，实际利率仍维持较高水平（见图 11—4）。较高的实际利率吸引了一种导致 2001—2002 年逆转发生的短期组合投资。具有讽刺意义的是，旨在以低通货膨胀率来实现短期物价稳定的政策，可能实际上却扰乱了经济的其他方面。此外，维持宏观经济的稳定所需的，且主要以保持低通货膨胀来界定的高利率，本身将对增长和投资具有负面影响。据图 11—4 所示，最近几年实际利率或多或少有所下降，但与其他许多国家相比，实际利率依然很高。高利率、不稳定的资本流入及汇率易变性可能都破坏了未来稳定的 SSA 的建立。

最后，种族隔离的结束和选举民主的到来，为南非提供了一个相对稳定的社会政治环境。然而，尽管对曾经追求的再分配政策做出了积极

---

① 净组合流入的估值源于国际货币基金组织（IMF），2009。

贡献，但大量的社会压力依然存在，公开的失业依然极高。以相对保守的失业估测计算，2007年失业率达到21%（南非统计数据2009）。HIV/AIDS病夺去了千千万万个年富力强的人的生命。这些现实与其他因素制造了极大的社会紧张局势。当ANC领导的政府于1994年执政时，它与反种族隔离斗争的两大主要伙伴结成联盟：南非工会大会（COSATU）和南非共产党（SACP）。这一政治联盟与对ANC领导的政府的广泛支持一道，促进了稳定性的维持，尽管南非必须直面严重的社会问题。然而，在新南非，破坏经济增长的社会动荡的潜力依然存在，就像它导致种族隔离的SSA瓦解一样。

结　　论

本章认为，SSA方法可以帮助我们理解种族隔离时期南非的经济动态性。与批判曾被应用于南非的SSA方法相反，有重要的经验证据支持了种族隔离SSA的存在。此外，SSA框架提供了有关种族隔离与资本主义关系的有价值的见解，并解释了促成1994年种族隔离终结和向民主过渡的经济危机。传统的自由主义和马克思主义学者的分析，既没有解释20世纪五六十年代经济迅速增长的原因，也没有解释20世纪70年代初危机的出现。在这方面，SSA方法做出了重要贡献。

要说明SSA框架在被应用于后种族隔离时期时，是否能提供同样有价值的见解，为时尚早。尽管，有迹象显示，最近几年的增长表现和资本积累都有所改善，但此时尚不能确定这些改善是否具有长期稳定性。后种族隔离过渡期间，政府曾尝试通过经济自由化和巩固自由民主的政策来重振南非经济。种族隔离的危机时期过后，经济表现有了明显改善。然而，是否已经构建了正确的制度，来为长期增长和治理新南非分配冲突奠定基础，这一问题需要进一步的研究。

参考文献

Barrientos, Armando and Jocelyn DeJong 2006. "Reducing Child Poverty with Cash Transfers: A Sure Thing?" *Development Policy Review* 24, 5: 537–52.

Boddy, Richard and Crotty, James 1975. "Class Conflict and Macro-policy: The Political

Business Cycle. "*Review of Radical Political Economics* 7,1:1 – 19.

Case, Anne and Angus Deaton 1998. "Large Cash Transfers to the Elderly in South Africa. " *Economic Journal* 108,450:1330 – 61.

Fedderke,J. X. W, R. H,J. de Kadt,and J. M. Luiz 2001. "Growth and Institutions: A Study of the link between Political Institutions and Economic Growth in South Africa: A time series study:1935 – 97. " *Journal for Studies in Economics and Econometrics* 25,1:1 – 26.

Fine, Ben and Zavareh Rustomjee 1996. *The Political Economy of South Africa: From Minerals – Energy Complex* Boulder, CO: Westview.

Gelb, Stephen 1987. " Making Sense of the Crisis" , *Transformation* ,5:33 – 50. 2004. "The South African Economy: An Overview,1994 – 2004". pp. 367 – 400 in Daniel, Lutchman and R. Southall eds. The *State of the Nation: South Africa* 2004 – 05, East Lansing, MI: Michigan State University Press.

Heintz, James 2001a. *Investment, Labor Demand, and Political Conflict in South Africa*. Ph. D. Dissertation, Department of Economics, University of Massachusetts.

2001b. "Political Conflict and the Social Structures of Accumulation: The Case of South African Apartheid". *Review of Radical Political Economics* 34,3:319 – 26.

2002. " Capital Accumulation and Macro Policy in South Africa: Political Instability, Distributive Conflict, and Economic Institutions," Working Paper 29, Political Economy Research Institute, Amherst, MA.

Horwitz, Ralph 1967. *The Political Economy of South Africa*. London: Weidenfeld & Nicolson.

IMF 2009. International Financial Statistics CD Database.

Kalecki, Michal 1971. *Selected Essays on the Dynamics of the Capitalist Economy* 1933 – 1970. Cambridge, UK: Cambridge University Press.

Kotz, David M. 1990. " A Comparative Analysis of the Theory of Regulation and the Social Structure of Accumulation Theory. " *Science and Society* 54,1:5 – 28.

Lipton, Merle 1985. *Capitalism and Apartheid*. Totowa, NJ: Rowman and Allanheld.

Morris, M. and V. Padayachee 1988. " State Reform Policy in South Africa. " *Transformation* 7:1 – 26.

Nattrass, Nicoli 1994. " Apartheid and Capitalism: Social Structure of Accumulation or Contradiction?" pp. 253 – 73 In David Kotz, Terrence McDonough and Michael Reich eds. *Social Structures of Accumulation: The Political Economy of Growth and Crisis*, New York: Cambridge University Press.

O Meara, Dan 1983, *Volkskapitalisme: Class, Capital, and Ideology the Development of Afrikaner *Nationalism*, 1934 – 1948. Cambridge, UK: Cambridge University Press.

Schock, Kurt 1996. "A Conjunctural Model of Political Conflict. " *Journal of Conflict Resolution* 40, 1. 98 – 133.

Seekings, Jeremy and Nicoli Nattrass 2006. "*Class, Race, and Inequality in South Africa.* " Durban: University of KwaZulu Natal Press.

South African Reserve Bank 2007. Data from website: http://www.reservebank.co.za.

Statistics South Africa 2009. *Labour Force Survey*, Historical Revision September Series 2000 to 2007, March.

Verhoef, Grietjie1992a. "Nedbank, 1945 – 89: The Continental Approach to Banking in South Africa". pp. 80 – 114 in S. Jones ed. *Financial Enterprise in South Africa Since 1950.* London: MacMillan Press.

1992b. "Afrikaner Nationalism in South African Banking: The Case of Volkskas and Trust Bank". pp. 115 – 53 in S. Jones ed. *Financial Enterprise in South Africa since 1950.* London: MacMillan Press.

Wintrobe, Ronald 1998. *The Political Economy of Dictatorship.* Cambridge, UK: Cambridge University Press.

Wolpe, Harold 1972. "Capitalism and Cheap Labour – Power in South Africa: From Segregation to Apartheid. " *Economy and Society* 1, 4: 425 – 456.

Wood, Elisabeth 2000. *Forging Democracy* Cambridge, UK: Cambridge University Press.

杰姆斯·海因兹　麻省大学阿姆赫斯特分校政治经济学研究所

第十二章
积累的社会结构和墨西哥工人阶级的状况

引　言

自 1982 年以来,墨西哥一直面临一种新的积累模式。新的积累模式取代运行了 50 年的旧模式。将墨西哥资本主义发展的现阶段置于历史背景下来看,我们以积累的社会结构(SSA)观点为指导:其是一套清晰的、历史地以不同方式在不同地点不同历史时期,组织资本积累过程的具体制度[①]。每一种置于历史背景的积累模式实际上都是一种 SSA。在 20 世纪墨西哥历史的记录中,普遍遗漏了一项重要内容,便是制度在积累过程中的作用(Solis, 1981; Lustig, 1998)。甚至最进步的记录中,如(Moreno - Brid, Ros, 2009),也倾向于淡化几种制度的关联性和促进经济增长和资本积累的制度安排。

也没有人研究过随之而来的积累如何影响职业增长和工资演进。但我们认为,避而不谈经济生活的这些方面,对墨西哥经济的标准分析是无法解释经济结构对工人阶级的影响的。

本章我们将说明,SSA 的概念是怎么作为理解墨西哥经济演进的有用工具的。我们也将表明,这个概念需要考虑到 20 世纪大多时期的就业和收入的制度演变,从而更好地描述大多数人的生活状况。带着对比两种 SSA 的目标——伴有社会和政治制度的两种积累过程——我们也将用一般的方式来检验前一个 SSA 的主要特征。这个 SSA 的经济基础以内部市场为中心。如上所述,我们在分析中将会特别强调劳工问题。

[①] SSA 文献的最新评论可参阅麦可多诺(McDonough)2008。

迈向前一种 SSA 的最初几步开始于墨西哥革命期间（1910 – 21），尤其是 1917 年现行宪法的颁布。这一宪法包括劳动关系、土地的公有财产及社会安全制度方面的几项进步措施，在 20 世纪 30 年代末生效。

这一 SSA 于 20 世纪 60 年代中期首先在农业活动领域进入衰竭阶段，70 年代则显示出更一般化的方式。然而，直到 80 年代，它才充分表达了以衰退阶段为特征的结构危机。尤其是，最后 20 年可以视为连接旧模式衰竭和新的迅速巩固模式之间的桥梁。

目前，墨西哥的发展状态以重新定义作为新的积累的持续过程轴心活动为特征。直到现在，结果都是双层经济的创造：一层与出口和国际金融体系相连，另一层由以国内市场为主导的经济单位以及国外的金融联合组织，尤其是没有获得信贷的金融联合组织构成。这一过渡时期暗含了许多不同活动之间相关联的方式的改变。

全球经济经历了生产力的大幅度提升，并伴有国民经济在提供大量稳定而具有适当工资的工作方面能力的下降，墨西哥资本主义在这一阶段也进行了重建。经济结构的重建也转变成在传统上作为旧积累模式地理中心以外的地区，加速安装生产场地的过程。这一变动在墨西哥北部边境的边境加工①活动中最明显地表现出来。然而，地理位置的重设不可能沦落为边境加工。而且它还涉及几个远离国家中心地区的几个中等规模城市的发展，这些城市传统上大多把中心地区作为经济活动的聚集地。

尽管进行了这些地域性的扩展，工薪人口在国家层面上仍经历了长期危机，这表现为收入日益集中以及生活水平的系统性恶化。这种恶化可以从根本上用工作收入的下降来解释。实际上，有两种平行的过程在同时运作，这清晰地表明了当前墨西哥经济的两极分化。一方面，大中型机构没有充分地创造稳定而报酬高的工作，另一方面，工作报酬极低的微型企业中的工作机会日益增加。

在长期发展的现阶段，国家的社会作用已得到重新界定和转变。国家活动集中在为资本的经济活动创造最佳的全球条件，并揭开社会活动的关键部分。在这一方案中，作为使得大多数人可以获得一定收入的机

---

① 这些是使用美国代码条文在墨西哥运行的公司。这些条文允许美国公司将美国制造的投入发送到国外组装，然后将半成品或成品发回美国，只对国外附加值支付关税。大多数这些边境加工由美国公司拥有。

制的这些小单位，曾成为过去20年高水平公开失业的"障碍"。这些小公司只出现在其提供的货物和服务的潜在市场的地方。因此这些活动的增长受到整体城市收入的限制，因而，正是在大中型城市里，我们才看到了这些微型企业的激增。

今天，小规模活动呈现出一种机制，即资本主义可以借此自我复制，并且可以使由吸收劳动力能力的下降而产生的冲突最小化。小企业所起的作用，与欠发达国家传统上农民所起作用相等同。它们不直接参与积累过程，但通过再生产大部分劳动力而有助于这一过程。

长期趋势和墨西哥经济的爆发点：1921—2007年

墨西哥经济在1921—2007年的长时期演变可以总结为以下几个图。图12—1展示了1993年恒定物价下，GDP沿着走向线的演变（赫德瑞科-普雷斯科特（Hodrick-Prescott）滤波平滑的增长率）。可以看到，经济在大萧条之后重获增长，并开始上行，在20世纪80年代初期停止增长。整个90年代中期直到二战结束，开始建立一种新型的工业化过程（Moreno-Brid, Ros, 2004）。在50年代，制造业成为GDP增长的主要驱动力（Banco de México, 1960; Moreno-Brid, Ros, 2004）。

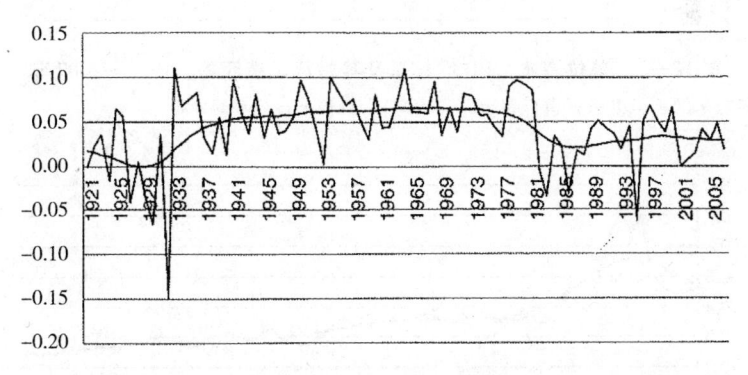

图12—1 GDP增长率及其趋势，墨西哥，1921—2007年
资料来源：GDP数据引自Mariña（2007），趋势来自笔者的计算。

接着是一段不稳定时期，平均增长率仅是之前长波时期经历的增长率的一半。随后是过渡时期，它产生了一种可被称为新自由SSA的新型

SSA（Houston，1992；Kotz，McDonough，2009）。其主要组成部分是通过强调劳工的灵活性和以低工资换取工作的永久性的隐含劳资协议（De la Garza，2001）；一种新型资本—公民协议取代制度革命党（Partido Revolucionario Institution，PRI），因其反映了对原自由市场政策的总体支持，成为2000年执政党；出现了强大的新企业集团及一种重新定义的市场竞争规则；融入强调同美国的经济和社会相联系的全球经济。

图12—2展示了与上述同时期的人均GDP的演进情况，表明了一种与GDP平行但增长率较低的行为。在缺乏1930—1980年间整个经济的工资数据的情况下（Aguila，Bortz，2006），这些数据显示出墨西哥人民财富的稳定增加，这种增加在1981年终止（债务危机的前一年）。这些趋势只能在最近20年中更密切地得到检验（见图12—2）。

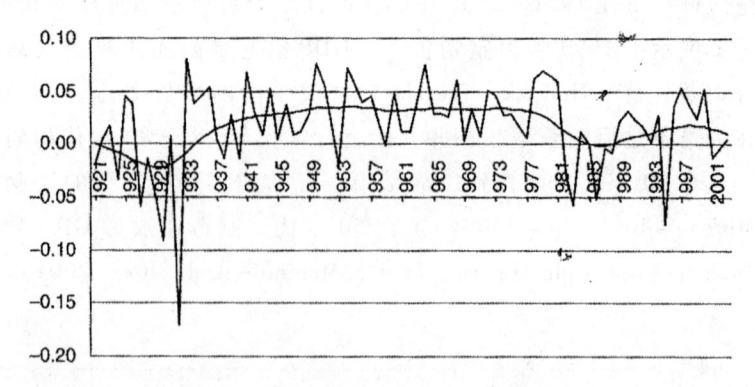

图12—2　单位资本GDP增长率及其趋势，墨西哥，1921—2007年
资料来源：GDP数据引自Mariña（2007），趋势来自笔者的计算。

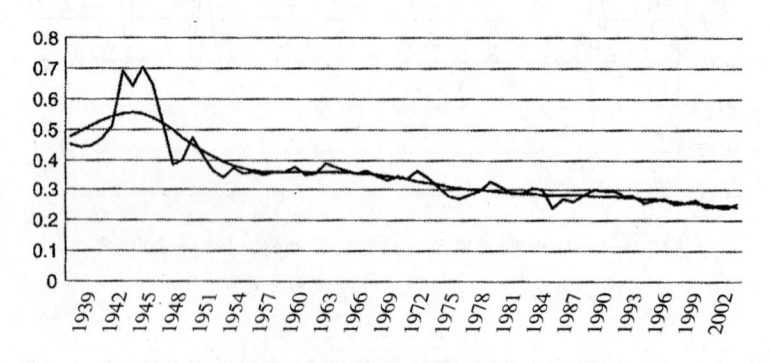

图12—3　利润率及其趋势，墨西哥，1939—2004年
资料来源：GDP数据引自Mariña（2007），趋势来自笔者的计算。

图12—3展示了1939—2004年利润率的演进。进口替换政策在一定程度上隔离了墨西哥与外界经济的联系，这使得其利润率远在世界平均值之上（Mariña，2003）①。GDP增长率的减慢及60年代中期之后利润率的下降，标志着40年代早期开始的长期向上发展的结束。图12—3同时显示出，这一趋势是向下的，尽管80年代晚期和90年代早期得到过恢复。

积累的社会结构和1930—1980年间发展的长波

正如我们前面所指出的，1930—1980年间可以作为始于1910年革命余波的资本主义发展的长波进行研究。1910年的革命是一次从基于初级商品出口的积累过程向基于国内市场进行的工业生产过程的猛烈过渡（Rendón，Salas，1987；Rodfiguez，1994）。革命战争约在1920年结束，但不稳定和经济危机却持续到30年代初。新积累周期的最初阶段发生在1930年到1950年间，并在1950年到1970年得到巩固（Villarreal，2000）。

直至1970年到1980年这10年，我们看到了内向型发展过程的中断。所有这些时期都以独特的就业演变为标志，如表12—1中所示的有薪和无薪的就业总体情况。尤其是，可以清晰看到1970年之后就业的女性化趋势，同时可以看到服务业与商业中的快速增长以及以不稳定的劳动条件为特点的行业。

正如在对一百年以来的人口普查数据的研究中所显示的（Rendón，Salas，1987），在20世纪30年代，制造业大规模取代工艺行业。一旦墨西哥革命得到巩固，相对稳定的时期便普遍存在，这就允许革命斗争时期被大大削弱的经济活动得以恢复。20世纪30年代的就业以比前十年更快的速度增长。尤其是女性就业率在经历了1900—1930年一段有规律的下降之后，增长率也得到了恢复。30年代所创造的新工作中，制造业仅占15%。伴随着1932年大萧条之初就业创造的下降，这一萎靡的现象是卡德纳斯（Cardenas）时期（1934—1940）强大经济增长混

---

① 可对用于估测墨西哥利润率的方法进行讨论（由资本利润作为资本投资总存量的百分比来测算），参阅玛芮纳（Marina）和莫斯利（Moseley）2000。

合效应的结果。墨西哥经济的萧条，在很大程度上反映了发生在美国的大萧条。1934—1939年实际工资只增加了20%多一点（Rendón, Salas, 1989）。但在卡德纳斯时期的后几年，实际工资开始下降——一次持续到20世纪50年代初期的下降（Rendón, Salas, 1989）。

表12—1　　分行业就业人数以及部门就业中男性占比

	1895年		1930年		1970年	
	合计	男性百分比	合计	男性百分比	合计	男性百分比
合计	4606009	85	5352226	93	10488800	81
农业	2979140	100	3626278	99	5103519	95
矿业	85771	99	56906	100	104612	94
石油与天然气	0	0	7693	99	93714	90
制造业	793463	49	672127	83	2393935	79
建筑业	50341	100	70644	100	627966	97
电力、燃气及水	0	0	16580	100	58669	91
服务业	420831	40	467843	61	2806890	55
交通运输及通信行业	63293	100	123440	99	442856	93
商业	213170	80	310715	85	1322898	72
	1980—1981	2000				
		合计	男性百分比			
合计	17296325	33730210	68			
农业	5056430	5338299	91			
矿业	147981	144421	91			
石油与天然气	121658	na	na			
制造业	3044082	6418391	69			
建筑业	1191028	2669751	97			
电力、燃气及水	97059	151546	84			
服务业	5116292	11361852	56			
交通运输及通信行业	712354	1410193	94			
商业	1809441	5597992	58			

资料来源：1895—1980年的数据，参见Rendon和Salas。2000年的数据来自人口专家，INEGI由于调整是基于原始数据的，因而无法获得分性别的数据。

直到 1940 年，农业占据了将近所有的农村就业①。农业的影响在今天依然是一种重要的现象。事实上，如果人们考虑一下整个经济，无薪工作绝大部分都集中在农业部门。20 世纪 40 年代初期，2/3 的制造业工人获得了工资（Bortz, 1988）。然而，在第三产业工作的有薪工人所占的百分比仍不到 50%。由于城市和农村的经济变化，接下来的几年有薪工作恒定增长，随之而来的是劳动力市场的扩张。

1950 年到 1970 年间，墨西哥国内市场的发展得到了巩固，同时有薪的农业就业也有了增加。正如施特门（Schejtman）（1981）所展示的那样，与这一增长相对应的去农化的强大过程。这 20 年间，非农部门有薪工作比无薪工作的增长更快；这一趋势的例外是服务业，这一行业内自主经营经历了显著增长。这可以由大量服务活动的快速增长来解释（修理、配制食物、房屋清洁等）。这些活动以小公司大量出现为特征，这些公司都是"家庭作坊"而不用有其他付薪的劳动力。

自 20 世纪 30 年代以来，商业和服务活动的无薪劳动的增长是作为一种对经济总体动态性和国家发展的总体水平的回应。例如，产品的小规模买卖便是许多年来分配的"自然"方式。这与两种因素相对应，首先是自然市场的地理分布，其次是全国收入的普遍水平。换句话来说，这些活动并不是作为残余活动而是与整体经济动态性相平行发展的（Rendón, Salas, 1987, 1989）。

从这个意义上讲，20 世纪 70 年代最突出的现象是有薪工作增长速度的减缓。这一事实被加西亚（García）（1988）观察到并进行讨论。总体就业中的这一趋势根本上产生于农业部门，因为正是在农业部门我们才观察到 1970—1990 年有薪工人数量的有规律下降。相比之下，非农业的有薪工作比无薪工作增长得更快。此外，有薪工作在非农业就业的净增长中的相对重要性在 20 世纪 70 年代比在 1950—1970 年更大。这一过程的加剧反映在这一事实上，即同一时期，有薪工作在商业部门比无薪工作有更大的增长（García, 1988）。

我们也观察到，20 世纪 70 年代，制造业的工作创造能力相对削弱，这就为农业就业奠定了较慢的步伐。这两种现象与商业和服务业

---

① 1940 年到 60 年代中期，这一通过为工业发展提供财政融资，为购买工业用的国外原材料提供硬通货，在积累过程和资本再生产过程发挥了重要作用。

的成体系增长,共同解释了加速的第三产业就业(Rendón, Salas, 1987)。

总之,直到20世纪70年代,有薪工作以一种缓慢但有效的方式增长。这一减速是可持续经济增长的障碍日益增加的结果。至20世纪80年代,当经济全面陷入危机时,这种减速得到了最有力的表述。

始于1939年并跨越1930—1980年的长波展示了劳动补偿的周期行为。可得信息甚至不允许总体上勾画20世纪30年代的工薪行为。然而,从1939年开始,重构工业工资的路径成为可能,从而构建某些有关该时期工资一般行为的假设,便成为可能。

据博茨(1988)的观点,1938—1979年经济经历了一个完整的工资周期;工业工资1939年开始遭受了系统性的下降,这种下降停止于1952年。从那时起到1976年,实际工业工资不间断地上升。我们在接下来的几年观察到一种新的下降,这种下降只在卡洛斯·萨里纳斯(Carlos Salinas)政府的最后几年才得以缓冲,但之后又继续稳步下滑(Aguila, Bortz, 2006)。已有证据显示(Bortz, 1990),工业工资行为与经济中其余非农业部门的平均工资之间存在显著的关系。这种关系如此显著,以致平均工业工资的移动便反映出其他部门平均工资行为①。

由于缺少与20世纪30年代到50年代墨西哥家庭接受的收入形式相关的一般数据,我们无法对这一问题进行精确的探究。但有一项间接证据(Rendón, Salas, 1989)支持卡德纳斯时期存在收入分配改善的观点。然而,演变的收入分配的方式只能在20世纪50年代初期重建,那时进行了首次国民收入调查(Altimir, 1983; Hernández Laos, 1999)。

尽管在数据来源的对比中存在一系列问题,但埃尔南德斯·劳兹,1999)表示,20世纪50年代末至70年代末间,收入明显集中在最高十等分,而以在最低十等分中的收入为代价。整个时期的收入分配行为并没有明显的趋势;分配在1950—1963年变得更加平等,而在1968年又变得更加不平等,因为基尼系数比1950年相应的基尼系数大(阿里

---

① 20世纪60年代之后的几年,可以结论性地用国民经济核算体系(National Accounts System)的数据来展示,最近几年,可以用全国就业调查(National Survey of Employment)的数据来展示。

米亚，1983；埃尔南德斯·劳兹，1999）。城市与农村的收入的集中程度明显不同；城市的收入比农村的更集中。然而，我们应当指出的是，城市地区的平均收入是农村地区收入的两到三倍（Hernádez Laos，1999）。

我们强调的是，不考虑1950—1968年收入分配方式的演进，实际工资是以可持续的方式增长的。此外，我们必须记住，就业机会也总体上增加了。这两种因素带来了各行业人口生活水平的改善。1968—1984年，随着伴有绝对贫困水平下降的基尼系数由0.498降为0.461，城市和农村地区收入的集中明显减少（Hernández Laos，1992；Alitimir，1996）。

1930—1980年的长波在多种制度的基础上进行自我巩固与维持。我们将在后面的内容中对这些制度进行简短的讨论。这套制度构建了一种SSA，正如SSA的概念在其他文献中理解的那样，即一种促进和构成资本积累的一套连贯的制度。

第一，村社——作为社会制度的公共土地权——保证迄今无地农民的土地权，并建立一种社会组织来保证它们对原有土地的永久控制权（Córdova，1973，1974；Rendón，1976）。甚至今天，村社的功能对无薪劳工来说仍旧是重要保留。村社扮演着经济和社会双重角色，因为它考虑到了农产品向城市部门的稳定流动；它提供外币源以维持20世纪工业化的最初阶段，而且它还改善了农民的生活条件（Schejtman，1981）。

第二，被理解为工会联盟，农业工人（农民）组织，后来成为制度革命党（PRI）的统治党派中的中产阶级专业人士和办公人员的社团主义，形成了对工人的一种组织和政治控制的形式以及国家和企业部门之间关系形式（Córdova，1972，1974）。除了工会，以上讨论的组织都是由1910年革命后得到巩固的政治工具建立的。对作为控制劳动力手段的社团主义工具的蚕食，是直到20世纪80年代早期仍居于支配地位的SSA衰竭的一个重要因素。

第三，一系列核心制度产生于墨西哥革命的胜利方案。这些制度包括社会保障——墨西哥社会保障协会（the Mexican Institute of Social Security）（IMSSS）及国家服务中工人的社会保障协会（the Social Security Institute for Workers in State Service（ISSSTE）——公共教育秘书处（the

Secretariat of Public Education①）及卫生援助秘书处（the Secretariat of Health and Assistance）（Bustamante et al. , 1982）。

第四，墨西哥银行（Córdova, 1973；Brothers, Solis, 1967）的创立和巩固使得国家银行体制随后得以发展，这是保障可持续积累的必要条件。

整个制度体系内各制度相互协作，共同促进始于第二次世界大战的增长的长波期间的资本积累。正如我们能在图 12—1 中观察到的，1921—1934 年整个时期处于一个不稳定增长时期（SSA 的"探索"阶段）。

村社和社团主义设置都呈现出一种新的制度形式——20 世纪 30 年代——涉及国家、资本和劳动。这种形式的制度安排由上述第三组的制度安排来补充。

总体来说，前三套制度与所谓的"墨西哥革命的思想意识"的传播，体现了国家、资本和市民之间的新关系。资本几个部分之间的关系总是由国家来调节（Córdova, 1972）的，尽管重要的是，强调国家投身经济活动在 1930—1980 年具有重要意义。实际上，这一 SSA 的最重要经济元素是占据国内市场的国家发展核心的经济政策（Barkin, 1990；Soria, 1997）。这些政策暗含了国家强大的经济作用，通过建立多个以经济实力核心形式的国家合作，这些经济实力核心从国内市场的发展中获益，并逐渐获得了自主国家方案的能力。国家—资本关系开始于资本主义阶级的再创造，这种再创造中包括之前的革命分子的核心人物及他们的继承人（Córdova, 1973）。

尽管他们之间存在异议，也存在内部矛盾，但这些核心人物在 20 世纪 80 年代的墨西哥创造了企业家阶级的新形象（Thacker, 1999），并以金融部门以及与 1982 年掌权的 PRI 组织的后代没有任何家族联系的商人的卓越性为特征。

1980—2007 年不稳定的增长周期和向新 SSA 的过渡

1982 年外债危机时开始了一次经济大过渡。在债务破产之前的增

---

① 佩雷斯·罗恰（Perez Rocha）（1983）严密地研究了公共教育秘书处在墨西哥革命中出现的政治社会方案中的作用。

长模式——如卡德纳斯总统执政时期墨西哥达到了稳定的20世纪30年代晚期所构想的那种模式，依赖国内市场①——在农业部门经历了一场危机。在之前的SSA期间，经济与对外部门保持紧密联系，并建立了很高的进口关税壁垒，禁止大量商品流入国内。然而，当国家跃向更高的工业水平时，并没有产生取代国家工业赖以生存的进口投入的有效方案。最终，生产依赖于是否能在外国市场上购买必要投入的外汇。

外汇主要通过交易农产品和采矿业的产品（如石油）来获得。当20世纪60年代中期农业生产陷入危机时（Solis, 1981），70年代中期的石油繁荣暂时阻止了危机，但同时也促进了外债的增加。当国际石油价格下跌，该国便再也无法获得外汇，引发了1982年的危机。

以国内市场为导向的模式逐渐被一群年轻的新古典主义经济学家和政治家解开，他们支持德拉马里德（De La Madrid）政府制定的"亲市场"政策②。这一新增长战略要求建立一个不同的国家，这当然不会像在过去的50年里在经济中发挥关键作用。因此，涌起了私有化和再私有化、法律重订以及随后的放弃收入再分配机制的浪潮（Moreno-Brid, Ros, 2009；Salas, Gallahan, 2004）。此外，经济公开接受国外竞争，这一过程以1986年墨西哥加入GATT（关贸总协定）为标志（Lustig, 1998；Calva, 2000）。

国家直接参与经济活动的程度越低，社会人均开支越低（Chavez, 2002），对国际贸易的突然开放呈现出发展中国家如墨西哥典型的两极分化的自然趋势（Dussel, 1997）。自就职以来，萨里纳斯政府（1988—1994）就全力推行新的对外导向模式。这一新战略被宣传为允许墨西哥加入享有特权的一战国家的选择集团（Aspe, 1993）。人们期待1993年北美自由贸易协定（NAFTA）的签订将使这一热情到达顶峰。但一连串的意外事件使这种热情在1994年末出现了逆转：萨帕塔（Zapatista）叛乱、著名政治家的刺杀事件及新比索危机（blecker, 1996）。这次危机说明了墨西哥经济实际上的不稳定的程度（当前危机重现的一种事实）。

---

① 参见博特维尼可（Boltvinik）和埃尔南德斯·劳兹（Hernandez Laos）（1981）来讨论以国内市场为导向的发展模式的衰竭，这一模式通常称为进口替换模式。

② 经济学家和政治家对原"自由市场"的社会和技术起源的社会学分析可在巴布（Baab）2001中找到。

现在我们把注意力转向墨西哥劳工市场运行的自相矛盾之处①。与经济发展到达相似规模与状态的国家相比，墨西哥公布了低得令人惊讶的城市失业指数。然而，如果认为这种事实指向墨西哥劳工市场的任何一种效率，就是极大的错误。相反，利用国家就业调查（National Employment Surveys）（如 Salas，2003）详细地分析了失业并揭示出一系列重要事实。首先，失业人员中大多数为学校教育水平高于国家平均水平的年轻人。其次，男性失业率系统性地比女性失业率低。再次，失业人员中只有20%是户主。最后，失业时间的平均跨度不到一个月。

当工人的积蓄几乎不存在，政府没有提供任何失业救助时，只有数量有限的工人经得起长时间失业。这些工人——或刚加入劳工市场或刚失去上一份工作——被迫接受可得到的任何工作，不论报酬、工作条件或与他们接受的培训、教育及技能是否相容。事实上，失业三个月以上的人员中只有12%决定从经济上的活动人口中退出来（Salas，2003）。

这是隐藏在墨西哥令人鼓舞的官方低失业率背后的事实：低收入者不受保护的失业现象和不充足的工作条件。墨西哥劳动市场中，无薪劳工的作用举足轻重。小型的经济单位或微型经济单位（拥有五个或以下工人的企业），包括单人企业中的就业非常普遍。其他地方的现象表明，这些企业具有非常低的投资和生产力，因而它们的平均收入往往很低（Salas，2003）。

有助于解释失业低水平的另外一个因素是向美国的移民，这些移民多数为非法的，估计每年约 40 万。1994 年后，移民率明显增加（Passel，2005；Pew Hispanic Center，2009）。因此，移民与随之而来的汇款成了降低劳工市场新职员产生的压力的另一因素。

分行业就业结构数字强调了农业的相对重要性。占总就业 14.3%的农业因 NAFTA 产生的农业压力而不断萎缩（Polaski，2003）。另一方面，制造业就业的全部份额在 20 世纪 90 年代总体上显著增长。尤其显著的是，这种增长发生在城市化不足甚至农村的地区（Salas，Zepeda，2003b）。

表 12—2 展示了 1991 年以来的劳动收入的演变过程。1991—1997

---

① 有关墨西哥就业与劳动收入趋势的综合的讨论，见萨拉斯（Salas）和塞佩达（Zepeda）2003a，2003b。

年，自雇工人和有薪工人的实际收入发生实质性下降，而1997年之后，两种群体的收入呈上升趋势。然而，2008年为止，两种群体都未达到20世纪90年代早期出现的实际收入顶峰，而自雇工人的实际收入整个时期约下降了一半。

表12—2　　平均月度工资（固定2002比索），1991=100

年	自雇工人	有薪工人
1991	100.0	100.0
1993	66.5	110.2
1995	44.3	94.1
1996	41.8	79.8
1997	37.0	79.4
1998	38.4	81.2
1999	38.1	81.1
2000	46.3	91.2
2001	44.3	96.5
2002	4.3	98.1
2003	46.4	100.3
2004	45.5	100.8
2005	50.1	100.7
2006	51.8	103.3
2007	52.1	106.0
2008	51.2	104.6

资料来源：1995—2004年的计算来自Encuesta nacional de eempleo，2005—2008年的计算来自Encuesta nacional de ocupaciòny empleo。2008年的数据涵盖了上半年。

应当特别提一下最低实际工资的表现。这种工资由三方委员会来决定，包括联邦政府代表、企业主和正式工会。由宪法授权，这种最小工资应"对家庭来说是足够的"。但一般家庭的基本菜篮子数据（Coneval，2007）显示，2006年最低工资仅允许购买1/8的基本菜篮子。然而，由于最低工资承担着集体谈判和计算各种工人收益的参考标准，所以十分重要。

关于收入分配，我们面临一种自相矛盾的状态。尽管从GDP和所创造的职业类型来看，经济的表现很差，但贫困却在减少。虽然 1998—2002 年的个人收入分配有所改善，但从 2004 年起，收入分配变得更糟（见表 12—3）。这些发现是受实际工资的相对增加和向更贫困群体的转化影响的结果。我们所观察的数字显示，最近几年出现的劳工不稳定性日益增加。

表 12—3　　　　　货币收入的基尼系数，1996—2006 年

1996	1998	2000	2002	2004	2005	2006
0.489	0.509	0.480	0.453	0.455	0.458	0.473

资料来源：INEGI，国家收入支出调查，数年。

除了微型企业部门产生的许多工作的重要性，短期（一年半）的劳动轨道分析也证明了吸收公开失业工人及非经济活动人员方面小规模企业活动的重要意义（Salas, 2003）。这些结果和微型企业国家调查（National Survey of Microbusiness INEGI）分析也显示，出于自愿，长时间以来，很大比例的工人仍处在小规模的企业活动中。换言之，微型企业部门已不是一块简单的海绵，以吸纳想要重返有薪工作的工人，当有酬工作增加时又会失去这些工人。许多工人仍留在这一行业的事实表明，就墨西哥而言，微型企业仅仅是失业和有薪活动的缓冲器这一假说，完全是缺乏经验有效性的。

这一行业是工作、生产、分配和为更广泛低收入人口服务的替换场所。在墨西哥微型企业的讨论中，已有证据显示，小规模的活动已不再是同质的整体。绝大部分呈现了资本主义得以再生的动态平衡机制，这使得资本降低的吸收劳动力的能力与国家再分配活动的撤回之间产生的冲突最小化。因此，一系列重要的小企业（由自雇工人所有和操作）起着与我们国家的传统农业部门相类似的作用。也就是说，这些企业大多时间并不直接参与积累过程，但负责大量城市劳动者群体的再生产。从马克思主义观点来看，微型单位从形式上归为资本。

总之，经济处于明显的自相矛盾之中，GDP 增长节奏的不稳定，工作不确定的加速过程，就业以不充足的节奏增长且工资增长缓慢，公开就业率低下，这种自相矛盾要由微型企业和国际移民提供的就业替换形式来解释。

小 结

调节理论和 SSA 理论主要为我们提供了结构力量和阶级冲突起重要作用的概念框架。但调节理论并未充分关注阶级冲突的独立影响（和阶级矛盾）。我们把 SSA 的观点作为理论出发点，因为它从宽泛的视角分析了积累过程中的社会和政治过程的影响。正如阿尔贝尔达（Albelda）和蒂伊（Tilly, 1994）指出，SSA 理论促使我们超越劳资的二元视角（在机制马克思主义中几乎无处不在），开始考虑性别、种族和移民问题（不幸的是，空间有限，此处无法完成这一任务）。它也要求我们分析之前生产模式的残存结构，以拉丁美洲为例分析尤其方便。在这一例子中，我们可以验证这些残存结构和特殊的资本主义形式与制度的共存。

在研究长波的历史背景下，SSA 观点允许我们强调两大重要现象。首先，资本主义发展并非以直线前进，其次，这一发展的特点是阶段替换。这显示出扩宽了的积累过程中的周期运动，在这一周期中，积累得到巩固，经济行业以和谐的方式扩展，这就考虑到了作为积累过程基本驱动力或轴心的一项或几项活动。

最近能在墨西哥看到的 SSA 要求巩固开放经济模式。在这一点上，我们看到了许多构成旧 SSA 的制度和制度安排的转变甚至是消除。在其论述中，新的增长模式给予自由市场力活动及墨西哥融入全球经济的特权。实际上，并非所有事情都由自由的市场力来处理，正如我们看到的国家组织对银行业的拯救。在与全球经济连接的领域，与美国的贸易关系在所有其他国家之上被给予优先权，这种关系所带来的结果是：墨西哥经济日益依赖美国经济周期。

另一方面，国家较小的经济作用允许某些特权企业组织要求国家留出空间。甚至，得益于以对外市场为导向的企业组织成功地以确保模式持续性的方式巩固其自身的权力。一种证据便是不考虑执政党的更替，经济政策却持之以恒。

在观察就业、收入和家庭分配的演变过程中，很明显，从旧的发展模式继承而来的制度给其自身带来了社会排斥水平的深化。墨西哥的就业倾向于两极分化。一方面，就业受到与出口或金融活动相联结的活动中资本集中的影响，这导致了一种情形，即对直接满足国内市场需要的投资更少。另一方面，就业机会创造力的削弱，并伴有购买力的降低，这意味着大量人口在寻找获得收入的替换方式。结果是，几份提供充分工资和工作条件的工作被一群试图在低生产力和低货币补偿活动中努力生存的工人所获得。

此处的证据使我们能肯定，实际上，目前的社会积累结构实际上尚不能产生稳定而报酬好的工作以允许大量工人合理而体面的退休。此外，抛开辩护人的宣言，大多数墨西哥人的生活条件并未改善。事实上，过去的20年中，我们已经看到了社会两极分化的加剧。为最富裕行业寻求更大利益已经以有形的形式通过墨西哥人存储在美国银行的数百万美元和为私有资本公开提供新的投资选择表现出来。这产生了大量资金的浪费，并且以低价从公有行业到私有行业，这是许多代墨西哥人的努力。这暗含着，调整的代价已被工人承担，国家再分配政策的缺失仅仅增加了这一代价。

面对这一排他性的模式，微型企业的相对重要性仍在增长。其余的经济不能创造高质量的工作，工资的购买力仍停滞不前或许多情况下在下降。换句话说，微型企业不仅仅是该模式内的过渡元素，它们被谴责为会随着经济增长而消失的实体。实际上，它们是社会积累结构中的间接机制，造就了绝大多数人贫困及更大的经济增长集中空间的产生。一般来讲，过去几年一直伴随着劳动关系的改变，这些改变常常以"劳动灵活性"为特征，但暗含着劳动合约的损毁。新职位一般存在不稳定性。与新古典主义经济学的断言相反，这些过程并没有创造更多的劳动力需求。

随着国家社会角色的变化，其活动也以能够允许资本更多经济自由的全球条件的创造为导向。因此它放弃了大部分社会和再分配活动。这种背景下，作为过去20年大多数人获得收入机制运行的小企业，正如上面指出的那样，成为大量公开失业的"障碍"。因此，微型企业缓解了因为个人和家庭缺少收入可能出现的社会矛盾。另一方面，通过小规模企业生产和分配的货物与服务，呈现了最低收入水平群体消费的一种替换手段。

从新SSA的优势观点来看，墨西哥资本主义发展的现代阶段是一种巩固开放经济模式的初始阶段，并以新自由主义形式出现。正如此处我们所争论的那样，前一个积累模式中形成的各种制度和制度安排已被淘汰或转变。从过去的发展模式中继承的制度的这种转变暗含了社会排斥水平的恶化。实例包括放弃对许多最贫困农村地区的援助项目，逐渐破坏村舍及贸易公开，所有这些都暗示墨西哥农村更高水平的贫困。这是一种由土地获得，贫困农民缺少信贷和为获得一些货币收入而日益增长的移民的必要性（甚至暂时的）问题而加强了的贫困。

在城市地区，在稳定而高报酬的工作不断减少的背景下，社会排斥现身于小规模活动日益增长的重要性中。面对增长的贫困，我们看到了财富更大的集中和大量公共资金的挥霍，这些财富和资金现在被主要用于支持大企业主与金融行业有关的风险活动。某些行业损害大多数人的特权也导致了地区发展水平差异的深化，这表现了地理背景下国家的社会两极分化。

现在的SSA比以前的更具排他性，且微型企业在表现一种现实中发挥重要作用，这一现实是社会再生产的一些部门的工人被排斥在资本主义公司就业之外，他们不得不寻找其他的生存方式。因此，微型企业不仅仅是随着时间流逝和经济发展而不得不消失的一种因素，它还形成了被称为"新自由"模式的固有部分。

综合以上原因，很明显无法守住新自由主义的承诺，即经济出口行业的全球利益将最终通过经济进行分配。目前的SSA并没有产生允许合理而体面退休的足够稳定、高报酬的工作。墨西哥绝大多数人的生活水平也没有提高。

参考文献

Albelda, Randy and Chris, Tilly 1994. "Towards a broader vision: Race, gender and labor market segmentation in the social structure of accumulation". pp. 212 – 30 in David Kotz et al. eds. *Social Structures of Accumulation: The Political Economy of Growth and Crisis*. New York: Cambridge University Press.

Altimir, Oscar 1983. "La distribución del ingreso en México, 1950 – 1977." Distributión del ingreso en México. Ensayos, Serie de Análisis Estructural. Banco de México, Cuaderno 2, tomo 1, México.

Aspe Armella, Pedro 1983. *Elcamino Méxicano de la Transformación Económica*. México: Fondo de Culture Económica.

Babb, Sarah 2001. *Managing Mexico: Economists from Nationalism to Neoliberalism*. Princeton, NJ: Princeton University Press.

Banco de México 1960, *Informe Anual* 1960. México: Banco de México.

Bleeker A. Robert 1996. NAFTA, *the Peso Crisis, and the Contradictions of the Mexican Economic Growth Strategy*. Working Paper No. 3, Center for Economic Policy Analysis. New School for Social Research.

Boltvinik, Julio and Enrique Hernández Laos 1981. "Origen de la crisis industrial: El agotamiento del modelo de sustitucion de importaciones. Un análisis preliminar" in Cordera, Rolando (comp.) *Desarrollo y crisis de la economia mexicana*, Colección Lecturas del Trimestre Económico. No. 39. Fondo de Cultura Ecóndmica, Mexico.

Bortz, Jeffrey 1988. *Los salarios indusiriales en la Ciudad le México* 1939 – 1975. México: Fondo de Cultura Econdmica.

1990. "Politica salarial en México. In James W. Wilkie and Jestis Reyes Heroles (cord.) *Industria y Trahajo en México*. Universidad Autónoma Metropolitana Azcapotzalco, México.

Bortz, Jeffrey and Marcos Aguila 2006. "Earning a Living; A History of Real Wage Studies in Twentieth – CenturyMexico. " *Latin American Research Review* 41, 2: 112 – 38.

Brothers, S. Dwight and Leopoldo Solis 1967. *Evolutión financiera de México*. México: CEMLA.

Bustamante, Miguel Angel, Carlos Viesca, Fedeñco Villasefior, Alfredo Vargas, Roberto Castañon and Xochitl Mártinez 1982. *La salud pública en México*. 1959 – 1982. México: Secretaria de Salubridad y Asistencia.

Calva, José Luis 2000. *Mexico más altá del neoliberalismo*. Mexico: Plaza y Janés.

Chávez, Marcos 2002. "El fracaso de las politicas de estabilización en México. Retos y opciones de politica económica. " In José Luis Calva ed. *Politica Económica Para El Desarrollo Sostenido Con Equidad*. Casa Juan Pablos, Instituto de Investigaciones Económicas, UNAM: Mexico.

Coneval 2007. "Apiicación de la metodología para la medición de la pobreza y pruebas de hipōtesis 2006. " Nota Tecnica 001/2007, Consejo Nacional de Evaluation del desarrollo de la Política Social, Mexico.

Córdoba Montoya, José 1992. " La reforma econdmica de Mexico. " *Lecturas del Trimestre Económico* 73. México: Fondo de Cultura Económica.

Círdova, Arnaido 1972. *La Formation Del Poder Politico En Mexico*. México: Ediciones Era.

1973. *La ideologia de la Revolution Méxicana*. México: Ediciones Era.

1974. *La politica de masas del Cardenismo*. México: Ediciones Era.

De la Graza, Enrique 2001. *La Formación Socioeconómica Neoliberal.* México: UAMI – Plaza and Valdés.

Dussel Peters, Enrique 1997. *La economia de la polarization.* Mexico: Jus UNAM.

García, Brígida 1988. D*esarrollo Económico y Absorcíon de Fuerza de Trabajo en México,* 1950 – 1980. México: El Colegio de México.

García Cruz, Miguel, 1972. *La Seguridad Social en México, Tomo* 1. Mexico: Costa Amic.

Hernández Laos, Enrique 1999. " Evolucion de la distribucíon del ingreso de los hogares (1963 – 1989) ". pp. 154 – 90 In Boltvinik, J. and E. HernandezLaos. *Pobreza y distribution del ingreso en Mexico.* México: Siglo XXI.

Houston, David 1992. " Is There a New Social Structure of Accumulation?" *Review of Radical Political Economics* 24 , 2 : 60 – 67.

INEGI 2003. "*Encuesta Nacional de Mirconegocios* 2002. " Instituto National de Estadistica, Geografia e Informatica (INEGI) ; Mexico.

Kotz, David M. and Terrence McDonough 2009. " Global Neoliberalism and the Contemporary Social Structure of Accumulation. Chapter3 in Terrence McDonough, Michael Reich and David M. Kotz eds. *Contemporary Capitalism and its Crises : Social Structure of Accumulation Theory for the* 21*st Century.* New York: Cambridge University Press.

Lustig, Nora 1998. *Mexico, the Remarkig of an Economy.* Washington D. C. : Brookings institution.

Marina, Abelardo 2003. " Crisis Estructural Capitalist – Ra Y Globalizacion Neoliberal: Una Perspectiva Desde Mexico. " pp. 139 – 56 In Ernesto Soto, Jaime Aboites And Etelberto Ortiz Eds. Estado Versus Mercado : Ruptura O Nueva Forma De Regulacion , Mexico: Uam – X/Porrua.

2007. " Estimaciones De Formacion De Capital Y Tasa De Ganancia En Mexico, 1921 – 2000. " Reporte De Investigacion. Departamento De Economia, Uam Azcapotzalco, Mexico.

Marina, Abelardo And Fred Moseley 2000. " The Rate Of Profit In The Postwar Mexican E- conomy, 1950 – 1993. " pp. 134 – 92 In Ron Baiman, Heather Boushey And Dawn Saunders Eds. Political Economy And Contemporary Capitalism. Armonk, NY: M. E. Sharpe.

Mcdonough, Terrence 2008. " Social Structures Of Accumulation Theory: The State Of The Art" Review Of Radical Political Economics 40 : 153 – 171.

Moreno – Brid, Carlos And Jaime Ros 2004. " Mexico: Las Reformas Del Estado Desde Una Perspectiva Historica. " Revista De La Cepal 84 , December: 35 – 37.

2009. Development And Growth In The Mexican Economy: A Historical Perspective. New

York: Oxford University Press.

Passel, Jeffrey 2005. Estimates Of The Size And Characteristics Of The Undocumented Population. Pew Hispanic Center. Washington D. C. March 21.

Perez Rocha, Manuel 1983. Education Y Desarrollo: La Ideologia Del Estado Mexicano. Mexico: Editorial Linea.

Pew Hispanic Cener 2009. Mexican Inmigrants In The United States, 2008. Fact Sheet, Pew Resarch Center, Washington D. C. April 15.

Polaski, S. 2003. "Jobs, Wages, And Household Income." pp. 11 – 38 In J. J. Audley Et Al. Eds. Nafta's Promise And Reality: Lessons From Mexico For The Hemisphere. Washington, D. C: Carnegie Endowment For International Peace.

Rendon, Teresa 1976. "Utilizacion De Mano De Obra En La Agricultura Mexicana, 1940 – 1973", Demografia Y Economia 10,3 El Cogegio De Mexico.

Rendon, Teresa And Carlos Salas 1987. "La Evolucion Del Emplo En Mexico: 1895 – 1980." Estudios Demograficos Y Urbanos, Vol II, No. 2; 189 – 230. Centro De Estudios Demograficos Y Urbanos De El Colegio De Mexico.

1989. "La Distribucion Del Ingreso." pp. 219 – 24 In Agustin Herrera And Lorena San Martin (Comps). Mexico A Cincuenta Anos De La Expropiacion Petrolera. Mexico: Coordinacion De Humanidades Unam.

Rodríguez, Mauro 1994. "Los ciclos Kondratiev en la economía mexicana (1895 – 1992)." Investigación Economica 207, enero – marzo: 175 – 97.

Salas, Carlos 2003. "Trayectorias laborales entre el empleo, desempleo y las microunidades en Mexico." *Papeles de Poblacion* 9,38: 159 – 94.

Salas, Carlos and Eduardo Zepeda 2003a, "Empleo y salarios en el Mexico contemporáneo." In De Sa Garza, Enrique and Carlos Salas eds. *La situacidn del trabajo en Mexico.* Plazay Vaktez: Mexico.

2003b. "Employment and Wages: Enduring the Cost of Liberalization and Economic Reform". pp. 522 – 60 in Kevin J. Middlebrook and Eduardo Zepeda eds. *Confronting Development: Assessing Mexico's Economic and Social Policy Challenges.* Stanford; Stanford University Press and UCSD Center for U. S. – Mexican Studies.

Salas, Carlos and George Callaghan 2004. "Labor and free trade; Mexico within Nafta". pp. 217 – 52 in Bromley, Simon, Maureen Mackintosh, William Brown and Marc Wuyts eds. *Making the International: Economic Interdependence and Political Order.* London: Pluto Press and Open University.

Schejtman, Alejandro 1981. *Economía campesina y agrictdtitra empresarial, Tipologfa de productores del agro mexicano.* México: Siglo XXL.

Soli's, Leopoldo 1981. *La realidad economica de Mexico. Retrovisión y perspectivas*. Siglo XXI: Mexico.

Villarreal, René 2000. *Industrialización, dettda y desequilibrio intemo en Mexico, Un enfoque macroindustrial y ftnanciero*(1929 – 2000). México: Fondo de Cultura Económica.

卡洛斯·萨拉斯　特拉斯卡拉学院区域行动项目

第十三章

阿拉伯世界积累的社会结构理论：
区域体系中埃及、约旦与科威特经济

SSA 分析在阿拉伯世界的应用

积累的社会结构（SSA）理论是解释西方资本主义经济中长期交替出现的扩张和停滞现象的理论。美国主导的二战后的 SSA，使美国军事力量扩张计划，对盟国和被保护国的对外援助的配置和美国剩余资本的海外投资成为必然。美国霸权主义为能源与原材料的供应提供了保障，也为资本主义生产全球性扩张提供了新的舞台，与此同时美国市场不断成长，西欧和日本的出口不断增长。由于阿拉伯地区的许多地方富产易开采的能源，并且这些资源分布在欧洲附近，因此，取代日益衰落的英法帝国主义，控制该地区便成为了美国经济、政治战略的不可分割的一部分。

SSA 分析的重要性在于对理解阿拉伯世界经济具有双重作用。首先，由美国主导的"战后 SSA"的建立和演进以及演进中的矛盾，构成了阿拉伯地区获得政治独立而成为新"国家"和进行"现代"经济发展的国际背景。其次，SSA 概念工具可以用来审视阿拉伯国家战后每段时期的经济成就和内在矛盾以及促进或阻碍每一阶段积累的制度。

埃及、约旦和科威特的实例阐述了区域 SSA 中的内部经济特征与外部关系的变化范围[①]。埃及代表了比其他集团人口更稠密，拥有更多农业，更高工业化程度，更大的国内市场和更多内部经济连接的子集团。

---

① 见 Pfeifer 和 Posusney（2003）和 Richards 和 Waterbury（2008）来解释这种归纳方法和变化维度。

约旦代表了一个人口较少，农业较少，规模小但工业化显著，以及更依赖劳动出口增加国民收入的第二种子集团。科威特代表了第三种子集团，即由出口石油和天然气定义的"依赖"经济，其拥有较少的农业和制造业，人口较少，人均收入较高，这决定了该国对进口商品、劳务以及其他经济上可行的服务的依赖。

虽然 SSA 方法是在美国这样的一个拥有长期内部联结的工业化资本主义国家经济的情况下发展的，对 SSA 进行充分分析，要考虑到美国在国际体系中的地位。同时，内外两方面因素对于分析阿拉伯经济也是很重要的，但内外因素的平衡却被颠覆了。阿拉伯地区有自己的内部动态因素，但没有使其内部经济连接产生的长期资本主义发展史。此外，与欧洲的邻近和持久的联系，使得在美国主导的国际体系中，冲突不断的阿拉伯国家，在国内经济政策和制度结构上比其他地区更迫切地需要改进（Lockman，2004：第四章）。

阿拉伯世界存在一种总的地区 SSA，核心制度的民族差异以及国家间的显著联系共同构建了整个区域。阿拉伯语言和文化，包括音乐、食物、电影和现在的媒体（如半岛电视台电视网），继续为说阿拉伯语的人们带来民族认同感。直至 20 世纪早期，他们仍旧拥有共同意识，不分国界地共享共同历史和文明。到 19 世纪晚期奥斯曼帝国衰落，欧洲经济实力和直接政治干预不断扩展的背景下，兴起了一种文化和政治一体化的思想意识——"阿拉伯民族主义"。20 世纪后半期，虽然阿拉伯人开始被看作独特民族国家的人民，但许多人仍然认为，这种界限要么是任意划分的，要么是欧洲强国和一部分自利的精英为分裂意图而故意划分的。一方面，英法关于阿拉伯自治权限自相矛盾的许诺，另一方面，1948 年杰出的犹太国家的建立，巴勒斯坦犹太复国主义的故乡，被视为对这些权限及其后继者美国的最终背叛。随之不断的以色列冲突，西方强国对巴勒斯坦人民的调解与制度重构的失败以及西方强国例行的政治军事干预，使得政体不断失衡，而最具讽刺的是，这种干预恰恰加强了跨民族的阿拉伯身份意识。

镶嵌在这一文化—政治框架内的经济维度是基于一系列共同的社会假设和结构基础之上的。尽管在 20 世纪 50 年代看来，阿拉伯共和国［法鲁克（Farouk）国王退位后的埃及］与君主国如约旦和科威特之间存在重要的不同，但是上述三个国家都采用了正式的立宪制，建立了拥有选举代表的议会制，并规定了国家和公民间共同的义务。甚至世界银行在结构调整的希望几经破灭之后，也开始意识到该地区独特的特征无法轻易地用新自由主义制度来破解和替换。正如最近的成果所示的，自独立于"围绕社会契约的干预主义—再分配形式的汇集措施"以来，共和国"对激进平民主义的承诺"和君主国"对国家主义家长式的理论基础"之间的分歧已延续几十年（World Bank，2004）。这种契约需要偏重于"再分配和平等"，偏重于计划和"管理国民经济上国家高于市场"，显示了"国家提供福利和社会服务的重要角色及作为表现国家有机统一的竞技场，而非政治斗争场地"的远见（世界银行，2004：25）。世界银行号召一种尊重地区文化和感受的"新社会契约"，但它却利用这个概念促进了一般的新自由主义改革议程，如灵活的劳动力市场并精确地以社会福利为目标（World Bank，2004：第七章）[①]。

除了这些核心特征，区域内经济关系由于和欧洲在贸易、投资和制度结构方面相接近而受到限制，同时又受到作为能源输出国和向其输入劳动力的国家经济的循环驱动力的全球能源市场的限制。最重要的是，劳动力迁移和其他的人事调动（旅游业、家庭联系、度假场所）实现了经济一体化，移民劳动力、跨国投资与援助以及较少程度的区域内贸易产生了汇款。区域经济学家对与各国国民产生共鸣的以区域为焦点的发展具有浓厚兴趣（如 Galal, Hoekman, 2003）。一个典型的例子是，2002年阿拉伯联盟建议以色列承认并与阿拉伯国家达成完全和平协议，以换取按照联合国协议如"242"中以色列/巴勒斯坦两国冲突的解决方案。这一建议得到了阿拉伯世界普遍的认可，因为它不仅意味着最终解决了令人疲惫不堪的巴勒斯坦问题，也意味着一体化区域整体上的和平与繁荣。甚至世界银行也开始认识到这一强大动力，并把它作为促进全球一体化的另一种工具（World Bank，2003：第1章和第7章，2008a）。

从这一点上看，具有代表性的埃及、约旦和科威特便进入了战后的 SSA，当时英国的主导地位已然终结，三国获得了意义重大的政治独立

[①] 作者在1992年由中东研究所（the Middle East Institute）主办的专题讨论会上作了一场题为"中东社会契约再思考"的讲座（全国新闻俱乐部（National Press Club），华盛顿，1992年10月16—17日）。对立的讲座由世界银行代表即当时的中东分区主管 Caio Koch-Weiser，他坚持当时的狭隘新自由路线，激烈反对"社会契约"的观点。

（埃及1952年，约旦1948年，科威特1961年）。创建国家经济的紧迫性迫使这些国家采用一些"国家引导的发展"的变体模式，这就使得一些制度变迁如自然资源的国有化、经济计划和基础设施投资、进口替代的工业化、农业转变以及企业和劳动法方面的变化成为必要。当国家在投资中占据主导地位时，私人资本只起着合作伙伴的作用，参与却并不能主导经济增长和社会转变的方向。这一发展模式也要求培养一批受过教育的中产阶级与技术熟练和不熟练的工人阶级，以填充扩张的"现代"经济产生的新职位，于是，这就要求它们以最小化阶级冲突的方式加入政治体系当中。

国家引导的增长模式暗含着两种尖锐的矛盾，即内部矛盾和外部矛盾，随着SSA在20世纪80年代达到极限，这些矛盾变得更加紧迫而明显。首先，我们案例中的每一种制度都对代表性政府进行了正式的承诺，但经济权力集中在国家手中和没有阶级对抗的神话造就了专制的政治倾向。随着"国家引导的发展"和对公民接受有限的政治自由相交换，社会契约便产生了。国家承诺公开保障公有和私有企业产生的债务，保证所有高中毕业生以及大学毕业生的就业，并普及福利项目，如教育、医疗、住房和必需消费品津贴。虽然人类发展取得了巨大的进步，但履行就业和收入的持续增长的社会契约，在80年代晚期变得日益艰难，导致了政治蛰伏期的侵蚀。

其次，繁荣时期产生的增长从内部来看比预期的要少。相反，这一增长更多地依赖外部环境，如世界市场上的高价石油和磷酸盐、国家之间的劳动力迁移以及现有的区域内或国际援助与信贷。在80年代变化不断的国际经济氛围下，这些条件大多是不可持续的。

甚至在20世纪六七十年代，阿拉伯经济得到增长和发展时，西方正在酝酿着一场破坏地区繁荣的结构性危机。直至80年代早期，西方的衰退状况导致了世界市场上原材料的下降，同时货币主义者对英国和美国通胀的攻击致使国际信贷日益稀少且更加昂贵。到80年代晚期，阿拉伯国家维持经济增长和在窘困的国际环境下履行社会契约义务的努力，转变为高涨的政府赤字、更多的高成本借款以及因出口收入不能弥补进口成本和债务服务而必然产生的国外汇兑危机。投资和生产力增长步伐蹒跚，总的经济增长放缓，甚至在某些年份呈现负增长。

对碳氢化合物出口收入的依赖使得这一地区更容易受到全球经济波

动的影响，而不是如它们的领导人所承诺的那样更加独立，越是依赖石油输出收入的国家，危机的程度就越严重（1975—2005 年实际人均 GDP 增长，见图 13—1）。

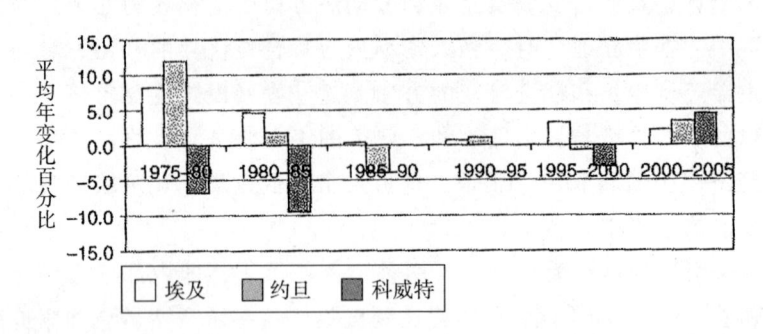

图 13—1　单位资本实际 GDP 增长率：埃及、约旦和科威特，1975—2005 年

资料来源：Askari, 2006：97，表 6；世界银行，2008a：143，表 A4。

由于经济增长期间，相对廉价的进口阻碍了生产性的国内投资，该地区荷兰病①的成本普遍很高。随之而来的是人民大众生活水平的停滞及就业机会的缓慢增长，恰恰在这个时候，人口统计学、教育、医疗成果在 20 世纪 80 年代不断地改进，这将产生一种深刻的政治社会疾病，并在排队等候公有部门有限工作机会与日益增多的受过教育的劳动力这二者之间制造隔阂。

正如对西方产品涌入该地区带来的文化入侵的不满那样，人们对国家引导的发展也产生了不满。但由于当权政府对民族主义和社会主义的压制，对这种不满的政治表达变得日益困难。于是，政治反对派主要由受过良好教育的专业人士领导，采用"伊斯兰主义"形式，这样国家便更难质疑其合法性②。这一运动与伊斯兰教或伊斯兰文明并无多大关

---

①　首次意识到"荷兰病"时，荷兰经历着石油价格起落周期及伴有来自北海石油输出国的外汇收入的波动。国际石油交易以美元主导。石油价格较高时，石油收入的注入往往抬高当地的货币值。这使得进口相对廉价，并破坏非石油输出国的竞争力，有利于投资从农业及非石油行业向其他领域进行转变。当石油价格下跌，外币的涌入减缓，欠多样化的经济变化面临上升的相对进口价格及下降的国内生产和非石油产品出口的能力。

②　伊斯兰主义运动作为经济思想意识或计划的主要意义是通过"伊斯兰银行"，一种"对社会负责"的投资，使用与利息无关的工具。这些工具可被转换为传统的盈利公式，正如国际机构的"伊斯兰银行"部门如花旗银行和汇丰银行所展示的那样。

系，在四百年的历史中，这一运动随着地点不同，时间不同，而发生高度的变化。伊斯兰主义的当代意义是作为一种宽泛、多样而清晰的当代政治运动，其大多数元素是尝试着和平而持久地推动政府向更加包容，更加满足人民需要的方向转变。我们的案例同该地区其他地方一样，美国和欧盟的支持加强了该地区的统治体系对挑战权威的反动行动的压制。但这种压制进一步激起了众怒，并且正如历史上其他地方其他年代受到压制的反对运动一样，使得更多的极端组织开始采用暴力。

二战后期阿拉伯地区的"发展"经历不仅反映了世界经济的长期发展和停滞，并同随后的西方新自由主义意识形态相互交织。然而，美国领导的战后国际贸易扩张最初刺激了地缘增长，这一增长持续了约十年，随之而来的经合组织（OECD）经济尤其是美国的滞胀，通过国际商业化和官方借款机制，传入该地区。时间仍约为十年。移植据说可以解决滞胀问题，新自由思想意识和英国撒切尔计划和美国里根计划中包含的"供应方"政策的努力，通过国际金融机构（IFIs）的干预传到该地区。至20世纪90年代早期，国际货币基金组织的稳定协议和世界银行的结构调整计划被提供给更贫穷的债务国，如埃及和约旦以及遭受危机的石油输出国，如科威特。被迫对国外资本开放，促进非传统制造品出口以及缩减政府在经济中的作用，加剧了内部矛盾，并进一步破坏了维持阿拉伯世界社会和平的关键契约。

考虑到总体计划，本章将研究战后SSA三个实例中每个国家采取的特殊的制度结构形式，包括增长和积累，国家/资本关系，劳资关系和区域一体化。然后本章将考察20世纪80年代对这些结构的侵蚀，这些实例在适应和抵制1990年以后新自由主义影响的经历以及在世界范围内新自由主义危机的背景下，分析该地区为建立可行且可持续的SSA斗争的实质。

埃及、约旦和科威特，直到20世纪在英国的指导下才被界定为"国家"，英国支持每一个受控于当地或更远的奥斯曼的地区的君主制。它们以民族国家的身份，直到二战后由英国和其他欧洲帝国控制的领域内的民主自由时代，才得以巩固。

英国支持的埃及君主制在1952年发生的没有流血的政变中被推翻，1952年到1954年间，纳瑟（Gamal Abdul Nasser）担任总统，一种新的具有共和特色的阿拉伯民族主义形式出现。直到1956年，英国军队一直占领着具有决定意义的运河地区,当纳瑟响应埃及和整个阿拉伯世界民众要求,使苏伊士运河收归国有时,英国被迫完全撤离,"阿拉伯社会主义"运动诞生①。

约旦作为国家出现的种子植于一战后,当时英国扩展对约旦河东面的巴勒斯坦的管理,占领被其称为外约旦的地区,并在一片印第安纳面积大小的领域上建立一个王国,还任命了一位君主②。游牧民族居住在东面沙漠地区,而安定的农业村落和放牧则主要集中在雨水充足的西北部山岭地区。由于强制性当局授予的垄断许可,商业活动和其他城市服务主要由巴勒斯坦人提供。在 1948 年的战争中,约旦军队占领了东耶路撒冷领域和巴勒斯坦西岸之后,形势发生了巨大的变化。约旦通过其对一百万巴勒斯坦人民的新建控制,使得一夜之间人口翻了三倍。一半巴勒斯坦人是来自新建的以色列国的难民,其经济通过融合巴勒斯坦地区的农业、工业和商业活动而迅速扩张并充满活力(Piro,1988:第 2 章)。

至 20 世纪之交,科威特一直是一个城市国家,由位于阿拉伯/波斯湾的西北部死角的天然港湾所组成③,作为渔业、珍珠业和贸易中心起着独特的作用。但 19 世纪晚期,其贸易发生转向,以满足扩张的大英帝国的需要。1989 年,占据主要地位的阿尔萨巴(Al - Sabahs)家族篡权并通过与英国签订一份秘密合约来保障其统治,这份合约给予科威特"保护地"的地位,即以英国对其国外事务的控制为交换,保卫它与奥斯曼"国家"边界,后来又取得了石油输出的第一批保留权,这时,科威特酋长国(领地)得以创立。

后独立时期的 SSA 下的增长和积累

埃及提供了一个清晰的早期国家引导的发展模式,这一模式的形成可以追溯到 19 世纪中期的一系列努力。当时统治精英首先提出发展工

---

① 与盟国法国和以色列一道,英国就这一问题对埃及开战(1956 年苏伊士运河之战),但这一军事运动却因美国的否决而停止,因为美国宣布其在该地区的日益增强的霸权主义地位。

② 为了赋予君主制合法性,英国代理人从人们认为的先知后人的阿拉伯哈希姆家族中选出一位国王,并在其管理下创建的伊拉克任命了一位修士。

③ 这一迷人的故事由(Ismael1993:1 - 4 章)及(Crystal 1995:1 - 4 章)讲述。

业以反抗欧洲侵略。但正是在五六十年代纳瑟的统治下,才开始了一项更彻底的有计划的基础设施投资,农业转型以及进口替代型的工业化项目,包括基本的钢铁工业和消费品如加工食品、纺织品和汽车组装工业。与这一经济计划相互补,政府为群众提供了更多的教育、医疗和其他社会服务,这同通过农村土地改革和城市工业就业与有组织的劳动的增长所带来的更广泛的平等一样,被认为是革命的必然阶段(Pfeifer, Posusney, 2003)。

国家的经济中心地位得以巩固。正如图13—2所示,政府的开支几乎上升到了GDP的一半,而公共资本开支上升到了政府支出的20%(Askari, 2006: 124)。阿斯旺高坝的建筑是该计划的关键,为满足整个国家消费和生产提供了足够的电力。整个计划有助于加强农业的基础性地位,提高经济作物的生产力,并借以增加农村收入和储蓄,因而在农业主导的良性循环的发展中,加大对资源的投资,并将劳动力从农业释放出来并转移到工业,为增长的国内产出建立起广阔的国内市场①。

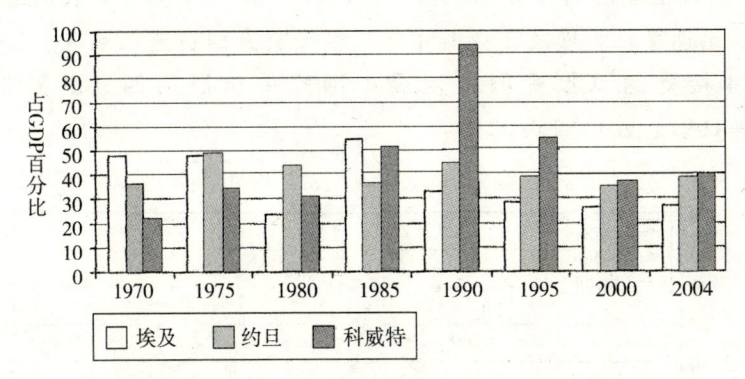

图3—2　中央政府支出占GDP的百分比:埃及、约旦和科威特,1970—2004年

资料来源:Askari, 2006: 121,表7.2。

然而,独立于世界市场的愿景只是一种妄想。新行业要求增加进口资本设备、技术和其他的资金投入以迅速赶上当代生产体系。早些年间,这些进口物资主要由苏伊士运河的税金与棉花和其他农产品出口收入来偿还贷款。为了使棉花得以出口,提供充足的小麦和稻米以供养人

---

① 自下而上的发展大纲由Richards和Waterbury(2008: 28-29)提供。

民，大量经济作物被政府机构以低于世界市场的价格征用。国内部分的转售有助于稳定城市的低工资，有利于工业增长，并且以世界市场价对出口部分的转售有助于引入足够的外汇以支付必需品的进口。然而，1967—1975年苏伊士运河的关闭，施加给农业部门更多的为出口提供盈余的压力（Pfeifer, Posusney, 2003）。

1969年至1989年间，每年的投资都远远超过了储蓄，正如进口超过出口那样（世界银行，1991：229），但由于埃及在该地区经济和政治体系中的核心地位，经济仍然十分繁荣。国内的"资源缺口"通过从几个源头流入的硬通货得以弥补。这些源头包括石油输出、阿拉伯援助和投资、美国于1979年和以色列缔结的和平协议（一半是军事援助）提供的相关援助、重开的运河通行费、重新恢复的国际旅游业、移民工人的汇款以及对国外借款人的债务的建立。随着这些资源的流入，埃及获得了1974—1985年平均每年宏观经济增长率8.4%的纪录，而投资达到了占GDP总额25%的历史高度，全要素生产率也以每年5%的速度增长（Handy, 1998：5-8）。图13—3表明总资本经历了迅速增长。埃及在吸引外国直接投资方面也进展顺利，1981—1990年接受的总投资额在发展中国家中位居第四（世界银行，1991—1992, v.1：25）。

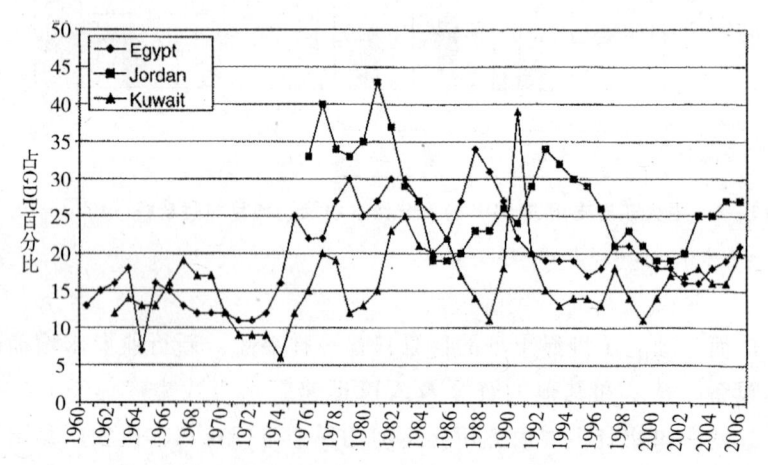

图13—3 总固定投资占GDP的百分比：埃及、约旦和科威特，1960—2006年

资料来源：世界银行，2008c：世界发展指标。

1967年6月，约旦战败，使得以色列征服并占领了西岸及整个耶路撒冷。一方面，这对约旦来说是一项巨大的损失，首先是疯狂的破坏性。再有就是，30万来自被占领的西岸的巴勒斯坦难民或逃离，或被迫东移到约旦地区。其中很多巴勒斯坦人及其后人成为了约旦公民，并占据了约旦人口构成的60%以上，这既是约旦经济的负担，同时也是一种恩惠。这些人口中较贫穷且受教育较少的人，居住在难民院（2008年仍然存在），那里由专门的联合国机构（UNRWA）提供教育、医疗及社会服务。约旦为他们提供如交通、电网、高等教育这些公共产品，并促进其与经济的融合（Piro，1998：第2章）。

另一方面，与东约旦人相比，多数巴勒斯坦人受过良好教育且具有职业技能。许多人可以作为技工或专业人员得到工作，或进入银行或政府服务部门，或者募集足够的资本以重新启动他们的经济活动。此外，巴勒斯坦组织了大量的劳动力迁往阿拉伯其他国家寻求工作。这种劳动力迁移成了约旦主要的出口内容，工人的汇款成了家庭收入的支柱，而且是海湾经济增长中外汇的关键来源（Pfeifer，2009）。

当约旦经济的命运与阿拉伯邻国更加紧密地绑定在一起时，经济不仅得以恢复，而且繁荣发展。1975—1980年，年人均实际GDP的增长达到15.8%，1980—1985年在受到地区性危机冲击之前，这种增长仍然高达5.2%，而总固定投资增加到超过GDP的1/3，如图13—3所示。失业在1976年达到1.6%的低点。主要用于投资公共产品的国外补助金，是经济长期发展的关键。阿拉伯石油国家的补助金在1975—1988年间约为GDP的12%，债务金融为GDP的10%，位居第二（Maciejewski，Mansur，1996：14，16-17，21）。

和埃及一样，约旦政府也将大量公共资本投入有形基础设施和"重工业"中，如开采、加工及出口人们唯一所知道的几种自然资源，即磷酸盐、钾碱和其他矿产。它也把投资投入小规模制造业和商业化农业、正在发展的普遍公共教育体制以及最近普及的医疗中。由于使用温室和滴灌技术来培育非传统水果、蔬菜、花草以及乳品场和家禽养殖的发展，商业化农业迅速发展。制造业的一个重要部分是由加工出口和当地市场需求的物资的工厂构成。旅游业成为建立于自然、历史和文化资源之上的另一个发展中的"行业"（Piro，1998：第3章；Pfeifer，2000）。

科威特的比较优势是通过石油的发掘以及外国石油公司在20世纪

30 年代开始开采石油转变而成的，使其以全新的方式进军全球经济。科威特以石油工业为核心的经济发展，在美国主导的第二次世界大战后的发展中茁壮成长。至 50 年代，它已经成为食利国，大量的政府收入和一半以上的 GDP 都是由石油公司为获得在该地区的石油开采权而支付的使用费（租金）构成的。1980 年，71% 的 GDP 来自石油业，其中 68% 来自原油（EFB，1983，5：6）。1983 年，科威特公民人均 GDP 达到现值 20300 美元，与美国和西欧国家处于同一等级。甚至所有科威特居民（公民和流亡人员）的人均收入达到了 12646 美元，处于世界经济的中等收入水平（EFB，1985，8：6；EIUc，1991 - 92：10）。

石油财富为国内和国际投资产生了史无前例的基金。20 世纪 70 年代，科威特是第一个完全控制自由石油工业的海湾国家，并支付 320 万美金来补偿海湾石油和英国石油公司（Day et al. 2007）。70 年代，储蓄率升至 GDP 的 50%，公共和私人投资和消费骤升。总固定资本构成的指数在 1970—1993 年上升了 4.5%，超过了 GDP 的 20%（Al - Yousuf，1990：72，又见图 13—3）。正如埃及和约旦，科威特政府重点投资当代基础设施，用开采和精炼石油的技术来武装国有公司，并投资一般性教育、医疗和福利制度。经济繁荣时期，这些投资惠及大量的移民工人，如巴勒斯坦社区，也惠及家庭。此外，科威特政府设立了科威特阿拉伯发展基金（KFAED），并共同资助阿拉伯经济和社会发展，并给予阿拉伯世界、非洲和南非的贫困国家以借款和外国援助。

后独立 SSA 的国家—资本关系

纳瑟在埃及执政的最初 20 年，私有资本归属国家，并局限于公共部门企业。然而，1967 年和 1973 年两次对以色列的战争大大损害了经济，安瓦达·萨达特（Anwar Sadat）新体制开始采用对国际资本开放的方式来调整这一现实。正如 20 世纪五六十年代的埃及，开辟了国家引导的发展模式，1974 年新埃及"门户开放"的经济政策（对外资开放政策）的宣布，标志其第一次承认国家领导模式的矛盾。然而，讨好国外资本的努力是在没有放弃国家的核心作用，也没有改变埃及经济主体结构的情况下做出的。国有经济企业，与劳工的社会契约及纳瑟的其他承诺丝毫未变，即使公共部门增长放慢，人们仍排队等候公共部门的工作（Richards，1991）。

虽然国内资产阶级仍处于国家的阴影之下，对外资开放的经济政策却有助于创建一个新的富有的买办阶级，作为进/出口公司的当地代理商和国外资本的代表和初级合伙人。美国成为埃及的最大贸易伙伴、对外投资资源和援助捐赠者。买办阶级日益增长的财富和大量来自移民工汇款的迹象表明，以前没有记录的储蓄突然物质化，长期以来这些储蓄已经被储藏在国家调控的银行体系之外，以存款的形式存贮于这时期迅速涌起的新型而炙手可热的"伊斯兰"投资公司。基于这些数量惊人的储蓄，一位埃及经济学家做了一次估测，认为实际国民生产总值可能多达官方测定数据的两倍（Oweiss，1990：第1章）。

在约旦，国家在经济增长中占据主要地位，但对直接生产的参与比埃及要少，这使得国家留出更多的空间资助并培养企业家阶级，并鼓励其进行扩张生产性投资。在英国的委托管理下，小规模外约旦经济一直通过商人阶级与和英国合作的巴勒斯坦经济相联系，从财政和政治上支持英国国王。1948年独立以后，这些精英大多移到安曼（Amman），并为东西岸经济的紧密联合服务。这个阶级和它所服务的市场的扩展与深入，源于1948年和1967年进入约旦的两拨巴勒斯坦难民，但仍保留对君主资助的依赖（Moore，2000：185）。

国家组织投资经济中心，并让私人资本主义体系围绕其增长。在20世纪60年代第一阶段，建立了独立的中央银行，它在最初的20年积极地指导经济中的资本流动，然而，却使银行独自成为"私人拥有，鲁莽运营和盈利"的机构（ERF和Femise Coordinations205：49）。社会保障公司得以建立并赋予消极的投资组合投资者以重要角色，以最大化私人雇员养老金的收益。70年代第二阶段，金融制度通过加入两种机构而得到深化：安曼金融市场（AFM），成为该地区最复杂的股票市场；约旦投资公司（JIC），此公司建立的宗旨是投资于增长性的财产以资助公务员的退休金。JIC创立国有经济企业（SEEs）来发展核心行业如采矿业、电力、水、交通和通信以及航空、港口和公路，创立公共部门公司（PSCs）来加工商品如石油、磷酸盐和钾碱。PSCs然后就为私人购买AFM分配份额（Kanaan，2001：190—192）。

私有部门在20世纪70年代扩展时期出现繁荣，约旦的人均收入在1975—1980年间，年均增长12个百分点（Askari，2006：97）。日益增加的货物和劳动力出口到繁荣的海湾国家和沙特阿拉伯，带来了收入高潮，这些收入用于满足住房、服务及当地制造的消费品的国内需要，70年代和80年代黎巴嫩内战期间，贝鲁特衰落，安曼作为地区商业和银行中心的作用变得日益重要。此外，石油盛产国实行了一个计划，慷慨帮助如约旦这些"前线国家"进行主要的基础设施建设。

石油时代出现之前，科威特的统治家族，阿尔萨巴曾被祖先定居该地区的精英商人认为是"同仁中的第一"，这种继承是合法公民的根本特征。然而，石油收入允许统治家族在财政上独立于商业精英，因而提升了其政治地位。为换取政治上的默许，统治者创设了一种资助体制，通过直接支持或为现在已削减的私有部门经济保留残余活力，来保证他们的委托人即商人的特权经济地位。例如，政府实质上放弃对即将建立的科威特很有价值的欠发达地区的权利，并在开办新型小规模私有经济如房地产、商业、进/出口，甚至农业部门给予慷慨的补贴（Pfeifer，2003）。

考虑到科威特相对小的吸收能力，政府利用盈余的石油收入为海外投资，国外援助和国际贷款提供资金。1953年，科威特财政部设立一般储备基金（原来的"主权财富基金"）由位于伦敦的科威特投资局经营，以产生食利者收入的另一个来源。另一个主要的国际投资组合创制于1976年，独特的为子孙后代的储备基金。这些基金购买了西方大公司的股份。正如1990年，两种基金估价达到1000亿美元，平均每年带来5%的利润（Day et al., 2007）。自1980年起，每年国民总收入比国内生产总值高15%到20%。

后独立时期 SSA 下的劳资关系

在后独立时期的发展中，几乎所有的阿拉伯国家都经历了一场深刻的阶级结构的转变。在埃及、约旦和科威特，一部分国民经济计划要求建立定期进行竞争性选举的议会制，就埃及而言，则是选举国家首脑。它也要求承认工人阶级对国家发展所作的贡献，并且至少是在大型生产机构（50名雇员以上）中，通过定期增长工资、抚恤金和医疗来补偿工人，就埃及而言，是分享利润。这些补偿由基本必需品和低成本住房的普遍补贴，及保证持有高中或大学文凭的人员在公有部门的就业来补充。工会形成是合法的，但工会受政府的密切督导，它"选举"的领导更多地为政府负责而不是为普通民众负责，就埃及而言，工会无权罢工（Posusney，1997）。

尽管穆巴拉克（Mubarak）政体下，20世纪80年代危机之时警察镇压加剧，埃及在普通民众活动家领导下还是发生了罢工。这些行为在对管理和政府提出质疑时，有时是激进的具有政治性的（Posusney，1997）。这些运动，尤其是与政党或组织结成联盟的运动，对政府政策有一定的影响，并对资本家或地主在国家引导的进口替代体制和随后的对国外资本开放中随意忽视工人权利这一行为进行了约束。政治左翼（以各种形式）帮助领导或加入这些运动，但要么被压制（宣布该政党非法，封闭报纸），要么就和严密控制工会领导层的政府一起参与竞选，这便有效地阻止了持久反对结构的形成（Beinin，2002）。

有效的组织劳工也受到工人阶级结构断裂的损害。农村—城市迁移的结合，增加了失业和就业不足，非正式部门的增长，劳工迁移的机会，破坏了工人组织的内在统一性，并"削弱了工人在对追求国家主导的 ISI 的权威民粹主义政体联盟中的地位"（Beinin，2002：117）。约350万埃及人，包括专业人员、熟练和不熟练技工和农民，在1973—1985年的繁荣时期，迁往石油输出国尤其是利比亚、沙特阿拉伯和伊拉克。这就减缓了80年代潜在的失业危机的爆发，并提高了消费和储蓄水平。图 13—4 显示了大量的汇款。正如贝宁（Beinin）所说：

> 埃及的迁移工人的汇兑构成了唯一最大的外汇源，80年代中期达到国内生产总值的 12%。至 1988 年，至少 20% 的劳动力（已经）在国外工作（某些时候），每年官方的迁移工人汇兑数量约为 32 亿，非官方汇兑估计在（额外）20 亿到 40 亿之间（Beinin，2002：117）。

约旦因其通常允许其选举议会中代表的多样化，而一直被称为"自由君主制"。然而，君主可以任意解散议会，无视议会所通过的法律，并根据诏令制定政策。国王的确于 1957—1992 年取缔了所有政党，这便阻止了工会和其他平民社会组织取得明确的政治同盟或外部支持（Carroll，2003：271-73）。

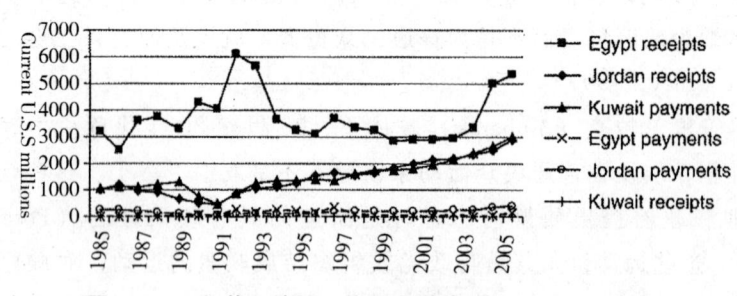

图 13—4　汇款，埃及、约旦和科威特，1985—2005 年

资料来源：UNCTAD, 2009, http://stats.unctad.org/Handbook/TableViewer/TableView.aspx。

在国家引导发展的背景下，工会的组织是合法的，正如在埃及和约旦，工人被视为建立国家联盟的一部分，并在面临失业时受到法律保护。当临时工合约到期时，会自动更新为永久性合约。工人可以任意申诉解雇并长时间拖延，直至政府任命的劳工董事对这一申诉进行考虑。公司被要求提前警告可能的大规模裁员，无论公司的盈利或损失状况如何，政府都可能禁止这种大规模裁员。然而，作为对在这些正式部门中特权的交换，工会要接受政府对其内部事务的干预，其高层领导也要与政体紧密联系，他们罢工的权利受到严格限制（Posusney，2007）。

由于约旦既是劳务输出国又是输入国，因此在强劲的经济增长时期，要界定工人阶级就变得更加复杂。虽然受过教育的约旦人都到海湾工作了，但经济的底层仍充满着农业、制造业及服务业的工人，这些工人来自更贫困的阿拉伯国家，如埃及和日益贫困的地区，如南亚。这也使劳工很难形成长期统一的组织和政治团体以对抗国家和私人雇主。

科威特在石油被发掘之前，长期以来一直是城市国家，这种历史产生了独特的后独立的政治结构。主张行政、立法和司法三权分立的君主立宪制，其合法性与宗教无关，伊斯兰教教法对当代法律也不具什么影响。虽然埃米尔能够终止宪法，关闭国会，但仍然存在一种活跃的政治文化，被选举出的不同政治信仰的议员之间不断进行强有力的辩论，如阿拉伯民族主义者和各地区的伊斯兰教主义者，在议会或在政治显贵家中的晚会上进行自由的争论。新闻媒体也可能被埃米尔查封，但它是私有的，且具有竞争力，一直是政体的关键部分。对劳工而言，这些相对的自由意味着，科威特是海湾地区唯一的允许工会存在，容忍甚至支持巴勒斯坦人建立政治组织的君主制。例如，科威特教师联合会常常支持相对好战（大多数为女性）的巴勒斯坦教师联合会（Pfeifer, 2009）。

虽然科威特/巴勒斯坦的团结得到容忍，但在不同背景下的工人中却几乎没有使组织长期成为社会和政治的融合。科威特社会严格地分为同族层，这种分层既存在于科威特人之间，个别地也存在于移居国外的社区。每种分层反过来由居住时间的长短及对建立现代科威特经济的贡献来划分的，其中巴勒斯坦地区是建立得最大、最完善的，并且在经济上是最重要的社区（Pfeifer, 2003）。[①]

科威特在1975年到1990年间，人口从99.5万增至213万，翻了一倍还要多。在第一个10年，这一增长来自外籍居民，他们在总人口中的份额从1974年的52.5%增至1985年的巅峰72.3%，其中50万是巴勒斯坦人。非科威特劳动力从1975年的70%增至1990年的巅峰85%。然而80年代中期，科威特采用民族主义政策，规定至少在专业和技术方面的职业应当"科威特化"，这使得外来工人更难长期留在科威特或更难让其家属陪伴[②]。至1990年，伊拉克入侵的任何迹象显露之前，这种平衡一直在有意识地进行转移，以至于收入较高，政治易怒的阿拉伯人减少到不足外来劳动力的50%，大多数人由南亚人替代了（Pfeifer, 2003）。

人类发展、收入分配和贫困

这三个国家，同阿拉伯地区这一整体一样，显示了自独立后到2005年整个时期在人类发展包括女性的发展方面的重大进步［见图13—5的人类发展指数（HDI），1975—2005］。例如在教育方面，埃及从1996年文盲率超过70%的低基础开始。其人类发展指数从1975年到

[①] 巴勒斯坦人民在科威特工作和生活的经历记载于巴布拉（Bhabra）1987，尤其是pp. 39-52。

[②] 这一政策总体上针对阿拉伯社区，尤其针对巴勒斯坦人。他们是完善的社区中唯一与家人同住的群体。

2005年增长了27个百分点，成为这30年中增长最快的国家之一，最终文盲率只有27%。约旦的人类发展指数从1980年到2005年约上升了12个百分点，最终值为77（排名86），约旦"发达而不富裕"，因为它的HDI排名超过2005年GDP的排名11位。约旦的教育系统是该地区最好的，2002年15—24岁女性的识字率为100%。科威特的HDI从1975年到2005年上升了13个百分点，最终为89（排名33），但仍然"富裕而不发达"，因为2005年它的人均GDP排名比HDI排名高出12位。科威特最大的成就之一，是提高了女子入学率，并超过了男子的入学率（联合国发展计划，United Nations Development Program，2007/08）。

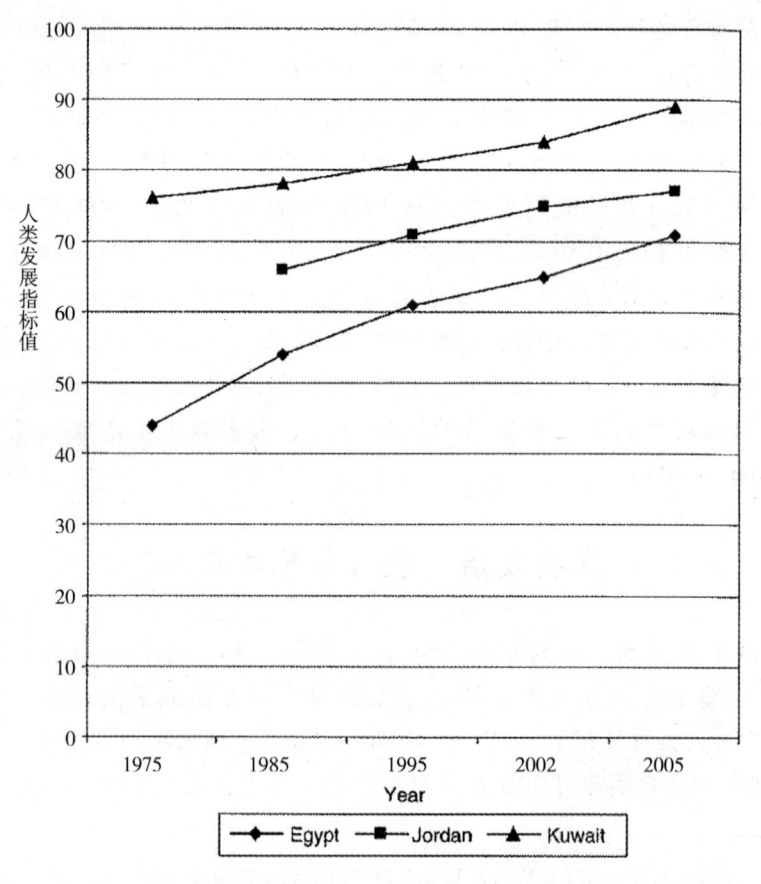

图13—5 人类发展指标，埃及、约旦和科威特，1975—2005年
资料来源：Askari, 2006：63，表5.6；联合国发展计划，2007/2008。

阿拉伯地区比发展中国家其他地区，如拉丁美洲、南亚及非洲的不平等水平都要低，赤贫率比同收入水平的国家也更低。虽然国家收入税收体系发展欠缺，公有部门的出口收入、旅游等服务税及进口关税都是公共服务的公共资金的重要来源。消费的相对平等是由公共部门对商品的津贴、工资收益政策以及为贫困人口提供医疗、教育和福利服务的资源充足的伊斯兰和其他私有慈善机构共同推进的①。

20世纪80年代晚期和90年代早期的危机时期，对埃及和约旦来说是收入贫困增长时期，科威特整体来讲是平均收入下降时期，但90年代晚期随着经济增长的恢复，这种情况得以改善（世界银行2006：表A1）。2000—2002年，约旦的消费基尼指数为0.39，埃及的为0.34（世界银行2006：表A2）。2005年，埃及与约旦的人类贫困指数（HIP－1）值分别为20和6.9，它们的排名（61和11）比它们的HDI和人均GDP排名明显好很多（联合国发展计划，2007/08）。

区域SSA中的经济关系

阿拉伯国家的经济关系使得直接的预算转移、长期的低息发展贷款、私人投资、贸易以及劳动力迁移成为必需。

直接援助 阿拉伯石油输出国对"对抗国"提供完全的预算支持，以维持和补偿这些国家同以色列冲突中的运作。1963年到1966年，埃及接受了23450万美金的政府间调动款，包括KFAED授予的用于扩宽和加深苏伊士运河的2700万美元。在1967年战争和1978年戴维营协议（Camp David Accords）之间（之后埃及与以色列达成和平协议，并受制于阿拉伯联合抵制同盟），埃及接受了阿拉伯石油输出国高达170亿美元的援助，其中1967年到1970年间仅科威特就援助了16200万美元（Feiler，2003：40）。自1973年到1988年，约旦政府平均收入的43%来自外部援助和贷款，在石油繁荣顶峰的1980年这一比例高达

---

① 我们没有科威特收入分配或贫困的数据。尽管如此，众所周知，就工作收入、投资和政府慷慨援助方面进行比较，一方面，科威特公民与永久性居民之间存在强烈的不平等，另一方面他们与外来工人之间存在强烈不平等。然而，消费分配却比较平等，因为任何居民都可以以补贴价格到"合作"杂货店购买任何一种商品，并在政府所有的加油站购买汽油和其他石油衍生产品。

53.4%（Brand，1994：表：44-45）。作为最慷慨的捐助者，科威特并非仅仅为利他主义所驱使，因为"……科威特对约旦的援助支出，在很大程度上旨在加强安全并为其赢得其他军事组织的支持"（Brand，1994：123）。

发展援助、贷款和投资　石油输出收入通过以地区为基础的石油美元再循环，用于石油输出国和较贫困的阿拉伯国家的发展。图13—3展示了埃及和约旦从1960年到1975年，资本总构成变化的相似路径，以及1975年到1978年，埃及、约旦及科威特的资本总构成变化的相似路径。

整个1985年，阿拉伯对埃及的总投资为45.5亿美元，其中20亿直接存入中央银行用于公共部门投资，其余用于特殊项目发展援助和私人盈利企业（Feiler，2003：93）。1962年到1989年，后独立时期的SSA受到侵蚀，约旦接受了阿拉伯石油输出国40100万美元的发展贷款以及21.54亿现金，用于各种项目（Brand，1994：149）。科威特在对约旦的总贷款中的贡献六七十年代一直上升，1983年达到巅峰，高达6%。这些资金大多用于基础设施项目，如磷酸盐，钾碱和化肥工业，热能，拉马拉（Ramallah）的比尔宰特（BirZeit）大学，西岸市政服务，亚喀巴（Aqaba）港口，安曼供水系统，还有约旦河谷管理局（Jordan Valley Authority），包括农业灌溉（Brand，1994，表1和11：44-45和130）。

科威特对约旦的私人投资主要采取企业联合的形式，但只占科威特海外投资的几个百分点（Brand，1994：143，147）。这些企业集中于房地产，包括住房和农业土地开发、商业、旅游、公共交通服务和食品生产如奶业、家禽和渔业。制造业的投资主要集中于加工食品、饲料和化肥，主要出口到该区域。

贸易　约旦与埃及的关系很疏远，直到共同经历的1967年战争的损失，两国的关系才走得稍近一些。1970年后，约旦试图将贸易扩展到埃及新兴的国内市场，以"克服阻碍约旦进行国内商业和工业扩展尝试的某些规模不经济"，并通过经济联系加强区域政治安全（Brand，1994：243）。然而，约旦从埃及的进口在70年代只占总进口的2%，而向埃及的出口平均占总出口的3%，因此约旦一直与埃及之间存在贸易赤字。虽然约旦从科威特的购买量不到总进口量的2%，如1973年的 1.7%，但其对科威特的出口十分重要，如 1973 年，占出口总量的 11%，而约旦 70 年代与科威特一直保持着贸易盈余（Brand，1994，表 7 和 8：78-79）。

约旦是 1983 年第一个公开打破对埃及禁运的阿拉伯国家，以方便埃及物质援助伊朗—伊拉克战争中的伊拉克，并帮助约旦私有部门以埃及消费者来取代日益萎缩的伊拉克市场。虽然讨论了很多联合企业，但只有两个重要的项目得以实施，即 1975 年的苏伊士运河和约旦红海港之间海上运输的亚喀巴—纽维柏（Aquaba-Nuwaybi）航线，以及 1984 年开办的在两国都设有分支机构的联合发展银行（Brand，1994：243-44，248-49，255-56）。

迁移工人和汇款 1982—1983 年的顶峰时期，埃及约 23% 的劳动力，或者说 290 万工人被国外雇用。他们的汇款在 1984 年达到 39.8 亿美元，1974—1984 年积累总数为 220 亿美元（Feiler，2003：100，111，116），约为同期科威特对埃及直接投资的十倍以上。埃及的劳动力在科威特具有重要作用，从 1978 年的 15 万工人增加到 1982—1983 年的 20 万，在长达八年的伊朗—伊拉克战争期间，牵涉到总数为 125 万埃及人，主要是农民和劳动者（Feiler，2003：101，244）。

约旦派出专业人员、教师和军事顾问到科威特，而科威特派出本国学生到约旦进行教师和军官职业培训。1985 年科威特至少有 35 万约旦移民（多为巴勒斯坦血统）（Brand，1994：134）。在同期，虽然对埃及实行禁运，埃及劳工仍然继续在约旦工作，并主要从事农业和建筑业。1987 年 25 万埃及人在约旦工作，这一数字随着 1988—1989 年经济危机而有所下降（Brand，1994：264-265）。如图 13-4 所示，在 1986 年达到了第一个高峰期，约旦的汇款收入几乎达到 12 亿美元，而约旦对汇款的支付达到 24700 万美元。

国家领导的 SSA 的侵蚀和新自由主义的到来

到 20 世纪 80 年代中期，随着石油价格和石油收入的下降，国家引导发展的内部矛盾和该地区对石油收入与劳工汇款的依赖，共同引发了一场危机。危机的主要症状是无法维持生产力的增长。一份增长核算报告表明，"与世界其他地区相比，中东和北非地区（MENA）整体上经历了全要素生产率对经济增长的最低贡献",而且全要素生产率对增长的贡献在整个 1960—1997 年实际上是负的（Makdisi et al.，2007：48）。同样，埃及工人人均实际 GDP 增长率从 1975—1984 年这十年的 6.49 降为 1985—1994 年这十年的 0.78，约旦从 8.24% 下降到 -3.13%，科威特在整个 1965—2004 年都呈现负值（Esfahani，2007：63）。这些结果之间的主要差异似乎归因于对资本集中式石油开采的依赖程度和作为经济增长基础的海湾的就业情况。

以埃及为例，四种核心矛盾浮出水面。首先，取代基于农地改革和阿斯旺高坝可提升农民收入和储蓄的农业带动增长模式实施的承诺，相反地国家对征用农作物如棉花支付很低的控制性的价格，以在世界市场上用较高价格出售。农民转向生产未受控制的作物，最著名的是埃及三叶草（berseem），一种饲养牲畜的三叶草，响应城市对肉类需求的上升。当埃及成为纯粹的粮食进口国，并且进口成本提升时，这一增加外汇的策略却成了自我挫败的因素。其次，该国的工业化战略依赖全盘进口西方大量资本集中投资的技术。这使得早期增长以额外的劳资为基础，而没有大量的技术革新和工业劳动力需求的长期扩展。两种因素的结合导致了农村—城市之间的迅速迁移及增长的非正式部门的出现。

此外，与东亚模式相对——埃及常常毫不掩饰地将其比作韩国——ISI 对国内工业实施的长期保护，却似乎并不期待这些公司以创新"回报"其支持，而这些创新会使它们的产品在世界市场上更具竞争力，并可拥有自己的外汇份额。最后，对所有毕业生在公共部门进行工作的承诺，及正式部门劳工所获得的作为国家领导的社会契约一部分的工作保护，导致了超编以及时间和资源的浪费，同时因通胀超过名义工资增长而降低了实际工资。

因此，埃及的 GDP 增长、国民储蓄和公共开支在 20 世纪 80 年代全面直线下降。实际的人均 GDP 增长从 1980—1985 年的每年的 4.7% 跌至 1985—1990 年的 0.3%（Askari，2006：97）。国内储蓄似乎随着几家伪"伊斯兰"投资公司的破产一夜之间蒸发了，这几家公司设计了几个投资商购买股份的庞氏骗局，其行为损害了人们对私有部门的信心。同时，缺少外币来为进口工业输入品和食品提供资金，引燃了袭击埃及的债务危机，正如第三世界其他地方一样。1985 年，外部债务上升到了高于 100% GDP 的程度。到 1990 年政府削减公共部门的工资，制造业的实际工资降到了低于 70 年代的水平。甚至当政府削减对必需品如面包和燃料等的津贴时，失业和贫困上升（Beinin，2002：129 - 130）。

国内危机和石油收入以及汇款的下降这一新的现实两种因素相结合，使得埃及在 1974 年对外资开放政策下繁荣起来的进口商和金融家的重压下显得格外脆弱，而且更易于受布雷顿森林制度的影响。1990 年之前，华盛顿共识由于有组织的劳工的抵制和迁移工人出逃的可能性，并未在埃及取得进展。然而，取消埃及 550 亿美元外汇债务中将近一半的债务来换取参与美国领导的抵制海湾战争（1991）中伊拉克的联盟，打开了一条与 IMF 成功缔结协议之路，并给予该政体足够的政治资本以开始拖延已久的公共部门企业私有化（Beinin，2002：116 - 117）。

同期，约旦经历了两次重大打击，使其经济处于混乱状态。首先，1983 年和 1986—1988 年石油价格的下降使石油出口经济陷入衰退状态。这一衰退使它们减少了对外来劳动力的需求，抑制了对约旦产品的进口，并切断了外援。1988 年失业率上升到 10%，至 1990 年，埃及的制造业工资已经降到低于 70 年代早期水平（Beinin，2002：129 - 130）。1989 年，当约旦政府削减津贴时，它经历了首次大规模的面包暴乱。1985 年到 1990 年实际人均 GDP 年均下降 3.9%，1990 年债务上升到了 GDP 的 200% 还要多（Askari，2006：97，166）。随着外汇储备骤降，约旦达到了利用国际市场借款能力的极限，第纳尔不得不宣布贬值 60%，这严重抑制了该国进口其无法生产的最终产品和中间产品。

第二次大冲击是伴随 1990—1991 年海湾危机而来的。约旦与其最大的贸易伙伴伊拉克的贸易，随着战争及当时经济制裁的生效而减少了一半。此外，海湾国家停止了对约旦的援助和贸易，以报复约旦的中立及驱逐大量外来工人，尤其是巴勒斯坦人，他们除了到约旦，没有其他地方可去。因此，国内突然增加了 6 万—7 万工人，1991 年其中的一半处于失业状态，而同期的汇款额也暴减。据各种估计，1991 的失业率已经增至 14.4% 到 25% 之间。1990—1995 年，每年的人均实际 GDP 增长不到 1%（Askari，2006：97），而注册的私有企业 1987 年到 1992 年间从 1990 家增长到 4349 家（Kanaan，2001：192），资产阶级士气低落，并没有利用此次机会来更强烈要求国家维护其自身的利益（Moore，2000：185－191）。

如约旦一样，科威特在 20 世纪 80 年代也经历了几次急剧的逆转。1980—1982 年世界范围内的萧条，石油消费国对替换燃料和保护的转变，以及更多非石油输出国组织的供应商加入石油市场，这些都促使对 OPEC 石油需求的下降以及价格下跌。科威特"实际"石油收入（进口价格指数使得名义收入贬值）1982 年比 1974 年的价格低了 13%。石油价格 1986 年和 1988 年再次下跌，科威特的石油收入再次暴跌到 1974 年的 58%（Al－Yousuf，1990：6－8）。经济增长骤跌，1985—1990 年实际人均 GDP 年均下降 9.4%。正如图 13—3 所示，至 1990 年资本总构成已下滑到 GDP 的 11%。国内总储蓄是微不足道的 4% 的 GDP，相比之下，国民总储蓄是 17%，说明资本被国外持有，而不是投资于国内（Askari，2006：97，100，110）。

科威特的低迷是由非石油商品部门没有迅速增长造成的。除了石油精炼公司和几个基本的欧洲"模范公司"，每个工人的实际附加值从 1976 年的 2836 KD 降为 1984 年的 2312 KD（阿尔萨巴，1988：26）。这一糟糕表现部分是因为悬于石油繁荣时期的荷兰病的实际部门。同时它也归因于源自 1982 年基于苏格艾赫基地莫纳克（Souk al－Manakh）股票市场的破坏及随后的流动性危机的金融部门存在的问题，即使政府进一步以高出市场价格的价格购买股票和银行股份，这些危机仍然破坏了人们对国内经济中实际私人投资的信心（Looney，1992）。

计划者和经济顾问反复建议改革计划，来处理科威特的"结构问题"，并减少其对石油收入和外来工人的依赖。其核心观点是把资源用于支持国内外能"提高生产率"的高附加值的商业活动，如将由受过良好教育和高技能的科威特人来组织和管理金融服务业、工业规划和工程技术（Al－Sabahs，1988），鼓励私人企业活动，并把经济推向更加东亚化的发展模式①。相反，科威特却加强了对曾在

---

① 该项目涉及的其中两位研究员，兰斯·泰勒（Lance Taylor）和爱丽丝·阿姆斯登（Alice Amsden），因他们对 IMF 和世界银行方案的批评和对各种东亚发展战略的成功分析而广为人知。

20世纪六七十年代为其带来财富和成功的原有的熟悉路线的追求。违反OPEC的配额，与其他OPEC成员竞争，同时寻找机会在协议中进行欺骗，科威特自1989年6月就增加了石油产品产量，直到1990年8月伊拉克进行的灾难性侵略（EIUc，1991-92：13），在1991年恢复之后，它用不太昂贵的劳动力替换了外来劳动力。（见图13—4)，我们可以观察到1988—1991年约旦接受汇款和科威特支付的汇款的急剧下降。

1985—2000年区域经济关系的解体和重建

20世纪80年代晚期的危机时期和1991年的海湾战争，要求从根本上改变区域内经济关系结构。90年代这些关系得以重建，这一过程对埃及、约旦和科威特的影响各不相同。就埃及而言，海湾合作理事会（GCC）① 关系在联合抵制时期大大削弱，但在80年代后期得到恢复，并在90年代得到加强。另一方面，对于约旦，尤其对科威特而言，GCC关系在80年代晚期被削弱了，90年代几乎完全破裂。如图13—3所示，1988—1997年危机与停滞并存时期，埃及、约旦与科威特之间采取的资本总构成路径存在广泛分歧，这与之前存在且在这萧条十年之后即将存在的协调一致形成对比。

援助 由于联合抵制，1981—1985年阿拉伯对埃及的援助呈负走向，但1986—1989年以小于20世纪六七十年代的规模得到了恢复，这四年的援助总数约为21050万美元（Feiler，2003，表6.1：233）。同时，1979年埃及与以色列签署和平协议之后，每年接受美国约20亿美元的援助。

作为参与将伊拉克军队驱逐出科威特战争的回报，埃及在1990—1991年接受了48亿美元的援助，其中30亿来自海湾石油输出国，并取消其130亿的国际债务。之后，由于石油收入降低，1995—2001年阿拉伯的援助最高额减少为80亿，而美国继续每年约20亿的援助。尽

---

① 海湾合作理事会在美国支持下创立于1980年，它作为一组阿拉伯海湾国家来反对伊朗共和国并支持伊朗—伊拉克战争（第一次海湾战争）中的伊拉克。它由六国组成，即巴林，科威特，卡塔尔，沙特阿拉伯，阿拉伯联合酋长国，及稍后加入的阿曼，之后这个组织也是一个经济体，类似于欧洲经济共同体。

管科威特持续处于穷困之中，但它仍负责对埃及援助的15%并取消了其债务，1999年，KFAED对埃及提高了发展贷款的数额，并达到5080万，用于涉及土壤改善、电力转换、造纸和印刷、排污系统和社会发展基金的项目（Feiler，2003：232－242）。

20世纪80年代，约旦接受外援和贷款占政府收入的份额日益下降，从1980年顶峰时期的53.4%降为1988年的28.8%，而科威特对约旦的国外贷款份额从1983年巅峰时期的6%降为1988年的1.3%（Brand，1994，表1：44－45）。此外，1990年伊拉克军队占领科威特之后，约旦试图保持中立，因此科威特取消了对约旦的承认和支持，两国直到1999年才达成和解。

投资 阿拉伯对埃及的投资在20世纪80年代后期得到增长，1990年增至阿拉伯总投资的23%，占该年对埃及的对外直接投资（FDI）总量的12.5%（Feiler，2003：240）。阿拉伯私有资本在90年代晚期继续流入埃及，科威特每年约占20%，如1999年，阿拉伯国家间总投资的8820万美元中有1760万美元来自科威特。1999年，埃及拥有1799家阿拉伯公司，注册资本总量为162.8亿美元，其中包括科威特的哈拉菲投资公司，占72500万美元。这些公司参与各种活动，包括工业、农业、银行、交通服务、投资公司和自由区贸易（Feiler，2003：241）。

埃及的私人资本也在90年代晚期流入阿拉伯国家。1985—2000年埃及到阿拉伯的总资本流入量为40亿美元，仅科威特就流入11亿美元，这就增强了埃及与科威特之间的联系（Feiler，2003：243）。

贸易 约旦与埃及的贸易在1979—1983年的核心联合抵制期间有所下降。来自埃及的进口物资降到所有进口物资的0.4%，对埃及的出口物资降到所有出口物资的1.2%。约旦放弃联合抵制后，进出口都再次得到提升（至1988年，总进口和总出口物资分别提升到1%和2.2%），实际上，1978年，约旦在对埃及的贸易中出现顺差。20世纪80年代，当约旦不再依赖伊拉克提供的燃料时，其从科威特的进口变得有些更为重要，占总进口的比例从1984年的0.5%上升到1988年的2.2%。然而，其对科威特出口的重要性却下降了，从1973年占总出口的11%降为1984年的4%，再降为1988年的3%。1987年和1988年，约旦遭受了与科威特的首次贸易赤字（Brand，1994，表7和8：78－79）。

旅游业 旅游业是重要的区域内现象。世界银行指数显示，约旦和埃及 2000 年在所有贸易一体化（贸易与 GDP 的比率、出口对 GDP 的比率、生产多样化、区内贸易、非石油出口与 FDI）的措施中，相对于其潜力而言，表现欠佳。但二者在旅游业方面的表现却超过了它们的潜力（世界银行 2003：43，48，49，72 - 74，76 - 78）。1998—2000 年，埃及旅游业进账平均为 GDP 的 4%，约旦为 9.3%（世界银行，2003，附表 4：234）。1988—1989 年，来自其他国家的阿拉伯人，包括游客，占了到约旦的所有参观者的 56%①。

外来工人和汇款 20 世纪 80 年代危机时期，海湾地区尤其是对阿拉伯劳工的需求锐减，因为这些国家试图将它们的公民放置到较高等级职业中，并扩展非阿拉伯人在较低等级职业中的比例。正如图 13—4 所示，约旦 1985—1990 年接收的汇款降低了一半，而科威特的支付出现平稳状态，之后这些年同样骤降。

虽然 1990—1991 年伊拉克战争之后，70 多万埃及人已从海湾国家返回，其数量得到恢复，但 90 时代晚期，大约有 200 万埃及人在其他阿拉伯国家工作。1999 年，这些人中约有 22.7 万在约旦工作（Feiler, r2003：244 - 245）。正如从图 13—4 中所能看到的，1990—1991 年，当埃及人被招募成新兵，作为临时基础来支持反对伊拉克战争而进行努力时，汇款暴涨，之后 1994—1999 年汇款进入了每年 32 亿到 36 亿美元的范围。

1990 年约旦多达 1/3 的劳动力在国外工作，但有 6 万到 7 万工人遭到科威特和其他海湾国家的驱逐，他们的家庭大多数是从战区逃离出来的，也不允许返回。因此，一方面，1991—1995 年间的汇款并未增长，徘徊在每年 10 亿左右（见图 13—4），但另一方面，资本总构成在 1993—1995 年间却暴涨，直到 1998 年返回者建立企业并投资于房地产之前，一直保持在超过 1990 年的水平（见图 13—3）。基于劳动力规模的增长，日益增多的约旦人在 90 年代晚期到国外工作（但不在科威特），到约旦的汇款再次从 10 亿增至 15 亿美元。

从约旦和埃及来看，工人的汇款仍是国家收入的决定性来源。1998—2000 年平均人均汇款分别为 335 美元和 60 美元，明显超过了人

---

① www.dos.gov.jo/ari_dep/ari_dep_e/20.html.

均 FDI，即 72 美元和 18 美元，同期的人均援助分别为 98 美元和 26 美元（世界银行，2003，附表 5：236）。

对新自由主义议程的适应和抵制

20 世纪 90 年代，埃及、约旦和科威特反复鼓励从结构上调整制度来达到华盛顿共识的要求，即通过减少政府开支来实现稳定，国有经济企业私有化，对外贸易自由化，使用外国投资和劳动法。由于没有完全适应，且对新自由主义的 SSA 没有产生一致的看法，便产生了一些奇怪的结果，这些结构与华盛顿共识的期待相矛盾。例如，约旦国内的资本家阶级通过游说政体来追求一种"发展的国家"模式，对几乎全部私有化做出反应（Carroll，2003：268）。

重新平衡国家/资本关系 1985—2004 年，埃及政府支出占 GDP 的比率降低了一半，劳动力的公共就业从 39% 降到 30%。314 家国有企业中，政府清理掉 189 家，使该部门的就业减半，从 108 万（约为 6% 的劳动力）减到不到 1/2（卡拉纳公司，2002：8 - 11）。股票市场资本化从 GDP 的 35.6% 升至 105%，官方失业率从 11.7% 降到 8.3%，正式私有部门的就业增长了 6 个百分点，达到 27%。然而，出人意料的是，正式私有部门在 GDP 的份额却在 2000—2007 年从 70.7% 降到 62.3%，随着股票交易所列出和交易的公司数量下降了 50%，私有制更加集中（埃及的美国商会，2008）。此外，至 2006 年，非正式部门得到扩充，吸收了 75% 的新劳动力，占实际就业的 61%，创造了官方测定的 GDP 的 1/3 到 1/2（Assaad，2007：1，12 - 13；Nasser，2008：6）。

科威特降低了政府开支占 GDP 的比重，从 1985—1995 年的超过 50% 降为 2004 年的不到 40%。然而，它抵制"IFI"督促其抑制对必需品普遍津贴的这一"浪费"性开支以及减少公共部门高薪职员的薪水及退休金和其他收益（Chalk et al.，1997：1 - 2，6 - 7，14 - 15，24；EIUb，2000 4：16）。相反，政府把津贴和其他当前的转移支付从 1990 年的 20% 恢复到 1980 年的水平，即占政府总开支的 24%，并把公共就业收益扩及在私有部门工作的科威特公民（Askari，2006：131）。

同样,科威特的碳氢化合物部门仍保留在公共领域,甚至在 2005 年只占 GDP 的 6.4% 的小型制造业,如石油化工业、建筑材料和铝仍受国有经济企业的支配(世界银行,2006:297)。2005 年,仅银行业就占股票市场资本化的 1/3,这时的私有资本在财政方面具有积极的作用(NBK,2006)。私人投资控制着建筑业和房地产,但政府提供了一个框架,为土地和居民发展提供津贴,鼓励其向新项目扩张,如旅游、旅馆、度假村以及公共住房(Day et al.,2007)。

对外贸和国外投资的开放 埃及和约旦都使贸易自由化了,但直到 2000 年的许多年以来都持续地存在占 GDP 大约 20% 的贸易赤字,外来汇款仍是填补这一空缺的关键因素(ERF 和 Femise Coordinatiors,2005:65-68;世界银行,2008b)。劳动力输出仍与货物出口一样重要。

世界银行"易于从商"指数中的 181 个国家中,科威特排名 52,比埃及和约旦排名靠前很多。尽管封闭的碳氢化合物部门接受了大量共有资本的融入(戴等,2007),这一指数却是基于 2008 年对外商提供的慷慨的减税和在股票交易、银行业、航空和移动电话服务中为外资留出的空间构成的(EIUb,2008:9-10)。

相比之下,埃及和约旦几乎为所有部门提供了对外自由化机会,但对多样化的影响却很小。埃及 2007 年的 FDI 量没有升到 GDP 的 40%。然而,碳氢化合物工业的大量存在,以美国为基地的石油公司占了 3/4(EIUa 2007:182,世界银行 2008b)。同样,约旦的可贸易部门在自由交易性企业区(QIZ)涌现,该区主要的亚洲企业家大多雇用亚洲劳工,以生产免税出口到美国和欧洲的纺织品和衣服。虽然与 1997 年的 2500 万美元相比,约旦 2008 年向美国的出口增长到 15 亿美元(Abdelkrim,2009:71-72),但因没有多少技术转让,与国内经济只有很小的联系,因而并未给约旦工人创造多少工作,也没给约旦的资本提供多少机会(ERF 和 Femise Coordinatiors,2005:66,69-70,85)。

重新平衡劳资关系 多年的谈判之后,埃及和约旦 2000 年通过仅依靠经济基础就可以给予公司更加灵活的雇佣和解雇工人权力的自由劳动法。就埃及而言,法律消除了工人就业在原有社会契约中的强大保护,却给予劳工自由组织和罢工的"补偿"(Posusney,2007)。2006—2007 年劳工以大规模罢工做出回应,包括锁定管理,要求生存工资以及对自己领导的选举权。2008 年这种交战状态扩展到全体人民,随着更多的政治化的需求，抗议日益增长的食品价格以及肯定自由集会的权利，这一运动通过与互联网联合行动，似乎唤醒了昏昏欲睡的左翼团体，从而赢得了数以万计的更多同情者的支持（Agbarieh Zahalka，2008：6-8；Beinin，2008：2-3）。

然而，出人意料的是，约旦的这种新编码保留了比埃及更多的原有工作保护，但工人却更难与解雇进行抗争，并且保留了对罢工活动的限制（Posusney，2007）。可能因为在国内外商业或专门职业中工作的约旦公民与集中在较低职业的非约旦移入劳工在劳工市场上有严格的分割，使得约旦劳工的力量可能因此遭到削弱，因此约旦的劳工并没有像埃及的那样乐于挑战。

科威特并没有使劳动法自由化，但在2008年却受到史无前例的劳工危机的挑战。由于南亚经济迅速增长，移民劳工的短缺增加了提升工资和相关报酬的压力。按照他们所讲的，通常安静的工人开始积极支持罢工和大规模的集会，要求更高的工资和更好工作条件。社会事务和劳工部部长和国家领导首次聚集到一起，共同考虑对管辖科威特雇主和移民劳工关系的不平等制度进行合法的改革。

增长、积累及新自由主义危机

2000年的区域经济关系

由于2003—2007年石油美元的大量涌入以及海湾石油输出国卓有成效地使用它们增长的生产性盈余的动力，2000年以来阿拉伯国家间的经济联系不仅得到恢复，而且得到了加强。GCC国家从20世纪70年代和80年代早期的石油繁荣和80年代晚期和90年代的破产中吸取了重要教训，并将在国内尽可能地采取多样化措施，并输出资本，包括更宽泛更深入规模地进行地区内的生产性对外直接投资。

援助 津贴性贷款从石油输出国流入较贫困国家，用于特殊的大规模项目建设。例如，科威特 KFAED 于 2008—2010 年为埃及提供了2600万美元的发展基金，来恢复禽流感瘟疫破坏的家禽养殖业[①]。

---

① Medicins sans Frontieres, 2/18/09, /www.flutrackers.com/forum/showthread.php? t = 94742）.

同样，KFAED 在 2009 年对约旦提供 45000 万美元帮助约旦巩固其电网①。

贸易 阿拉伯区内贸易对埃及和约旦来讲比对整个地区更重要。例如，按照世界标准来看，与 ASEAN 国家的 23% 相比，约占总贸易的 8% 的区内贸易这一水平是比较低的。2000—2001 年，尽管埃及只从其他阿拉伯国家购买了总进口的 5.8%，却对他们出口了 13.6%（Feiler, 2003：246-247）。1995—2003 年，约旦对该地区的出口平均占总出口的 45%，而进口占总进口量的 24%（ERF 和 Femise Coordinatiors, 2005：68）。

旅游和其他跨界旅行 2004—2007 年，来自其他国家的阿拉伯人占游客的 20%，25% 的游客留宿埃及②，2004 年科威特游客中埃及人超过 10%③。除了旅游业，2007 年约旦还招待了 50 万到 70 万伊拉克难民，美国侵占和战争期间，许多人逃到那里生活和工作，甚至建房并开办企业（Nanes, 2007）。

外来工人和汇款 2005—2006 年 230 万埃及人就业于国外④，正如图 13—4 所示，汇款从 2000—2003 年的年均 30 亿增至 2004 年和 2005 年的年均 50 多亿美元，这一高金额在世界排名第十五。2003 年，约有 35 万约旦人就业国外，而许多来自埃及和叙利亚的 QIZ 以外部门的移民工人，构成了劳动力总量的 13%⑤。图 13—4 表明，约旦所接收的汇款 1985—2005 年的波动范围是从 1991 年黑暗时期的 44800 万美元到 2005 年的 15.4 亿美元，几近精确地追踪到科威特支付款的外流。2004 年约旦的汇款占 GDP 的比率高于 20%，在世界上排名第六（世界银行, 2006：90）。

对外直接投资 2008 年该地区整体的投资增加了 20%，"在该年度

---

① www.kuwaittimes.net/read_news.php?newsid=ODQwNTc3MDA5.
② www.sis.gov.eg/VR/egyptinnumber/egyptinfigures/englishtables/149.pdf.
③ www.Europaworld.com/entry/kw.ec.
④ www.msrintranet.capmas.gov.eg.
⑤ 2006 年拥有工作许可证的 29 万迁移工人中，95% 以上的工人获得月薪 150 JD 或低于 150 JD，约为 225 美元。其中的女工几乎全部来自南亚，在国内的不受多少法律保护的部门工作（阿鲁里 2008：6-8, 16；ERF2005：98-100），而 1/4 以上的移民受雇于制造输出品的部门，该部门传出了大量的关于虐待的报道（Greenhouse 和 Barbaro2006）。

5.8%的增长率中占3.4个百分点",对该地区发展中国家,如埃及和约旦的投资量从2000年的47亿美元升至2006年的264亿美元及2007年的215亿美元(世界银行,2009:163),如图13—6所示①。然而,与世界上其他发展中地区相比,这一投资量仍然很低,只有一部分用于新的投资,而且从长期来看,许多项目几乎不会创造就业(Henry,2008:18,22)。

尤其是在2003—2007年,GCC国家在对地中海国家(MEDA)②的总FDI中占1/3,其中埃及接收了GCC40%的FDI流入,约旦接收了11%。能源、重化工工业(如化肥)、水泥及冶金占GCC国家FDI的13%,而电信和银行业占15%。剩余的FDI集中于交通、高端房地产开发、旅游和购物中心,只有一小部分用于为国内大众消费的轻工业产品和消费品生产。

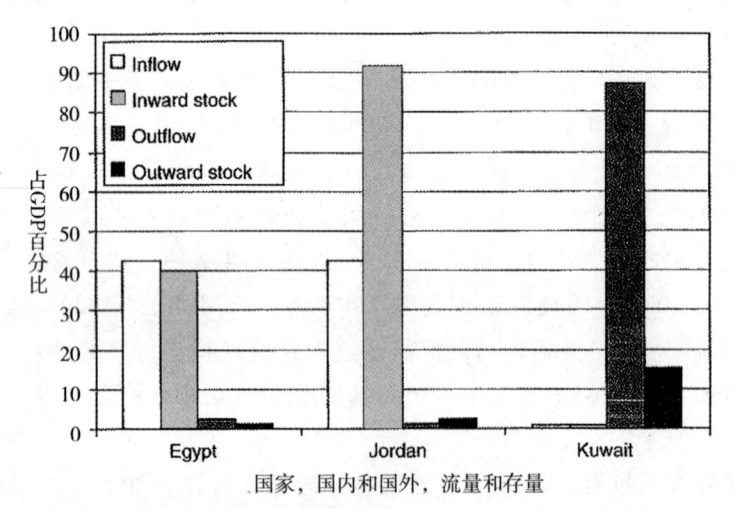

图13—6 外国直接投资:埃及、约旦和科威特,2007年

资料来源:UNCTAD,2008,国家事实表,www.unctad.org/fdistatistics。

---

① 这些数字包括这些国家之间的FDI,如埃及到阿尔及利亚和土耳其,从约旦到埃及,从黎巴嫩到约旦和埃及。

② 十三个"MEDA"国家包括摩洛哥,阿尔及利亚,突尼斯,利比亚,埃及,约旦,以色列,巴勒斯坦领土,叙利亚,土耳其,及两个岛国塞浦路斯和马耳他等,两国2004年获得欧盟承认。

其中，一半的 FDI 用于收购现存的公司，包括购买私有化了的公共部门的企业，而不是用于新的设施。例如，2007 年，UAE 的一家公司接管了埃及化肥公司（Henry，2008：23，26 - 27，30）。同样，在 2006 年被列为发展中国家前 100 名非金融跨国公司（TNCs）之一的埃及奥拉斯卡姆建筑，于 2007 年由法国的拉法基收购（Henry，2008：22）。

在 2003—2007 年 GCC 对 MEDA 的 FDI 总量中，科威特负责其中的 100 个项目，价值 110 亿欧元，其中 23 个项目在埃及，18 个项目在约旦（Henry，2008：30 - 31）。科威特对埃及的投资量，在 2009 年早期为 250 亿美元，并大多投资到房地产。科威特除了参与扩张国际机场的财团，2007 年它在埃及的投资的主要收获，包括如奴尔电信公司持有的约旦电信的股份增长到 22% 以及购买公共公司 20% 的股份并被称为公共事业承包商（Henry，2008：34，67，117 - 120）。

投资组合 以地区为基础的金融机构自 2000 年以来一直积极地追求着"金融化"。2007 年科威特的两次最大的投资是，埃及最成功的私有银行之一的科威特（私有）国家银行阿尔·瓦特尼（Al Watany）银行和一家私有股权公司即全球投资公司（Global Investment House），收购了埃及一家私有经纪公司即资金信托（Henry，2008：35，67）。

在安曼金融市场上，阿拉伯投资商在投资安全性方面表现突出。2007 年第一季度，虽然阿拉伯商人只占"自然人"中的 5.7%，这些自然人交易了约 10.5% 市场价值，但他们的投资公司占"法人"的 14%，这些公司的交易量占股票交易市场市值买入量的 1/3 以及卖出量 22%[①]。

结构性繁荣和新自由主义危机中的区域 SSA

前述区域内投资是 2000 年以来一个大的全球范围内扩展的主权财

---

① www.sdclcom.jo/english/images/stories/pdf/2007eng.pdf）；www.ase.som.jo/pages.php?menu_ id = 2&local_ type_ details = o.

富基金（SWF）活动的一部分①。SWF 资本建立在政府对当前账盈余的积累基础之上，然后投资到各种投资组合来建立一种收入流，来补充或在商品价格下降时替代出口收入。依赖碳氢化合物出口的海湾国家在经历了 20 世纪八九十年代后都非常清楚，石油价格和收入波动频繁，它们必须做好准备，以防将来有一天石油耗尽，或世界转向非碳基础的能源或可更新能源。这时，适当的战略是投资于非碳氢化合物项目，这有助于国家的发展，经济的多元化及扩宽收入源。

2000 年之前，总体来讲，海湾 SWF 一半的资产是以低风险美元、欧元和日元的计价形式存在的，如债券或蓝筹股，这些资产可以长期提供持续的收入。另一半由投资组合或涉及更有风险的股权承诺对外直接投资，并自 2000 年以来，以国内非石油为基础的发展形式掀起。包括投入房地产和基础设施的大规模努力，如建造建筑为整座城市的新行业和服务业服务，以及太阳能和风能发展的复杂项目，"过去五年（即 2002—2007）GCC 中的六个国家的非石油部门获得了大约 7% 的年增长"（Teslik，2008）。这可以与阿拉伯地区的 FDI 和上述的其他地区的"新兴市场"相媲美。

繁荣 投资项目太有限，不能适应 2002 年史无前例的石油收入的溢出。GCC 的 SWF 中除仍旧很保守的沙特阿拉伯的 SAMA 基金，之后便将投资组合转向拥有更多股权，更多的"替换物"，如衍生品以及增长更快的新兴市场，而不是传统的增长较慢的美国和欧盟资产（Sester，2009：23）②。2002—2006 年 GCC 的总流出量约为 5600 亿美元，其中

---

① 主权财富基金（SWFs）是由政府所有但是通常像自治公司一样由职业经理人来运作的投资机构。它们不同于富裕的私人和家庭的私人持有，也不同于私有股权公司，这些公司中富人们的合作关系往往比较密切，并公开交易共有基金或投资公司。同 GCC 的基金来自 UAE、沙特阿拉伯、科威特、卡塔尔及巴林一样，前 20 个 SWF 作为一个集团（有时不止一个集团），其资金来自中国大陆，中国香港，新加坡及其他几个非中东国家和地区。作为一个集团，这二十国 2008 年 1 月积累了 2.5 万亿美元的资产，比前八年有了令人瞩目的增长（knowledge@ Wharton，9/22/08）。可在 Aizenman 和 Glick2008、哈利斯 Harris2009，及沃顿商学院（Wharton School）的网站（knowledge. wharton. upenn. edu）及对外关系理事会的网站（www.cfr.org）中找到有用关于 SWFs 的研究。有关信息，新闻文章及观点可在 2007 年 6 月—2009 年 3 月的《伦敦卫报》（the Guardian of London）（www.guardian.co.uk/business）的一系列文章中找到。

② 同样见 Raphaeli 和 Gersten2008 关于这一转向的内容，并附有他们的观点，即这一转变对投资最大的影响可能是刺激了疲软的阿拉伯地区的企业精神。

60%流入美国，30%流入欧盟，5%流入亚洲，5%流入 MENA 地区（Sester，2007：12）。一部分用于收购美国资产，2000—2005年超过了26亿美金，用来进行多种经营如工艺品制造、咖啡分销、零售连锁以及购买曼哈顿房地产如克里斯特尔大厦（Bluestein，2006）。之后，基金进一步扩展到购买可替代风险资产的股票，如对冲基金和私有股权（Sester，2007）。

GCC 的 SWF 迅速成为新自由主义金融烟火最后的阵痛，2007年最终持有1兆多美元的资产（Sester，2007：1）。按照耶鲁大学的禀赋模式，科威特投资局（KIA）美元主导的固定收入资产的份额及美国"传统"的股权减少到40%，将购买新兴市场的股权增长到10%，购买更具风险的替代品增长至15%（Sester，2007：7，10，12，14；Sester，2009：23）。KIA 的资产从1999年底的550亿增加至2007年底的2750亿美元（Sester，2009：1，9），约相当于 GDP 的 250%（Aizenman，2008：19，37）。当2007年早期替换性金融资产不再上涨，在市场开始下降之前，海湾投资人增持遭受麻烦的西方金融机构的股份，尤其是美国机构的份额，这些机构受到次级抵押贷款危机及"替代品"如抵押债务工具的瓦解的威胁，很明显要深入了解［盎格鲁－撒克逊（Anglo - Saxon）］银行专家对贸易金融和金融体系的意见（Olson，2007）。

破产 一旦他们提出了更为冒险的战略，而2007—2008年市场开始下降，海湾 SWFs 和富有的私人投资商在完善的西方金融机构，如花旗银行、美林、摩根史丹利、贝尔斯登、布法罗大学、瑞士信贷、巴克莱、卡普兴及伦敦股票交易所及其他机构中的购买股票，来帮助稳定自己的市场及体制①。随着2008年后半期的危机的加深，招致了急剧的损失，深陷新自由主义让位的一种重要矛盾，即资产创造的金融化及没有充分投资来支持该体制的贸易。KIA 的投资组合从2007底的2620亿美元缩小为2008年底的2280亿美元，净损失为36%。作为一个集团，GCC 的 SWF 的外部投资组合损失了27%的资本。2008年石油收入增加的当前账盈余基本上被这些损失抵消了

---

① 见《伦敦卫报》2007年6月至2009年3月阐述这一作用的文章 www.guardian.co.uk/business。

(Sester，2009：102)。

对该地区的影响 GCC 的产量增长由于 2008 年国内经济进行的项目而仍保持为正。然而，随着信贷越来越少，代价越来越昂贵，以及为重要项目提供资金的债券和股权融资的减少，整个地区的其他金融资产值出现下降。从 2008 年春到 11 月的顶峰时刻起，GCC 的股票市场下跌 50%，埃及的股市指数下降了 54%（世界银行，2009：161）。在科威特股票交易所进行交易的大多数公司的利润在 2009 年第一季度与 2008 年第一季度相比，下降了 94%，对投资公司及银行，尤其这些在 MENA 地区积极进行并购的投资公司和银行，如科威特国家银行，影响最大①。甚至没有陷入西方制度诡计中的金融实体也受到了冲击。例如，在 2008—2009 年对 25 家伊斯兰基金的清算中，只有 89% 的基金得以发行（与前一年同期的 271 家相比），2008 年的平均盈利为 -39%，而在 2007 年这一盈利为 23%②。

2009 年地区整体的 GDP 增长的期望值保持为正，从 2008 年的 5.8% 降到 2009 年的 3.9%，如图 13—7 所示。投资增长的期望值也保持为正，但由 2008 年的 18.9% 降到 2009 年的 7%（世界银行，2009：163 - 165），尤其是埃及和约旦，由公共投资③和进行中的承诺的许多大型基础设施项目、房地产、商业和工业发展来维持。

MENA 的经济处境没有地区整体那样糟糕，2008 年吸收的 FDI 下降了 35%，由 GCC 提供资金的项目数量减少了 6%（Abdelkrim，2009：

---

① www. kuwaittimes. net/read_ newsid = MzkxODIyMTI.
② 例如，见 www. business24 - 7. ae/Article/2009/5/Pages/25052009/0526；corp. gulfinthermedia. com/gulf_ media/view_ article_ en_ print. php? action + print&id - 472247。
③ 新报告充满了政府对帮助缓冲这些打击的努力。科威特在股票交易中购买没有价值的股票（www. kuwaittimes. net/read_ news. php? newsid = MzkxODIyMTI）。沙特阿拉伯和巴林宣布发行新的伊斯兰债券来支持更多样化的房地产，如房屋贷款和公积金（www. 24 - 7. ae/Articles/2009/6/Pages/SaudieyesFrannie...；corp. guild - inthemedia. com/gulf_ media/view_ article_ en_ print_ php? action = print&id = 471595；corp. inthemedia. com/gulf_ media/view_ article_ en _ print_ php? action = print&id =471503）。阿布扎比投资局（ADIA）宣布对埃及的制造业，农业及住房的 52 个新项目（www. business24 - 7. ae/Article/2009/5/Pages/25052009/0531）。科威特公司对阿斯尤特的制造业项目进行谈判，如埃及到科威特在房地产、能源、铁路、公路和港口领域招募 100 多亿美元，"用于投资者按时盈利"（corp. gulfinthermedia. com/gulf_ media/view _ article_ en_ print. php? action + print&id - 472198；www. kuwaittimes. net/read_ newsid = ODYwMzEONjAI）。

7)①。埃及的 GDP 增长的期望值为 2008 年增长率的一半,在 3.5%—4% 之间徘徊(Abdelkrim,2009:66-67,见图 13—7),自 2008 年起,由 102 个新项目来维持,这些项目中约 1/3 由 GCC 来赞助。预测到 2009 年,约旦的增长率将由 2008 年的 5.5% 减慢到 4.2%,这种减慢由 2008 年实施的在能源、建筑、交通、通信及制造业领域的新 FDI 项目来支持,包括从科威特扩展到国际机场、铁路以及亚喀巴工业发展项目。因为约旦"在投资者眼中是稳定的天堂……即便是海湾国家的痴心投资商[在约旦具有房地产]也已受到了危机影响"(Abdelkrim,2009:71-72)。

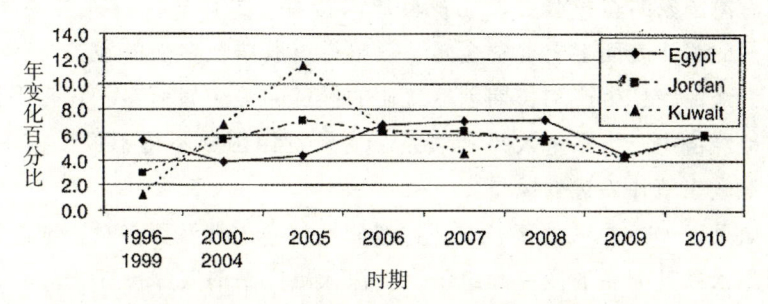

图 13—7　实际 GDP 增长规划:埃及、约旦和科威特*,2007 年

资料来源:世界银行,2008:表 A.1;世界银行,2009:表 A.7 和 A.8

注意:*"科威特"2008、2009、2010 年的数据是针对"资源丰富的劳动力进口团体",这其中也包括巴林岛、阿曼和沙特阿拉伯。

对建立新 SSA 的预测

2009 年,该地区仍受到石油价格波动和全球金融市场的深刻影响,因此 2008 年 GCC 石油资本输出国一直在这两个竞技场中煎熬。考虑到它们当前的经济结构,石油价格必须定在至少每桶 50 美元(2007 年的恒定价格),以便在不必废止某些资产情况下来恢复基本的进口(Sester,2007:2,2009:1-4)。如果 2009 年石油价格稳定在 65 美元到 75 美元(至少是 2007 年 60 美元的恒定价格),该地区将能够通过收入盈余来维持正的投资和增长(世界银行,2009:166),更高的价格将

---

① 例如,见 www.business24-7.ae/Article/2009/5/Pages/25052009/0528。

使 GCC 的 SWF 能够开始再次增长①。

也许 2008—2009 年的危机给人们上了更重要的一课，国内投资的多样化及区域内 FDI 的复杂化冲击这些经济体，也打击 FDI 接受国，如埃及和约旦的经济，二者虽然发生了金融危机和全球经济衰退，在 2009 年仍旧保持了正的增长。但新 SSA 的产生的迹象并不明显。2000 年以来支配阿拉伯地区经济增长和资本投资的制度框架存在很多问题和局限因素。区域内 FDI 创造了财富，却没有通过分散这些财富来提高工农业工人的收入。相反，这些财富主要集中于污染性行业，如碳氢化合物能源及化肥、房地产、电信以及旅游项目，这些项目为已经富有的欧洲或海湾国家的客户服务，无视普通消费者、工作条件及人类的发展。它更多的关注表面上围着资金转——银行、股票及金融的地方变体——而对大众消费品生产和长期创造就业的投资的关注却不够。它几乎没有在当地经济中产生多重效果和联系，使较贫困国家不得不像以前一样，依靠汇款来填补关键的缺口。

如果新 SSA 在该地区开花，这些制度将必须涉及更多对资本进行具有国际水平且彻底的调控和组织，更深入更广阔的实际投资，对"更具可持续性和对社会更有用的项目"的承诺（Abdelkrim, 2009: 8），更多地关注消费者的需要，关注国内和外来劳工的合法要求。无论政府与私人资本之间的平衡关系如何，该地区都要求新的社会契约，为文化上合适且可持续的 SSA 提供框架。

参考文献

Adelkrim, Samir and Pierre Henry 2009. *Foreign Direct Investment in the Med Countries in 2008, Facing the Crisis*. Study No. 3, March 2009. NP: ANIMA Investment Network. http://www.animaweb.org/en/etudes.php?base=143

Agbarieh‐Zahalka, Asma 2008. "Egyptian Workers Impose a New Agenda". *Challenge*(Tel

---

① 一位分析家预测，如果今后五年石油价格为 75 美元，GCC SWFs 将增至 1.7—1.8 兆美元。就那一点而言，收入量将来自投资而不是石油，SWFs 将由于利息、分红和增加了的资本本金的资本收益而增长。投资组合很可能以 75 美元/桶的价格得到再平衡，来增加更保守的份额，再次约为 50%的债权（赛斯特 2009: 16）。如果石油价格升至 100 美元/桶，GCCSWFs 将在 2010 年增至 2.1 或 2.2 兆美元（赛斯特 2009: 6, 15, 17-18）。

Aviv, Israel) 19,3, No. 109:6 - 9.

Aizenman, Joshua and Reuven Glick 2008. "Sovereign Wealth Funds: Stylized Facts about their Determinants and Governance." Working Paper 2008 - 33. December 2008. San Francisco: Federal Reserve Bank of San Francisco.

Al - Sabah, Mohammad, Director 1988. *Study of the Kuwait Economy: Summary*, *Vol. 1*. Cambridge MA: CMT International, Inc. , and Kuwait Institute of Scientific Research.

Al - Yousuf, Ala'a 1990. *Kuwait and Saudi Arabia: from Prosperity to Retrenchment*. Oxford, UK: Oxford Institute for Energy Studies.

American Chamber of Commerce in Egypt 2008. *Economic Indicators: Stock Market Indicators*. http://www.amcham.org.eg/BSAC/Economic Indicators/EcIndicators.asp.

Arouri, Fathi 2008. "Circular Migration inJordan, 1995 - 2006." CARIM: Euro - Mediterranean Consortium for Applid Research on International Migration. Florence, Italy, www.carim.org/circularmigration.

Askari, Hossein 2006. Middle East Oil Exporters, *What Happened to Economic Development*? Northampton MA: Edward Elgar.

Assaad, Ragui 2007. "Labor Supply, Employment and Unemployment in the Economy, 1988 - 2006." Economic Research Forum (Cairo, Egypt), Working Paper Series N. 0701. www.erf.org.

Beinin, Joe l 2008. "Underbelly of Egypt's Neohberal Agenda". *Middle East Report Online*, April 5, 2008, 5 pages. www.merip.org/mero/mero040508.html.

——2002. "Late Capitalism and the Reformation of the Working Classes in the Middle East." pp. 113 - 33 in Israel Gershoni, Hakan Erdem, and Ursula Wokock, eds. *Histories of the Modern Middle East: New Directions*. Boulder: Lynrte Rienner Publishers.

Blustein, Paul 2006. "Mideast Investment Up in U. S." *The Washington Post*, 7 March 2006: A01.

Brand, Laurie 1994. Jordan's Inter - Arab Relations, *the Political Economy of Alliance Making*. New York: Coumbia University Press.

Carana Corporation 2002. "Special Study: the results and Impacts of Egypt's Privatization Program." *Privatization in Egypt—Quarterly Review*, April - June 2002. PCSU - Privatization Coordination Support Unit (for USAID) www.carana.com/pcsu/monitor/Q2/Impacts%20and%20Resul - ts.pdf.

Carroll, Katherine Blue 2003. *Business as Usual? Economic Reform in Jordan*. Lanham MD: Lexington Books.

Crystal, Jill 1995. *Oil and Politics in the Gulf, Rulers and Merchants in Kuwait and Qatar*. Cambridge UK: Cambridge University Press.

Chalk, Nigel Andrew, Mohamed A. El-Erian, Susan J. Fennell, Alexei P. Kireyev, and John F. Wilson 1997. *Kuwait: from Reconstruction to Accumulation for Future Generations*. Washington DC: International Monetary Fund.

Day, Alan J., P. T. H. Unwin, Richard German and Elizabeth Taylor 2007. "Economy (Kuwait)" *in Europa World Online*. London: Routledge. http://www.europaworld.com/entry/kw.ec.

Economic and Financial Bulletin ["EFB"] Kuwait: National Bank of Kuwait, 1985 (8) May; 1983 (5) July.

Economist Intelligence Unit (EIUa) 2007. "Country Profiles: Egypt." *World Investment Prospects to 2100, Foreign Direct Investment and the Challenge of Political Risk*, London: the Economist Intelligence Unit: 182 - 183. www.eiu.com.

(EIUb) *Country Report: Kuwait* 2008 (July); 2000 (4). London.

(EIUc) *Country Profile: Kuwait* (annual) 1991-92. London.

Economic Research Forum, and Femise Coordinators 2005. *Jordan Country Profile: the Road Ahead for Jordan*. Cairo: Economic Research Forum, and France: Institut de la Méditerranee.

Esfahani, Hadi Salehi 2007. "A Re-Examination of the Political Economy of Growth in the MENA Countries." pp. 61 - 102 in Jeffrey B. Nugent and M. Hashem Pesaran eds. *Explaining Growth in the Middle East*. Boston: Elsevier.

Feiler, Gil 2003. *Economic Relations between Egypt and the Gulf Oil States*, 1967 - 2000. Brighton, UK: Sussex Academic Press.

Galal, Ahmed and Bernard Hoekman eds. 2003. *Arab Economic Integration, Between Hope and Reality*. Egyptian Center for Economic Studies. Washington DC: Brookings Institution Press.

Ghabra, Shafeeq N. 1987. *Palestinians in Kuwait, the Family and the Politics of Survival*. Boulder CO: Westview Press.

Greenhouse, Steven and Michael Barbara 2006. "An Ugly Side of Free Trade: Sweatshops in Jordan." *New York Times*, May 3. www.nytimes.com/2006/05/03/business/worldbusiness/03cloth.

Handy, Howard and Staff Team 1998. Egypt: Beyond Stabilization, *Toward a Dynamic Market Economy*. Washington DC: International Monetary Fund. Harris, Jerry 2009. "Statist Globalization in China, Russia and the Gulf States." Science and Society 73, 1: 6 - 33.

Henry, Pierre, Samir Abdelkrim and Ben6dict de Saint-Laurent 2008. *Foreign Direct Invest-*

ment into MEDA in 2007: the Switch. Study No. 1, July 2008. NP: ANIMA Investment Network, http://www. animaweb. org/en/etudes. php? base = 143.

Ismael, Jacqueline S. 1993. *Kuwait: Dependency and Class in a Rentier State*. Gainesville FL: University Press of Florida.

Kanaan, Taher H. 2001. "State - OwnedEnterprise in Jordan, Strategy for Reform". pp. 189 - 202 in Merih Celasun, ed. *State - Owned Enterprises in the Middle East and North Africa: Privatization, Performance and Reform*. New York: Routledge.

Lockman, Zachary 2004. *Contending Visions of the Middle East*. New York: Cambridge University Press.

Looney, Robert E. 1992. "Employment Creation Oil - Based Economy: Kuwait" *Middle Eastern Studies* 28, 3: 565 - 76.

Maciejewski, Edouard and Ahsan Mansur eds. 1996. *Jordan: Strategy for Adjustment and Growth*. Occasional Paper 136. Washingto DC: International Monetary Fund.

Makdisi, Samir, Zeki Fattah, and Imed Limam 2007. "Determinants of Economic Growth in the MENA Countries." pp. 31 - 60 in Jeffrey B. Nugent and M. Hashem Pesaran eds. *Explaining Growth in the Middle East*. North Holland: Elsevier.

Moore, Pete W. 2000. "Business - State Relations after Liberalization in Jordan." pp. 180 - 200 in Remonda Bensabat Kleinberg and Janine A. Clark eds. *Economic Liberalization, Democratization and Civil Society in the Developing World*. New York: St. Martin's Press.

Nanes, Stefanie 2007. "Jordan's Unwelcome Guests." *Middle East Report* 37, 3: 22 - 24.

Nassar, Heba 2008. "Temporary and Circular Migration: the Egyptian Case." *Analytic and Synthetic Notes - Circular Migration Series*, Florence Italy: European University Institute, Euro - Mediterranean Consortium for Applied Research on International Migration (CARIM). www. carim. org / circular migration.

National Bank ofKuwait (NBK) 2006. *Economic Review*. www. nbk. com/ NR/rdonIyres/ E4233305 - CA3A - 4899 - 9B85 - C03C4169FA95/0/NBK_Review_0610. pdf.

Olson, Parmy 2007. "Sovereign Shift." *Forbes. com*, 19 December 2007. www. forbes. com/ 2007/12/19/saudi - arabia - uae - biz - wall - cx_ p.

Oweiss, Ibrahim ed. 1990. *The Political Economy of Contemporary Egypt*. Washington, DC: Center for Contemporary Arab Studies, Georgetown University.

Pfeifer, Karen 2000. "Does Structural Adjustment Spell Relief from Unemployment? A Comparison of four IMF 'success Stories' in the Middle East and North Africa". pp. 111 - 51 in Wassim Shahin and Ghassan Dibeh eds. *Income Inequality, Poverty, and Unemployment in the Middle East and North Africa*. Westport CT: Greenwood.

2003. "Defining Boundaries: Kuwait's Economic Reconstruction, 1991 - 2001." pp. 207 -

29 in Hassan Hakimian and Jeffrey B. Nugent eds. *Trade Policy and Economic Integration in the Middle East and North Africa*: *Economic Boundaries in Flux*. London: Routledge Curzon Press 2003.

2009 forthcoming. " Kuwait and the Israeli - Palestinian Conflict. " In Cheryl Rubenberg ed. *Encyclopedia of the Israeli - Palestinian Conflict*. Boulder CO: Lynne Rienner.

Pfeifer, Karen and Marsha Pripstein Posusney 2003. " Arab Economies and Globalization: An Overview. " pp. 25 - 54 in Eleanor Abdella Doumato and Marsha Pripstein Posusney eds. *Women and Globalization in the Arab Middle East: Gender, Economy and Society*. Boulder CO: Lynne Rienner.

Piro, Timothy J. 1998. *The Political Economy of Market Reform in Jordan*. Lanham MD: Rowman and Littlefield Publishers.

Posusney, Marsha Pripstein 2007. " Free Trade and Freer Unions? Globalization and Labor Market Changes in the Arab World. " Paper presented at Middle East Studies Association Meetings, Nov. 2007, Boston.

1997. *Labor and the State in Egypt: Workers, Unions, and Economic Restructuring*. New York: Columbia University Press.

Rapheli, Nimrod and Bianca Gersten 2008. " Sovereign Wealth Funds: Investment Vehicles for the Persian Gulf Countries. " *Middle East Quarterly*, Spring: 45 - 53. www. meforni. org/1863/soverign - wealth - funds - investment - vehicles - for. . .

Richards, Alan 1991. " The Political Economy of Dilatory Reform: Egypt in the 1980s. " *World Development* 19, 12: 1721 - 30.

Richards, Alan and John Waterbury 2008. *A Political Economy of the Middle East*. Boulder CO: Westview Press.

Setser, Brad and Rachel Ziemba 2009. " GCC Sovereign Funds, Reversal of Fortune. " Working Paper, January 2009. Center for Geoeconomic Studies, via Council on Foreign Relations, www. cfr. org.

2007. " Understanding the New Financial Superpower - the Management of GCC Official Foreign Assets. " *Executive Summary*, RGE Monitor. Via Council on Foreign Relations, www. cfr. org.

Teslik, Lee Hudson 2008. " Growing Cities in the Arabian Desert. " New York: Council on Foreign Relations, www. cfr. org/pubhcation/16408.

United Nations Commission on Trade and Development (UNCTAD) 2009. *UNCTAD Online* 2009. tableView. asp.

Weisskopf, Thomas E. 1996. " Marxian Crisis Theory and the Contradictions of Late Twentieth Century Capitalism". pp. 368 - 391 in Victor D. Lippit, ed. 1996. " Radical Political

Economy: Explorations in Alternative Economic Analysis. " NY: M. E. Sharpe.

2008. *World Investment Report*, Country Fact Sheets, www.unctad.org/fdistatistics.

United Nations Development Program 2007/2008. *Human Development Report*. New York: United Nations.

World Bank 2009. " Appendix: Regional Economic Prospects. " *Global Economic Prospects*. Washington DC: World Bank: 141 – 80.

2008a. " *Middle East and North Africa Region: Economic Developments and Prospects, Regional Integration for Global Competitiveness*. " Washington DC: World Bank.

2008b. " Egypt at a Glance. " " Jordan at a Glance. " www.worldbank.org 2008c. *World Development Indicators Online*.

2008c *World Development Indicators Online*.

2006. *World Development Report*. Washington DC: World Bank.

2004. *Unlocking the Employment Potential in the Middle East and North Africa, toward a New Social Contract*. Washington DC: World Bank.

2003. *Trade, Investment and Development in the Middle East and North Africa, Engaging with the World*. Washington DC: World Bank.

1991 – 92. *World Debt Tables*. Washington, DC: World Bank, 1 [accessible in 2009 via *World Development Indicators Online*]

1991. *World Tables*, Washington DC: World Bank [accessible in 2009 via *World Development Indicators Online*]

凯伦·普法伊费尔　史密斯学院经济系

人名索引

阿尔贝尔达（Albelda） 259
阿尔都塞（Althusser） 47
阿尔萨巴（Al-Sabahs） 271，277，287
阿瑞纳（Arena） 27
阿斯特曼（Axtmann） 157
埃尔南德斯·劳兹（Hernández Laos） 252，253，255
埃姆林·纳顿（Emlyn Nardone） 13
艾尔弗莱德·马歇尔（Alfred Marshall） 21
艾伦·格林斯潘（Alan Greenspan） 55
艾瑞克·尼尔森（Eric Nilsson） 21
安德鲁·甘布尔（Andrew Gamble） 122
安瓦达·萨达特（Anwar Sadat） 275
奥尔德森（Alderson） 103，104
奥列维尔·法弗罗（Olivier Favereau） 5
巴兰（Baran） 1

巴洛（Barlow） 22，23
保尔森（Paulson） 136
保罗·斯威齐（Paul Sweezy） 126
贝弗利·伯里斯（Beverly Burris） 112
贝克特（Beckett） 214，215
贝宁（Beinin） 278
比尔斯泰克尔（Biersteker） 156
博茨（Bortz） 252
博塔（Botha） 235，237
布卢斯通（Bluestone） 103，104
查克·普林斯（Chuck Prince） 136
大卫·布雷迪（David Brady） 13
大卫·戈登（David Gordon） 1，12，19-21，39，41
大卫·哈维（David Harvey） 135
大卫·亨利（David Henry） 133
大卫·科茨（David M. Kotz）

12，40，45，53，135
大卫·索斯基奇（David Soskic）4
大卫·索斯凯斯（David Soskice）6
丹尼尔·沙罗斯（Daniel Saros）24
丹尼斯顿（Denniston）103
蒂伊（Tilly）259
法鲁克（Farouk）266
菲尔·奥哈拉（Phil O'Hara）30
菲利普斯（Phillips）196
弗里德里希·哈耶克（Friedrich Hayek）78
格兰特（Grant）22，33
格雷厄姆（Graham）24
格丽塔·克利普纳（Greta Krippner）124
格林（Glyn）8
格林伯格（Greenberg）211
葛兰西（Gramscian）33，83，145，147，148
哈兰德·普雷切尔（Harland Prechel）24
哈里森（Harrison）103，104，112
哈钦森（Hutchinson）22
哈特（Hardt）153，167
汉弗莱斯（Humphries）211
汉密尔顿（Hamilton）23，26
赫德瑞科·普雷斯科特（Hodrick-Prescott）230
基希海默尔（Kirchheimer）205
吉百利—史威士（Cadbury-Schweppes）128
吉登斯（Giddens）111
加西亚（García）251
杰姆斯·奥康纳（James O'Connor）205
杰姆斯·海因兹（James Heintz）14，23
杰姆斯·加尔布雷思（James Galbraith）8
卡德纳斯（Cardenas）249，250，252，255
卡尔·波兰尼（Karl Polanyi）147
卡尔·博兰尼（Karl Polanyi）69
卡洛斯·萨拉斯（Carlos Salas）14
卡洛斯·萨里纳斯（Carlos Salinas）252
卡特（Carter）41，80，169-171，179，220
凯伦·普法伊费尔（Karen Pfeifer）14
康德拉季耶夫（Kondratieff）39
考茨基式（Kautskian）138
考克斯（Cox）147，148
科德布施（Kurdelbusch）103
劳堡（Lobao）27
雷斯尼克（Resnick）47

里根（Reagan） 41，55－57，62，79，80，110，121，139，165，169－172，174，175，178，179，212，270

理查德·爱德华（Richard Edwards） 1，39，40

理查德·弗里曼（Richard Freeman） 136

鲁舍（Rusche） 205

路易斯（Luiz） 27

罗伯特·博耶（Robert Boyer） 4，14

罗纳德·科斯（Ronald Coase） 78

马奥尼（Mahoney） 192

马丁·沃尔夫森（Martin Wolfson） 12，42，43

马丁内斯（Martinez） 33

马里德（De La Madrid） 255

迈克尔·华勒斯（Michael Wallace） 13

迈克尔·里奇（Michael Reich） 1，21，40

麦克林（Meckling） 184

曼德尔（Mandel） 2

曼纽尔·卡斯特（Manuel Castell） 82

米尔顿·弗里德曼（Milton Friedman） 78

米哈尔·卡莱茨基（Michal Kalecki） 235

雷蒙德·米哈洛夫斯基（Raymond Michalowski） 22，26，29，205

米哈伊尔（Mihail） 23

米歇尔·阿格里塔（Michel Aglietta） 4，15，183，184，198，201，202

米歇尔·那不勒斯（Michelle Naples） 27

莫勒（Moeller） 209

莫里斯·德斯坦（Morris Goldstein） 131

穆巴拉克（Mubarak） 278

纳瑟（Gamal Abdul Nasser） 270－272，275

纳特拉斯（Nattrass） 233，235

纳雅（Nayyar） 125

尼尔森（Nielsen） 21，104

尼格丽（Negri） 153

欧内斯特（Ernest） 2

佩鲁西（Perrucci） 27

皮特·霍尔 4，6

匹克提（Piketty） 187

普伦蒂斯（Prentice） 102

切尔尼（Cerny） 155

萨帕塔（Zapatista） 255

塞拉德（Saillard） 5

塞缪尔·鲍尔斯 4，19，41

塞缪尔·罗森伯格（Samuel Rosenberg） 13

赛斯（Saez） 187，300

森尼特（Sennett） 111

人名索引

舍韦（Scheve） 104
施特门（Schejtman） 251
斯克莱尔（Sklair） 101, 103
斯劳特（Slaughter） 104
苏珊·卡尔森（Susan Carlson） 14
索斯藤·A. 塞林（Thorsten Sellin） 208
泰勒（Taylor） 114, 287
特伦斯·麦克唐纳（Terrence McDonough） 165
托马斯·魏斯科普夫（Thomas Weisskopf） 19, 41
威廉·罗宾逊（William Robinson） 23, 83, 148, 151
威廉·塔布（William Tabb） 13
威廉森（Williamson） 114
韦斯顿（Western） 102, 214
维克托·利皮特（Victor Lippit） 12, 25
温特（Went） 29
沃夫索（Wofso） 239
沃霍夫（Verhoef） 232
希默尔贝格（Himmelberg） 192
熊彼特（Schumpeter） 39
休斯顿（Houston） 28
雅克比（Jacoby） 8
约翰·桑德兰德（John Sanderland） 128
詹森（Jensen） 184